ENM

ÉPREUVES D'ADMISSIBILITÉ

70, rue du Gouverneur Général Éboué
92131 Issy-les-Moulineaux cedex
ISBN 978-2-297-06801-7

ENM

ÉPREUVES D'ADMISSIBILITÉ

- **CULTURE GÉNÉRALE** (dissertation)
- **DROIT CIVIL ET PROCÉDURE CIVILE** (dissertation et cas pratique)
- **DROIT PÉNAL ET PROCÉDURE PÉNALE** (dissertation et cas pratique)
- **DROIT PUBLIC** (QRC)

GROUPE ISP

Gualino une marque de Lextenso

ENM
INTRODUCTION

Présentation

La publication de la 1re édition de ce livre est un événement pour les candidats aux concours de l'ENM. Il est le fruit d'un partenariat éditorial entre le Groupe ISP et Lextenso / Gualino, deux signatures de référence pour les étudiants en droit.

Il part d'un constat réalisé par les enseignants de l'ISP depuis plus de trente-cinq ans. Année après année, d'excellents étudiants de l'université échouent aux concours de la magistrature alors que d'autres, *a priori* moins bons élèves, sont brillamment reçus. Plus surprenant encore, ceux qui fournissent la plus grande quantité de travail n'obtiennent pas toujours le résultat qu'ils escomptaient, faute de disposer d'une méthode efficace.

En effet, **il n'y a pas de continuité entre le cursus juridique universitaire et l'admission aux concours de l'ENM**. Dans la réalité, le candidat admis à l'ENM est celui qui sait **décoder le logiciel des concours de l'ENM**, celui qui en détient les clés, c'est-à-dire les exigences spécifiques de chacune des six épreuves d'admissibilité.

Comprendre les exigences des concours ENM

Ces clés sont au nombre de deux :

La première clé consiste à intégrer l'idée que les concours de l'ENM ne sont pas un examen universitaire mais un concours administratif.

Autrement dit, il s'agit de concours destinés à recruter des professionnels qui appartiennent à un corps particulier.

Cette dimension majeure du concours apparaît, de manière très affirmée, dès le choix des sujets par le jury. En particulier dans les épreuves de composition (dissertations de droit civil, de droit pénal et de culture générale), ces sujets sont souvent des thèmes transversaux (par exemple, la dissertation de droit civil en 2012 s'intitulait « *Le juge au cœur du procès civil* », sujet qui appelait un traitement au-delà de la seule procédure civile). **Dans toutes les épreuves, il s'agit de dégager des lignes de problématiques et de raisonnement globales, exigeant d'articuler des éléments cohérents issus de pans de cours parfois très éloignés les uns des autres.**

En matière de **notation**, le primat est donné aux candidats qui démontrent leur capacité à **construire une démarche cohérente** et à **l'exprimer d'une façon qui semble évidente et fluide** au lecteur / correcteur de la copie. Cette capacité pèse davantage que la précision et le degré de technicité des connaissances. Une telle dominante peut surprendre au sortir de l'université mais elle est **une constante des concours administratifs**, et ce pour au moins deux raisons :

– d'une part, ce type de concours vise à recruter des professionnels qui joueront un rôle dans les institutions, et, en l'espèce, un rôle de représentation et d'incarnation de l'autorité judiciaire. On attend donc d'eux qu'ils sachent exprimer la cohérence du système juridique, de ses règles et de ses pratiques. Pour illustration, en culture générale, ils devront exposer une certaine vision de l'état général de la France contemporaine ainsi qu'une compréhension d'ensemble du modèle de la société démocratique et de la justice ;

– d'autre part, les concours de la fonction publique visent à recruter des professionnels qui auront une carrière longue, pouvant parfois durer plus de quarante ans. Au-delà des connaissances très pointues et immédiatement opérationnelles, l'enjeu est donc de s'assurer que les candidats ont des repères suffisamment larges ainsi que des capacités de raisonnement personnel très solides. Ils doivent pouvoir s'adapter à des fonctions extrê-mement diverses (du civil au pénal, du siège au parquet, voire pourront être appelés à des fonctions institutionnelles). Ils doivent être capables de faire face aux évolutions tant du droit que de l'organisation judiciaire qui ne manqueront pas d'intervenir au cours des prochaines années et décennies.

Ces considérations, propres aux concours administratifs, ne s'arrêtent pas au stade de la confection des sujets ; elles s'étendent aussi à **la façon dont ils sont corrigés**. Le caractère professionnel de ces concours est particulièrement affirmé puisque **les copies ne sont pas corrigées par des enseignants universitaires mais par des magistrats en fonction**. De la première à la dernière ligne de votre copie, des questions vont revenir sans cesse à l'esprit du correcteur :

– *ce candidat est-il un magistrat en puissance ?*

– *son analyse, son expression, sa capacité de démonstration sont-elles ceux d'un magistrat ?*

– *sa vision de la société est-elle compatible avec celle de la Justice ?*

– *sa maîtrise de la langue (orthographe, vocabulaire, syntaxe, grammaire) est-elle correcte ?*

– *son style est-il suffisamment sobre, susceptible d'être celui de l'autorité judiciaire qui s'exprime ?*

La seconde clé réside dans la compréhension de ce qui fait la spécificité du concours de l'ENM, par rapport aux autres concours administratifs.

L'expérience de l'ISP est ici particulièrement bienvenue dans la mesure où nous préparons à un grand nombre de concours, ce qui nous a permis, par exemple, de relever **qu'un même sujet de droit pénal ne se traite pas de la même façon si on veut réussir le concours de l'ENM, le concours de commissaire de police ou celui de directeur des services de greffe judiciaires**. Chaque concours présente ses particularités propres. Plus encore, au sein d'un concours déterminé, chacune des épreuves présente elle aussi des exigences spécifiques. Ignorer l'ensemble des attentes propres à chaque concours et à chaque épreuve revient à prendre le risque d'être disqualifié dès l'introduction, l'exposé de la problématique ou l'annonce du plan.

Il est, en revanche, une conviction à laquelle l'équipe de l'ISP a abouti : **le candidat qui maîtrise les spécificités d'une épreuve de l'ENM dispose effectivement des codes pour affronter cette épreuve, quel que soit le sujet proposé le jour J**. Autrement dit, on sait ou on ne sait pas rédiger une dissertation de droit civil pour l'ENM, et si on sait le faire, on a toutes les chances de réussir quel que soit le sujet proposé dans cette matière. La méthode pédagogique utilisée par l'ISP consiste donc à comprendre et surtout à bien mettre en œuvre les exigences propres à chacune des matières. Le contenu de cet ouvrage en donne l'illustration puisqu'au-delà de la diversité des sujets corrigés, le lecteur attentif saura retrouver **des constantes méthodologiques incontournables.**

Ces impératifs méthodologiques s'imposent d'ailleurs au candidat dès la lecture du sujet. **Se préparer au concours de l'ENM, c'est être capable de comprendre derrière le sujet apparent quel est en fait le sujet caché. Ainsi** :

– **en culture générale**, le candidat ne doit jamais perdre de vue que l'interrogation réelle posée par le jury porte toujours sur « ***la société française contemporaine*** » et le thème proposé. La société française est comme un « *terme- fantôme* » ; même lorsque l'on ne le voit pas, il est là. À titre d'illustration, le sujet de 2015 « *La fin de la violence ?* » devait immédiatement être interprété comme posant l'interrogation suivante : « *Comment la question / l'utopie / l'objectif de la fin de la violence se traduit concrètement dans notre société contemporaine ?* ». Certes, pour les concours 2016 et 2017, les sujets mentionnaient explicitement la société française dans l'intitulé. Mais, pour le candidat bien préparé, cette précision était superfétatoire.

Le sujet réel est donc souvent un sujet plus précis que le sujet apparent. Il ne s'agit pas de partir dans toutes les directions, mais bien d'expliquer comment la société française contemporaine (celle issue de 1789) pose, envisage, accueille ou traite le problème considéré. Si ce rapport à la société française doit être le cadre de compréhension des sujets de culture générale à l'ENM, il n'est pas non plus interdit de faire preuve de souplesse. Ainsi, les comparaisons ou les similitudes avec d'autres sociétés comparables (les sociétés occidentales, démocratiques) sont les bienvenues, surtout lorsque la dimension européenne est incontournable comme prolongement de la question posée à la société française ;

– **en droit civil**, il en va de même ! Le sujet apparent ne correspond pas toujours au sujet réel. La dissertation de droit civil du concours de l'ENM se distingue d'une dissertation universitaire ou même d'une dissertation donnée dans le cadre d'un autre concours administratif en ce que tous les sujets de dissertation de droit civil ENM comprennent également un « *terme-fantôme* ». Ce « *terme-fantôme* » est « ***le juge en droit civil*** », comme « *la société française contemporaine* » l'est en culture générale. Autrement dit, lorsque le sujet est « *L'exécution du jugement civil* » en 2016 ou « *La loyauté de la preuve dans le procès civil* » en 2017, il convient de les lire respectivement ainsi : « *Le juge et l'exécution du jugement civil* » et « *Le juge et la loyauté de la preuve en droit civil* ».

Parfois, le jury, en peine de voir les étudiants se rappeler qu'ils passent un concours professionnel et qu'ils se destinent à devenir magistrat, prend le soin de le souligner avec force comme cela a été le cas en 2014 avec le sujet « *Le juge et l'intangibilité contractuelle* ».

Autrement dit, **le prisme du juge commande tant à la problématique qu'au plan de la dissertation en cause**. Il est nécessaire ainsi pour le candidat de réaliser une démonstration mais aussi un tri dans ses connaissances pour cibler les difficultés qui se posent au quotidien pour le magistrat, pour dérouler un raisonnement qui serait celui du juge. Cela implique d'écarter les vains débats universitaires et de faire la distinction entre une doctrine constructive et dialoguant avec le juge – qu'il faut alors connaître et reproduire –, et une doctrine aux accents uniquement théoriques ou polémiques qui n'engage pas la pratique judiciaire et qu'il faut donc écarter des développements ;

– **en droit pénal**, eu égard à la technicité de la matière, on pourrait croire que le problème de la lecture et de la juste compréhension du sujet ne se pose guère et que les similitudes entre la dissertation pénale universitaire et la dissertation pénale du concours de l'ENM sont plus nombreuses. Pourtant là aussi, le sujet réel doit être recherché derrière le sujet apparent. Le « *terme-fantôme* » de l'épreuve de pénal est « ***les libertés fondamentales*** ». Le libellé du sujet doit toujours être entendu comme s'il était précédé des mots « *Les libertés fondamentales et…* ». L'enjeu est de savoir en quoi ces libertés sont affectées par le sujet considéré ou l'affecte. Par exemple, en 2014, le sujet était « *L'appréhension pénale du terrorisme* » ; il était donc nécessaire de s'interroger sur l'interaction entre les dispositifs de droit pénal et de procédure pénale de lutte contre le terrorisme et les libertés fondamentales de toutes les personnes concernées ;

– **en droit public**, l'épreuve est sous forme de QRC – question à réponse courte –, ce qui signifie qu'elle ne s'apparente pas, du point de vue formel (ou encore du point de vue de la longueur), à une dissertation. Depuis la réforme du concours en 2009, **deux, souvent trois questions sont posées au candidat**. Certes, les thèmes évoqués ne recèlent pas de difficultés de compréhension et de définition en apparence, mais l'exercice n'en est pas moins rude et ardu à décrypter dans ses exigences. Il ne suffit pas de connaître son « *cours* », il faut encore être capable de **construire un propos logique**, qui nécessite tout particulièrement la maîtrise des **fondements** et de **l'actualité** des thèmes de l'interrogation. C'est au candidat de faire preuve de synthèse et de clarté pour exposer ces deux pans majeurs de la réponse.

Rappelons enfin que les QRC de droit public n'échappent pas à l'obligation de recherche du « *terme-fantôme* ». Il s'agira plutôt ici de comprendre que, derrière la question apparente, se cachent deux sous-questions : « *Quels sont les principes, les fondements du sujet ?* » et « *Quelle est son actualité ?* ». Le traitement de ces deux aspects ne constitue pas nécessairement le plan des développements, mais le jury doit impérativement trouver une réponse à chacun d'eux dans le contenu de la copie.

S'entraîner avec des annales corrigées et des sujets originaux

Le présent ouvrage révèle **comment utiliser ces deux clés d'analyse à l'aune de sujets proposés dans chacune des épreuves d'admissibilité des concours de l'ENM** des dernières années et de **sujets originaux** (dissertations, cas pratiques, QRC). La correction de ces trente sujets montre l'importance de la méthodologie, propre au concours et à chacun de ses exercices, que l'étudiant doit mettre en œuvre.

La maîtrise de cette méthodologie particulière est essentielle et ne peut naître que d'un entraînement constant et répété. **Le candidat à l'ENM doit s'entraîner, s'entraîner et encore s'entraîner**. Pour ce faire, les corrigés de cet ouvrage vous offrent le résultat idéal de la mise en œuvre de cette méthode. N'hésitez pas à vous confronter à la difficulté : vous devez vous tester sur les exercices proposés. Une fois que vous vous y êtes essayé, lisez les corrigés et comparez !

Bien entendu, faire ces entraînements suppose de bien connaître au préalable le format et les contours des différentes épreuves.

En culture générale, il est proposé une dissertation de cinq heures, dite de connaissance et compréhension du monde contemporain. Il est exigé de la part du candidat **une capacité à analyser le sujet et à raisonner à partir de celui-ci de manière cohérente, à argumenter avec rigueur et objectivité**. À la différence peut-être de ce qui vaut pour les épreuves juridiques, le jury a pleinement conscience que le candidat-type à l'ENM n'est pas un spécialiste de culture générale. Cela a pour conséquence que les sujets proposés ne sont jamais de simples contrôles de connaissances mais qu'ils renvoient toujours à des problèmes ou à des débats tangibles ou connus, pour celui qui suit un peu l'actualité.

Les premières questions qui doivent vous guider dans un sujet de culture générale sont les suivantes : « *Pourquoi le jury me donne-t-il ce sujet ?* », « *Quelle est son actualité ?* », « *Quel est le débat, à ce jour, non tranché au sein de la société française, que l'on me demande de traiter ?* ». Passer à côté de ce qui fait le sens du sujet de culture générale, pour se contenter d'un exposé trop théorique ou d'une succession de définitions, de citations d'auteurs ou de banalités, c'est se condamner à l'échec.

On attend du candidat qu'il prenne à bras-le-corps le débat qui traverse la société française et qui a justifié le choix du sujet par le jury de l'ENM.

En outre, au risque d'une tautologie, une copie de culture générale doit être « *générale* ». Concrètement, cela signifie que si la dimension politico-juridique est prééminente pour le concours de l'ENM, il serait fâcheux de ne pas se demander si le sujet n'a pas aussi une dimension économique et sociale, technico-scientifique, voire culturelle. Par exemple, le traitement du sujet posé en 2017 sur *l'impératif de vérité*, ne saurait être limité au domaine politique (exigence de transparence dans une démocratie, populisme…). La question de la vérité scientifique était tout aussi essentielle (notamment suite aux différents scandales sanitaires ou environnementaux). De même, se posait la question du positionnement d'une société moderne face aux vérités prétendues absolues des religions (à l'heure où l'on parle du retour du religieux).

En droit civil, ce sont deux épreuves distinctes sur lesquelles le candidat doit composer. Si les difficultés ne sont pas les mêmes, les deux épreuves peuvent concerner toute la matière civile : le droit des obligations, le droit des biens, le droit des personnes et de la famille ainsi que la procédure civile.

- **La dissertation** de cinq heures appelle en toute hypothèse des connaissances transversales, même face à des sujets qui semblent ponctuels. Pour illustration, la procédure civile avait toute sa place dans les développements sur le sujet de 2015 « *L'intervention du juge dans les rapports de voisinage* », alors même qu'au premier abord, on aurait pensé aux seules questions de droit des biens. Dans toutes les situations, l'enjeu est et demeure de **révéler une réelle capacité de réflexion et de démonstration**, tout en intéressant le jury par l'étendue des **illustrations et exemples pratiques** sur lesquels le candidat doit s'appuyer.

- **Le cas pratique** de droit civil, à réaliser en deux heures, comporte des difficultés autres : les questions sont souvent pointues et pratiques, assez éloignées des questions basiques posées aux étudiants à l'université. Bien plus que dans le cadre de la dissertation encore, une parfaite maîtrise des codes (Code civil et Code de procédure civile) et une juste compréhension des textes sont impératives dans une épreuve où **la célérité et les réflexes du candidat sont plus importants que sa capacité de réflexion.**

Un autre point essentiel relatif au cas pratique de droit civil se trouve dans la nécessité pour le candidat de se conformer au programme de l'épreuve. Il est arrivé à l'occasion des sujets des années précédentes que certaines questions auraient pu trouver une réponse pertinente en droit des contrats spéciaux, en droit des assurances ou encore en droit de la consommation. Pourtant, l'étudiant se voit commander de résoudre le cas uniquement en droit commun.

En droit pénal, comme en droit civil, le candidat compose sur une dissertation en cinq heures et sur un cas pratique en deux heures. Les deux épreuves se ressemblent du point de vue de leur technicité. L'exactitude des connaissances, la maîtrise de la procédure pénale et la rigueur dans la construction d'une démonstration sont des enjeux essentiels.

- **La dissertation** commande toujours de trouver un équilibre entre les missions du juge : protéger l'ordre public et garantir les libertés individuelles. Par exemple, une telle conciliation entre des impératifs en apparence antagonistes était au cœur du sujet de 2011 « *La victime dans la procédure pénale* ».

- **Le cas pratique** s'éloigne fortement du jeu de « *cluedo* » assez basique, caractéristique des cas pratiques universitaires. Les concours d'infractions se disputent à une critique de la procédure suivie dans quasiment tous les cas. Comme en droit civil, les questions posées peuvent permettre d'envisager des qualifications (ici des infractions) qui n'entrent pas formellement dans le programme. Si le candidat est en droit de les évoquer rapidement, c'est encore une fois dans le seul champ du programme qu'il doit construire la réponse à ces questions.

En droit public, les QRC portent sur l'organisation de l'État, de la justice, les libertés publiques et… le droit public. La principale difficulté s'entrevoit dans cette litanie de thèmes : **le champ de l'interrogation est extrêmement vaste.** À la lecture des sujets des années précédentes, on constate que le droit administratif, sans doute la matière qui demande le plus de travail d'apprentissage, est moins sollicité que le droit constitutionnel, l'organisation judiciaire et administrative et les libertés publiques. Demeure que l'on doit tout de même se garder de toute impasse, dès lors que les questions sont des plus hétéroclites.

L'épreuve ne durant que deux heures, l'enjeu de restitution des connaissances se double de la recherche de candidats capables de célérité et de synthèse. Un tel effort de synthèse est exigé du candidat notamment quand la question posée est, comme en 2015, « *Le bilan de la QPC* ». Une autre difficulté survient quand la question est, au contraire, particulièrement difficile et ciblée, comme en 2017 : « *Modalités, opportunités et limites de l'expérimentation législative prévue par la Constitution* ».

Ces consignes en mémoire, entraînez-vous, entraînez-vous et entraînez-vous !

Pour vous aider, vous remarquerez que chacun des exercices proposés est encadré par deux QR-codes. Prenez le temps, avec votre corrigé en mains, de regarder les vidéos vers lesquelles vous êtes guidé par ces QR-codes : les professeurs de l'ISP vous donnent des éléments essentiels de réflexion et mettent en évidence les principes et les clefs qu'ils ont suivis pour réaliser le corrigé **(1er QR-code)**.

Enfin, parce qu'un bon candidat à l'ENM maîtrise l'actualité sociétale et juridique, législative comme jurisprudentielle, si l'un des sujets / corrigés connaît une actualité au cours de l'année qui suit l'édition du présent ouvrage, le second QR-code vous guidera vers une vidéo d'explication et de décryptage de cette actualité **(2nd QR-code)**.

NB : Pour lire les QR-codes, veuillez télécharger sur votre smartphone ou votre tablette, un logiciel gratuit de lecture de codes-barres, QR-codes ou Flashcodes. Utilisez-le sur les codes pour accéder aux vidéos proposées.

Julie HABERMAN

Présidente du Groupe ISP

ENM
SOMMAIRE

Partie 1 CULTURE GÉNÉRALE

Partie 2 DROIT CIVIL ET PROCÉDURE CIVILE

ENM
SOMMAIRE
suite

CULTURE GÉNÉRALE

Sujet 1

DISSERTATION : LA VÉRITÉ EST-ELLE UN IMPÉRATIF DANS LA SOCIÉTÉ FRANÇAISE CONTEMPORAINE ?

(ANNALES CONCOURS ENM 2017)

Par la formule « *Vérité en deçà des Pyrénées, erreur au-delà* », Blaise Pascal soulignait l'aspect relatif de la vérité. Ce qui est une vérité pour quelqu'un à un moment ou un lieu donné (en deçà, donc du côté français des Pyrénées, par exemple) ne l'est peut-être pas pour une autre personne d'une autre époque ou d'une autre région. Pourtant, dans sa définition donnée par le dictionnaire Littré qui la décrit comme la « qualité par laquelle les choses apparaissent telles qu'elles sont », la vérité prétend être univoque.

La vérité est un des concepts philosophiques les plus étudiés et les plus débattus. Elle a donné naissance à des approches et définitions très diverses qui soulignent l'ambiguïté du terme. Le concept est l'origine d'interminables controverses chez les philosophes pour savoir s'il y a correspondance entre telle ou telle représentation et ce qui est. La vérité est au cœur des quêtes philosophiques et religieuses de nombreuses civilisations, en particulier la civilisation occidentale.

Sous l'antiquité grecque, Socrate et les autres philosophes avaient défini l'idée d'une vérité ultime et intangible au-delà des apparences changeantes du monde incarnée par le triptyque du vrai, du beau, et du bien. L'Occident chrétien, héritier de cette idée de vérité absolue, identifiait quant à lui la source de la vérité à la parole du Dieu unique, exprimée par le Christ dans l'Évangile selon Saint Jean : « Je suis le chemin, la vérité, et la vie. Nul ne vient au Père que par moi. » Sous l'influence de la philosophie des Lumières, la France a joué un rôle essentiel dans l'évolution de l'approche de la vérité, qui caractérise aujourd'hui la société contemporaine. Peu à peu, la source de vérité et la confiance se sont déplacées de Dieu vers l'homme. La modernité estime ce dernier capable de percer les lois de la nature aussi bien dans le domaine scientifique que politique, afin de parvenir au bonheur de l'humanité. La croyance dans le « progrès de l'esprit humain » selon la formule de Condorcet trouve son expression politique dans la Déclaration des droits de l'homme et du citoyen de 1789, fondée sur « des principes simples et incontestables ». La France se voulait alors le héraut de la vérité politique consistant au respect des droits et libertés de chacun.

Cependant, le projet révolutionnaire, en accordant la primauté à l'individu et à ses droits et libertés, a, dans le même mouvement, fragilisé l'existence d'une vérité collective immuable qui transcendait les perceptions individuelles. L'avènement de la modernité semble donc avoir atténué la place de la vérité dans nos sociétés. Celle-ci serait alors multiple, et du ressort de chacun, comme l'indique le titre de la pièce de Luigi Pirandello « À chacun sa vérité » (1917). La vérité perdrait alors de son intérêt au profit de discours multiples, voire d'une post-vérité qui accorderait davantage de place aux émotions qu'à la raison. Dans le même temps la volonté de transparence semble n'avoir jamais été aussi forte au sein de la société française. Dans une société démocratique comme la France, que reste-t-il alors de la recherche de la vérité ? La vérité est-elle toujours un impératif ou n'est-elle qu'une exigence secondaire ?

Alors que les principes fondateurs de la société française contemporaine font de l'exigence de vérité un impératif, elles en redessinent dans le même temps ses contours (I). La notion de vérité est aujourd'hui au cœur des interrogations de la société française et sa place doit être défendue (II).

I - Les principes de la société française contemporaine font de l'exigence de vérité un impératif tout en redéfinissant les contours traditionnels

A - L'IMPÉRATIF DE VÉRITÉ EST UN DES FONDEMENTS DE LA SOCIÉTÉ FRANÇAISE

Le passage d'une société théocentrée à une société sécularisée n'a pas conduit à l'abandon de la recherche de la vérité comme vertu cardinale. Elle demeure au fondement de notre projet de société.La vérité est tout d'abord une valeur centrale des régimes démocratiques. En tant que mandataires du peuple souverain, les élus de la nation lui doivent la vérité. Ils doivent rendre compte de leur action et les citoyens ont le droit de leur demander des comptes en vertu de l'article 15 de la Déclaration des droits de l'homme et du citoyen qui dispose que « La Société a le droit de demander compte à tout Agent public de son administration. »

Le Parlement « contrôle l'action du gouvernement » (Constitution, 4 octobre 1958, art. 24) pour s'assurer que celle-ci soit conforme à l'intérêt général. En matière de finances publiques, l'indépendance institutionnelle et statutaire de la Cour des comptes est garante de la production d'une information exacte et sincère à destination des citoyens. L'indépendance de la justice est constitutionnellement garantie par l'article 64 de la Constitution. Elle permet d'éviter tout obstacle politique à l'établissement de la vérité lors des affaires judiciaires.

Cette exigence de vérité a trouvé une nouvelle application dans les mesures visant à assurer davantage de transparence de l'action administrative. Ce mouvement a abouti à l'adoption de la loi du 12 avril 2000 relative aux droits des citoyens dans leurs relations avec l'administration puis d'un Code des relations entre le public et l'administration en 2016. Celui-ci régit les règles liées à la transparence de l'action publique, à la diffusion des informations aux administrés, ou encore à la motivation des actes administratifs. Ces obligations de vérité imposées à l'administration ont pour objectif de renforcer la confiance entre décideurs et citoyens, lien nécessaire au bon fonctionnement des institutions.

Cette exigence de transparence vis-à-vis du peuple exclut donc a priori le mensonge du champ politique et administratif. Le mensonge, déjà par ailleurs condamné par la morale, semble en effet incompatible avec l'idéal démocratique. Si cette condamnation du mensonge est unanime au sein de démocraties modernes, elle se fait à des degrés divers. Il en va ainsi de la société française même si certaines démocraties semblent adopter une attitude plus stricte face au mensonge politique, à l'image de la société américaine qui a poussé Richard Nixon à la démission à la suite de la découverte de l'affaire du Watergate.

En outre, la société française est, en tant que société démocratique, fondée sur une promotion d'une vérité objective par la diffusion d'informations et les progrès de la connaissance.

L'existence d'une presse libre et pluraliste est un élément essentiel d'un régime démocratique. Elle assure la diffusion d'une information objective et doit agir indépendamment du pouvoir. En cela, elle pose les conditions du débat et permet la confrontation des idées. En France, une autorité administrative indépendante, le Conseil supérieur de l'audiovisuel (CSA) a pour mission de « garantir l'exercice de la liberté de communication audiovisuelle en France ». La liberté de la presse est d'ailleurs l'un des instruments de mesure de l'indice de démocratie, créé en 2006 par le groupe de presse *The Economist*. Le durcissement d'un régime et son basculement vers l'autoritarisme comme observé récemment en Turquie provoquent toujours la mise sous tutelle de la presse afin de promouvoir une vérité qui serve les intérêts du pouvoir.

L'impératif de vérité trouve également un fondement dans la recherche du progrès de la connaissance et l'élargissement de son accès par l'éducation. Condorcet avait mis en lumière le rôle essentiel de l'éducation pour la liberté de l'homme et pour la pérennité du régime démocratique dans son ouvrage « Sur la nécessité de l'instruction publique » (1793). Il promeut l'établissement d'une instruction minimale commune à tous les citoyens, telle qu'aucun d'eux ne puisse devenir victime de mystifications (religieuse, économique, juridique, politique). L'éducation est aussi une condition de l'égalité et de l'exercice des libertés. Pour rendre réelle l'égalité des droits, il faut que « chacun soit assez instruit pour exercer par lui-même, et sans se soumettre aveuglément à la raison d'autrui, ceux dont la loi lui a garanti la jouissance ». L'école républicaine, portée par les « hussards noirs de la République » chers à Charles Péguy, se place dans ce même horizon de conquête de la liberté et de l'égalité par la connaissance.

Les progrès de la connaissance reposent aussi sur la liberté et l'indépendance de la recherche scientifique. Alors que les régimes totalitaires ont cherché à interdire ou à contrôler à leur profit les travaux scientifiques, les démocraties s'efforcent de promouvoir l'établissement d'un savoir objectif. En France, les enseignants-chercheurs jouissent de libertés particulières, notamment l'indépendance. L'article L. 952-2 du Code de l'éducation dispose ainsi que « Les enseignants-chercheurs, les enseignants et les chercheurs jouissent d'une pleine indépendance et d'une entière liberté d'expression dans l'exercice de leurs fonctions d'enseignement et de leurs activités de recherche (...) ». La recherche scientifique apparaît comme une recherche progressive de la vérité à l'exemple de la méthode expérimentale qui consiste à tester par des expériences la validité des hypothèses. Elle est au fondement d'une société qui recherche des améliorations, qui s'ouvre à l'innovation, qui a la capacité de se remettre en cause, d'apprendre de ses erreurs et d'évoluer pour un mieux. L'idée même du progrès suppose une recherche permanente de nouvelles vérités.

Enfin, il convient de préciser que l'exigence de vérité dans la France contemporaine n'est pas seulement un héritage des principes fondateurs de la société démocratique. Elle demeure en construction permanente et connaît de nouvelles avancées notables dans les domaines les plus divers. Par exemple, le droit des enfants à connaître leurs origines a été reconnu avec la création du Conseil national pour l'accès aux origines personnelles (CNAOP) en 2002. Sur un sujet très différent, notons qu'un effort a aussi été engagé afin d'intégrer davantage de vérités historiques dans la mémoire nationale. En 1995, Jacques Chirac reconnaissait ainsi la responsabilité de l'État français dans la rafle du Vel d'Hiv. Plus récemment, en 2012, François Hollande a effectué une démarche similaire en reconnaissant le massacre d'Algériens lors de la manifestation du 17 octobre 1961. La loi dite Taubira du 10 mai 2001 traitant du passé esclavagiste s'inscrit dans la même démarche. Si l'histoire – ensemble de faits objectifs – et la mémoire – construction subjective – ne sauraient être confondues, ces évolutions sont néanmoins motivées par un désir de vérité et de justice par rapport au passé, exprimé par la société française.

B - LA SOCIÉTÉ FRANÇAISE REDÉFINIT L'IMPÉRATIF DE VÉRITÉ

S'il est ainsi placé au fondement de notre société, l'impératif de vérité n'en recouvre pas moins une acceptation moderne très différente de ce que recouvrait traditionnellement cette notion, parfois même affublée d'un « v » majuscule. En effet, la vérité immuable et unique a laissé la place à l'expression plurielle des opinions et cette vérité doit parfois céder devant d'autres impératifs. En premier lieu, les vérités modernes sont des vérités relatives qui reposent sur l'idée de liberté. La société contemporaine accorde une place prééminente à la liberté d'opinion, la liberté de conscience, empêchant d'imposer une vérité supérieure.

Dans le champ politique, le débat démocratique suppose bien entendu que chacun puisse défendre sa conviction de ce qu'est l'intérêt général. Le droit de vote érige même le fait d'avoir une opinion personnelle en exigence démocratique. Les élections permettent alors de trancher parmi les multiples discours des membres du corps social. Les partis dits « populistes » sont dès lors problématiques dans la mesure où ils s'arrogent l'exclusivité de la représentation et de la défense des intérêts du peuple, privant ainsi de légitimité le pluralisme des opinions pourtant nécessaire au jeu démocratique. Dans « La Crise de la culture » (1968), Hannah Arendt alertait déjà sur les dangers de tout discours qui prétend détenir le monopole de la vérité.

En matière religieuse domaine de la « vérité immuable » par excellence, l'abandon de toute religion officielle tend à relativiser la valeur accordée aux différentes doctrines. Elles peuvent certes toujours être regardées comme des vérités par le croyant mais non au point de les faire prévaloir sur toute autre considération. Cette évolution pour la société prise dans son ensemble n'est pas sans conséquence au niveau de l'individu. Tel est le constat dressé par Jean-Louis Schlegel dans « Religions à la carte » (1995) qui évoque un phénomène de « désinstitutionnalisation du croire » au profit d'une recomposition des croyances. Les fidèles reconstituent ainsi leur croyance par l'emprunt d'éléments à toutes sortes de sources religieuses mais aussi philosophiques. L'exigence de respect des autres croyances et du principe de laïcité impose quant à lui au croyant de respecter les autres vérités et de se soumettre aux lois séculières de la République.

Le caractère relatif de la vérité proposée par la société moderne affecte également le champ de la recherche scientifique dont l'objet est pourtant d'identifier des vérités solides. La notion de progrès scientifique suppose en effet une évolution qui conduit certaines théories à être modifiées ou réfutées. Le philosophe Karl Popper a d'ailleurs fait du critère de réfutabilité l'élément central de la définition de ce qui est scientifique.

En second lieu, non seulement la vérité revêt désormais une valeur plus relative dans la société contemporaine, mais l'exigence de transparence qui lui est souvent associée se trouve limitée au nom des droits fondamentaux. Cette exigence est tout d'abord tempérée par le principe de protection de la vie privée et de multiples secrets protégés par la loi (secret bancaire, secret médical). Comme l'indiquait le vice-président du Conseil d'État, Jean-Marc Sauvé, lors du colloque « Transparence, valeurs de l'action publique et intérêt général » (2011), la transparence doit aussi être conciliée avec le respect des secrets nécessaires à la protection des intérêts fondamentaux légitimes de l'État ou à la sérénité du processus de décision publique. Tel est le sens, par exemple, du secret des délibérations du Gouvernement, en tant qu'il protège en particulier l'élaboration des décisions gouvernementales, ou encore des secrets en matière de monnaie et de crédit, de sécurité et de défense nationales ou de relations internationales.

Ainsi s'impose l'exigence de vérité, telle que redéfinie par la société démocratique est sécularisée. Cet impératif est même d'autant plus actuel que la notion de vérité est aujourd'hui confrontée à de nombreux défis et fait l'objet d'une crise.

II - Un impératif de vérité renforcé au service du projet démocratique

A - LA NOTION DE VÉRITÉ EST AU CŒUR DES INTERROGATIONS DE LA SOCIÉTÉ CONTEMPORAINE FRANÇAISE

La notion de vérité est aujourd'hui traversée par des tensions et des exigences parfois contradictoires. Tout d'abord, la société française traverse une crise de défiance vis-à-vis des élites qui fragilise son rapport à la vérité. Les citoyens sont de plus en plus méfiants envers les cadres de la société, parfois accusés de dissimuler ou de falsifier la vérité. Or, au sein d'une société, c'est le rôle des élites d'éclairer, d'orienter et d'organiser la vie sociale. Ils servent de médiateurs entre des connaissances complexes et le grand public et sont un des pivots de « l'alliance du progrès scientifique et de la justice sociale » selon l'expression de Jacques Julliard (« La faute aux élites », 1997). La distension du lien entre les élites et le peuple trouble donc profondément le rapport à la vérité de la société.

Cette défiance existe à l'encontre des décideurs politiques dont la parole est de plus en plus systématiquement mise en doute. C'est un des éléments de la crise de la représentation. Les élus ne relaieraient plus les attentes de leurs mandants, les élites seraient « coupées du peuple » (Daniel Bougnoux, « La crise de la représentation », 2006). Au-delà de la parole politique, la défiance s'étend aussi au travail des journalistes dont l'indépendance et l'impartialité voire la bonne foi sont de plus en plus souvent remises en cause. Plus inédit, la parole scientifique est également interrogée et reçue avec beaucoup plus de scepticisme qu'autrefois.

Les causes de cette défiance sont multiples. Pour la parole politique, la fin des « Trente Glorieuses » et l'incapacité à répondre efficacement aux crises successives ont entamé la confiance placée dans les hommes politiques. Au cours des années 1990, était ainsi apparue dans le débat public français la célèbre expression de « pensée unique », synonyme d'un dogme libéral que les principaux partis politiques, médias et décideurs économiques auraient décidé ensemble d'imposer comme vérité incontestable. Les tenants de cette thèse signifiaient ainsi que son but était de cacher la possibilité de politiques alternatives et d'empêcher tout réel débat.

Plusieurs scandales et mensonges ont également joué un rôle important dans l'affaiblissement du lien de confiance entre les citoyens et leurs représentants. Déjà La Bruyère dans « Les Caractères » (1688) alertait sur les mensonges des puissants : « Ce sont des hommes polis comme du marbre, qui pratiquent l'art de dissimuler. » Des cas récents illustrent un recours au mensonge d'État non pour servir la cause du peuple, mais celle d'une personne ou d'un groupe particulier. Cela s'est produit avec George W. Bush et le mensonge sur les armes de destruction massive afin de justifier la guerre d'Irak et du même coup sa position de pouvoir, et avec José María Aznar lors de l'attentat de Madrid en accusant l'ETA et maquillant la piste d'Al-Qaïda afin de favoriser la réélection du Parti populaire. C'est, plus récemment, le cas de Jérôme Cahuzac qui a longtemps nié avoir des comptes en Suisse et en Asie avant de le reconnaître. D'autres scandales ont contribué à décrédibiliser la parole politique. C'est, par exemple, le cas de l'affaire du sang contaminé, ou encore de l'accident de Tchernobyl. Les scientifiques et journalistes n'échappent pas non plus aux accusations de partialité et de défense d'intérêts particuliers, souvent financiers.

Cette défiance prend une forme paroxystique à travers la diffusion actuelle des théories du complot. Les institutions politiques, économiques et judiciaires mais aussi les médias sont accusés d'être au service d'un plan dissimulé aux citoyens. Le mensonge ne serait plus l'exception mais le principe de fonctionnement de nos sociétés. Un des exemples les plus emblématiques sont les attaques terroristes du 11 septembre 2001, qui selon ces théories auraient été fomentées par l'administration américaine. Ce retour en grâce des théories du complot, auquel la société française n'échappe pas, peut inquiéter dans la mesure où elle rappelle les thèses de l'extrême droite européenne au début du XXe siècle fondée sur un faux document, « Les Protocoles des Sages de Sion ». Ce dernier visait à faire croire à un plan de conquête du monde établi par les juifs et les francs-maçons (« Histoire d'un mythe, La «conspiration» juive et les protocoles des sages de Sion », Norman Cohn, 1967). À l'heure de la mondialisation, ces thèses se répandent de nouveau sous couvert de complot des « Illuminati » popularisé notamment auprès des jeunes au sein de la société française.

Plus inédit peut-être, il existe aussi un doute sur la vérité scientifique reléguée parfois au rang d'une opinion parmi d'autres. En matière de réchauffement climatique, l'administration américaine actuelle se propose d'établir sa fameuse « vérité alternative » pour contrebalancer les conclusions du Groupe d'experts intergouvernemental sur l'évolution du climat (GIEC). La France n'échappe pas non plus à la montée du scepticisme face aux connaissances scientifiques notamment lorsqu'elles concernent la santé.

Parallèlement à la fragilisation de la place de la vérité dans la société, on assiste donc à une soif de vérité qui peut être en proie à des manipulations.

Ensuite, en réponse à la crise de confiance en la vérité institutionnelle, de nouvelles quêtes de la vérité apparaissent qui sont elles-mêmes problématiques.

La première forme prise par cette quête est celle du retour à une vérité simple, plus intuitive et plus absolue en opposition à la complexité du débat démocratique qui confronte une pluralité d'opinions et peut être sujette aux manipulations et dissimulations. Le régime de Vichy a par exemple proposé une conception très primitive de la vérité contenue dans la formule du maréchal Pétain « La terre ne ment pas », qui sous-entendait un mensonge systématique de la part des institutions élues. Aujourd'hui, les mouvements dits « populistes » remplacent la complexité du monde par une approche simple voire simpliste en discréditant les discours institutionnels qui tentent de transcrire la complexité du monde.

Ce besoin d'une vérité simple et forte est aussi illustré par le phénomène de retour du religieux, décrit par Gilles Kepel dans son ouvrage « La Revanche de Dieu » (1991). Ce retour du religieux a essaimé depuis 1975, à la faveur des crises économiques et de l'effondrement des idéologies. Le dogme religieux, donné aux hommes, exclut le doute et le débat. Il concurrence l'offre de vérité en apportant une explication complète du monde qui s'oppose parfois frontalement au discours scientifique et à la loi.

La soif de vérité simple apparaît également dans le rapport du public au temps. Le temps de la recherche de la vérité est mis sous pression par le besoin de l'opinion de trouver des explications et des coupables. Dans le domaine judiciaire, le respect des procédures et des principes comme la présomption d'innocence est souvent bafoué. Plusieurs affaires politico-judiciaires illustrent cette soif de vérité immédiate. À la fin des années 1960, l'affaire Markovic a conduit certains milieux parisiens à porter de fausses accusations à l'encontre de la femme du Premier ministre Pompidou. Plus récemment, aux débuts des années 2000, l'affaire Patrice Allègre a impliqué des personnalités toulousaines dans des affaires très graves mais mensongères. On exige une vérité immédiate et il est attendu des médias qu'ils la fournissent.

Enfin, Internet joue un rôle essentiel dans le bouleversement de l'approche de la vérité. Le Web, parce qu'il permet une massification exponentielle de la diffusion de l'information et une accessibilité sans coût à cette information a semblé pouvoir donner corps au programme de la « société de la connaissance ». Cette notion a été définie par Peter Drucker (Drucker, 1969) et le rapport de l'UNESCO « Vers les sociétés du savoir » (2005) peut être considéré comme son manifeste. Internet devait permettre un accès égal et universel à la connaissance qui donnerait naissance à des sociétés du savoir fondées sur un développement humain et durable. Mais l'expérience a montré qu'Internet était aussi le lieu privilégié de diffusion des mensonges et de fausses rumeurs à qui le web offre un écho sans précédent par le partage sur les réseaux sociaux, les blogs, les sites. Internet aggrave les tensions en troublant encore davantage le rapport à la vérité. Gérald Bronner a montré dans « La démocratie des crédules » (2013) que le web avait permis à une petite minorité motivée de donner une audience sans précédent à leurs fausses théories. Ces théories sont appuyées par un nombre tellement important d'arguments qu'il est presque impossible de les réfuter tous un par un.

Le foisonnement d'informations fausses au détriment de la réalité des faits conduirait selon certains auteurs à l'avènement d'une ère de « post-vérité ». Cette expression, élue « mot de l'année » par le très sérieux dictionnaire d'Oxford, désigne un contexte dans lequel les faits objectifs auraient désormais moins d'influence pour former l'opinion publique que l'appel à l'émotion et aux croyances personnelles (Harry G. Frankfurt, « De la vérité », 2008). Ralph Keyes dans « L'ère de la post-vérité » (2004) souligne quant à lui que les réseaux sociaux deviennent la première source d'information, au détriment des médias traditionnels, décrédibilisés. Le web 2.0 devient alors le support principal de cette post-vérité, constituée d'informations erronées et de sources peu vérifiables. Le progrès espéré vers une plus grande vérité promise par Internet a donc connu une grande désillusion.

L'émergence d'un monde virtuel fait de pseudos et d'avatars du fait des nouvelles technologies informatiques pose également la question de la frontière entre le réel et le virtuel et complexifie ainsi le rapport à la réalité.

Le rapport à la vérité est profondément troublé au sein de la société française contemporaine et aggrave ses fractures. Il convient d'apporter une réponse à cette crise de la vérité en luttant contre les écueils du foisonnement d'informations.

B - DÉFENDRE LA PLACE DE LA VÉRITÉ AU SEIN DE LA SOCIÉTÉ FRANÇAISE CONTEMPORAINE

Plusieurs pistes peuvent être suivies pour lutter contre la crise actuelle que traverse la notion de vérité. Tout d'abord, le développement de la transparence doit contribuer à rétablir la confiance qu'ont les citoyens dans les institutions et dans l'organisation de la société elle-même. Un des aspects emblématiques de cette transparence est la moralisation de la vie publique. Des textes récents ont renforcé cette exigence telle la loi du 11 octobre 2013 relative à la transparence de la vie publique et la loi du 20 avril 2016 relative à la déontologie et aux droits et obligations des fonctionnaires. Désormais, certains responsables politiques et fonctionnaires doivent ainsi fournir des déclarations de patrimoine et d'intérêts sous le contrôle d'une Haute autorité pour la transparence de la vie publique (HATVP) créée en 2014. Ces démarches doivent être poursuivies.

Ensuite, pour répondre à la tentation des discours simples voire simplistes qui s'érigent en vérités absolues, il convient de promouvoir toujours et encore une culture de la tolérance, du débat rationnel et du compromis, ce qui est en principe le propre d'une société démocratique. Dans le champ politique, le renforcement de la participation des citoyens doit permettre le respect des opinions adverses et une plus grande acceptation du processus de décision ; la décentralisation, la création des métropoles (qui rapprochent le niveau de décision des enjeux et du vécu des citoyens) ainsi que les diverses initiatives de démocratie participative peuvent y contribuer. Cette exigence doit aussi irriguer les relations entre l'administration et ses usagers. En 2011, le Conseil d'État avait ainsi consacré son rapport annuel de l'année 2011 à ce sujet (« Consulter autrement, participer effectivement ») ; il proposait un renouvellement des procédures de participation des citoyens à l'élaboration des décisions dans le cadre d'une « administration délibérative ».

Les évolutions vers davantage de transparence présentent néanmoins plusieurs limites. Un excès de transparence peut poser des questions quant au respect de la vie privée. Le culte de la transparence peut aussi conduire à une paralysie de la décision publique à cause de la multiplication des consultations et des outils de participation du public. Finalement, le risque majeur est d'assimiler transparence et vérité. La transparence a la vertu d'effacer de nombreux doutes mais elle n'est jamais garante d'une vérité absolue.

Contre la diffusion de discours religieux extrêmes revendiquant le primat de leur vérité particulière sur la volonté générale, la conception française de la laïcité doit être défendue. Il convient de rappeler et de promouvoir l'idée selon laquelle la liberté de croyance et de culte est d'autant mieux assurée que l'espace public n'est pas préempté par telle ou telle confession. L'enseignement du fait religieux à l'école pourrait peut-être permettre une meilleure connaissance mutuelle entre les différentes confessions propres à faire reculer les fantasmes qui affectent souvent la religion de l'autre.La conception scientifique de la recherche de la vérité doit aussi être défendue. Au-delà de l'enseignement et de la recherche, la vulgarisation et la plus large compréhension de la démarche seront propres à éviter le développement de nouvelles formes d'obscurantismes.

Enfin, la lutte contre la diffusion de mensonges, de contre-vérités, et de fausses informations sur internet doit devenir une priorité dans le respect de cet espace de liberté. La loi du 29 juillet 1881 sur la liberté de la presse punit d'une amende de 45 000 euros « la publication, la diffusion ou la reproduction, par quelque moyen que ce soit, de nouvelles fausses, de pièces fabriquées, falsifiées ou mensongèrement attribuées à des tiers lorsque, faite de mauvaise foi, elle aura troublé la paix publique, ou aura été susceptible de la troubler ». Gérald Bronner (« La démocratie des crédules », 2013) propose de créer pour les journalistes une commission de sanctions par les pairs à l'image de celles qui existent chez les médecins par exemple. Dans le même esprit, il faut élargir la lutte contre la diffusion de fausses informations sur internet, au besoin par des politiques de coopération internationale pour surmonter le caractère transnational de ce réseau. En France, des évolutions ont montré qu'il était possible d'agir sur internet par le biais d'une plus grande responsabilisation des fournisseurs d'accès à internet (FAI). Par exemple, depuis la loi sur la confiance dans l'économie numérique de 2004, les hébergeurs peuvent être responsables du contenu hébergé si, ayant été alertés, ils n'ont pas agi « *promptement* » pour retirer ces données ou en rendre l'accès impossible.

Conclusion

L'exigence de vérité n'est pas seulement un impératif traditionnel de la société française en tant que démocratie contemporaine. Elle ressurgit aujourd'hui avec une acuité particulière. Le doute et le scepticisme se développent quant au mode d'administration de la vérité et ses canaux habituels sont remis en cause. Les médias sont accusés de diffuser des informations partiales au service d'intérêts particulier et, plus inédit, les travaux scientifiques sont relégués au rang d'opinions. Dans le même temps, le besoin d'une meilleure compréhension du monde et d'une vérité absolue se fait ressentir et peut conduire la société à s'abandonner à des discours simplistes qui fournissent une explication complète mais souvent fausse ou mensongère. On y retrouve les théories du complot ou les discours populistes.

Les critiques actuelles de la recherche de la vérité et ses excès sont liés à la difficulté de faire partager la vérité dans une société en quête d'identité où chacun est invité à rechercher et à exprimer sa propre vérité, tant au plan individuel que de groupes ou de communautés. Qui plus est, notre société considère en principe l'esprit critique et le doute comme des vertus car facteurs de progrès au risque de détruire toute confiance. Cette ambivalence est rappelée par Paul Ricoeur s'agissant de l'effet sur nos sociétés des œuvres de ceux qu'il nomme « les maîtres du soupçon », Karl Marx, Friedrich Nietzsche et Sigmund Freud.

L'impératif est donc que les nouvelles quêtes de vérité qui s'expriment au sein de notre société soient employées pour en réaliser encore davantage les idéaux et non à en saper les fondements. Mais à faire d'excès, d'empressements et de manipulations, le risque existe.

FAIRE LE POINT SUR L'ACTUALITÉ DU SUJET

Sujet 2

DISSERTATION : LA SOCIÉTÉ FRANÇAISE FACE AUX DÉFIS DU TERRORISME (ANNALES CONCOURS ENM 2016)

Les attentats qui ont frappé la France en 2015 et 2016 ont marqué l'écriture d'une nouvelle page de l'histoire très ancienne du terrorisme, c'est-à-dire de l'usage politique de la terreur. L'historien Flavius Josèphe atteste sa pratique dès le Ier siècle en Palestine avec l'émergence d'un groupuscule, les Sicarii, qui contesta la présence romaine. Cette première occurrence annoncera une succession de groupes antiques et médiévaux qui présentent des similarités : la dimension idéologique/religieuse qui gouverne pratiquement tous les mouvements terroristes ; un ciblage orienté vers des représentants du gouvernement et des civils ; un modus operandi quasiment immuable avec des techniques sommaires mais dont l'essence choque les esprits ; une stratégie fixée sur la dimension psychologique de l'affrontement ; une zone grise où s'entremêlent activités criminelles et politiques.

La question des dernières attaques terroristes contre la société française de 2015 avive cependant une interrogation de fond puisque celles-ci vont bien au-delà du simple registre criminogène en menaçant directement notre propre modèle de société.

En effet, comment une société démocratique peut-elle concilier l'exigence de sécurité avec celle de la protection des libertés fondamentales qui définissent son socle de valeurs communes ? À travers les réponses trouvées, ne doit-on pas s'inquiéter du bon équilibre entre ces deux exigences, au risque de poser qu'une réponse adaptée illustre la capacité d'une société mature à garantir l'État de droit tout en luttant efficacement contre le terrorisme ?

Si le terrorisme est désormais pour la société française une nouvelle menace aux effets ambivalents (I), son ampleur inédite oblige la société française à réaffirmer continuellement ses fondements (II).

I - Le terrorisme est désormais une menace pour la société française aux effets ambivalents

A - UN PHÉNOMÈNE MARQUÉ PAR L'ÉMERGENCE DU MOTIF RELIGIEUX QUI A CONTRIBUÉ MOMENTANÉMENT AU RENFORCEMENT DE LA COHÉSION DE LA SOCIÉTÉ FRANÇAISE

Le terrorisme contemporain reste marqué par l'irruption du discours religieux. En effet, en 1979, alors que les groupuscules terroristes d'extrême gauche sont en bout de course, les jalons de la prochaine vague sont posés par la Révolution iranienne et l'invasion soviétique de l'Afghanistan. Le cas de l'Iran est quasiment unique dans la mesure où le gouvernement iranien exploite l'arme du terrorisme dans le cadre de sa politique étrangère, soit directement, soit par l'intermédiaire de groupes implantés à l'étranger comme le Hezbollah. Les Iraniens feront quelques émules, comme le colonel Kadhafi en Libye. La résistance afghane aux Soviétiques, à travers l'action des moudjahidin, est quant à elle à l'origine des principaux mouvements djihadistes de la période, à commencer par Al-Qaïda, dont la genèse est directement liée à ce conflit, et Daesh, qui s'est constitué à partir d'un noyau d'anciens membres d'Al-Qaïda. Al-Qaïda, une fois les Soviétiques refoulés, s'attacha à combattre les autres puissances occidentales. À partir de là, cette nouvelle vague prend corps, au moment même où la guerre froide se termine.

La première caractéristique des mouvements djihadistes est l'omniprésence du discours religieux. Cet aspect est singulier dans l'histoire moderne du terrorisme. Il tient à deux facteurs : l'érosion de l'idéologie marxiste-léniniste comme moteur de changement ; le rejet de la modernisation et de l'Occident qu'accompagne le désir parmi certains mouvements musulmans extrémistes de reconstruire l'âge d'or du grand califat. Néanmoins, ce discours religieux militant s'apparente par de nombreux aspects au discours idéologique classique : il a une vocation universelle qui transcende le cadre des frontières nationales et offre une alternative en termes d'organisation de la société. Enfin, ce discours, comme le discours révolutionnaire classique, critique les impuretés de la société moderne, ainsi que ses injustices, et invoque le déterminisme historique qui doit provoquer la transition qu'assure une force supérieure (Allah/la lutte des classes) au nom de laquelle les combattants œuvrent avec acharnement. La justesse affichée de la cause invoquée justifie que les moyens les plus extrêmes soient employés pour la servir. Parmi ces moyens, l'usage de la terreur contre des cibles indiscriminées est considéré comme légitime.

Le terrorisme prend désormais la place de l'ennemi d'hier qui était auparavant occupée par la figure de l'Allemand pendant près d'un siècle ou plus près de nous, par la menace soviétique lors de la guerre froide.

Cette nouvelle figure du terrorisme se révèle ainsi proche de celle de l'altérité radicale qu'évoque le poète grec Konstantin Khavafy dans son poème « Les Barbares », sauf qu'à l'inverse de cette fiction poétique lourde de sens, la barbarie existe comme les épisodes sanglants de 2015 et 2016 l'ont démontré.

Dès lors, le terrorisme peut devenir un élément structurant, une sorte d'union nationale face aux crimes perpétrés. « L'esprit du 11 janvier 2015 » fait ainsi explicitement référence à une nouvelle forme d'Union sacrée, reprenant à son actif comme son irréfutable légitimité, cette expression utilisée lors du Premier conflit mondial, sous l'égide du Premier ministre Georges Clemenceau pour accroître l'effort de guerre et maintenir le moral de la population et des soldats français.

Cette nouvelle forme de cohésion nationale, qui dépasse les soubresauts de la vie politique du quotidien, sort du cadre des frontières nationales. En effet, à l'instar de ce qu'évoquait G. W. F. Hegel dans les « Principes de la philosophie du droit » (§323), le terrorisme peut être assimilé à une guerre et, d'une certaine manière, renforcer la cohésion du peuple ou de la nation. Le concept de « Sittlichkeit », c'est-à-dire de « vie éthique », implique la capacité d'un peuple uni à se projeter pour mieux contrer l'adversité. Un peuple attaqué, certain de ses valeurs qu'il s'agit de défendre sans relâche fût-ce à l'extérieur du territoire national, est, selon Hegel, d'autant plus fort qu'il est certain de la rectitude de ce qu'il défend et de ce au nom de quoi il est attaqué. Dès lors, le renforcement de la cohésion nationale française s'exprime dans le soutien aux engagements des troupes dans les opérations sur les théâtres extérieurs situés au Mali, en Syrie et bientôt en Libye. Alors que le soutien de l'opinion française pour l'intervention en Afghanistan avait été plutôt modéré, il semble, qu'à l'inverse, les opérations Serval et Chammal ont été plébiscitées ; l'intervention malienne ayant même fait l'objet d'une pièce de théâtre de Berty Cadilhac.

B - LE TERRORISME RESTE CEPENDANT UN DÉFI POUR LES VALEURS DE LA SOCIÉTÉ FRANÇAISE

Les actes terroristes sont un défi pour toute société démocratique, comme la société française, car ils constituent une provocation, voire la négation pure et simple, des valeurs qui la fondent. Outre le fait qu'ils remettent en cause la notion de violence légitime qui échoit, dans une tradition héritée de Thomas Hobbes et son « Léviathan » et à Max Weber dans « Économie et société », à l'État, les attentats constituent des actes de guerre perpétrés par des groupes non étatiques ou se réclamant de structures étatiques, comme l'État islamique, dont la reconnaissance internationale fait débat. Alors que notre société repose sur la confiance et le respect des valeurs de la pluralité démocratique, l'irruption de la violence anomique perpétrée par le terrorisme instille la peur et la haine.

En effet, une telle peur agit à tous les niveaux de la société, y compris au niveau économique où elle est analysée par Yann Algan, dans son ouvrage « La Fabrique de la défiance… et comment en sortir », comme une véritable taxe et entrave le développement des échanges. Pressé par ses pairs d'expliquer l'origine de la richesse des nations lorsqu'il reçut le prix Nobel d'économie en 1972, Kenneth Arrow surprit tout le monde en ne mentionnant aucun facteur économique traditionnel tel que le travail ou l'accumulation de capital physique et humain, mais uniquement la confiance. Ainsi, virtuellement, tout échange commercial contient une part de confiance, comme toute transaction qui s'inscrit dans la durée. On peut vraisemblablement soutenir qu'une grande part du retard de développement économique d'une société est due à l'absence de confiance réciproque entre ses citoyens. La confiance facilite grandement les échanges entre les hommes dans des sociétés modernes complexes où il est impossible de stipuler par contrat les moindres détails des engagements des parties.

La capacité des entreprises à développer des méthodes de travail horizontales, qui donnent toute leur place à l'initiative individuelle est donc essentielle pour promouvoir la croissance.

Aujourd'hui, performance économique et performance sociale vont de pair. La coopération et la qualité de nos relations sociales sont en effet aussi essentielles à notre bien-être. Le contraire de la confiance n'est pas seulement la défiance mais l'angoisse et la terreur existentielle. Notre société moderne perçoit la majorité des risques comme relevant directement de l'action des hommes et c'est pourquoi le terrorisme présente une dimension fortement anxiogène. La possibilité de faire confiance aux autres, de pouvoir croire en la capacité des autorités publiques à réguler le risque du terrorisme, implique une réponse adaptée des pouvoirs publics.

Le terrorisme est avant tout un défi pour la société française actuelle d'apporter une réponse fidèle à nos valeurs. Jusqu'où est-il possible de renforcer la sécurité tout en conservant nos libertés fondamentales et nos principes ? Est-il possible de considérer que l'ampleur de la situation implique de proroger des pouvoirs d'exception qui sont nécessairement, dans un état démocratique où le principe de dictature ne doit pas céder le pas à la tyrannie, limités dans le temps ?

Le droit comporte pourtant une zone ambiguë, imprécise, inquiétante même : « l'état d'exception ». Cette zone figure sur toutes les cartes, quoique sous des noms différents. En France, elle s'appelle « l'état de siège » ; ou encore « l'état d'urgence » en Allemagne ou la « loi martiale » en Angleterre. Il s'agit d'une disposition qui autorise le souverain à suspendre l'application de la Constitution dans le cas où l'ordre politique est menacé. Elle l'autorise à prendre des mesures exceptionnelles, passer outre l'avis du Parlement, gouverner par ordonnances. Elle lui donne même le droit de mettre en suspens les libertés publiques. Ce droit exceptionnel a connu une manifestation récente qui a marqué les esprits. Un peu plus de deux mois après les attentats du 11 septembre 2001, George W. Bush émet un « military order » qui autorise la détention indéfinie d'étrangers soupçonnés d'avoir attenté à la sécurité nationale des États-Unis, en toute violation des législations nationales ou internationales. Ce décret a donné lieu à la création du camp de Guantanamo, où ont été détenues sans procès des personnes soupçonnées d'être liées à l'organisation terroriste Al-Qaïda.

Il revient à Carl Schmitt d'avoir pointé les zones d'ombre de l'état d'exception. Que peut-on dire en effet d'un système juridique qui prévoit sa propre suspension ? Peut-on encore considérer que le droit régit les agissements du prince ? Oui, dans la mesure où en proclamant l'état d'exception celui-ci obéit à la règle. Non, puisque dès cet instant, il s'affranchit du droit. L'état d'exception repose, on le voit, sur un paradoxe. Pour nombre de juristes, comme Hans Kelsen, l'ennemi attitré de Carl Schmitt, ce n'est là qu'une bizarrerie, un cas limite qui ne relève plus du domaine de la science juridique. C'est « l'exception qui confirme la règle ». Aux yeux de Carl Schmitt, l'état d'exception appelle au contraire une redéfinition du rapport entre droit et pouvoir : il faut penser la règle à partir de l'exception.

Une telle ambition est délicate, dans la société française en proie aux doutes quant à la licéité et à la légitimité des mesures prises dans la foulée des attentats, comme la loi *Renseignement* de l'automne dernier. Combattre le terrorisme implique-t-il de juguler les libertés et d'instaurer durablement un gouvernement d'exception ? Selon Carl Schmidt, c'est au souverain qu'il incombe de proclamer (ou non) la situation exceptionnelle. Plus encore, c'est à lui de créer les conditions de validité des normes juridiques. Il n'existe pas de norme que l'on puisse appliquer à un chaos. Il faut que l'ordre soit établi pour que l'ordre juridique ait un sens. Il faut qu'une situation normale soit créée, et celui-là est souverain qui décide définitivement si cette situation existe réellement. Là réside l'essence de la souveraineté de l'État. Il n'est dès lors plus concevable de concevoir l'état de droit comme le règne de la loi, qui aurait succédé à l'empire de la force. Le droit repose-t-il en définitive sur la force ? Sur l'autorité, dirait Carl Schmitt. L'état d'exception révèle avec la plus grande clarté l'essence de l'autorité de l'État. C'est là que la décision se sépare de la norme juridique, et (pour le formuler paradoxalement) là que l'autorité démontre que, pour créer le droit, il n'est nul besoin d'être dans son bon droit. La difficulté demeure cependant de maintenir la prééminence des valeurs au-delà ou plutôt malgré les circonstances.

II - Face à des attaques d'une ampleur inédite, la société française doit continuer d'affirmer ses fondements

A - L'ÉTAT ISLAMIQUE VISE DIRECTEMENT CE PAR QUOI NOUS FAISONS SOCIÉTÉ

Les attaques terroristes, qui ont frappé la France, ont été conduites par l'État islamique. De manière générale, Daesh désigne les pays européens comme l'ennemi, en raison du caractère multiculturel et multiconfessionnel qui définit leur société. En effet, à l'instar de la France, où prévaut le principe de séparation des Églises et des États, l'appartenance à une religion particulière ne saurait soustraire ceux qui la revendiquent à la loi commune et séculière. L'affirmation de la loi de 1905 portant séparation des Églises et de l'État apparaît ainsi comme une provocation pour le djihadisme pour lequel la première étape de la guerre sainte repose sur la distinction entre musulmans et non-musulmans, que ce soit sur la terre d'Islam (djihad défensif) qu'au dehors (djihad offensif). Ainsi, dans la société française où les communautés musulmanes demeurent, dans leur grande majorité, acquises à la laïcité, le phénomène djihadiste séduit une minuscule minorité, qui pousse jusqu'au bout cette quête identitaire en une révolte, souvent perçue comme « nihiliste », contre leur environnement. Dans cette perspective, le djihadisme est avant tout une mouvance politique, qui s'abrite derrière des références religieuses pour légitimer des objectifs de nature révolutionnaire, visant à instaurer une société musulmane homogène. Il fédère des gens qui, soit se sentant exclus, soit estimant que les musulmans, partout dans le monde, sont victimes d'injustices, recourent à la violence afin d'inverser le rapport de force entre victimes et bourreaux.

Dans ce cadre général, il n'est pas étonnant que la France soit tout particulièrement visée. En effet, le modèle républicain traduit ces valeurs de la société moderne d'une façon particulièrement prononcée puisque l'indivisibilité de la République va de pair avec l'affirmation d'une Nation une et indivisible. En précisant que « la France est une République indivisible, laïque, démocratique et sociale. Elle assure l'égalité devant la loi de tous les citoyens sans distinction d'origine, de race ou de religion. Elle respecte toutes les croyances. », l'article 1er de la Constitution de la Ve République soustrait les valeurs religieuses de l'espace public afin d'assurer le respect de toutes les croyances dans le cadre posé par la loi. En outre, de telles valeurs sont ainsi le socle de la communauté nationale depuis la fin du XIXe siècle et leur affirmation coïncide avec l'enracinement de la forme républicaine de gouvernement dans nos institutions.

Or, Daesh revendique la destruction complète de notre société, en tentant d'instiller des fractures entre musulmans et non-musulmans par une incitation constante à la haine. L'acte terroriste, en créant une onde de choc dans l'opinion publique, répond ainsi à cet objectif. C'est pourquoi, en réponse aux premiers attentats de l'année 2015 perpétrés contre la rédaction de l'hebdomadaire Charlie Hebdo et du magasin Hyper Casher, l'esprit du 11 janvier a constitué une réponse appropriée, en refusant la propagation de la haine et la cristallisation des antagonismes entre les citoyens. Les marches républicaines, qui ont alors rassemblé près de quatre millions de personnes, ont ainsi illustré la mobilisation de la population en faveur de la concorde, malgré sa mise à mal par les attentats qui venaient d'être perpétrés et revendiqués.

B - PROTÉGER ET APPROFONDIR NOTRE VIVRE ENSEMBLE : PREMIÈRE MANIÈRE DE RELEVER LE DÉFI DU TERRORISME ACTUEL

La récurrence des attentats, qui ont connu une ampleur plus tragique encore en novembre 2015 puis en 2016 à Nice, implique de poursuivre les efforts pour relever le défi à la fois de la cohésion nationale mais aussi de la préparation de l'opinion à une lutte contre les terroristes. En outre et, paradoxalement, les revers connus par Daech sur le terrain, notamment depuis la chute de Mossoul en juillet 2017 pourraient entraîner un retour massif de djihadistes en Europe et singulièrement en France. Une telle situation implique le renforcement des dispositifs de sécurité dans le cadre de l'État de droit démocratique, c'est-à-dire en assurant la permanence des contre-pouvoirs que doivent demeurer la justice et le parlement. Ainsi, l'encadrement des écoutes téléphoniques garanti par la loi n° 91-646 du 10 juillet 1991 relative au secret des correspondances émises par la voie des communications électroniques souligne que toute surveillance des conversations privées, dans le cadre de la lutte antiterroriste par exemple, requiert l'autorisation du juge dans des cas prévus par le législateur, qu'il s'agisse ainsi d'écoutes dites judiciaires ou administratives. De même, la création de la délégation parlementaire au renseignement par la loi n° 2007-1443 du 9 octobre 2007 démontre que toute surveillance, fût-elle particulière, ne saurait échapper au contrôle démocratique et à ses contre-pouvoirs. Il est ainsi possible, pour une démocratie qui avait déjà connu sur son territoire des attentats, de renforcer les contrôles et la sécurité, tout en confortant l'État de droit. Il est ainsi trop tôt pour évaluer la portée du dispositif de la loi n° 2015-912 du 24 juillet 2015 relative au renseignement qui confère à une autorité administrative indépendante un rôle clé dans la mise en œuvre de mesures visant les personnes.

Cependant, comme le souligne Emmanuel Kant dans son « Essai sur la paix perpétuelle », nulle république ne saurait demeurer dans le conflit. La paix est l'essence même des institutions républicaines qui fleurissent nécessairement dans la concorde et la liberté. Les attentats de 2015 nous imposent de défendre notre mode de vie et nos valeurs, tout en feignant de ne pas succomber à la tentation du risque et de la peur. Daron Acemoglu et James Robinson, dans leur ouvrage « Pourquoi les Nations échouent-elles ? Les origines du pouvoir, de la prospérité et de la pauvreté », soulignent que la résilience des valeurs est le meilleur rempart contre le déclin et que la résistance est toujours affaire de long terme face à l'adversité. C'est pourquoi, le refus des fractures que tentent d'inscrire les terroristes dans la société française implique la réaffirmation de nos valeurs d'égalité, de liberté et de fraternité comme socle et source de la cohésion nationale. Une telle démarche implique de débuter dès la sphère éducative.

En effet, force est de constater qu'une rupture invisible travaille la société française et qu'elle a été mise au jour lors de la manifestation du 11 janvier 2015 : les gens des « quartiers sensibles » étaient absents, ayant le sentiment que le combat pour Charlie Hebdo et la liberté d'expression n'était pas le leur. Une telle absence s'explique par la méconnaissance de l'histoire des « autres », c'est-à-dire principalement de l'histoire des Maghrébins de France. Ainsi, l'affirmation de la laïcité à l'école, première valeur fondatrice du vivre ensemble intergénérationnel, doit donc passer par l'enseignement du fait religieux mais, tout autant, par celui de l'histoire culturelle et politique du Maghreb. Cela concerne plusieurs millions de personnes en France, que l'on ne peut pas se contenter de définir par leur appartenance religieuse : il faut connaître du

Maghreb, au-delà de sa seule histoire coloniale, l'histoire de ses mouvements politiques et de ses élites, comme les trajectoires migratoires des personnes. Un tel enseignement permettrait de reconnecter l'histoire du Maghreb avec l'histoire nationale, et de résorber cette rupture invisible qui travaille la population française et dont les signes transparaissent par l'enrôlement de jeunes Français, d'origine maghrébine, dans les troupes de Daesh. En outre, une telle démarche implique de contrer la radicalisation par l'inscription de l'Islam de France dans la République tout en promouvant le rejet de toute forme de racisme et de l'islamophobie. À ce titre, un défi posé à notre pays par les retours de Syrie sera celui du choix d'une politique cohérente, entre le souci de la sanction judiciaire et celui d'une éventuelle réintégration dans la société.

Conclusion

Le terrorisme n'est pas seulement un défi pour l'ordre public en France, mais plus globalement pour l'ensemble de ses valeurs et de sa cohésion nationale. La résilience du socle républicain est plus que jamais une nécessité pour remporter cette nouvelle forme de guerre que représente le terrorisme et dont la finalité est la préservation de notre vivre ensemble.

La question des moyens nécessaires pour y parvenir s'avère ainsi particulièrement épineuse. En effet, le fonctionnement d'une société démocratique est difficilement compatible avec une logique de guerre, tant l'ouverture à l'altérité et aux échanges sont les sources de la concorde que définissait Emmanuel Kant dans son « Idée d'une histoire au point de vue cosmopolitique » comme l'objectif ultime de l'organisation sociale. Plus que jamais, face à la menace terroriste, il importe que le renforcement de la sécurité, s'il peut parfois conduire à une suspension nécessairement temporaire des droits et libertés fondamentaux, ne doit pas être en contradiction avec ces valeurs qu'il importe de promouvoir sans relâche, en refusant la pente machiavélienne que nous proposent des auteurs comme Carl Schmitt. La question du terrorisme et de la réponse appropriée de la société française doit ainsi devenir affaire de vigilance que tout citoyen a le droit et le devoir de conduire.

FAIRE LE POINT SUR L'ACTUALITÉ DU SUJET

Sujet 3 — DISSERTATION : IDENTITÉ INDIVIDUELLE ET IDENTITÉ COLLECTIVE (ANNALES CONCOURS ENM 2014)

Dans « Le Misanthrope » (1666), Molière décrit un Alceste qui rejette la comédie sociale (« l'ami du genre humain n'est point de mon fait ») tout en étant assez ambivalent au point que Rousseau, l'auteur du « Contrat social » (1762), reprochera à Molière d'avoir finalement ridiculisé ce personnage des temps modernes. Ce personnage, et le succès mitigé de la pièce, comédie ou tragédie selon les uns, illustrent l'ambiguïté de la relation, nécessaire mais complexe, et à tout le moins évolutive, entre l'individu et la société. La notion d'identité est une question primordiale depuis le « Connais-toi toi-même » de Socrate aux travaux de Freud.

L'identité individuelle et l'identité collective constituent une relation imbriquée. L'une ne va pas sans l'autre. Cette relation est complexe : l'identité collective a parfois eu pour effet de détruire des identités individuelles, elle a besoin également d'être admise, portée par les individus.

L'identité définit la qualité de ce qui est le même. En droit et dans l'usage courant (dès 1801), signifie le fait, pour une personne, d'être un individu donné et de pouvoir être reconnu comme tel. La société postmoderne a conduit à une crise des identités. Cela signifie-t-il que l'affaiblissement de l'identité individuelle, fondement la société moderne, entraîne le retour des identités collectives ?

En fait, la fragilisation des identités individuelles ne semble pas profiter à des identités collectives vécues elles aussi comme des enfermements (I). À l'heure de l'identité à la carte, le vivre ensemble exige l'institution de nouvelles formes de dialogues au-delà des différences (II).

I - La double crise paradoxale de l'identité

L'identité est en crise manifeste. L'individu effacé peine à trouver ses repères tout en poursuivant une quête utilitaire tandis que l'identité collective a montré au XXe siècle les dangers auxquels s'exposait l'Homme. La remise en cause du primat de l'identité collective ne s'est donc pas accompagnée d'une consécration de l'identité individuelle mais de façon relativement paradoxale, elles semblent toutes deux en crise. Identités individuelle et collective restent liées par le contrat social et peinent à trouver leur place respective dans une société en mouvement, ouverte.

A - L'IDENTITÉ INDIVIDUELLE FRAGILISÉE

L'identité individuelle, à supposer qu'elle soit unique ou qu'elle existe (l'individu n'a d'autre identité que celle dictée par la volonté collective du groupe qui lui assigne sa place), connaît aujourd'hui une crise en profondeur qui tient à plusieurs raisons.

L'identité repose sur plusieurs critères, ce qui a fait dire à Amin Maalouf dans « Les identités meurtrières » que derrière l'identité se trouvent plusieurs appartenances. Chaque personne est dotée d'une identité composite, complexe, unique et donc irremplaçable. Les mutations des sociétés modernes, plus transparentes, plus rapides également, vont peser sur les personnes, en remettant en cause leurs identités. Le même auteur soulignait qu'un habitant de Sarajevo en 1980 allait s'identifier comme yougoslave mais quelques années après, il se présenterait comme musulman sans que les traits de son identité individuelle changent pour autant fondamentalement. Une identité individuelle se construit et se transforme tout au long de l'existence par ailleurs. Elle dépend donc de la force du lien social, culturel, économique qui l'environne. Dès lors que cet environnement se transforme, voire disparaît, l'identité individuelle est menacée d'éclatement. Cette identité individuelle a acquis, à l'occasion de l'avènement de la modernité, une place essentielle avec la reconnaissance des droits et d'une dignité, gagnés par un désir profond de reconnaissance (Axel Honneth). L'individu moderne n'est pas celui qui doit se référer à autrui pour exister. C'est celui qui, par son activité d'appropriation, prend conscience de lui-même et s'identifie (John Locke parle de « self-consciousness »). En s'affirmant, « son rapport aux choses » (Louis Dumont distingue ce rapport aux choses du rapport aux hommes) le détache des tutelles traditionnelles.

L'identité individuelle est aujourd'hui fragilisée par un lien distendu avec l'identité collective. Cette crise n'est pas survenue brutalement. Les errements de certaines identités collectives ont conduit à l'effacement de l'identité individuelle. Les sociétés modernes en crise ont en effet basculé dans l'adhésion à un phénomène de masse, totalisant au mépris de certaines exigences du vivre ensemble, à commencer par la liberté des individus. Hannah Arendt a analysé à plusieurs reprises ce phénomène à partir de l'expérience totalitaire du IIIe Reich. Georges Orwell, dans « 1984 », dépeint une société devenue comme une famille où tout débat est suspendu et la fraternité instrumentalisée (brother). La conscience individuelle est détruite conduisant à une dépersonnalisation. L'homme de la foule décrit par Gustave Le Bon est un être de surface, d'émotions et d'humeurs, incapable de puiser en soi la raison qui juge et contredit. L'école de Francfort a développé une analyse critique de la société de consommation. Théodore Adorno et Max Horkheimer dans « La Dialectique de la Raison » en arrivent à la conclusion selon laquelle à force de vouloir rendre tout identique, chacun perd son identité. « La société de consommation » (1970), ou de « simulation » pour reprendre l'expression de Jean Baudrillard, contribue à cette mutation des sociétés.

L'identité individuelle, méfiante désormais face aux quêtes collectives, ne trouve plus d'appui dans certains repères collectifs ou alors ces derniers sont constitutifs de repères partiels, fugitifs. Le travail, à l'origine de la solidarité des sociétés modernes, est en « miettes » pour reprendre l'essai de Georges Friedmann. Un individu ne fait plus carrière dans une seule entreprise. Les liens sociaux, autour du travail, se relâchent à l'image de la crise du syndicalisme en France notamment. L'école, supposée offrir un accès identique à tous, est en crise depuis plusieurs décennies (François Dubet, « Les Inégalités multipliées », 2001). Ces structures collectives, qui contribuent à leur façon à une identité collective, ne protègent plus un individu. Faute de couverture par les systèmes collectifs, une partie de la société se compose d'« individus par défaut » (Robert Castel). Historiquement, la Révolution industrielle n'a fait qu'accentuer l'atomisation de la société médiévale, dénoncée par Von Gierke. L'exode rural, les conditions de vie urbaine vont exposer l'individu arraché à ses repères traditionnels au risque de menacer le fonctionnement de la société comme le démontre Émile Durkheim (auteur de « De la division du travail » (1893)), dans « Le Suicide » avec le concept d'anomie.

Ce concept renvoie au risque de dissociation qui pèse sur les sociétés modernes, sorte de « désaffiliation » (Robert Castel). Il souligne la difficulté de s'appuyer sur une identité collective pérenne et incontestable d'autant que l'identité du « je », malgré sa crise, l'emporte sur l'identité du nous.

B - LE REJET DE L'IDENTITÉ COLLECTIVE EXCLUSIVE

L'identité collective est également en crise. Mise en cause par les méfaits mentionnés précédemment, elle est considérée comme une source d'aliénation.

L'histoire témoigne des tentatives récurrentes de remise en cause de certaines appartenances. Les guerres de religion en France au XVIe siècle installent les hommes dans une attitude sectaire, intolérante. Les identités meurtrières, pour reprendre le titre de l'essai précité du romancier Maalouf décrit ce phénomène qui serait accentué aujourd'hui à travers les exemples des Balkans et du Rwanda : « le monde est couvert de communautés blessées ».

L'idée d'aliénation n'est pas nouvelle en soi. Karl Marx et Friedrich Engels dans « L'Idéologie allemande » avaient souligné le poids des mentalités collectives sur la conscience individuelle. Ce que sont les individus dépend des conditions matérielles : « ce n'est pas la conscience qui détermine la vie mais la vie qui détermine la conscience ». Cette aliénation vaut aussi bien pour la famille (« familles, je vous hais » d'André Gide, l'anathème des « Nourritures terrestres » (1897) lancé contre les familles représentant un monde confiné, étroit) que pour les institutions. Louis Althusser avait introduit en 1970 (« Idéologie et appareil idéologique d'État ») à cet égard le concept d'autorités idéologiques étatiques : les institutions scolaires, la religion, la famille, les syndicats, qualifiés de « superstructures » qui ont pour objet d'inculquer des « façons de voir ». Cette approche vient réduire l'importance de l'identité individuelle qui ne serait que l'expression d'un rapport social et d'un déterminisme.

L'identité collective est par nature une identité exclusive comme l'a démontré Etienne Balibar dans « Les identités imaginaires ». Elle peut, selon les auteurs, conduire à ce genre de déterminisme. Elle s'exprime toutefois de différentes façons selon les sociétés, leurs traditions respectives. L'exemple de l'identité nationale est assez illustratif à travers l'opposition classique, qui mérite d'être revisitée au demeurant, entre l'approche allemande (Fichte et son « Discours à la nation allemande » de 1807, Herder) et celle imputée en France à la conférence donnée à la Sorbonne en 1882 par Ernest Renan sur le vivre ensemble. Renan rejette en bloc l'idée selon laquelle un individu appartiendrait à une Nation en fonction d'une langue, d'une race, d'un fleuve.

Source d'aliénation, l'identité collective n'est plus indispensable aux individus. Ceux-ci, plus mobiles, dans une société ouverte et transparente, rejettent la nécessité de devoir appartenir à une entité donnée ou à agir pour son compte. Cette mutation des sociétés fragilise le concept même d'identité, définitivement en crise.

Cette crise, illustrée par l'idée selon laquelle les identités seraient recherchées par des individus rationnels, soucieux de leurs intérêts, conduit à repenser le dialogue dans les sociétés sous peine de conduire à une impasse identitaire. La destruction de la société entraîne celle du moi social et le retour à la communauté.

II - Retrouver le dialogue entre identités

A - LA PAROXYSME DE L'IDENTITÉ À LA CARTE

Les individus seraient animés par le désir de vivre leur propre vie et non pas celle de leurs ancêtres ou de leurs pairs par exemple, à travers laquelle ils exercent pleinement leurs « capabilités » pour reprendre le concept d'Amartya Sen. Ces individus ont également pris conscience qu'ils vivaient non pas dans un milieu naturel mais dans ce que Georges Friedmann a appelé le milieu technique. Ils ont saisi qu'ils disposaient d'une capacité de création qui grâce à la raison et à la technique a augmenté les ressources à leur disposition et les connaissances : c'est l'accès à la réflexivité décrit par Anthony Giddens.

L'individu moderne considère qu'il est en mesure de choisir les identités qu'il souhaite. Il recherche paradoxalement une identité propre, particulière, qui lui permet de se distinguer des autres. Cette idée s'inscrit dans le prolongement de l'analyse par Alexis de Tocqueville de la société américaine au XIXe siècle dans « De la démocratie en Amérique ». La passion de l'égalité conduit à fragiliser la société démocratique. L'égalisation des conditions porte le risque d'atomisation de la société. L'individu moderne se pense et se vit indépendamment, affranchi du social, autosuffisant (« essentiellement non social » selon les termes de Louis Dumont). Dans les sociétés modernes, animé par cette passion de l'égalité, l'individu veut être identique aux autres au risque de perdre ses propres caractéristiques. Richard Sennett a montré comment la conscience de classe s'affaiblit : les gens perçoivent leur position comme reflétant leurs propres aptitudes, et ils se rendent personnellement responsables des injustices qui leur sont infligées. La politique dégénère en lutte non pour le changement de la société mais pour la réalisation de soi. Les frontières entre le moi et le reste du monde s'effondrent. La survie de la société démocratique dépend alors de l'équilibre entre l'égalité et la liberté et l'enracinement dans la vie politique (comme l'a reconnue Hannah Arendt : « La cité est fondamentalement périssable ; sa survie dépend de nous »). Michel Foucault avait également analysé cette mutation à travers l'idée du souci de soi dans son « Histoire de la sexualité » (1984) désignant l'émergence d'un individualisme valorisant les aspects privés de l'existence.

Une autre raison peut expliquer ce phénomène avec l'avènement de la société de consommation. Dans une société où les idéologies sont en déclin, où les repères sont rendus difficiles, l'individu moderne choisit des valeurs à la carte au risque parfois d'être contradictoire ou de manquer de cohérence. Il ne s'agit pas d'une alternative simple entre identité individuelle et identité collective, mais l'expression de besoins à court terme, et d'intérêts calculés. L'utilitarisme, développé au XIXe siècle sous la pensée d'un Jeremy Bentham ou d'un John Stuart Mill notamment, a produit ses effets. L'individu est conscient de ses droits et arbitre de manière rationnelle. La société recherche l'optimum du plus grand nombre. L'intérêt collectif est donc, de manière schématique, celui qui répond au plus grand nombre d'individus. Le but étant conforme aux intérêts de chacun et du plus grand nombre, la société s'identifie à ce but rationnel. L'identité collective ainsi énoncée s'impose à tous et détermine l'homo economicus des temps modernes.

Cette évolution tient aux caractéristiques de la société moderne. Alvin Toffler avait en 1970 prédit dans « Le Choc du futur », une société marquée par la brièveté, la nouveauté et la diversité. L'identité, ayant vocation à être permanente, supporte difficilement cette triple évolution. Les individus s'individualisent au sein d'une société dans laquelle ils ne se reconnaissent pas. Ils privilégient également l'espace privé et matériel comme l'avait anticipé Benjamin Constant dans son analyse des libertés chez les Anciens et les Modernes.

Cette évolution est de nature à constituer une menace pour les sociétés. En complexifiant la lecture des valeurs, des repères, elle introduit un nouveau doute et appelle des revendications identitaires en réaction. Cette évolution peut être maîtrisée à condition que la cohésion sociale de la société ne soit pas remise en cause et que l'espace public offre les conditions d'un dialogue permanent.

B - ÉVITER L'IMPASSE IDENTITAIRE

L'impasse identitaire correspond aux réactions identitaires qui sont, dans une société en perte de repères, normales. Alvin Toffler, dans un nouvel essai, « La Troisième Vague », décrit trois types de société. Chaque nouvelle vague pousse l'ancienne société entraînant forcément des réactions identitaires. La nouvelle société, postindustrielle, prédite par le futurologue en 1980 s'accompagne d'un plus grand nombre de sous-cultures qui ont pu conduire les individus, isolés, en perte de repères, dans le communautarisme par exemple ou, pour ce qui est du ressort du phénomène religieux, dans les sectes. Car l'identité est d'abord une affaire de symboles voire d'apparences. Au sens de Manuel Castells, il s'agit là notamment de l'identité-résistance aboutissant à la formation de communautés, qui sont des formes de résistance collective (fondamentalisme religieux, communautés territoriales, etc.).

Cette évolution se traduit par une incompréhension ou un raidissement des positions tenues par les uns et les autres. Il est difficile de dire quand s'arrête la légitime affirmation de l'identité et où commence l'empiétement sur les droits des autres. L'espace public est également menacé par ce retour de l'espace privé au moment même où les conditions de fonctionnement de l'espace public ne permettent plus de supporter une telle remise en cause. En effet, l'espace public moderne est transparent et ouvert. Il ne peut donner lieu à la constitution de communautés qui rejettent les autres communautés au nom de la différence. Ce serait un retour en arrière après les apports de l'anthropologie (Pierre Clastres et surtout Claude Lévi-Strauss) mais aussi une renonciation au rôle du politique. Ce risque pourrait par exemple être confirmé par les conséquences possibles des attentats de 2015 et 2016 sur les différentes composantes de nos sociétés.

Le dialogue des identités suppose alors à la fois des règles et des valeurs. Les règles sont produites par les institutions et visent bien une destinée collective. Tel est le cas par exemple des principes fixés par le droit des gens moderne, notamment en matière de crimes contre l'humanité. Elles conduisent à doter l'individu de repères universels qui dépassent les réflexes identitaires, ceux-là mêmes qui parfois conduisent à une escalade sans fin dans la violence et l'irrationalité. En d'autres termes, dans le prolongement de l'analyse du sociologue allemand Tönnies au début du XXe siècle (« Communauté et société »), c'est la société qui l'emporte sur la communauté, ce sont les règles contractuelles qui dominent les règles issues du statut ou de la tradition sans pour autant signifier la disparition de la communauté ou des valeurs qui président à celle-ci. Cette exigence répond au postulat de base de l'universalité qui est de considérer qu'il y a des droits inhérents à la dignité de la personne humaine que nul ne peut nier à cause de la religion, de la couleur, du sexe ou de toute autre raison.

Ces règles se doublent de valeurs qui trouvent écho encore aujourd'hui dans le comportement d'Antigone. Ses frères s'étant entre-tués pour le trône de Thèbes, après la mort d'Oedipe, leur oncle Créon, qui fait office de régent, interdit sous peine de mort d'ensevelir Polynice, coupable de trahison pour avoir conduit une coalition étrangère contre la cité. Antigone brave l'interdiction en jetant de la terre sur le cadavre. Elle est condamnée à mort et sera emmurée vive. Les valeurs d'Antigone sont la famille (Polynice est son frère), l'humanité (le respect aux morts), la religion. Aux lois de la cité sont opposées des lois non-écrites.

Ces règles et valeurs sont au cœur de l'universalisme qui doit permettre au sujet de se détacher de certaines « illusions identitaires » (Jean-François Bayart), qui sont souvent des constructions récentes, à défaut d'une identité naturelle collective.

Conclusion

Ces exemples montrent l'importance de l'universel. L'enjeu est de dépasser le collectif et de tendre à cet universel pour permettre aux individus de s'y identifier.

Cette projection n'est possible qu'à condition d'assumer un polythéisme des valeurs dans un espace ouvert et le fonctionnement sur des règles effectives. C'est le rôle du droit de faciliter cette ambition collective et individuelle sans nier le besoin d'appartenance dans une société ouverte.

FAIRE LE POINT SUR
L'ACTUALITÉ DU SUJET

Sujet 4

DISSERTATION : LA SOCIÉTÉ NUMÉRIQUE (SUJET COMPLÉMENTAIRE 1)

Le président de la première puissance mondiale gouverne et communique par « tweets » interposés tandis que les différents secteurs économiques sont, les uns après les autres, hantés par le spectre de l'ubérisation. Le « numérique », terme quasi inconnu il y a quinze ans, n'est plus synonyme de gadget ou d'un lointain avenir. Il s'est bien installé au cœur de nos sociétés.

Créé en 1967, dans le giron de l'appareil de recherche militaire américain, Internet ne s'est pourtant internationalisé et ouvert aux utilisateurs privés qu'au début des années 1990. Investissements privés et rythme soutenu d'innovation ont provoqué la croissance fulgurante du réseau, devenu le siège de nombreuses activités informationnelles, au point d'apparaître comme la fondation d'une nouvelle forme de société. Pour les États, les entreprises et les particuliers, les enjeux de sa régulation concernent l'ensemble des activités humaines, qu'elles soient économiques, politiques, culturelles, ou encore sécuritaires. Ainsi, certains auteurs, comme Paul Mathias, voient dans cet essor l'accomplissement du fameux « village global » de Marshall McLuhan où la communication tend à se propager, par-delà les frontières en bousculant les repères sociétaux traditionnels. Mais si ces nouvelles technologies de l'information, dans la continuité de l'Internet, comme le livre numérique ou la multiplication des réseaux sociaux, ont d'ores et déjà bouleversé nos sociétés, peut-on légitimement parler de nouvelle société numérique ? Cette dernière conduit-elle à l'instauration d'un ordre virtuel susceptible d'entrer, sinon en opposition, du moins en concurrence avec les cadres de nos vies tant individuelles que collectives ?

L'internet n'est plus seulement une innovation technologique mais le numérique affecte en profondeur nombre d'activités humaines (I). Proclamer l'établissement d'une société numérique supposerait toutefois que celle-ci dispose de règles. Or, le besoin le plus urgent est précisément celui d'une régulation (II).

I - Le numérique : une innovation technologique supplantée par une révolution de la société

Il s'est fallu de peu de temps pour que les innovations technologiques liées au numérique (A) révolutionnent nombre de domaines de nos vies, de l'intime à la politique (B).

A - D'UNE INNOVATION TECHNIQUE À LA RÉVOLUTION NUMÉRIQUE

Dès ses origines, l'informatique a consisté en la décomposition des informations en une combinaison de nombre (de 1 et de 0). Ce n'est qu'à partir des années 1990 que nombre d'activités vont véritablement s'engager dans un processus de numérisation. Il en sera ainsi des sons et des images, permettant en quelques années aux CD et autres DVD de remplacer l'ensemble des supports analogiques et magnétiques. Outre une profonde mutation de l'ensemble des industries culturelles, on assistera, aussi à travers le concept de « multimédia », à une entrée définitive des ordinateurs dans nos vies quotidiennes, du travail aux loisirs. L'autre innovation majeure a concerné le développement des télécommunications mobiles et le développement au milieu des années 2000 de terminaux plus proches de micro-ordinateurs que de téléphones portables, les smartphones.

Mais surtout, l'élément central de cette révolution permettant la diffusion quasiment sans limites de ces informations numérisées fut l'avènement d'Internet. C'est en 1989 que Tim Berners-Lee, informaticien du Cern, a défini les contours du World Wide Web, dont la base technologique était militaire et datait de 1967, afin de répondre au besoin de partage automatique d'informations entre des scientifiques travaillant dans différentes universités et instituts aux quatre coins du monde.

La participation au réseau Internet relève d'une forme de dialogue entre l'homme et la machine. De ce point de vue, Internet représente un ensemble de normes, d'interfaçage et d'interopérabilité et il relève d'un système d'administration décentralisé qui repose sur un protocole de communication permettant à chacune des machines connectées d'être à la fois un client et un serveur. Le protocole est associé à un système d'adressage qui permet à chacune des machines connectées d'être identifiée avec précision. Cette décentralisation de l'administration constitue l'innovation majeure d'Internet. Elle assure une connectivité continue : une fois une machine intégrée dans Internet, elle peut interagir avec toutes les autres machines du réseau sans aucun intermédiaire. Cela permet une décentralisation de la production de services en réseau car chaque machine connectée peut piloter les autres de manière à gérer l'information ou les communications de telle ou telle façon. Ce principe est à l'origine du dynamisme d'Internet. Pour augmenter la palette des services disponibles sur le réseau, il suffit d'y connecter des systèmes offrant de nouvelles fonctionnalités.

Il convient toutefois de rappeler que si Internet est bien un réseau décentralisé au sein duquel les interventions étatiques se voient remises en cause dans leur efficacité et leur légitimité, il n'en reste pas moins un espace où existent des éléments de centralisation et où l'État, en particulier l'État américain, joue un rôle clé. Le réseau a un cœur : son système normatif et son système d'adressage. Il est le produit des efforts de recherche et de défense de l'État fédéral américain. À la fin des années 1980, ce dernier décida d'ouvrir Internet aux applications commerciales afin d'inciter le secteur privé à contribuer à son développement, et de transférer au système productif américain cet outil de développement. Un processus de transfert du public au privé s'ensuivit et n'a eu de cesse de se poursuivre jusqu'à présent.

L'essor de cette technologie s'apparente ainsi à une révolution épistémologique, analogue à la Révolution copernicienne qui a provoqué un « changement de paradigme », au sens qu'en définit Thomas Samuel Kuhn, c'est-à-dire comme un bouleversement radical de la méthode d'acquisition et d'exploitation de l'ensemble des connaissances possibles. Ainsi, le pouvoir normatif du monde virtuel issu du réseau Internet déborde sur le monde réel. Les règles, dont la mise en œuvre peut être garantie par le contrôle d'espaces virtuels, peuvent concerner des éléments tout à fait tangibles du monde réel. Ainsi, des marchés de biens – que ce soient des marchés de l'occasion entre particuliers comme ceux qu'on observe sur eBay, ou des marchés de fournitures professionnelles comme les places de marché qui se développent dans l'industrie – peuvent être organisés sur les réseaux numériques.

Les applications de ces innovations vont se multiplier en quelques années et vont bouleverser les activités les plus diverses.

B - LA DIVERSITÉ DES EFFETS DE LA RÉVOLUTION NUMÉRIQUE : DE LA SPHÈRE PUBLIQUE À L'INTIME

Élément central de la révolution numérique, le réseau Internet a très vite suscité toute sorte de réflexions prospectives, dont les plus remarquées relevaient, dans les années 1990, de l'utopie collective positive pour

Pierre Levy qui y voyait l'annonce d'une sorte d'immense cerveau dématérialisé à venir, une «intelligence collective» capable d'introduire une rupture de la civilisation par l'accès de tous au savoir ainsi qu'à une expression politique directe.

Indignés, Anonymous, militants du Printemps arabe, dissidents chinois, russes ou cubains... Il est difficile d'énumérer tous les mouvements politiques nés ou développés grâce au réseau Internet au cours des dernières années. Selon le sociologue Dominique Cardon, le cyberespace est un formidable «laboratoire, à l'échelle planétaire, des alternatives à la démocratie représentative». En instaurant une égalité de principe entre tous les internautes, le Web permet à tous ceux qui n'avaient pas accès à la parole publique de s'adresser potentiellement à des millions de personnes et de mobiliser les foules. Dans les sociétés autoritaires, le masque numérique permet d'échapper à la censure et aux pouvoirs de coercition des gouvernements.

Internet a bouleversé l'économie du savoir en permettant son accès à l'échelle planétaire. Ainsi, les philosophes des Lumières, notamment Condorcet et son ami Thomas Jefferson, envisageaient une République des lettres ouverte à tout le monde. Il est ainsi possible de réaliser ce grand rêve du XVIIIe siècle grâce à Internet. L'idée est de transformer une bibliothèque réservée à une élite d'étudiants et de professeurs en une bibliothèque ouverte à tous, à l'instar de la « Digital Public Library of America » créée au début des années 2010. Cette bibliothèque virtuelle totalise déjà près de 7 millions d'objets mis à la disposition du public américain et international. Comme le souligne l'historien Robert Darnton, dans un avenir proche, tout le monde aura accès à cette bibliothèque, gratuitement, et de chez soi.

Enfin, cette mutation technologique va bien au-delà des modes de communication en favorisant l'émergence de nouveaux comportements. Ainsi, en quelques années, les technologies numériques ont bouleversé notre vie publique, nos habitudes familiales et même notre intimité. Les très jeunes enfants acquièrent rapidement avec les tablettes tactiles une habileté qui étonne les adultes, les plus grands sont scotchés à des jeux auxquels les adultes ne comprennent rien et les adolescents semblent gérer leur vie entière depuis leur smartphone. Un tel mouvement ne fait que commencer, plus rien ne sera comme avant. Les technologies numériques ne sont pourtant que des outils, et il y a loin de leur utilisation à la modification de notre fonctionnement cérébral que certains appréhendent.

Ces outils ont changé les habitudes. L'essor du virtuel, comme nouvelle catégorie rectrice de l'agir, est ainsi mis en avant par le sociologue Serge Tisseron, qui met au jour la diversité des expériences nouvelles, comme l'accompagnement constant à distance, que le réseau Internet permet d'assurer. Rêveries, imagination, représentations personnelles sont redevenues essentielles dans la construction des mondes intérieurs d'une nouvelle classe d'âge. Avec les écrans, notre pouvoir de virtualisation, assisté par ordinateur, se retrouve amplifié et facilité.

Mais, à côté de ces sources de progrès et d'opportunités, les changements introduits par la révolution numérique justifient aussi nombre d'inquiétudes nouvelles. N'ont-ils pas davantage remis en cause l'existant qu'ils n'ont construit une société nouvelle ?

II - L'émergence d'une véritable société numérique appelle la mise en place de nouvelles régulations

Concurrençant le « monde réel », le numérique apparaît comme une source de menaces pour la société, tant au plan individuel que collectif (A). Ces dernières sont d'autant plus inquiétantes en l'absence d'une gouvernance, qui devra nécessairement dépasser les frontières (B).

A - LE NUMÉRIQUE CONSTITUE AUSSI UN RISQUE POUR L'ÉQUILIBRE DE NOS SOCIÉTÉS

Le recours au réseau Internet et à ses diverses applications permet à ceux et celles qui s'y adonnent de fuir le quotidien et son lot de responsabilités. Ainsi, au Japon où le développement des nouvelles technologies de l'information et de la communication est l'un des plus poussés, on constate l'émergence d'une sorte de « cyberautisme ». Désignés comme des «pasokon otaku», c'est-à-dire les «murés de l'ordinateur personnel», certains individus, dont le comportement a été analysé par le sociologue Antonio Casilli, se coupent du monde extérieur pour se consacrer entièrement à leur passion » en l'occurrence les jeux vidéo et la communication en ligne. On parle ainsi d'une « génération Otaku », tant de telles situations individuelles s'avèrent fréquentes. Ce phénomène n'est nullement limité au Japon, mais concerne tous les pays où le rapport au réel tend à être supplanté par la prévalence du virtuel. Des personnalités blessées ont ainsi toujours tenté de trouver refuge dans des sortes de rêveries éveillées qui satisfont un désir de toute-puissance irréaliste pour faire écran à une réalité amère qu'elles cherchent à fuir. C'est ce que le psychanalyste Donald Winnicott appelait, dans Jeu et Réalité (1971), la «fantasmatisation compulsive».

Alors que l'évolution, sur ces trente dernières années, met à jour un processus de concentration des industries de la communication entre les mains de quelques conglomérats, les NTIC font peser de réelles menaces sur la vie privée des individus et de nouvelles possibilités de contrôle des moindres faits et gestes des consommateurs. Facebook n'est nullement un réseau de relations et d'amitiés s'apparentant à un service public, mais, à l'aune de son cours boursier, une puissante société de métadonnées aux implications commerciales réelles.

Cette dualité des effets du réseau Internet se retrouve également dans la sphère politique. Ainsi, Internet est souvent présenté comme une arme. En permettant aux dissidents politiques de se rencontrer, d'échanger des informations et d'organiser la lutte, Internet a donné naissance aux révolutions arabes, aux manifestations en Iran, aux Indignés et au mouvement Occupy. Une telle affirmation relève, cependant, d'après Evgeni Morozov (« Facebook et Twitter ne font pas les révolutions », 2011), d'une sorte d'aveuglement. En effet, dans son livre de 2011, « The Net Delusion », ce chercheur américain d'origine biélorusse critique sévèrement l'optimisme aveugle que nous avons placé dans ce réseau et ses applications.

Ainsi, le rôle de Twitter et du réseau Facebook dans les révolutions arabes relève, tout au plus, de l'anecdote. Toutes les révolutions ont utilisé les outils technologiques mis à leur disposition pour s'organiser. Comme la révolution bolchevique de 1917 utilisa le télégraphe, l'occupation en 2011 de la place Tahrir nécessita l'aide de Twitter. Mais ce que la dissidence a gagné en utilisant le Web, elle l'a perdu en fournissant à ses adversaires de précieuses informations. Les activistes ne sont pas les seuls à avoir appris à se servir d'Internet, les régimes autoritaires y ont également recours.

Loin de devenir un facteur de libération, les médias sociaux ont permis de créer un panoptique numérique qui contrecarrait la révolution : ses réseaux, qui relayaient la peur publique, ont été infiltrés et complètement écrasés par l'État, comme en Syrie. De ce fait, les gouvernements ont, avec Internet, à la fois «gagné et perdu du pouvoir». Ils en ont certes perdu parce que des médias tels que WikiLeaks leur imposaient une transparence dans leurs actions, ou parce que les photos qui pouvaient témoigner de la répression policière font le tour du monde en quelques secondes. Mais ils en ont gagné par la surveillance qu'ils peuvent exercer sur les citoyens. Plusieurs campagnes électorales récentes ont aussi révélé que loin d'enrichir les débats sur l'agora démocratique, les réseaux sociaux aboutissaient à ne faire dialoguer entre eux que des citoyens partageant les mêmes idées. Ceci aboutit à une radicalisation de la pensée et encourage même la propagation de rumeurs et des fausses informations, faute de débat contradictoire.

Le même constat prévaut en matière d'effets sur le débat démocratique lui-même. Le cyber-espace ne saurait fournir la solution pour « réenchanter la démocratie ». Il ne faut certes pas limiter l'apport d'Internet à des outils. Les structures politiques traditionnelles, les partis en tête comme l'a illustré la campagne présidentielle de 2012, ont tous leur vitrine sur Internet, plus ou moins sophistiquée, plus ou moins interactive. Mais cet investissement sur Internet ne renouvelle pas en lui-même la démocratie comme le constate Olivier Blondeau et Laurence Allard (« Devenir Media, l'activisme sur Internet, entre défection et expérimentation », 2007). Le concept « approche-outil » de la politique manque l'essentiel : l'enjeu est plutôt d'élaborer à travers la technique des manières et des formes d'agir ensemble, de produire du commun en tenant compte de la singularité de chacun.

Qui plus est, l'usage du réseau Internet peut être dévoyé et peut servir les intérêts des groupes qui visent à abattre la démocratie représentative. Selon l'Organisation des Nations unies, les mouvements terroristes utilisent eux aussi le Web pour recruter, diffuser des supports d'endoctrinement, appeler à la sédition et aux armes. Cette stratégie est d'autant plus efficace qu'elle leur permet de tisser des liens transfrontaliers, notamment dans des pays cibles, et d'échapper aux législations locales au besoin. Le constat vaut plus généralement pour toute activité déviante ou criminelle – appel à la haine, trafic d'armes, blanchiment d'argent, partage de contenus pédopornographiques. Ces dérives trouvent sur la Toile un terreau favorable à l'impunité, surtout si les auteurs savent masquer leur identité et leur mode opératoire.

La révolution numérique se présente donc surtout comme une remise en cause de la société actuelle pour laquelle elle constitue tant de nouvelles opportunités que des menaces inédites. Jeter les bases d'une société numérique exigerait l'adoption d'un cadre lui garantissant, comme à toute société, des limites et des mécanismes de préservation de son équilibre. Or, ceci est rendu particulièrement difficile s'agissant d'un phénomène qui échappe aux frontières nationales.

B - DÉPASSER L'INCAPACITÉ STRUCTURELLE DES ÉTATS À METTRE EN PLACE UNE RÉGULATION EFFICACE

Alors que l'utopie du village planétaire de McLuhan s'inscrit d'emblée dans un cadre mondial, la question demeure sur le point de savoir si la société numérique sera d'emblée globale, à l'image de l'Internet, ou s'il s'agira pour chaque société nationale de se redéfinir à l'heure numérique.

Dans tous les cas, force est de constater que les États sont aujourd'hui confrontés à une question nouvelle, celle de leur souveraineté numérique. Pour y répondre, ils mettent en place, selon des degrés divers, des outils de contrôle, de filtrage ou encore d'identification des internautes, au risque de porter atteinte à des principes fondamentaux. Dans chaque pays et à l'échelle mondiale, les débats font rage sur la légitimité, l'opportunité et l'efficacité de ces mesures, au regard de préoccupations essentielles sur la garantie de la liberté d'expression, la protection des données personnelles ou le respect de l'État de droit. En France, la loi n° 2014-1353 du 13 novembre 2014 renforçant les dispositions relatives à la lutte contre le terrorisme a permis un contrôle accru du Web, au point d'avoir été dénoncée comme liberticide par la Commission consultative des droits de l'homme.

Cette question renvoie ainsi à la difficulté de dresser une distinction autre que formelle entre terrorisme et résistance : d'une part, les outils servant à traquer les criminels pourraient aussi aider des dictatures à débusquer les dissidents ; d'autre part, les sociétés démocratiques sont loin d'être protégées contre les dérives de l'utilisation de l'Internet : espionnage hors du cadre juridique, ingérence de puissances étrangères, manipulation de l'opinion en ligne, censure arbitraire. Les scandales se sont multipliés, en France, en Angleterre ou aux États-Unis, nourrissant la méfiance d'une partie des internautes à l'égard d'une régulation d'État. Chaque fois qu'une plateforme commence à être modérée ou bridée, une autre est aussitôt créée pour échapper à tout contrôle, et basée au besoin dans un pays doté d'une législation plus souple.

En outre, le caractère global de ces activités en ligne génère des conflits de juridiction, entravant la capacité d'influence des États et rendant difficile l'application des lois. La question de la gouvernance du réseau Internet est bel et bien géopolitique. Au niveau technique, une régulation se fait jour cependant. Elle est le fait de trois organismes mandatés par le Gouvernement des États-Unis, à savoir : l'Internet Corporation for Assigned Names and Numbers (ICann) qui a pour mission de gérer le système d'adressage, l'Internet Engineering Task Force (IETF) qui assure la normalisation des protocoles de communication et enfin le World Wide Web Consortium (W3C) qui assure la normalisation des langages multimédia. Un tel dispositif n'est ni totalement légitime – il n'a été validé ni par l'ensemble des utilisateurs, ni par les citoyens, ni par la communauté internationale – ni complet puisque, même s'il influence les usages, il n'assure pas leur régulation. Les États se sont donc progressivement immiscés dans la régulation technique, économique et sociale du réseau. Ce mouvement s'est heurté à deux difficultés majeures : le débordement, déjà signalé, des États par les capacités d'autorégulation des communautés globalisées ainsi que la prééminence de l'État américain.C'est pourquoi, la régulation de l'Internet – épine dorsale de la société numérique –, pose problème. L'ensemble des autorités administratives indépendantes dans ce domaine a souligné la nécessité d'agir au niveau européen pour avoir une chance de peser dans l'environnement concurrentiel mondialisé. Il importe de prendre en compte le caractère horizontal et la dimension internationale d'Internet tout en reconnaissant que l'objectif d'édicter des règles a priori demeure utopique. La difficulté réside ainsi dans la territorialisation du droit qui rend impossible toute régulation efficace d'un phénomène, par essence, transfrontalier. De ce fait, la problématique de la régulation de l'Internet restera sans issue si l'on s'en tient à deux conceptions générales antagoniques : l'Internet nouvel espace de liberté ou nouvel instrument de contrôle. Il s'agit plutôt de trouver des modes de gestion appropriés pour accompagner le développement du monde numérique dont la régulation demeure utopique.

La régulation des activités numérique s'impose aussi pour la pérennité de nos modèles économiques et sociaux. Il s'agit en particulier d'obtenir que les GAFA s'acquittent de leurs impôts dans des conditions plus satisfaisantes et que nos modèles de protection sociale ne soient pas minés par une ubérisation généralisée.

Conclusion

Au final, la numérisation des informations et leurs diffusions se présentent comme un phénomène technique aux conséquences sans précédent qui, tel un nouveau paradigme, implique de repenser non seulement le rapport des citoyens aux institutions, mais aussi celui des individus à leur quotidien modifié par l'irruption triomphante de la virtualité. Comme tout changement de paradigme, celui-ci demande du temps pour être compris, dans la totalité de ses conséquences. Si le numérique a d'ores et déjà changé nos vies, l'émergence d'une société numérique n'est pas stabilisée. D'ailleurs, le sera-t-elle un jour, tant les innovations numériques se diffusent à une vitesse difficilement compatible avec les modes actuels de régulation de notre vie collective ? La coexistence persistante d'une société organisée et d'un monde virtuel, insaisissable, le complétant ou le concurrençant, constituerait alors un défi de taille lancé à notre vivre-ensemble.

FAIRE LE POINT SUR L'ACTUALITÉ DU SUJET

Sujet 5 — DISSERTATION : OÙ EST LE POUVOIR ? (SUJET COMPLÉMENTAIRE 2)

Marcel Gauchet, dans la « Condition politique », remarquait que le passage de la société traditionnelle à la société politique impliquait la localisation d'un « foyer de pouvoir » au sein même de cette société en devenir. De ce fait, le pouvoir implique une capacité de commandement, au sein de la société dont il est l'émanation historique et dont il assure le gouvernement, et conditionne une relation d'obéissance avec les membres de cette société qui deviennent les gouvernés. Dans cette conception réaliste du pouvoir, qui reprend d'ailleurs cette dialectique posée par Julien Freund, dans « L'Essence du politique », la question de la délimitation est rectrice : jusqu'où ce pouvoir peut-il s'exercer et de quelle manière peut-il, ou plutôt, doit-il être délimité pour être contenu d'une manière efficace ? C'est pourquoi, selon lui, émerge la notion de liberté et qui vise non seulement ce qui, en tant que tel, n'est pas soumis au pouvoir, tels des interstices d'autonomie qu'il convient d'aménager pour mieux les préserver, ou encore ce qui, à l'intérieur du pouvoir lui-même, est de nature à en permettre l'exercice équilibré.

Cette dernière dimension renvoie ainsi à la logique de la séparation des pouvoirs définie, en son temps, par Montesquieu, dans son introduction à *l'Esprit des Lois* et précisée davantage dans ses *Considérations sur les causes de la grandeur des Romains et de leur décadence.* Dès lors, la question de savoir où se trouve le pouvoir, en d'autres termes où il commence et s'achève, est centrale dans la conception moderne du pouvoir et du fonctionnement de l'administration.

Cette question de la localisation, et partant de la délimitation du pouvoir, dépasse bien évidemment la simple sphère du politique pour concerner l'ensemble des activités sociales et humaines. Cependant, dans notre conception moderne, le parangon du pouvoir demeure politique et pose, à son tour, une double question. D'une part, quelle est la délimitation possible du pouvoir, dans une société de plus en plus ouverte, avec comme héritage les grands principes posés en 1789, et dont l'ouverture au changement tend à devenir la règle ? Existe-t-il toujours une capacité au commandement dans un monde toujours plus fluide et complexe ? D'autre part, la notion de pouvoir n'a-t-elle pas évolué au point de se muer en simple capacité d'action ; signe de l'impuissance ou plutôt de la caducité de la conception du pouvoir incapable d'imprimer sa marque sur les événements dont il est davantage l'accompagnateur que l'artisan ?

Aussi, la localisation de la souveraineté politique semble toujours primer, mais sans doute davantage comme principe que réalité (I). Cependant, la question de la localisation du pouvoir traduit une forme de peur de l'impuissance impliquant de relocaliser le pouvoir par un rappel à la primauté du pouvoir politique (II).

I - La localisation de la souveraineté politique semble toujours primer, mais sans doute davantage comme principe que réalité

A - LA LOCALISATION DU POUVOIR DANS L'ÉTAT : UN HÉRITAGE QUI SEMBLE PERDURER

D'une part, cette consécration de l'État comme lieu d'exercice et de légitimation du pouvoir se retrouve tout d'abord au niveau international. Les relations qui s'y déploient sont ainsi héritières de la conception de l'État définie lors du Traité de Westphalie de 1648, dont Henry Kissinger, dans son ouvrage « Diplomatie », a souligné la remarquable résilience dans le monde de l'après-1945 marqué par l'émergence de l'Organisation des Nations unies. À ce titre, les vicissitudes de l'intervention en Libye sont à mettre au compte de la rémanence de cette conception classique du rôle incontournable de l'État au sein même du Conseil de sécurité des Nations unies, qui détient, d'après l'article 39 du Chapitre VII de la Charte des Nations unies, cette prérogative pourtant dévolue initialement à l'État, de l'usage légitime de la force, c'est-à-dire de l'intervention militaire pour remédier à une situation mettant en péril l'équilibre de la « communauté internationale », thématisée notamment par Raymond Aron, dans « Paix et Guerre entre les Nations ».

D'autre part, la question de la localisation du pouvoir est en effet structurante de la réflexion moderne sur la condition de possibilité du politique. Dans un contexte où le pouvoir ne vient plus de Dieu, mais procède d'une conception rationnelle qui fait de la nécessité de la coercition des volontés individuelles la condition obligée de leur coexistence. Tel est l'enseignement des différents théoriciens du droit naturel qui, avec Hobbes au XVIIe siècle, tentent de donner une définition du pouvoir qui réponde à l'outrance, pour mieux la juguler, de la nature humaine dont il s'agit, pour l'auteur du « Léviathan », d'assurer la sécurité, condition sine qua non, de sa survie. Dès lors, comme le souligne le chapitre XIII du « Léviathan » consacré à la fondation de la République, c'est-à-dire dans notre langage contemporain, de l'État, le paradigme moderne du pouvoir réside dans l'État, c'est-à-dire dans une forme d'exercice de la violence légitimée par l'assentiment, prescrit dans le cadre d'une démarche rationnelle, des gouvernés. En d'autres termes, pour reprendre les enseignements de Julien Freund dans « L'Essence du politique », la définition du politique, c'est-à-dire d'une forme de pouvoir sur la société acceptée par tous, implique comme l'une de ses dialectiques constitutives la relation entre gouvernants et gouvernés, c'est-à-dire du commandement et de l'obéissance.

Cette dialectique, qui fonde la légitimité de l'État, se retrouve déclinée à deux niveaux. D'un côté, au niveau national, la plupart des pays ont adopté, tel un legs progressif de la philosophie des lumières qui plonge ses racines à la fois dans l'Habeas Corpus anglais et, de plus proche de nous, dans la Déclaration des droits de l'homme et du citoyen du 26 août 1789, le principe de souveraineté du peuple ou de souveraineté populaire. Telle est ainsi la demande de l'abbé Sieyès qui, dans son opuscule « Qu'est-ce que le Tiers État ? » souligne que la prétention du peuple à incarner la légitimité du corps social – Que veut-il ? À y devenir quelque chose – et, partant, la souveraineté principielle dont doit dériver toute forme de hiérarchie sociale, qui implique l'adoption, à terme, d'une forme démocratique de gouvernement. Certes, il existe d'autres instances et acteurs qui ont une capacité à commander aux individus, comme dans la sphère économique que caractérise l'existence de nombreuses formes de subordination dans l'entreprise ou encore dans celle du sacré où le religieux procède par commandements, mais toutes doivent s'inscrire dans le cadre de la loi, expression de la volonté générale. Dès lors, la localisation du pouvoir passe par la désignation d'une administration, définie par Max Weber comme une hiérarchie et des procédures, au service de la pérennisation de l'État, source de tout pouvoir possible et critère de légitimité d'un accroissement du pouvoir lorsque celui-ci en vient à devoir être étendu pour répondre aux enjeux du moment.

Car tel est bien l'enjeu des pouvoirs d'exception, dont notre histoire très récente, que ce soit avec l'application de l'article 16 de la Constitution de 1958 ou encore dans la proclamation de l'état d'urgence, en fournit l'exemple. L'exercice dans le temps de pouvoirs d'exception procède également d'une norme et permet, selon Claude Lefort dans son essai sur le politique où il rappelle les équivoques de l'utilisation de l'article 88 de la Constitution de Weimar par Adolf Hitler, de préciser la différence entre dictature et tyrannie. Ainsi, face aux circonstances qui l'exigent et motivent que soient suivies, à la lettre, toute une série de procédures, le pouvoir d'exception est une forme temporaire de dépassement de la localisation précisée par les institutions du pouvoir ; celui-ci regagnant ses limites une fois conjurés les périls qui menaçaient la société dont il a la charge.

De l'autre, cette adéquation entre pouvoir et État apparaît d'autant plus forte en France en ce qu'elle s'inscrit sur la longue durée, comme en témoigne, dès l'époque médiévale, l'affirmation progressive et exclusive d'un pouvoir central dont la naissance va bien au-delà du Dimanche de Bouvines du 27 juillet 1214 décrit par l'historien Georges Duby. En ce sens, la construction de l'État en France s'est d'abord opérée sous la forme centralisée tout en manifestant une volonté claire de primauté sur les autres pouvoirs, à l'instar de la loi Le Chapelier de 1790 laquelle, dans la France du début de la Révolution française, abolit les corporations censées échapper au pouvoir réglementaire de l'État.

B - UNE LOCALISATION DU POUVOIR DANS L'ÉTAT QUI RELÈVE DAVANTAGE DU PRINCIPE QUE DE LA RÉALITÉ

Si l'État souverain demeure, en principe, le parangon de tout pouvoir possible, il n'en demeure pas moins que la souveraineté des États, ou du moins sa compréhension traditionnelle, apparaît comme relativisée, sinon mise à mal. Cette incertitude quant à l'efficience du pouvoir politique et l'influence de l'État sur le cours des choses conduit à s'interroger, de manière récurrente, sur la localisation effective du pouvoir. Pour parodier le titre de l'ouvrage de Laurent Cohen-Tanugi, « Le droit sans l'État », diverses occurrences tendent à légitimer l'expression de l'État sans pouvoir et ainsi de remettre en cause ce qui, jusqu'alors, était considéré comme nécessaire et suffisant à la cohésion du corps social.

En effet, la fin de la Seconde Guerre mondiale a entraîné la multiplication des organisations internationales au pouvoir normatif plus ou moins incertain. Certes, l'exemple Onusien et la reconnaissance du droit d'ingérence à l'échelle internationale constituent une brèche certaine dans la notion de souveraineté étatique érigée comme principe des relations internationales. Le mécanisme de sécurité collective, qui marque le passage de la société à la communauté internationale d'après Raymond Aron, constitue un indice autant qu'un syndrome du dépérissement de la figure de proue de l'État au niveau international. C'est dans ce contexte également que ce sont multipliées les organisations régionales dont les compétences peuvent parfois se substituer à celles des États qui en sont membres.

À cet égard, l'Union européenne en constitue l'exemple le plus abouti : le principe de subsidiarité étant bien souvent éprouvé comme frappant de caducité une conception authentiquement souveraine du fonctionnement de l'État dont la cession de compétences pourtant considérées comme régaliennes, comme le seigneuriage avec la création de l'euro, est devenue une impérieuse obligation. L'exemple de l'examen par la Commission européenne des aides d'État, tel qu'en dispose notamment l'article 107 du Traité sur le fonctionnement de l'Union européenne est illustratif de la capacité d'une organisation régionale d'infléchir les décisions de politique publique qui sont prises sur le fondement de la souveraineté des États. Dès lors, un malaise entre les citoyens et l'organisation régionale peut se faire jour ; les Gouvernements accusant en l'occurrence la Commission européenne de prendre des mesures qui ne sied ni aux peuples ni aux politiques nationales, ce qui alimente une forme de « ping-pong » en matière de responsabilité alléguée quant aux effets sur les populations des mesures prises. Cette tendance à la disparition du pouvoir souverain se retrouve également dans une moindre mesure dans les organisations internationales dont le caractère normatif est moindre que ce soit, de manière informelle, comme le G20 ou encore, de manière plus structurée, l'OCDE.

Cette dilution du pouvoir, notamment normatif, va de pair avec une remise en cause de son exercice. Il y a déjà cinquante ans, Robert Poujade dénonçait avec véhémence la confiscation du pouvoir par la technostructure et la primauté de l'expertise scientifique et technique sur le bon sens populaire. Ce sentiment de malaise dans la population n'est pas, comme nous l'indique cet exemple historique qui fut aussi le contexte dans lequel le président du Front national débuta sa carrière politique, sans alimenter les peurs et profiter aux populismes. Davantage, la multiplication des centres de pouvoirs, venant s'ajouter à l'État au point de le concurrencer, avive la question de la localisation du pouvoir réel. Est-il en définitive situé à Bruxelles en ce qui concerne la France ? La multiplication des autorités administratives indépendantes, initialement perçues comme un démembrement de l'État avant que d'apparaître comme concurrent direct et brèche de sa souveraineté, comme en dispose un tout récent rapport d'une commission d'enquête du Sénat qui leur était consacré, participe également à l'alimentation d'un discours ambiant, quant à la disparition du pouvoir effectif de l'État et la remise en cause de la souveraineté des peuples.

En outre, la réduction du pouvoir de l'État semble aussi être la conséquence directe de la multiplication des instances juridictionnelles, à l'instar de la Cour européenne des droits de l'homme, lesquelles entendent contribuer à l'affermissement du droit dans nos sociétés. Il semble ainsi que se vérifie la remarque émise par Laurent Cohen-Tanugi, s'agissant de la société américaine, dont la juridicisation des relations conduisait, ipso facto, à une relégation du rôle de l'État comme secondaire. L'influence des juridictions semble dépasser celle des parlements tant leur décision prime, de manière grandissante, sur la loi et celle-ci concerne également les cours constitutionnelles qui peuvent remettre en cause la représentation de l'intérêt général qu'est la loi et son exercice, comme en témoigne, en France, l'émergence de la question prioritaire de constitutionnalité susceptible d'être excipée devant le juge.

Enfin, la récente évolution du contexte dans lequel le pouvoir s'exerce et s'incarne conduit à sa propre mutation où une complexité croissante rend malaisée l'imputation des responsabilités. Cette tendance est constatable à deux niveaux : d'une part, au niveau horizontal avec la montée des pouvoirs exécutifs dans la plupart des démocraties et, d'autre part, au niveau vertical, avec la décentralisation de pays unitaires qui vient diluer le pouvoir dans une sorte de mille-feuille administratif où les citoyens peuvent se retrouver totalement perdus, comme les atermoiements de la décentralisation, engagée depuis 1982 en France, tendent à le souligner.

Ce contexte de dépérissement de l'État coïncide avec l'affirmation de nouveaux acteurs économiques, véritables pouvoirs concurrents à l'influence favorisée par la nouvelle mondialisation des échanges. S'il est vrai que les multinationales exercent une influence bien souvent supérieure à celle des États, il est difficile d'identifier, dans la plupart des cas, la localisation de leur lieu de commandement. S'agit-il de celle de leurs actionnaires ? Quelle source juridique, au-delà du droit de l'État du Delaware, définit au plus près leur mode de fonctionnement au regard notamment de la fiscalité ? À cet égard, rappelons que les GAFA (Google, Apple, Facebook, Amazon) ou encore les NATU (Netflix, Airbnb, Tesla, et Uber) désignent des professionnels, mais nullement des localisations per se. Cette prévalence des opérateurs économiques qui s'exerce contre celle de l'État se retrouve également dans les marchés financiers, dont la spéculation contre les monnaies européennes témoignait de l'influence de quelques acteurs de ce secteur sur le devenir des États qui avaient dû, à l'époque, consentir à une hausse sans précédent des taux d'intérêt, quitte à générer un chômage de masse, pour répondre aux exigences de ceux-ci.

Force est ainsi de constater que le pouvoir n'est guère l'apanage de l'État, même si d'un point de vue théorique, voire philosophique, il en incarne toute la légitimité. Les dernières années qui sont les nôtres n'avivent-elles pas l'obsolescence d'une telle conception du pouvoir qui ne rendrait plus compte du rapport de forces qui se fait jour, non seulement au niveau national, mais aussi mondial ?

II - La question de la localisation du pouvoir traduit une peur de l'impuissance qu'il convient de juguler au plus vite

A - LA QUESTION DE LA LOCALISATION DU POUVOIR EXPRIME UNE PEUR DE L'IMPUISSANCE

Derrière la question de la localisation du pouvoir, qui en affecte la compréhension traditionnelle, se profile la recherche d'un pouvoir qui serait diffus, mais omniprésent, sans pour autant s'avérer localisable.

En effet, cette dispersion du pouvoir est avivée notamment par la révolution numérique qui se déroule actuellement et qui a débuté avec l'ouverture au public du réseau internet constitué pour des motifs de sécurité nationale aux États-Unis. Internet conduit à modifier notre compréhension du pouvoir et de sa localisation. En effet, ce réseau internet a donné lieu à de nombreuses applications qualifiées de nouvelles technologies de l'information et de la communication dont l'utilisation a donné lieu à une très large décentralisation du pouvoir. Le principe des protocoles IP employés dans le réseau internet donne à chaque machine connecté le pouvoir immédiat et conjoint de recevoir autant que de transmettre de l'information.

Une telle révolution présente nécessairement des incidences politiques. Comme le rappelle le philosophe de l'internet, Pierre Lévy, dans son ouvrage « L'Intelligence collective. Pour une anthropologie du cyberspace » (1994), le cyberespace est un formidable « laboratoire, à l'échelle planétaire, des alternatives à la démocratie représentative ». En instaurant une égalité de principe entre tous les internautes, le Web permet à tous ceux qui n'avaient pas accès à la parole publique de s'adresser potentiellement à des millions de personnes et de mobiliser les foules. De ce fait, cette technologie augure du passage d'une société verticale au paradigme d'une société horizontale permettant, dans les sociétés autoritaires, d'échapper à la censure et aux pouvoirs de coercition des gouvernements. Comme l'indique Dominique Cardon, du fait de l'interface que constitue le cyberespace, il est possible désormais aux citoyens, ou aux consommateurs, d'exercer une forme de contrôle continu des formes de pouvoir dont ils sont sujets. De ce fait, le pouvoir est affecté en dehors de tout lieu physique ou de toute institution.

Aussi, Internet est souvent présenté comme une arme. En permettant aux dissidents politiques de se rencontrer, d'échanger des informations et d'organiser la lutte, Internet a donné naissance aux révolutions arabes, aux manifestations en Iran, aux Indignés et au mouvement Occupy. Disséminé partout et exercé par ceux qui n'en sont ni traditionnellement ni légitimement les dépositaires, sans pour autant être identifiable dans le même temps, un tel pouvoir déroge à la dualité qui lui est constitutive, à savoir sa localisation et sa délimitation physique. À ce titre, grande est la tentation de voir dans cette dilution du pouvoir de surveillance l'unique forme de supériorité et d'autorité possible la réalisation ici et maintenant du spectre de « 1984 » de George Orwell. Sans qu'il n'y ait encore ni de « police de la pensée » ni de « ministère de la vérité », il est vrai que la perspective d'une surveillance constante et continue des individus, qui passe par la mise en œuvre d'un vaste panoptique numérique et réalisant bien au-delà les ambitions de Jérémy Bentham, est avivée par cette assimilation du pouvoir à celui de la simple surveillance, sans échappatoire aucune.

Une telle rupture épistémologique, au sens où la définit Thomas Samuel Kuhn, dans « Les structures des révolutions scientifiques », conduit nécessairement à redéfinir le pouvoir dont la nature semble avoir radicalement changé. Celui-ci désormais influence davantage qu'il n'impose. En effet, force est de constater l'incapacité actuelle des États à répondre à la crise économique et sociale depuis la fin des années 1970. Après les « Trente Glorieuses » forgées par l'économiste Jean Fourastié pour caractériser la période de forte expansion dont l'État était le maître d'œuvre, ce sont les Trente, puis bientôt les « Quarante Piteuses », formulées par Nicolas Baverez pour caractériser la longue érosion de la figure tutélaire qui ne parvient plus à dompter un marché qui prend le pas sur l'action publique au point de la rendre stérile. Le double contexte de la mondialisation et de l'européanisation semble ainsi porter un coup durable à l'efficience du pouvoir gouvernemental et de ce fait, à ce dont il est l'émanation, à savoir la souveraineté nationale.

La crise économique ne fournit pas seulement l'illustration des limites du pouvoir traditionnel : le risque terroriste et les vicissitudes qui entourèrent la mise en œuvre de l'état d'urgence, du fait des engagements souscrits par la France et de la prévalence d'une conception extensible des droits fondamentaux par les instances européennes en témoignent. Grand est le risque désormais d'une exploitation, par les partis populistes, du sentiment d'impuissance et des propos de retrait d'un contexte au nom d'une liberté recouvrée.

Il s'agit ainsi de s'abstraire de ce qui est, à savoir des limites et contraintes économiques, juridiques et géopolitiques. De tels arguments sont avancés par les partis populistes en Europe, en proposant la restauration d'un pouvoir fort, rayonnant à l'abri des contre-pouvoirs possibles et proposant que soit renouée une forme de continuité historique avec une conception désormais surannée et caduque du pouvoir politique. Ceux-ci ont également recours à des boucs émissaires censés cristalliser le courroux de l'opinion, à l'instar des techniques évoquées par René Girard dans « La violence et le sacré », à l'exception toutefois de l'absence de rédemption possible du corps social dans cette démarche désormais contemporaine. Les migrants fournissent ainsi des boucs émissaires tout trouvés et les arguments d'une partie de l'opinion ne sont pas sans rappeler certaines lignes de l'ouvrage « Le camp des saints » de Jean Raspail, qui date pourtant de 1972.

En outre, un tel discours n'est pas sans rappeler une certaine forme d'antiparlementarisme, à l'instar des tribunes de Léon Daudet dans le quotidien « L'Action française », dans les années 1930, lors du paroxysme de l'affaire Stavisky, qui appelait à combattre les détenteurs réels du pouvoir derrière les simulacres d'autorité que constituaient, à ces yeux, les institutions représentatives de la IIIe République ; une telle démarche n'étant d'ailleurs pas sans rappeler la remise en cause par Karl Marx lui-même des bénéficiaires des superstructures qui rendaient nécessaires et suffisantes l'aliénation des travailleurs en leur promettant une illusoire liberté.

C'est pourquoi, la conception du pouvoir d'aujourd'hui est duale : à la fois à bout de souffle et émietté, il est aussi omniprésent tant la surveillance qui est la sienne du corps social peut apparaître extrême. Ce débat est intense tant il conditionne la perspective qu'en ont les gouvernés, qui sont eux-mêmes d'ailleurs conditionnés par la société de l'information, et de leur appréhension de cette dialectique du commandement et de l'obéissance dont ils sont à la fois les victimes et les bénéficiaires. À l'instar de Margaret Thatcher qui ponctuait sa campagne de 1979 avec la question « Who governs Britain ? » (« Qui gouverne l'Angleterre ?), afin d'imputer aux syndicats la responsabilité du marasme économique qui sévissait alors Outre-Manche, la question est ainsi, pour tous les peuples de savoir quelle(s) instance(s) en assument le gouvernement, sans pour autant être en mesure d'imputer les responsabilités du mal-être, voire du malheur collectif, qui afflige les sociétés qui sont les leurs.

Les évènements liés au référendum catalan de l'automne 2017 démontrent d'ailleurs de façon paroxystique la vitalité des débats voire la confusion qui peuvent entourer la question de la localisation du pouvoir. Où est-il ? Dans le peuple ? Mais lequel ? Dans les élections ? Mais lesquelles ? Dans les institutions ? Celles de Barcelone, de Madrid ou in fine dans celles de l'Union européenne, à Bruxelles ?

B - LA NÉCESSITÉ DE RELOCALISER LE POUVOIR PAR UNE REFONDATION DE LA PRIMAUTÉ DU POUVOIR POLITIQUE

Si cette question de la localisation du pouvoir exprime la peur de la disparition de la forme traditionnelle du pouvoir, elle avive l'urgence d'une relocalisation du pouvoir redevenant tangible pour nos contemporains.

Il faut ainsi défendre et adapter le principe de la primauté du pouvoir politique. Une telle démarche implique de renforcer la position de cette forme originelle de pouvoir face à ses concurrents en veillant à leur inscription dans les lois. La laïcité répond ainsi à cette exigence de circonscrire dans les limites de la légalité la pratique du fait religieux qui ne déborde pas en dehors de sa sphère, tout en garantissant la liberté de croyance du reste du corps social n'y adhérant pas.

Cette restauration du pouvoir politique implique également d'assujettir les plus grandes entreprises aux activités mondiales à l'impôt. La déterritorialisation avancée par ces dernières ne doit aucunement être un leitmotiv pour l'exonération fiscale qui pénalise les États et soustrait à la puissance publique de conséquents moyens qui pourraient bénéficier au renforcement du lien social. Comme le souligne un rapport publié en 2012 par la Commission des finances du Sénat qui porte sur la fiscalité numérique, l'extension de certaines taxes relatives au financement des activités culturelles aux opérateurs mondiaux de l'internet constituerait un premier embryon de fiscalité. Une telle démarche marquerait ainsi l'assujettissement des GAFA et autres

NATU aux principes mêmes de la citoyenneté ainsi qu'au pouvoir politique, expression de la souveraineté des peuples.

Cette prévalence reconquise du pouvoir impliquerait également la poursuite de la légitimation de l'action des grandes organisations régionales et internationales. Les défis auxquels est désormais confrontée la Communauté internationale impliquent la mobilisation de ces dernières, sans lesquelles les réponses appropriées ne peuvent que faire défaut. À ce titre, les Accords de Paris de décembre 2017 ont conduit à une certaine forme de pérennisation de la COP 21 qui devient le chef de file de la lutte contre le réchauffement climatique. La reconnaissance d'un pouvoir d'influence, sinon de décision, implique que soient réunies les conditions de l'assentiment des populations sur lesquelles ce pouvoir s'exerce. Dès lors, le critère de légitimité du pouvoir redevient d'actualité, comme l'illustre le passage en 1999 du G8 au G20, qui a permis d'intégrer nombre de pays émergents aux concertations les plus importantes pour réguler l'économie mondiale et ses différents marchés.

Cette reconnaissance d'une influence et des pôles décisionnels qui sont l'apanage d'un pouvoir identifié doit ainsi être renforcée. Cette démarche implique la mise en œuvre de contre-pouvoirs destinés à assurer le fonctionnement harmonieux d'organisations plus importantes que les États eux-mêmes. Ainsi, les acquis du Traité de Lisbonne ont permis aux parlements nationaux d'être mieux associés au processus décisionnel et ainsi de co-diriger avec la Commission européenne et le Parlement européen la production normative. La répartition équitable et reconnue des responsabilités permet ainsi de refonder durablement la légitimité des instances.

Cette même démarche de clarification va de pair avec l'objectif de simplifier les différents échelons administratifs. À cet égard, le « mille-feuille administratif » complexifie l'action de l'administration au point de la rendre inefficace. La simplification de ces derniers s'avère nécessaire pour répondre aux besoins et attentes des citoyens et le Programme Simplification 2020, soutenu par Bruxelles, devrait permettre de répondre à une telle exigence qui passe par la suppression de la clause de compétence générale des départements et régions. Simplifier pour mieux gouverner, tel est désormais le mot d'ordre des différents gouvernements qui se sont succédé, en France, depuis la mandature de 2007 et la nécessaire rationalisation du maillage territorial et administratif apparaît désormais comme prioritaire pour l'action publique. Les propositions émises par le rapport de la commission d'enquête sénatoriale publié fin 2015 sur les autorités administratives indépendantes n'échappent pas à cette finalité : il s'agit ainsi de mettre fin à cette existence d'un « État dans un État » et ainsi de canaliser la prolifération des autorités administratives indépendantes pour mieux les contrôler.

C'est ainsi par ce retour à une conception pourrait-on qualifier d'essentielle du pouvoir politique que sera restaurée, parce qu'enfin localisée, sa permanence et assurée sa reconnaissance. Une telle démarche fournit ainsi la réponse à opposer aux discours populistes vitupérant la perte de pouvoir comme source de désagrégation sociale. Davantage, respectueux du précepte posé par Montesquieu dans l'introduction de « L'esprit des lois » selon laquelle « il faut que le pouvoir arrête le pouvoir », il importe de persuader les citoyens que les limitations du pouvoir représentent leur meilleure protection possible et que les principes de séparation des pouvoirs et le respect des droits fondamentaux, par les cours constitutionnelles nationales et européennes, doivent être renforcés. En d'autres termes, si l'État de droit demeure en définitive la meilleure protection possible pour les libertés, celui-ci ne peut exister qu'en raison de l'existence d'un pouvoir d'autant mieux circonscrit qu'il est localisé.

Le pouvoir se trouve toujours, in fine, dans les États-souverains mais présente désormais un problème de légitimation et d'incarnation. En effet, ce pouvoir, défini comme l'expression d'une supériorité dans une dialectique entre commandement et obéissance, est devenu de plus en plus complexe et concurrencé par d'autres instances, qu'elles soient multinationales, comme dans le secteur économique ou dans le domaine du politique bousculé par l'émergence d'instances régionales dotées de compétences propres.

La question de la localisation du pouvoir implique ainsi de définir les critères de l'efficience du pouvoir et ainsi de sa nécessaire autorité qui n'est autre que la perception par les individus qui s'y soumettent de sa responsabilité. Dans cette relation s'impose ainsi une forme de « principe responsabilité », initialement thématisé par Hans Jonas, qui rend légitime tout exercice du pouvoir.

À ce titre, il importe plus que jamais de renforcer la lisibilité des pouvoirs au plan national et international, afin de répondre aux grands défis du XXIe siècle, tout en demeurant fidèle à l'héritage des Lumières et à la Déclaration des droits de l'homme et du citoyen, gages d'une organisation sociale et politique respectueuse des citoyens et des individus. C'est la raison pour laquelle le renforcement de l'État de droit, qui implique la prévalence du politique, constitue une réponse ferme et adaptée laquelle, en circonscrivant le pouvoir pour mieux le contrôler, lui permet de s'exercer tout en préservant les libertés fondamentales, sans lesquelles toute forme de souveraineté devient vide de sens.

FAIRE LE POINT SUR L'ACTUALITÉ DU SUJET

DROIT CIVIL ET PROCÉDURE CIVILE

Sujet 1

DISSERTATION : LA LOYAUTÉ DE LA PREUVE DANS LE PROCÈS CIVIL (ANNALES CONCOURS ENM 2017)

Selon H. Motulsky, le principe de loyauté de la preuve provient du « droit naturel jurisprudentiel ». Ce principe, renforcé par la jurisprudence ces dernières années, trouve particulièrement à s'appliquer en matière probatoire. Même si le procès civil constitue un substitut de la vengeance privée, la fin ne justifie pas tous les moyens. La déloyauté du maniement de certaines armes est susceptible d'en ruiner l'efficacité, faisant ainsi obstacle à l'objectif pourtant premier de manifestation de la vérité.

La loyauté est le principe selon lequel le juge et les parties doivent, dans leurs comportements procéduraux, faire preuve de bonne foi et de probité. En d'autres termes, elle vise la droiture dans le cadre de la procédure suivie en matière civile, commerciale, prud'homale, rurale et sociale devant les juridictions de l'ordre judiciaire. S'exprimant essentiellement, dans le cadre de la preuve, qui est la démonstration d'un fait ou d'un acte, dans les formes admises ou requises par la loi, la loyauté n'est pas expressément consacrée, mais elle s'infère de diverses dispositions du Code de procédure civile. Pendant longtemps, le principe de la contradiction (ou du contradictoire) ne figura ni dans la loi ni dans les tables alphabétiques des ouvrages de doctrine. Quelques rares décisions de jurisprudence le rappelaient occasionnellement comme une règle de droit naturel (H. Motulsky, « Le droit naturel dans la pratique jurisprudentielle : le respect des droits de la défense en procédure civile », in Mélanges Roubier, t. 2, p. 175). Ces principes directeurs du procès civil figurent désormais au chapitre Ier des dispositions liminaires du titre Ier du Code de procédure civile, ouvrant le livre Ier consacré aux dispositions communes à toutes les juridictions. Véritable charte de la répartition des rôles entre juge et parties, les principes directeurs du procès apparaissent ainsi tout à la fois comme des principes d'inspiration et des règles de droit concourant au respect des garanties fondamentales d'une bonne justice. À côté des principes consacrés, il faut relever l'essor de nouveaux principes directeurs, comme la célérité ou la loyauté. H. Motulsky avait déjà noté que le principe de loyauté constituait à la fois, pour les parties, une composante importante du droit de la défense et, pour le juge, une obligation de stricte neutralité de motivation des jugements ; s'agissant du législateur, il ajoutait que la loyauté exigeait de sa part qu'il organise un système rationnel de voie de recours. La loyauté de la preuve dans le procès civil constitue l'un de ces nouveaux mécanismes prétoriens de régulation du procès civil.

De l'obscurité, le principe de loyauté est passé à la lumière sous l'impulsion du juge civil en matière de preuve. Érigé par nécessité, employé au titre d'une bonne administration de la justice, le principe de loyauté constitue une norme comportementale pour les acteurs du procès civil, source d'équité. Toutefois, si le principe de la contradiction ou du contradictoire est incontestablement un principe consacré par le Code de procédure civile, la loyauté n'est pas explicitement visée au titre des principes directeurs. Aussi, dès lors que la recherche de la vérité absolue reste l'objectif majeur du procès civil, l'application du principe de loyauté est d'autant plus importante, car elle permet d'assurer la dignité du procès.

Aussi convient-il d'envisager, d'une part, l'érection du principe de loyauté de la preuve (I) et, d'autre part, la résistance d'une application générale du principe de loyauté de la preuve (II).

I - L'érection du principe de loyauté en matière de preuve

Si le principe de loyauté procédurale est implicitement mentionné par le Code de procédure civile au titre des principes directeurs du procès (A), du moins de lege lata, la jurisprudence contemporaine l'a consacré explicitement en plusieurs occurrences en tant qu'aspect des droits de la défense (B).

A - UNE EXIGENCE TEXTUELLE IMPLICITE

1. Une conduite s'imposant aux parties

Le principe de loyauté dans le procès civil n'est pas expressément visé par la Code de procédure civile ou le Code civil. Néanmoins, la loyauté est consacrée par le dispositif législatif et la pratique processuelle. Il est d'abord possible d'en déceler les traces dans les termes de l'article 24 du Code de procédure civile. En effet, selon ce dernier « les parties sont tenues de garder en tout le respect dû à la justice ». Cette affirmation est une manifestation du principe de loyauté. Concrètement, les plaideurs doivent avoir une attitude dans leurs écritures et postures pour que la justice fonctionne avec dignité. En d'autres termes, les parties doivent recourir à la justice de manière loyale. Ensuite, l'article 9 du Code de procédure civile dispose qu'« il incombe à chaque partie de prouver conformément à la loi les faits nécessaires au succès de sa prétention ». Il s'agit d'une référence implicite à la loyauté, conçue comme le respect de la légalité. En effet, si une preuve est obtenue contrairement à une disposition légale, elle est considérée comme déloyale. Cette obligation de loyauté n'est pas restreinte au seul domaine processuel. Elle est aussi connue du droit substantiel et trouve son fondement à l'article 1104 nouveau du Code civil (C. civ., art. 1134, al. 3 anc.), qui dispose que « les contrats doivent être négociés, formés et exécutés de bonne foi ».

En droit de l'arbitrage, l'estoppel a trouvé une consécration textuelle puisque, désormais, le nouvel article 1466 du Code de procédure civile issue du décret n° 2011-48 du 13 janvier 2011 dispose que « la partie qui, en connaissance de cause et sans motif légitime, s'abstient d'invoquer en temps utile une irrégularité devant le tribunal arbitral est réputée avoir renoncé à s'en prévaloir ». Cet article consacre le principe de l'estoppel, déjà reconnu par la jurisprudence. La jurisprudence définit l'estoppel comme un comportement procédural « constitutif d'un changement de position, en droit, de nature à induire [l'adversaire] en erreur sur ses intentions » (Cass. 1re civ., 3 févr. 2010) et veille à la juste application de ce principe (Cass. 1re civ., 24 sept. 2014). L'objectif est de mettre en place un instrument de police processuelle permettant de s'assurer de la loyauté des débats. La Cour de cassation a ainsi considéré qu'une partie ne saurait, après avoir expressément sollicité que l'affaire soit jugée au vu des écritures postérieures à l'ordonnance de clôture et après que celle-ci a été rapportée, critiquer la révocation de l'ordonnance de clôture (Cass. 2e civ., 20 oct. 2005). Toutefois, la Cour limite la portée de l'estoppel en contrôlant les conditions de sa mise en œuvre : « la seule circonstance qu'une partie se contredise au détriment d'autrui n'emporte pas nécessairement une fin de non-recevoir » (Cass. ass. plén., 27 févr. 2009). Enfin, récemment la Cour de cassation a précisé l'étendue de l'estoppel en considérant que cette dernière n'a pas vocation à s'appliquer aux moyens, mais seulement aux prétentions (Cass. com., 10 févr. 2015).

2. Une conduite s'imposant au juge

La loyauté n'est pas inconnue du Code de procédure civile. Au-delà de l'arbitrage (CPC, art. 1464), l'article 763 du Code de procédure civile définit clairement la mission première du juge de la mise en état : « L'affaire est instruite sous le contrôle d'un magistrat de la chambre à laquelle elle a été distribuée. Celui-ci a mission de veiller au déroulement loyal de la procédure, spécialement à la ponctualité de l'échange des conclusions et de la communication des pièces ». Le juge devra ainsi rechercher pourquoi un rapport d'expertise déposé au greffe du tribunal ne se retrouve pas en appel, dans le dossier transmis à la Cour et interroger les parties à cet égard (Cass. 2e civ., 11 janv. 2006). Cette référence à la loyauté entre les parties ne se retrouve exprimée devant aucune autre juridiction, mais elle semble se rattacher assez naturellement au principe de la contradiction que « le juge doit, en toutes circonstances, faire observer » (CPC, art. 16, al. 1er). Ainsi, pendant la phase d'instruction de l'affaire, ce qui est attendu du juge de la mise en état, c'est d'abord qu'il fasse respecter ce principe par les parties en veillant à ce qu'elles échangent leurs conclusions et se communiquent leurs pièces.

Le juge doit plus généralement veiller au bon déroulement de l'instance (CPC, art. 3), ce qui l'autorise à impartir les délais et ordonner les mesures nécessaires au respect par les parties de l'obligation qui leur est faite d'accomplir les actes de procédure qui leur incombent dans les formes et délais requis (CPC, art. 2). Dans cette perspective, il exerce « tous les pouvoirs nécessaires à la communication, à l'obtention et à la production des pièces » (CPC, art. 770) et dispose ainsi d'un large éventail d'interventions possibles : adresser des injonctions, avoir des échanges plus ou moins directifs ou incitatifs, voire adresser aux parties des admonestations et, ainsi, imprimer un certain rythme à la procédure. Il peut, en outre, prendre des décisions relatives au cours même de l'instance : ordonner le retrait du rôle (CPC, art. 382 et 383), lorsque toutes les parties en font la demande écrite et motivée (CPC, art. 763), prononcer la jonction et la disjonction des instances (CPC, art. 766), ou encore, constater l'extinction de l'instance (CPC, art. 769) lorsque ses constatations le conduisent à considérer que sont réunies les conditions mises au désistement ou à l'acquiescement par les articles 397 et 410 du Code de procédure civile.

B - UNE EXIGENCE JURISPRUDENTIELLE EXPLICITE

1. Dans l'obtention et l'élaboration des preuves

La preuve des faits est une charge pesant sur les parties, en vertu de l'article 9 du Code de procédure civile, selon lequel « il incombe à chaque partie de prouver conformément à la loi les faits nécessaires au succès de sa prétention ». Plaçant la preuve dans la sphère des parties, l'article 9 est le prolongement de l'article 6 du Code de procédure civile. Mais ce n'est pas tant un droit au profit des parties qu'une charge à leur détriment, puisque celui qui ne peut prouver son droit perd son procès. Lors de cette tentative de preuve, les plaideurs doivent respecter un principe de loyauté et s'abstenir de toute fraude ou violence (Cass. soc., 11 févr. 1981). La loyauté trouve à prospérer sur le terrain de l'administration judiciaire de la preuve. Les solutions jurisprudentielles sont justifiées par la nécessité d'un procès conforme aux valeurs qui soutiennent l'organisation sociale. Elles trouvent un écho dans l'article 24 du Code de procédure civile relatif à l'obligation de réserve des plaideurs. Aussi, une preuve n'est conforme à la loi que si elle a été obtenue loyalement, c'est-à-dire sans ruses ni stratagèmes.

La loyauté de la preuve n'est pas expressément énoncée par le Code de procédure civile ou par le Code civil, mais elle s'infère des dispositions de l'article 9 du Code de procédure civile. Aussi, la Cour de cassation a considéré au visa de « l'article 9 du Code de procédure civile, ensemble l'article 6 § 1 de la Convention de sauvegarde des droits de l'homme et des libertés fondamentales et le principe de loyauté dans l'administration de la preuve [...] que l'enregistrement d'une communication téléphonique réalisé à l'insu de l'auteur des propos tenus constitue un procédé déloyal rendant irrecevable sa production à titre de preuve » (Cass. ass. plén., 7 janv. 2011). Dès lors, il n'est pas permis de produire des preuves frauduleusement obtenues, comme une filature organisée par un employeur au préjudice du salarié (Cass. 2e civ., 17 mars 2016). En revanche, il est possible de produire un SMS envoyé par la partie adverse dès lors que cette dernière est censée savoir que ledit SMS est susceptible d'être conservé en mémoire dans le téléphone du destinataire (Cass. 1re civ., 17 juin 2009), ou d'un message vocal (Cass. soc., 26 févr. 2013).

2. Dans le cadre des débats

Les éléments de preuve sont soumis au principe du contradictoire, mais également à une exigence de loyauté. La contradiction suppose la mise en œuvre de certains moyens, à savoir la production et la communication complète des pièces de l'affaire. Elle combine de ce point de vue deux éléments de définition. Le premier, l'élément matériel vise la communication de tout document comportant un élément nouveau dont la connaissance est utile pour la partie concernée (CPC, art. 15). Aussi, selon l'article 132 du Code de procédure civile, « la partie qui fait état d'une pièce s'oblige à la communiquer spontanément à toute autre partie à l'instance ». Le second, l'élément temporel vise la communication des documents dans un délai suffisant, compte tenu de la nature de la pièce et du temps du procès, la production d'une pièce hors délai étant inutile et vue comme le signe d'un manquement au devoir de loyauté dans la procédure. La jurisprudence se montre particulièrement vigilante au respect de l'exigence de loyauté dans le cadre des débats. Il en est ainsi, lorsque le plaideur communique ses pièces ou ses conclusions très peu de temps avant l'ordonnance de clôture et met matériellement son adversaire dans l'impossibilité d'en prendre connaissance et donc d'y répondre utilement (Cass. ch. mixte, 3 févr. 2006). Toutefois, le juge ne peut pas écarter des pièces ou des conclusions sans préciser « les circonstances particulières qui ont empêché de respecter le principe de la contradiction ou caractériser un comportement de leur part contraire à la loyauté des débats » (Cass. 2e civ., 11 janv. 2006).

La Cour de cassation a solennellement proclamé le principe de loyauté comme principe directeur des débats, reprenant pour l'affirmer les termes de l'article 16 du Code de procédure civile relatif au principe du contradictoire. En effet, par une formule proche de ce dernier article, « le juge est tenu de respecter et de faire respecter la loyauté des débats » (Cass. 1re civ., 7 juin 2005). Elle a fondé le principe de loyauté des débats sur les dispositions combinées de l'article 3 du Code de procédure civile, « le juge veille au bon déroulement de l'instance » et de l'article 10 alinéa 1er du Code civil, selon lequel « chacun est tenu d'apporter son concours à la justice en vue de la manifestation de la vérité ». L'article 16 du Code de procédure civile a ainsi servi de modèle à la Cour de cassation. En effet, elle a repris la formulation de cet article afin de donner une visibilité, une reconnaissance, une juridicité au principe de loyauté, qu'il n'avait pas jusqu'alors. Cette proclamation solennelle, reprenant les termes mêmes de l'article 16 du Code de procédure civile relatif au principe de la contradiction, témoigne du fait que la loyauté apparaît comme une qualité d'honnêteté dans le contradictoire.

Le principe de loyauté procédurale tend à acquérir une importance autonome et au-delà du domaine de la preuve, en tant que fin de non-recevoir d'origine jurisprudentielle pour cause de déloyauté procédurale. Toutefois, sa qualification de nouveau principe directeur de l'instance, applicable à l'ensemble du procès civil, est discutée au regard des principes directeurs déjà consacrés par le Code de procédure civile.

II - La résistance d'une application générale du principe de loyauté de la preuve

La jurisprudence de la Cour de cassation a conduit la doctrine à s'interroger sur le point de savoir si la loyauté ne devient pas, d'un point de vue normatif, un principe directeur nouveau autonome. Demeure que, d'un point de vue matériel, le principe de loyauté apparaît comme une déclinaison, une mise en application des principes contenus dans le Code de procédure civile (A). Néanmoins, la loyauté ne s'applique pas à tous les procès civils (B).

A - L'ABSENCE DE CONSÉCRATION FORMELLE DE LA LOYAUTÉ COMME PRINCIPE DIRECTEUR

1. L'incertitude d'un principe autonome

En droit positif, les principes directeurs du procès ont la même valeur juridique que les autres dispositions du Code de procédure civile. Toutefois, ces principes ont un rayonnement naturel devant toutes les juridictions et en toute matière. De plus, ils ont une vertu directrice afin d'interpréter la loi. L'enjeu est donc important de déterminer si le principe de la loyauté est un principe directeur du procès. D'un côté, il y a des hésitations à donner une portée positive à une notion empreinte de morale. D'un autre côté, et le droit des contrats en est la meilleure preuve en ce qu'il intègre la notion de bonne foi, la référence à la loyauté peut utilement tempérer les excès auxquelles conduit parfois une application stricte de la règle. Surtout, le rapprochement entre les dispositions de l'article 16 du Code de procédure civile et l'arrêt du 7 juin 2005 « affirmant que le juge est tenu de respecter et de faire respecter la loyauté des débats » suggère une telle interrogation, sans qu'il soit toutefois possible de fournir une réponse tranchée. En reprenant la même formulation, la Cour de cassation a pu entendre élever le principe de loyauté au même niveau que le principe du contradictoire, ou à un degré inférieur en s'inspirant de l'article 16 du Code de procédure civile, comme canevas de la loyauté. Si certains auteurs ont affirmé l'existence d'un principe général de loyauté procédurale (S. Guinchard, « Le principe de loyauté », Justices 1999-115 et s.), c'est au prix de difficultés sérieuses, imputables notamment à d'autres principes directeurs du procès.

L'article 15 du Code de procédure civile met à la charge des parties l'obligation de se faire connaître les moyens de fait sur lesquels elles fondent leurs prétentions, les éléments de preuve et les moyens de droit qu'elles invoquent. La droiture procédurale est donc un comportement attendu des parties, dérivant selon H. Motulsky, des droits de la défense, et mettant à leur charge une « obligation d'observer un minimum de loyauté » (« Le droit naturel dans la pratique jurisprudentielle : le respect des droits de la défense en procédure civile », in Mélanges Roubier, Dalloz, n° 16, p. 187). Toutefois, il faut être prudent sur la vertu autonome de l'idée de loyauté. En effet, H. Motulsky y voyait plutôt un devoir sous-jacent, tout comme le doyen Carbonnier qui la décrivait comme « latent [e] sous des textes fragmentaires » (« Droit civil. Introduction », 27e éd., PUF, coll. Thémis, n° 188). Enfin, si G. Cornu et J. Foyer ont nommé la loyauté comme principe non expressément énoncé, ils la considèrent comme sous-jacente de la contradiction, des devoirs de la défense et de l'obligation de concourir à la manifestation de la vérité (Cornu et Foyer, « Procédure civile », Thémis).

2. La certitude d'un principe d'interprétation par le juge

La loyauté ne peut pas être fixée avec des repères objectifs. C'est une concurrence très importante au principe dispositif et au principe de la contradiction. Or, il est possible de délimiter objectivement les contours du principe de la contradiction. Toutefois, la loyauté échappe à tout repère objectif, plus encore peut-être que la bonne foi. En effet, la loyauté revêt assurément une connotation morale majeure, ce qui rajoute à la difficulté de précision de sa définition. Dès lors, faute d'une définition précise, permettant d'en cerner les contours, il apparaît délicat d'élever la loyauté au rang de principe directeur du procès en raison du risque d'insécurité juridique. De plus, les ambiguïtés de la loyauté procédurale résultent de la possibilité de mettre à l'écart des règles techniques de procédure civile et notamment le principe du contradictoire. En effet, dans l'arrêt du 7 juin 2005, c'est l'article 445 du Code de procédure civile qui a été mis à l'écart ; dans l'affaire de 2011, cela a conduit à écarter des moyens de preuve parce qu'ils avaient été obtenus de manière déloyale, ce qui fait penser à la fraude à la loi (fraus omnia corrumpit). La loyauté permet ainsi d'écarter l'application de règles qui normalement n'auraient pas dû l'être ; et inversement.

Toutefois, le principe de loyauté sert de principe d'interprétation permettant d'apprécier la mise en œuvre des autres principes directeurs et de surmonter d'éventuelles défaillances textuelles. Ainsi, le principe de loyauté permet au juge d'apprécier le comportement des parties au regard des principes directeurs du procès. Cette logique s'inscrit d'ailleurs dans la redéfinition des pouvoirs des parties au procès. En effet, sous l'impulsion de H. Motulsky, convaincu de la nécessité de « prendre conscience de la part active qui revient au juge dans la recherche d'une solution qui certes consiste à trancher des conflits d'intérêts privés, mais à laquelle [...] l'idéal de justice ne saurait rester étranger », les rédacteurs du nouveau Code de procédure civile, issu du décret du 5 décembre 1975, ont souhaité élaborer un compromis entre accusatoire et inquisitoire, tant en ce qui concerne le déroulement du procès qu'au regard de la matière du litige qui constitue la substance même de ce dernier. L'évolution jurisprudentielle a accru ce bouleversement. Manifestement soucieuse de la même exigence d'efficacité ou d'efficience, la Cour de cassation a imposé aux parties une nouvelle obligation de concentration des fondements juridiques ou moyens (Cass. ass. plén., 7 juill. 2006). En d'autres termes, le demandeur aurait dû, par loyauté, invoquer tous les fondements juridiques en même temps, dès la première demande. On retrouve ici encore l'argumentaire de H. Motulsky, lui qui a vu dans les droits de la défense (parmi lesquels, la loyauté procédurale) l'expression d'un droit naturel de la procédure civile. La transformation de l'office du juge, ajoutée à une analyse de la loyauté lui permettant de déroger aux principes directeurs du procès civil ou à toute autre règle, permet ainsi d'encadrer strictement les attitudes procédurales de chaque plaideur.

B - LE REFUS D'APPLICATION DE LA LOYAUTÉ À TOUS LES PROCÈS CIVILS

1. L'indifférence affirmée en matière de divorce

En matière de divorce pour faute les règles sont particulières, la loyauté ne semble pas trouver application dans le cadre de la recherche de la preuve. Comme tout fait juridique, la preuve de la faute se fait par tous moyens ; dès lors que le mode preuve est licite et loyal (C. civ., art. 259). L'appréciation qu'en fait la Cour de cassation est assez libérale. En effet, sauf preuve de violence ou de fraude de la part d'un époux (C. civ., art. 259-1), elle admet certains modes de preuve qui pourraient être considérés comme des atteintes à la vie privée. Ainsi, après avoir retenu l'admission d'un journal intime pour prouver l'adultère, elle a retenu que des relations injurieuses pouvaient être établies par des courriels et un rapport d'enquête privé dont la valeur probante est appréciée souverainement par les juges du fond, en l'absence de violence ou de fraude (Cass. 1re civ., 18 mai 2005) ou par SMS (Cass. 1re civ., 17 juin 2009). Plus encore, la Cour de cassation a admis que la preuve de l'infidélité, cause de divorce, peut être faite par un examen des sangs (Cass. 1re civ., 28 févr. 2006). Dès lors, la loyauté ne trouve pas sa place dans le cadre de la preuve de la faute cause du divorce, pas plus d'ailleurs que l'atteinte à la vie privée. La fraude et la violence constituent deux procédés immoraux d'obtention de la preuve, mais dotés d'un certain degré de gravité dépassant même le principe de loyauté. Néanmoins, une forme de loyauté se rencontre dans la prohibition de l'audition des descendants.

Les règles posées par l'article 205 du Code de procédure civile, qui prohibe l'audition des descendants, et 259 du Code civil ont été interprétées avec la plus grande rigueur par la Cour de cassation. Elle a notamment considéré que la remise par un descendant d'une lettre d'un parent relative aux torts du divorce équivaut au témoignage prohibé par l'article 205 du Code de procédure civile (Cass. 1re civ., 5 juill. 2001). Plus récemment, elle a considéré que la prohibition de l'audition des descendants sur les griefs invoqués par les époux à l'appui d'une demande en divorce s'applique aux déclarations recueillies en dehors de l'instance en divorce. Dès lors, c'est à bon droit qu'une cour d'appel retient que les déclarations des enfants recueillies lors d'une enquête de police étrangère à l'instance en divorce ne peuvent être prises en considération (Cass. 1re civ., 1er févr. 2012). L'objectif est de ne pas placer les enfants dans une situation conflictuelle à l'égard des parents désirant divorcer, en d'autres termes les descendants doivent adopter une position loyale à l'égard de leur parent.

2. L'indifférence mesurée en matière de vie privée

En l'absence de fondement textuel spécifique, les juges ont eu recours à divers fondements pour parvenir à leur objectif. Ainsi, ils ont utilisé les articles 9 et 10 du Code de procédure civile ou l'article 10 du Code civil relatif au droit à la preuve et au rôle des parties. Les droits de la personnalité ont également servi de fondement, notamment la vie privée. Ainsi, au visa de l'article 9 du Code civil, qui dispose que « chacun a droit au respect de sa vie privée », les juges ont rejeté les preuves obtenues à l'insu d'une partie. Dès lors, la Haute cour doit concilier, d'une part, le droit à la preuve et, d'autre part, le droit au respect de la vie privée. Il ressort de la jurisprudence que le droit de la preuve ne peut prévaloir, que si les juges du fond ont caractérisé « la nécessité de la production litigieuse aux besoins de la défense et sa proportionnalité au but recherché » (Cass. 1re civ., 16 oct. 2008). Essentiellement, c'est en matière de vie privée du salarié que la jurisprudence s'est développée. Chacun ayant droit au respect de sa vie privée, selon l'article 9 du Code civil, un salarié peut être victime d'une atteinte à son droit au respect de la vie privée dans le contexte de la relation de travail. Il a ainsi déjà été jugé qu'une filature organisée par l'employeur pour contrôler et surveiller l'activité d'un salarié constitue un moyen de preuve illicite dès lors qu'elle implique nécessairement une atteinte à la vie privée de ce dernier, insusceptible d'être justifiée, eu égard à son caractère disproportionné, par les intérêts légitimes de l'employeur (Cass. soc., 26 nov. 2002).

Dans le cadre d'une preuve déloyale, le juge doit apprécier souverainement la hiérarchie des droits. Toutefois, la jurisprudence a pu considérer le droit à la vie privée comme un droit inférieur au droit à la preuve. Ainsi, un assureur peut recourir à un détective privé pour rapporter la preuve de la fraude l'assuré, même si le rapport méconnaît gravement la vie privée (Cass. 1re civ., 31 oct. 2012). Également, le secret des correspondances peut être sacrifié au profit du droit à la preuve (Cass. 1re civ., 5 avr. 2012). Néanmoins, le contrôle ne se fait pas toujours en faveur du droit à la preuve. En effet, le moyen déloyal peut être considéré comme disproportionné et par extension irrecevable (Cass. 1re civ., 14 janv. 2010). Plus récemment, la Cour de cassation a affirmé qu'est illicite le moyen de preuve fondé sur un rapport d'enquête établi par un détective privé qui a, à la demande de l'employeur, procédé à la filature d'un salarié de la sortie de son domicile jusqu'à son retour à celui-ci (Cass. 2e civ., 17 mars 2016). Cette enquête devait être considérée comme un moyen de preuve illicite, comme portant atteinte à la vie privée, et est donc déloyale.

Conclusion

La loyauté en procédure civile a fréquemment été associée au principe de la contradiction. Au point, que la Cour de cassation a repris à l'identique la formulation de l'article 16 du Code de procédure civile sur le principe de la contradiction, pour consacrer la loyauté des débats. Ainsi, sous l'impulsion du juge, la loyauté fait désormais figure de principe incontournable. Si sa consécration est souhaitée par une partie de la doctrine, le rapport Delmas-Goyon sur le juge du XXIe siècle, de décembre 2013, préconise, dans sa 28e proposition, de faire de « l'obligation de loyauté des parties [...] l'un des principes directeurs de la procédure civile », suggérant d'ajouter à cet effet un second alinéa à l'article 15 du Code de procédure civile.

FAIRE LE POINT SUR L'ACTUALITÉ DU SUJET

Sujet 2

DISSERTATION : L'INTERVENTION DU JUGE DANS LES RAPPORTS DE VOISINAGE

(ANNALES CONCOURS ENM 2015)

Les historiens rapportent que, à son origine, la propriété (surtout celle de la terre) était collective puis, peut-être, seulement familiale, enfin partiellement féodale. Depuis 1789, le droit de propriété a pour philosophie l'individualisme. Reconnaître et protéger la propriété privée, c'est favoriser la paix publique, la liberté et concilier les relations de voisinage.

Le terme de voisinage n'apparaît pas en tant que tel dans le Code civil. La notion n'en demeure pas moins omniprésente, que l'on songe aux servitudes, aux jours, aux vues, à la mitoyenneté ou encore aux lois et règlements que l'article 544 du Code civil entend utiliser pour encadrer les prérogatives absolues du propriétaire. Le voisinage fait référence aux voisins, qui sont liés par une proximité dans l'espace. Le voisinage s'entend donc de ce qui est proche. Or, ce qui est proche a, de tout temps, occupé les relations entre les Hommes. Déjà, le droit romain, à travers la loi des XII Tables, prévoit qu'en dehors de la ville, il faut respecter un espace libre de deux pieds et demi de large entre chaque fonds voisin. Cette loi contient également des dispositions sur les relations entre voisins en matière d'arbres ou de branches dépassant le fonds, ou encore des fruits tombés sur le fonds contigu. D'une manière générale, l'ancien régime connaissait de nombreuses contraintes communautaires et familiales que chaque propriétaire devait supporter sur ses terres. Parmi ces contraintes, figurent naturellement celles relatives au voisinage ; il s'agit, notamment, des servitudes coutumières qui sont à l'origine des servitudes légales ou encore des jours et des vues du Code civil. Cette vision collective du droit de propriété a été abandonnée par les révolutionnaires. Faut-il rappeler, en effet, qu'en vertu de l'article 2 de la Déclaration des droits de l'homme et du citoyen : « le but de toute association politique est la conservation des droits naturels et imprescriptibles de l'Homme. Ces droits sont la liberté, la propriété, la sûreté, et la résistance à l'oppression ». L'article 17 ajoute, du reste, que la propriété est un droit inviolable et sacré. On comprend alors que l'article 544 du Code civil ne pouvait limiter le droit de propriété qu'en raison de nécessités au moins aussi importantes que le droit de propriété lui-même. Selon cet article, « la propriété est le droit de jouir et disposer des choses de la manière la plus absolue, pourvu qu'on n'en fasse pas un usage prohibé par les lois ou par les règlements ». Seuls les lois et les règlements peuvent donc limiter la propriété, ce qui, du reste, résulte aujourd'hui de l'article 34 de la Constitution, selon lequel « la loi détermine les principes fondamentaux… du régime de la propriété, des droits réels… ». La place du juge dans cette réglementation du voisinage à travers l'organisation du droit de propriété semble, de prime abord, inexistante. L'importance du sujet a conduit le Constituant et le législateur à réserver l'organisation du droit de propriété, donc du voisinage, à la loi. C'est donc, semble-t-il, uniquement dans les limites posées par le législateur que l'intervention du juge apparaît admise en matière de voisinage : le juge applique ainsi le droit des servitudes ; il organise la mitoyenneté ; fixe la délimitation des propriétés en fonction des règles posées par la loi.

Cependant, une telle approche du rôle du juge apparaît réductrice et n'englobe pas l'ensemble des interventions du juge en matière de voisinage. Il convient, en effet, de rappeler qu'à travers la responsabilité civile, le juge peut organiser tout type de situation juridique, y compris les relations de voisinage. À cela s'ajoute la « fondamentalisation » contemporaine du droit qui confère une place centrale à la Cour de cassation en matière de droit de propriété. Le juge doit protéger la propriété individuelle des voisins, tout en envisageant ces rapports dans un cadre collectif afin d'assurer la paix publique.

Aussi convient-il d'envisager, d'une part, l'œuvre créatrice du juge tendant à régir et déterminer les rapports de voisinage (I) et, d'autre part, le simple aménagement de mécanismes préexistants (II).

I - La création prétorienne de règles régissant les rapports de voisinage

Sur le fondement du droit commun, le juge peut organiser tout type de situation juridique, y compris les relations de voisinage. Ainsi, le juge a pu se fonder sur les mécanismes de la responsabilité civile (A) et ont vu le jour la théorie de l'abus de droit ou encore la théorie des troubles anormaux de voisinage (B).

A - LA DÉTERMINATION DES RAPPORTS DE VOISINAGE PAR LE JUGE À TRAVERS LA RESPONSABILITÉ

1. Le fondement des quasi-contrats

Selon l'ancien article 1370 du Code civil, « Certains engagements se forment sans qu'il intervienne aucune convention, ni de la part de celui qui s'oblige, ni de la part de celui envers lequel il est obligé ». La propriété immobilière n'est jamais isolée. Aussi entre les voisins « des engagements se forment sans qu'il intervienne aucune convention, ni de la part de celui qui s'oblige, ni de la part de celui envers lequel il est obligé » (C. civ., art. 1370 anc.). Le voisinage emporte des obligations ou charges par lui-même. L'ancien article 1370 du Code civil y faisait directement référence, en précisant que « les engagements formés involontairement, tels que ceux entre propriétaires voisins ». Par exemple, « chacun doit retenir ses terres à l'intérieur de son fonds » (CA Aix-en-Provence, 5 nov. 2007). L'objectif du juge est bien de concilier les rapports de voisinage, en posant en amont des obligations sur les propriétaires. À la suite de l'ordonnance du 10 février 2016, le nouvel article 1300 du Code civil reprend en substance l'ancien article 1370 du Code civil, en disposant en son alinéa 1er que « Les quasi-contrats sont des faits purement volontaires dont il résulte un engagement de celui qui en profite sans y avoir droit, et parfois un engagement de leur auteur envers autrui ».

Principalement, le juge a recours à la gestion d'affaires pour régler les rapports de voisinage. La gestion d'affaires est l'acte par lequel une personne, le gérant d'affaires, s'immisce dans les affaires d'un autre, le maître de l'affaire, encore nommé géré, sans avoir reçu mandat de celui-ci et pour lui rendre service (C. civ., art. 1371 anc. /art. 1301 nouv.). Aux termes des anciens articles 1372 et suivants du Code civil, le gérant d'affaires s'oblige à poursuivre la gestion en apportant « tous les soins raisonnables », jusqu'au moment où le maître sera en mesure de reprendre celle-ci en main. L'exemple sur lequel ont raisonné les rédacteurs du Code civil est celui d'une personne qui, voulant rendre service à un voisin absent, prend l'initiative de faire réparer ou de réparer lui-même la toiture de la maison endommagée par un événement. L'intervention du juge sera de trouver un équilibre entre la préservation de la propriété en péril (aspect individuel de la propriété) et l'indemnisation du gérant d'affaires (aspect collectif de la propriété). Ici, l'objectif du juge est d'instaurer une collaboration entre les voisins, afin de protéger la propriété dans sa dimension collective.

2. Le fondement de la responsabilité civile

Le propriétaire est responsable d'après le droit commun des anciens articles 1382 et 1383 du Code civil (C. civ., art. 1240 nouv.) si, par sa faute, il a causé un dommage à autrui ; l'exercice légitime du droit de propriété s'arrêtant là où il y a une faute. Également, le propriétaire est soumis, comme toute personne qui exerce une activité, à l'article 1383 du Code civil (C. civ., art. 1241 nouv.), aux termes duquel chacun doit répondre de son imprudence ou de sa négligence. Ainsi, commet une faute le propriétaire, qui ayant répandu sur son fonds un produit toxique, a négligé de le protéger contre les incursions des animaux appartenant à des tiers (T. civ. Nevers, 18 mars 1952 : une coopérative agricole n'ayant pas enfreint les textes en vigueur en traitant un champ de colza par un insecticide est responsable de la perte des abeilles venues butiner les fleurs de ce champ : connaissant la toxicité du produit employé et sachant que les fleurs pouvaient s'épanouir dans les 48 heures, elle devait avertir les apiculteurs voisins). De surcroît, sous l'ancien droit, apparaît une véritable action en responsabilité dirigée contre le propriétaire et destinée à réparer les dommages causés par la ruine des bâtiments (C. civ., art. 1386 anc. /art. 1244 nouv.). Les voisins pouvaient même contraindre le propriétaire à restaurer le bâtiment, voire faire eux-mêmes les travaux au frais du propriétaire en cas de refus de ce dernier. Si cette responsabilité du propriétaire était fondée sur la faute, cette dernière était, en fait, présumée puisqu'à aucun moment, la victime devait en établir l'existence.

Surtout, c'est sur le fondement de l'ancien article 1384, alinéa 1er du Code civil (C. civ., art. 1242 nouv.) que les juges vont découvrir un principe général de responsabilité du fait des choses (Cass. civ., 16 juin 1896, Teffaine), ajoutant ultérieurement que ce texte était applicable à toute chose, mobilière et immobilière (Req., 6 mars 1928) et que sa mise en œuvre n'était subordonnée qu'à la preuve de l'intervention causale de la chose dans la production du dommage (Cass. ch. réunies, 13 févr. 1930, Jand'heur). Ainsi, la jurisprudence a pu retenir des dommages provoqués par un glissement de terrain provenant d'un fonds voisin ne peuvant être réparés que sur le fondement de l'article 1384 du Code civil (Cass. 2e civ., 19 juin 2003). Sous cet angle, les juges ont développé un régime favorable aux victimes. La jurisprudence présume que le propriétaire de la chose en est le gardien, elle admet cependant la preuve du transfert de garde, distingue parfois la garde de la structure et la garde du comportement, et admet de façon exceptionnelle des hypothèses de garde commune. De plus, cette responsabilité est une responsabilité objective du gardien, qui ne peut donc s'exonérer que par la cause étrangère. Dès lors, c'est par l'objectif d'indemnisation de la victime, le propriétaire victime, que sera assurée par le juge la préservation de la propriété.

B - LA DÉTERMINATION DES RAPPORTS DE VOISINAGE À TRAVERS LA THÉORIE DES TROUBLES ANORMAUX DE VOISINAGE ET L'ABUS DE DROIT

1. La consécration de l'abus de droit

Le propriétaire est responsable lorsqu'il use de sa propriété, non pas pour son agrément personnel, mais uniquement dans l'intention de nuire à son voisin. Aussi, l'abus de droit a été appliqué au propriétaire élevant, pour nuire à ses voisins, une fausse cheminée qui obscurcit leur demeure (Colmar, 2 mai 1855). Également, cette théorie a été appliquée à celui qui a édifié des ouvrages énormes garnis de pointes acérées, destinés à déchirer les enveloppes des dirigeables sortant d'un hangar voisin (Clément-Bayard, Req. 3 août 1915). Certaines décisions sont encore plus strictes pour le propriétaire et considèrent qu'il peut y avoir abus de droit même lorsque le propriétaire n'a pas eu l'intention de nuire, dès lors qu'il a agi sans motif sérieux et légitime et que, notamment, ayant plusieurs manières d'exercer son droit, il opte, sans en retirer un avantage appréciable, pour le mode d'exécution le plus défavorable à son entourage (Paris, 28 oct. 1941). Tirée de l'idée que la propriété a une fonction sociale à remplir, la théorie de l'abus de droit est un correctif indispensable pour le respect d'une vie en communauté.

Ce régime étant autonome, il y a des conditions particulières pour sa mise en œuvre. C'est la jurisprudence qui a créé, puis façonné les conditions permettant de sanctionner l'abus du droit de propriété. La principale condition tient à l'intention de nuire. Celui qui use de son droit ne doit pas le faire avec le but de nuire à autrui. L'intention de nuire est une notion qui peut s'avérer difficile à prouver. C'est la raison pour laquelle, la Cour de cassation la déduit de deux éléments qui, lorsqu'ils sont réunis, permettent de dire que le titulaire du droit en use abusivement. Ces deux critères sont l'absence d'utilité et le caractère préjudiciable de l'acte. Toutefois, les difficultés rencontrées dans la mise en œuvre de la théorie de l'abus de droit ont très vite conduit la jurisprudence civile à consacrer une autre théorie, celle des inconvénients anormaux de voisinage.

2. La concurrence des troubles anormaux de voisinage

En dehors des situations aménagées par la loi, nombre d'inconvénients posent des difficultés, qu'il a fallu résoudre en déterminant comment, sur le terrain du droit commun, la liberté de l'un cesse nécessairement là où commence la liberté de l'autre. Depuis le Code civil, les rapports entre propriétaires voisins se sont considérablement modifiés en raison de profondes mutations d'ordre économique et social. Ainsi, dans l'usage régulier de son bien, le propriétaire supporte une obligation de ne pas causer à ses voisins un dommage excédant la mesure des inconvénients tenus pour normaux. En effet, « nul ne doit causer à autrui un trouble anormal de voisinage » (Cass. 3e civ., 24 oct. 1990). La Cour de cassation a pour sa part détaché la réparation des troubles de voisinage du droit commun de la responsabilité civile pour faute, en sanctionnant les troubles de voisinage même en l'absence de faute, dès lors que le trouble revêt un caractère anormal.

C'est l'anormalité du trouble qui entraîne la sanction, à la fois en nature (il faut faire cesser le trouble) et en argent (pour réparer le préjudice subi). Il reste à déterminer en quoi consiste l'anormalité du trouble. À lire ce principe, on comprend qu'il faut un trouble. Ce trouble doit être anormal et concerner les relations de voisinage. Cette notion renvoie à une idée de seuil au-delà duquel on estime que le trouble ne doit pas avoir lieu. Toute la difficulté réside dans la fixation de ce seuil. D'autant plus, que le caractère anormal d'un trouble se fait par l'appréciation souveraine des juges du fond (Cass. 3e civ., 3 nov. 1977). Cette appréciation est d'autant plus difficile que le juge tient compte des circonstances de temps et de lieu. Il arrive même que les juges prennent en compte la sensibilité de la victime pour dire si le trouble est anormal ou non. De plus, mais cela ne ressort pas du principe ci-dessus, l'activité à l'origine du trouble doit, en principe, être licite. Cela s'explique par le fait que si l'acte qui trouble le voisin est constitutif d'une faute au sens de l'ancien article 1382 du Code civil (C. civ., art. 1240 nouv.), c'est ce mécanisme qui permettra de le sanctionner.

On le constate, à travers les règles de droit commun et les procédures de droit commun, le juge les applique tout en les étendant afin de protéger la propriété individuelle du voisin victime afin de concilier les propriétés prises dans un ensemble collectif. Cet objectif de conciliation entre la propriété individuelle et son visage collectif se constate également lorsque le juge doit aménager les règles légales régissant les rapports de voisinage.

II - L'aménagement prétorien des règles légales régissant les rapports de voisinage

Au-delà du droit commun, le juge doit aménager le régime des servitudes (A) et aménager les obligations légales régissant les rapports de voisinage (B).

A - L'AMÉNAGEMENT DES RAPPORTS DE VOISINAGE PAR LE JUGE À TRAVERS LES SERVITUDES

1. Le juge et les servitudes non judiciaires

La servitude est la charge établie sur un immeuble pour l'usage et l'utilité d'un autre immeuble appartenant à un autre propriétaire (C. civ., art. 637). Elle est un démembrement de la propriété de l'immeuble qu'elle grève (appelé fonds servant), elle est un droit accessoire de la propriété du fonds auquel elle profite (fonds dominant). Les servitudes constituent un maillon indispensable de l'organisation juridique de la propriété foncière, qu'il s'agisse de la propriété rurale ou de la propriété bâtie. Ce qui est avantage pour le fonds dominant a pour contrepartie une gêne pour le fonds servant. L'article 639 du Code civil dispose que la servitude « dérive ou de la situation naturelle des lieux, ou des obligations imposées par la loi ou des conventions entre propriétaires ». Reprenant les origines diverses des servitudes, ledit article conduit à faire une classification d'après leur source et une autre classification selon leur mode d'exercice. S'agissant des sources de la servitude, elles sont précisées à l'article 639 du Code civil : il y a, d'une part, la situation naturelle des lieux, d'autre part, la loi, et, enfin, les conventions.

Les servitudes dérivant de la situation des lieux sont communément dénommées servitudes naturelles. Les articles 640 à 648 du Code civil y sont consacrés. Certaines de ces servitudes dites naturelles sont justifiées par la « configuration topographique ». C'est par exemple le cas de l'écoulement des eaux de l'article 640 du Code civil. La jurisprudence a une vision extensive ici, des rapports de voisinage, puisqu'elle a considéré que l'article 640 du Code civil n'exige pas que l'héritage supérieur et l'héritage inférieur soient attenants l'un à l'autre et s'applique même si les deux fonds sont séparés par une portion de voie publique (Req., 3 août 1852). L'objectif étant de concilier les rapports de voisinage au-delà de la simple proximité géographique.

Les réserves sont encore plus importantes lorsque l'on envisage la diversité du contenu de la catégorie des servitudes légales envisagées aux articles 649 et suivants du Code civil. En effet, figurent au sein de cette catégorie les murs et fossés mitoyens, les distances des constructions et plantations entre propriétés voisines, les vues et jours sur la propriété de son voisin, l'égout des toits et le droit de passage en cas d'enclave. L'objectif étant d'instaurer un cadre légal fixant les rapports de voisinage. Néanmoins, le juge a dû adapter le régime afin de pacifier les rapports de voisinage. Les arbres, arbrisseaux et arbustes plantés à une distance moindre que la distance légale doivent être arrachés ou réduits à la hauteur requise (C. civ., art. 672). La jurisprudence a concilié les rapports entre le voisin gêné par les arbres et le propriétaire des arbres en posant une distinction fondée sur la hauteur des arbres. Si l'arbre est inférieur à 50 cm, il est possible d'en demander l'arrachement (Cass. civ., 26 déc. 1928), pour une taille supérieure, il peut seulement être demandé que l'arbre soit rogné et maintenu à 2 mètres de hauteur (Cass. 3e civ., 17 juill. 1985).

Enfin, l'article 686 du Code civil qui inaugure le chapitre du code consacré aux servitudes du fait de l'homme, laisse une grande liberté aux propriétaires dans l'établissement des servitudes. En effet, selon ce texte, « Il est permis aux propriétaires d'établir sur leurs propriétés, ou en faveur de leurs propriétés, telles servitudes que bon leur semble ». Sous la seule réserve que les services soient imposés à un fonds au profit d'un autre fonds et non à une personne pour le bénéfice d'une autre personne, le législateur accorde une grande liberté à la volonté individuelle des propriétaires. Quant à leurs modes d'établissement, les servitudes du fait de l'homme peuvent soit être créées par la convention des parties (C. civ., art. 690), soit être acquises par le jeu de la prescription (C. civ., art. 690 et 691), soit enfin, être constituées par « la destination du père de famille » (C. civ., art. 692 à 694). Elles sont les seules à présenter sans contestation possible tous les éléments constitutifs des servitudes au sens de l'article 637 du Code civil.

2. Le juge et les servitudes judiciaires

À ces trois sources, on peut ajouter le juge qui, là encore, a la faculté de créer des servitudes de cours communes : servitude de ne pas bâtir ou de ne pas dépasser une certaine hauteur affectant le terrain voisin des constructions envisagées, à laquelle est subordonné le permis de construire en application des règles d'urbanisme. À défaut d'accord entre les propriétaires intéressés, la servitude est instituée par ordonnance du président du tribunal de grande instance. Cette faculté ne lui a pas été accordée dès l'origine par les rédacteurs du Code civil, mais l'a été plus récemment par le décret n° 58-1178 du 4 décembre 1958 (JO, 22 févr. 1959). En effet, l'article L. 471-1 du Code de l'urbanisme qui en reprend certaines des dispositions essentielles dispose que « Lorsqu'en application des dispositions d'urbanisme la délivrance du permis de construire est subordonnée, en ce qui concerne les distances qui doivent séparer les constructions, à la création, sur un terrain voisin, de servitudes de ne pas bâtir ou de ne pas dépasser une certaine hauteur en construisant, ces servitudes, dites "de cours communes", peuvent, à défaut d'accord amiable entre les propriétaires intéressés, être imposées par la voie judiciaire dans des conditions définies par décret ».

Il faut aussi mentionner la servitude de tour d'échelle, permettant d'accéder au fonds voisin pour effectuer les réparations et l'entretien de son propre fonds, connue dans certaines coutumes de l'ancien droit, mais non reconnue comme telle en droit positif. Une nouvelle fois le juge, intervient pour concilier les rapports de voisinage, entre d'une part, le propriétaire qui doit effectuer des travaux et d'autre part son voisin qui doit lui permettre de les réaliser. Au point que la Cour de cassation a considéré récemment que la résistance du voisin a pu être considérée comme abusive (Cass. 3e civ., 15 févr. 2012). Cette formulation conduit à une solution équitable, favorable aux relations de voisinage.

B - L'AMÉNAGEMENT DES RAPPORTS DE VOISINAGE PAR LE JUGE À TRAVERS LES OBLIGATIONS LÉGALES ENTRE VOISINS

1. Le juge et la délimitation des propriétés

Portant sur une clôture, mur ou haie, c'est-à-dire un accessoire d'un immeuble, la mitoyenneté est un régime de copropriété forcée et perpétuelle ; elle s'oppose à la situation où chaque copropriétaire aurait des droits privatifs sur sa propre clôture. Elle met les fonds voisins en relation à leur limite. Le régime légal complété par la jurisprudence a pour objectif d'assurer les rapports de voisinage. Les juges, afin de concilier les voisins, se réfèrent inévitablement à ce qui leur paraît être l'usage normal du mur. Ainsi, le bail consenti par l'un des propriétaires du mur mitoyen pour l'affecter à l'affichage est inopposable à l'autre qui peut exiger l'enlèvement des panneaux (Cass. 1re civ., 20 juin 1962). L'objectif du juge est clairement de faire cohabiter les voisins. On retrouve cette même logique en matière de charges d'entretien de la clôture pesant sur les copropriétaires proportionnellement aux droits de chacun d'eux (C. civ., art. 655).

Le bornage a comme objet la matérialisation, par des signes pérennes, de la ligne divisoire entre des fonds contigus. Il se distingue de la clôture par son caractère nécessairement contradictoire. Le droit au bornage est un attribut essentiel de la propriété et revêt par principe la nature d'un acte de pure faculté, imprescriptible. Sa nature est complexe et on retrouve la tension classique : parce qu'il a pour fonction de fixer la ligne divisoire de deux fonds, il est lié à la fois à la liberté de clore les propriétés (C. civ., art. 647) et à la nécessité de déterminer l'objet concret des droits réels. L'on retrouve la spécificité du bornage dans le cadre procédural de l'action en bornage. Poursuivie à frais communs (Cass. 3e civ., 16 juin 1976) ; l'instance ne comporte ni demandeur ni défendeur. La charge de la preuve ne pèse donc pas spécialement sur l'un ou sur l'autre, chacun devant établir ses droits prétendus. De plus, aux termes de l'article R. 221-12 du Code de l'organisation judiciaire, le tribunal d'instance est seul compétent. En effet, l'action ne porte ni sur la validité des titres, ni sur leur efficacité translative. Néanmoins, la question de propriété est souvent posée aux juges.

2. Le juge et les obligations entre voisins en général

La propriété collective s'est considérablement développée de 1804 à nos jours. Les raisons en sont multiples : l'explosion démographique en milieu urbain qui a conduit à la construction d'immeubles partagés par les propriétaires ; le renouvellement du contexte familial ; la propriété des groupements ; les nouveaux instruments financiers, tels que les fonds communs de placement, ou encore, l'essor du monde des loisirs conduisant au développement de la multipropriété, nommée jouissance à temps partagé. La copropriété des immeubles bâtis vise les immeubles d'habitation, divisés en appartements, lorsque les appartements appartiennent à des propriétaires différents. La copropriété des immeubles bâtis résulte d'une loi du 10 juillet 1965, mise en application par le décret du 17 mars 1967. Elle a été réformée à plusieurs reprises depuis et, notamment, par la loi ALUR du 24 mars 2014. Une partie de ses dispositions est d'ordre public (L. ALUR, art. 43). La copropriété des immeubles bâtis illustre la nécessité d'organiser les relations entre les voisins. En premier lieu, chaque copropriétaire a la propriété et la jouissance exclusive de locaux privés (Cass. 3e civ., 27 mars 2008). En second lieu, chaque propriétaire est titulaire d'un droit indivis sur les parties communes, mais ce droit est amputé du droit d'administration. En troisième lieu, chaque copropriétaire est membre de la personne morale et bénéficie à ce titre d'un certain nombre de prérogatives : il a vocation à participer à son fonctionnement. En dernier lieu, tout copropriétaire, en sa qualité de partie au règlement conventionnel de copropriété, peut exiger du syndicat certaines prestations (ex. : l'entretien).

En raison de la mauvaise délimitation fréquente des fonds voisins, il n'est pas rare qu'une personne fasse édifier une construction qui empiète, souvent de quelques centimètres, sur le fond de son voisin. C'est dans ces hypothèses que l'action en revendication immobilière prend tout son sens. La jurisprudence a opté pour l'obligation du constructeur de démolir l'édifice qui empiète sur le terrain d'autrui. L'article 555 du Code civil est exclu au profit de l'article 545 qui énonce que « nul ne peut être contraint de céder sa propriété, si ce n'est pour cause d'utilité publique, et moyennant une juste et préalable indemnité ». L'exclusion de l'accession s'explique tant par le fait que l'article 555 du Code civil ne concerne pas les hypothèses d'extension de construction, mais uniquement le cas des constructions entièrement édifiées sur le sol d'autrui, impliquant un régime distinct. Dans le cadre de l'empiétement, la démolition doit être ordonnée, dès lors que le propriétaire du terrain en fait la demande. La jurisprudence a même décidé que « la défense du droit de propriété contre un empiétement ne saurait dégénérer en abus » (Cass. 3e civ., 7 nov. 1990). Il importe donc peu que le constructeur ait été de bonne foi, que l'empiétement soit minime (quelques centimètres) ou que le propriétaire du terrain ait gardé le silence pendant la durée des travaux. La solution est certes rigoureuse, notamment lorsque la destruction de la partie de l'édifice qui empiète sur le terrain d'autrui ne peut se faire sans la destruction totale de celui-ci, et que le constructeur était de bonne foi. Il n'en reste pas moins que cette solution est destinée à protéger le droit de propriété contre la politique du fait accompli.

Conclusion

Le voisinage entraîne des inconvénients divers. D'ailleurs la loi en traite à titre préventif en réglementant notamment les servitudes, ou en imposant des obligations légales ou réglementaires. Néanmoins, le juge a dû appliquer ces règles en les appliquant au rapport de voisinage. De plus, le juge a fait œuvre créatrice surtout en matière d'indemnisation liée à un usage excessif de la propriété occasionnant un dommage au fonds voisin. Ainsi, le juge a su adapter les règles d'un Code civil fondé sur une propriété rurale à la propriété urbaine, qui ne cesse de s'accroître.

FAIRE LE POINT SUR L'ACTUALITÉ DU SUJET

Sujet 3

DISSERTATION : LE JUGE ET L'INTANGIBILITÉ DU CONTRAT (ANNALES CONCOURS ENM 2014)

« Contre l'imprévisibilité, contre la chaotique incertitude de l'avenir, le remède se trouve dans la faculté de faire et de tenir des promesses » ! Tel serait, du point de vue de l'action, l'un des aspects de la condition de l'homme moderne pour Hannah Arendt. (H. Arendt, Condition de l'homme moderne, 1983, Calmann-Lévy, p. 302). Faire et tenir des promesses, donner sa parole, s'engager par contrat, exécuter ses obligations, sans retour en arrière, sans se dédire, ni fauter. Le contrat est intangible et oblige ; le juge est le garant du respect de la parole donnée.

Dans le Code civil de 1804 comme dans celui d'aujourd'hui, pourtant grandement réformé par l'ordonnance du 10 février 2016 portant réforme du droit des contrats, des quasi-contrats et de la preuve, le contrat est défini par l'article 1101 du Code civil par son objet et sa fonction : il oblige et pour ce faire, il sert d'instrumentum à la création, la transmission et l'extension des obligations des parties au contrat. L'obligatoriété contractuelle découle directement du nouvel article 1103 du Code civil, lequel rappelle que les obligations contractuelles ont l'intensité des obligations légales pour les contractants. Ce principe resterait pourtant lettre morte, sans son corollaire, son complément : l'intangibilité contractuelle. En effet, l'intangibilité du contrat renvoie alors à la constance, à la fixité et à l'irrévocabilité de la parole donnée. L'intangibilité du contrat est un principe immédiatement subséquent aux principes de l'autonomie de la volonté et de la force obligatoire des conventions qui dominent la matière contractuelle. Obliger n'est pas obliger, si l'on peut se dédire ou modifier le contrat unilatéralement. C'est en substance le sens de l'article 1193 du Code civil aux termes duquel : « Les contrats ne peuvent être modifiés ou révoqués que du consentement mutuel des parties, ou pour les causes que la loi autorise ». Ce texte constitue désormais le premier article du Code civil réformé relatif aux effets du contrat, ce qui souligne à la fois son importance et sa portée. Dès lors, au nom de la sécurité normative et contractuelle, la convention est intangible dans les termes stipulés et tout au long de l'exécution de la convention jusqu'à sa terminaison. Cette intangibilité contractuelle s'impose tant aux parties qu'au juge, qui se trouve le garant de l'exécution de la convention et, le cas échéant, en charge de son interprétation. Longtemps, ce principe a été mis en œuvre avec force par le juge.

Cependant, l'évolution de la vie des affaires et la multiplication des contrats perdurant dans le temps comme des contrats déséquilibrés ont conduit à une redéfinition de l'intensité de ce principe. Ainsi, et bien qu'il s'agisse d'un principe directeur du droit des contrats, l'intangibilité conventionnelle n'est pas absolue. Il appartient au juge de concilier ce principe avec des impératifs de justice contractuelle, issus de la loi comme d'une jurisprudence protectrice des intérêts des contractants, notamment des plus faibles. Cet équilibre est le fruit d'une longue évolution et d'une maturation du droit des contrats sous la plume du juge, et désormais sous l'égide de la loi, puisqu'il se situe au cœur de la réforme du droit des contrats de 2016.

Aussi convient-il de mettre en rapport le juge confronté à la vigueur traditionnelle de l'intangibilité conventionnelle (I) et la pondération contemporaine de l'intangibilité contractuelle (II).

I - La vigueur traditionnelle de l'intangibilité conventionnelle au nom de la sécurité contractuelle

Si le contrat oblige telle la loi entre les parties, c'est en raison non seulement du principe de l'autonomie de la volonté, mais aussi eu égard à la confiance que chaque contractant doit avoir dans l'idée que le contrat sera exécuté tel qu'il a été voulu et convenu. Partant, le principe de l'intangibilité contractuelle constitue une garantie au service de la sécurité juridique, s'imposant aux parties (A), mais également au juge (B).

A - L'INTANGIBILITÉ DU CONTRAT S'IMPOSANT AUX PARTIES

L'exécution du contrat doit se réaliser conformément à la volonté initiale des parties (1) ; seul leur accord et/ou leur pratique peut modifier le contenu du contrat (2).

1. Le respect de la volonté des parties

Le principe de la liberté contractuelle domine l'élaboration du contrat jusqu'à sa conclusion. Formé, le contrat devient obligatoire pour les parties ; tel est le principe de la force obligatoire des conventions, désormais principe directeur, intégré aux dispositions générales du droit des contrats, dans le Code civil, depuis la réforme de la matière pratiquée par l'ordonnance du 10 février 2016. La phase d'exécution des conventions est ainsi dominée par l'obligatoriété du contenu contractuel. Demeure la nécessité de connaître précisément quel est ce contenu : les obligations qui lient les parties sont, par principe, de la conclusion du contrat jusqu'à son exécution et sa terminaison, les obligations qui ont été voulues par les parties. Autrement dit, au cours de la phase d'exécution, la volonté est immuable par principe, et les obligations contractuelles intangibles. Par la conclusion du contrat, les parties renoncent à leur liberté contractuelle. Ainsi et, a priori, le contrat n'oblige que dans la mesure de la volonté des contractants. Le contenu contractuel résulte d'abord de la convention elle-même : de ce qui figurait dans l'offre, et ce qui a été accepté. Naturellement, si le contrat est écrit, le contenu contractuel résulte de la lettre de la convention. Sauf contrat solennel, l'écrit vaut ad probationem et non ad validitatem. Lorsque le contrat n'est pas écrit, la preuve des obligations est plus difficile à rapporter.

En toutes hypothèses, l'intangibilité contractuelle implique l'exécution de ce qui a été convenu et tout ce qui a été convenu entre les parties et ce, jusqu'à la terminaison du contrat. À ce titre, il convient de faire une différence entre les contrats à durée indéterminée et les contrats à durée déterminée. Quant à ses derniers, le principe d'intangibilité contractuelle est quasi-absolu. Les parties ne peuvent remettre en cause la convention de manière unilatérale. Le contrat ne saurait prendre fin par la volonté d'un seul avant son terme (C. civ., art. 1212). Il existe néanmoins une exception, d'origine prétorienne (Cass. 1re civ., 13 oct. 1998 ; Cass. 1re civ., 28 oct. 2003), désormais légale : la résiliation unilatérale anticipée du nouvel article 1226 du Code civil, lequel prévoit, en son alinéa 1er, que « Le créancier peut, à ses risques et périls, résoudre le contrat par voie de notification. Sauf urgence, il doit préalablement mettre en demeure le débiteur défaillant de satisfaire à son engagement dans un délai raisonnable ». Quant au contrat à durée indéterminée, dès lors que les engagements perpétuels sont prohibés (jurisprudence constante consacrée par la réforme du droit des contrats à l'article 1210 du Code civil), chaque partie peut y mettre fin à tout moment, sous réserve de respecter le délai de préavis contractuellement prévu ou, à défaut, un délai raisonnable (C. civ., art. 1211).

Dans certaines matières, cependant, il est fait exception au principe d'intangibilité contractuelle si fortement ancré en droit civil. Tel est le cas, en droit de la consommation, notamment dans le cadre de la conclusion de contrats conclus à distance, le consommateur bénéficie d'un droit de rétractation permettant la remise en cause unilatérale du contrat après sa conclusion. À l'opposé, dans d'autres matières, le principe d'intangibilité contractuelle est renforcé dans sa mise en œuvre. Ainsi, en droit du travail, matière dans laquelle le licenciement est fortement encadré, l'employeur ne peut mettre fin à un contrat de travail à durée indéterminée sans entrer dans l'un des cas de figure prévue par la loi spéciale.

En droit des obligations, l'intangibilité contractuelle implique que la volonté commune des parties soit respectée ; elle s'impose non seulement aux parties mais encore se trouve garantie par le juge. La seule limite à cette obligation de respecter la volonté initiale des parties consiste dans la modification du contrat par les parties elles-mêmes.

2. La modification de la volonté des parties

Le nouvel article 1193 du Code civil dispose à l'instar de l'ancien article 1134 alinéa 2 du Code de 1804 que « Les contrats ne peuvent être modifiés ou révoqués que du consentement mutuel des parties, ou pour les causes que la loi autorise ». Ce texte n'exprime qu'indirectement le principe d'intangibilité contractuelle et son importance ; pourtant, il en révèle une signification évidente : seul l'accord de toutes les parties au contrat peut entraîner les termes du contrat ou y mettre fin (exception faite de l'application de dispositions spéciales, comme en droit social, relativement au licenciement économique par exemple). Autrement dit, la volonté unilatérale d'un contractant ne peut modifier le contrat.

Le mutuus dissensus constitue une solution extrême, souvent utilisée par les contractants qui veulent modifier leur convention initiale, et ne souhaitent pas la moindre ambiguïté du point de vue de la sécurité juridique. Ils mettent alors fin au contrat, pour convenir d'une nouvelle convention. Demeure que les parties peuvent, en principe, librement en modifier les termes. Le plus souvent, dans cette hypothèse, elles procéderont par un avenant au contrat initial. Il s'agit d'un nouvel accord de volonté mais accessoire au contrat de base. Cet acte modificatif doit suivre les conditions de fond et de forme du contrat initial. En principe, ces avenants ne concernent que l'avenir à moins que les parties lui confèrent un effet rétroactif. Le contrat modifié devient aussi intangible que le contrat initial l'était. Le juge est tenu non seulement par la volonté initiale des parties mais encore par leur volonté modificative. Au titre de l'intensité de la modification de la convention, il faut distinguer la simple modification de la novation de contrat. Dans le cas où la modification des parties se voudrait très importante, notamment, si les parties entendent changer la qualification du contrat, il ne peut plus s'agir d'une simple modification mais d'un nouveau contrat (Cass. soc., 7 juill. 1988 : transformation d'un contrat de travail en mandat social). Il s'agit alors d'une novation au sens des articles 1329 et suivants du Code civil.

Plus complexe et plus subtile est la question de la modification du contrat par la pratique des parties. Source d'un abondant contentieux, l'hypothèse oppose la lettre du contrat et les usages des parties contractantes au cours de l'exécution de la convention. Doit-on considérer que le principe d'intangibilité contractuelle n'est pas seulement matériel mais également formel ? Faut-il considérer que la lettre de la convention, le contrat écrit, est intangible, ou faut-il, au contraire, considérer que le contrat même écrit est modifié par la pratique des contractants ? La jurisprudence de la Cour de cassation est sans ambages : le contenu du contrat peut être dicté par le comportement des parties et la pratique qui les unit. Ainsi, des contractants qui sont habituellement en relation peuvent développer certains usages qui leur sont propres. Leur répétition peut les faire entrer dans le champ contractuel et leur conférer un caractère obligatoire (Cass. com., 18 mai 2016, à propos des relations entre une banque et son client, la banque offrait davantage de services au client que ce que la convention des parties ne prévoyait. Par suite, la banque ne peut se retrancher derrière la lettre du contrat de banque pour refuser lesdits services à l'avenir).

La volonté des parties est intangible à moins que les contractants n'en décident autrement ; c'est le sens de l'intangibilité contractuelle, principe qui s'impose au premier chef aux parties. Cependant, l'intangibilité contractuelle ne limite pas seulement la liberté des parties, elle s'impose également au juge, limitant son action, son immixtion dans la relation contractuelle.

B - L'INTANGIBILITÉ DU CONTRAT LIMITANT L'ACTION DU JUGE

Garant de la force obligatoire des conventions, le juge se trouve, comme les parties, lié par le principe subséquent de l'intangibilité du contrat. Même invité par les parties à interpréter leur volonté et leur contrat, le juge ne saurait franchir la barrière érigée par le principe de l'intangibilité (1). Néanmoins, le juge a parfois dû alimenter le contrat, ajoutant à la volonté des parties (2).

1. L'interprétation contrôlée du contrat par le juge

Les hypothèses dans lesquelles le juge est appelé à interpréter le contrat des parties sont nombreuses, soit que les parties n'ont pas convenu de leurs obligations par écrit et qu'elles ne s'entendent pas lors de l'exécution sur ce qu'elles croyaient être clair, soit qu'elles ont rédigé un écrit, et ne s'entendent pas elles-mêmes sur l'interprétation d'une ou plusieurs stipulations. L'exemple le plus topique en matière contractuelle est relatif à la détermination de l'intensité des obligations stipulées : obligation de moyens ou de résultat. La Cour de cassation a dû, à ce titre, développer une jurisprudence pour éclairer et conduire l'analyse des juges du fond (Cass. 1re civ., 14 janv. 2016, à propos de l'obligation de ponctualité de résultat de la SNCF).

De manière plus générale, il est étonnant de constater que le Code civil qui ne prévoit aucune disposition relative à l'interprétation de la loi par le juge, impose à ce dernier une véritable méthode d'interprétation des conventions. L'imposition par la loi d'une telle grille d'interprétation s'explique de la combinaison à la fois du principe de l'autonomie de la volonté et de la sécurité contractuelle ; plus précisément, c'est le principe d'intangibilité contractuelle qui justifie le respect et la précision des articles 1188 et suivants du Code civil. Si l'interprétation du juge est nécessaire, son immixtion demeure empêchée par ces dispositions. L'article 1188 alinéa 1er incline définitivement en ce sens en commandant au juge de prendre en compte comme premier critère d'interprétation et d'analyse judiciaire des contrats, la commune intention des parties. Encore, l'article 1189 alinéa 1er du Code civil interdit la subjectivité du juge pour rechercher la cohérence contractuelle.

Ce ne sont pas là les seuls commandements faits au juge quant au respect de l'intangibilité contractuelle puisque l'article 1192 du Code civil dispose, sous forme de sentence, que « On ne peut interpréter les clauses claires et précises à peine de dénaturation ». Est ainsi rappelé implicitement le rôle joué par la Cour de cassation : l'interprétation relève de l'appréciation souveraine des juges du fond mais la Cour régulatrice exerce son contrôle de la dénaturation des clauses claires et précises.

S'il ne peut contredire la volonté des parties, contrevenir à la lettre et au sens du contrat, dénaturer son contenu, le juge peut imposer des obligations non écrites aux contractants, conformément à l'objectif initial d'une bonne exécution de la convention.

2. La découverte progressive d'obligations par le juge

Dans le célèbre arrêt Canal de Craponne (Cass. civ., 6 mars 1876), la Cour de cassation a révélé la plus importante des manifestations du principe d'intangibilité contractuelle à l'égard du juge : il ne saurait substituer des clauses nouvelles à celles qui ont été librement convenues, y compris même dans les hypothèses où l'équité commanderait une telle substitution. Le juge ne saurait censurer la volonté des contractants ; encore moins peut-il remplacer celle-ci par la sienne propre. Sans enfreindre cette limite posée tant par le principe légal d'intangibilité que par sa propre jurisprudence, le juge s'est néanmoins quelque peu émancipé de carcan trop rigide, lui interdisant toute immixtion dans la relation contractuelle. Le juge a fait preuve de ce l'on pourrait considérer être une interprétation créative : si le juge ne revient pas, sans fondement légal, sur le contenu du contrat voulu par les parties, il a parfois ajouté des obligations non stipulées à la charge des contractants.

La découverte par le juge d'obligations à la charge des contractants n'est pas chose nouvelle. Le mouvement a été initié par la Cour de cassation dès le début du XXe siècle. Sur le fondement de l'ancien article 1135 du Code civil, le nouvel article 1194, lequel dispose que « Les contrats obligent non seulement à ce qui y est exprimé, mais encore à toutes les suites que leur donnent l'équité, l'usage ou la loi », la Cour de cassation a créé une obligation de sécurité à la charge des transporteurs de personnes d'abord (Cass. civ., 21 nov. 1911), des exploitants d'activités sportives et/ou de loisirs ensuite (Cass. 1re civ., 15 déc. 2011), et même à la charge d'exploitant d'enceinte d'accueil de personnes (Cass. 1re civ., 18 juin 2014, à propos d'une association étudiante quant à l'organisation d'une soirée ; Cass. 1re civ., 17 févr. 2016, à propos d'un hôtelier). Au centre de cette création jurisprudentielle par laquelle le juge ajoute au contrat, dont l'intangibilité devient relative, la volonté judiciaire d'offrir un mécanisme de réparation en cas de dommages corporels. Le même fondement a servi à la création d'autres obligations matérielles implicites dans des contrats particuliers aux fins de donner à la convention une cohérence quant à sa nature et son exécution. C'est le cas notamment des obligations de conseil et de renseignement à la charge de certains professionnels comme les banquiers et courtiers, obligations qui sont aujourd'hui le plus souvent consacrées par le droit spécial.

Encore, c'est sur le fondement de l'ancien article 1134 alinéa 3 du Code civil, le nouvel article 1104 du code réformé, c'est-à-dire sur le fondement de l'obligation générale de bonne foi, que l'œuvre créatrice du juge s'est pleinement exprimée. Sur ce fondement, le juge a édifié un quasi-code de conduite contractuel à la charge des parties, notamment dans les contrats déséquilibrés, visant à réguler et sanctionner les comportements des contractants. En ajoutant à la convention de telles obligations comportementales non déterminées par les parties, le juge s'est offert un moyen de critique nouveau de l'attitude des contractants. Il ne s'est pas contenté de sanctionner la mauvaise foi et la déloyauté, il a également porté l'idée de Demogue (R. Demogue, Traité des obligations en général, 1923-1933, particulièrement le tome VI, p. 17 et s.), que l'obligation de bonne foi pouvait avoir une dimension positive. Concrètement, le juge a dégagé un certain nombre d'obligations imposant aux parties des actes et comportements actifs, telles que l'obligation d'information (Cass. 1re civ., 23 janv. 1996 : les juges décident que l'abonné qui constate qu'il ne reçoit pas de factures du distributeur d'eaux doit avertir ce dernier), l'obligation de loyauté (Cass. com., 5 oct. 2004, Rover), l'obligation de tolérance (Cass. 3e civ., 15 déc. 1976), l'obligation de collaboration et l'obligation de coopération (Cass. com., 8 déc. 2002) ; de même, certains principes émergents en matière contractuelle, relèvent également de cette construction : il en est ainsi des principes de cohérence (Cass. com., 8 mars 2005) et de proportionnalité (Cass. 3e civ., 21 mars 2012). La question de l'atteinte au principe d'intangibilité s'est posée lorsque ce mouvement s'est orienté vers la thèse solidariste développée par certains auteurs (Ch. Jamin, « Plaidoyer pour le solidarisme contractuel », in Le contrat au début du XXIe siècle, Études offertes à J. Ghestin, LGDJ 2001 ; D. Mazeaud, « Loyauté, solidarité, fraternité, la nouvelle devise contractuelle ? », in L'avenir du droit, Mélanges en hommage à F. Terré, Dalloz, 1999). Cependant, cette thèse du solidarisme contractuel, après avoir séduit le juge a été abandonnée, tant elle entraînait un dévoiement de l'obligation de bonne foi, mais aussi du principe d'intangibilité contractuelle : elle devait conduire dans l'esprit de ses auteurs au sacrifice des droits de la partie forte en faveur de la partie faible, une sorte de rééquilibrage économique par le déséquilibre juridique. La Cour de cassation a mis définitivement fin à ce mouvement dans l'important arrêt Les Maréchaux (Cass. com., 10 juill. 2007, jurisprudence heureusement constante depuis, par. ex. Cass. 3e civ., 26 mars 2013 ; Cass. com., 14 sept. 2016 ; Cass. com., 2 nov. 2016). Affirmant que le créancier, même de mauvaise foi, demeure créancier, la Haute juridiction rappelle les principes premiers que sont la force obligatoire des conventions et l'intangibilité contractuelle, pour mesurer l'extension de l'obligation de bonne foi. Autrement dit, la Cour régulatrice ne renonce pas aux développements d'obligations comportementales de loyauté et de bonne foi (par ailleurs, mouvement définitivement consacré par la réforme de 2016 aux articles 1104 et 1112 du Code civil), mais réaffirme le nécessaire et préalable respect de l'intangibilité du contrat et des obligations convenues par les parties, y compris en cas de mauvaise foi.

Le juge est donc le garant du respect du contrat tel que voulu par les parties. Cependant, il s'est progressivement autorisé à alimenter la convention, porter des obligations nouvelles, dépassant quelque peu les limites fixées par la conception traditionnelle du principe d'intangibilité. Il a ainsi cherché et trouvé un savant équilibre entre les impératifs en apparence antagoniste de sécurité et justice contractuelles.

II - La pondération contemporaine de l'intangibilité conventionnelle au nom de la justice contractuelle

Si le principe de l'autonomie de la volonté, la liberté contractuelle et la force obligatoire des conventions demeurent les socles normatifs et matériels de la matière contractuelle, il n'en demeure pas moins qu'ils ont été relativisés en jurisprudence au XXe siècle, et dans la réforme du droit des contrats du XXIe. Subséquemment, c'est le principe de l'intangibilité contractuelle qui a été mesuré par le juge et la loi, tant, de manière générale, au nom de l'équilibre conventionnel (A), que, de manière ponctuelle, en cas d'imprévision (B).

A - L'INTANGIBILITÉ DU CONTRAT MESURÉE AU NOM DE L'ÉQUILIBRE CONVENTIONNEL

La société économique a évolué depuis 1804 ; la pratique contractuelle également. Le Code civil postulait une certaine égalité « de force » entre les parties lors de la formation et l'exécution des conventions. Mais à la fin du XIXe siècle, avec la société de l'industrie, surtout, dans la seconde moitié du XXe siècle, avec l'avènement de la société de consommation, les contrats déséquilibrés sont devenus « la norme ». Le droit commun des contrats du Code civil de 1804 a été adapté par le juge et dans la réforme, permettant tant la critique du contenu conventionnel (1), que la remise en cause du contrat (2).

1. La critique du contenu contractuel

Depuis la réforme du droit des contrats pratiquée par l'ordonnance du 10 février 2016, la notion de contenu contractuel se réfère tout aussi bien aux conditions de validité du contrat (C. civ., art. 1128), qui renvoie à l'exigence d'un contenu licite (C. civ., art. 1162), qu'aux obligations qui sont l'assiette des principes de la force obligatoire et d'intangibilité du contrat, principes qui s'appliquent tant aux parties qu'au juge. Pourtant, l'intangibilité contractuelle a été relativisée au nom de la justice contractuelle. Déjà, en 1804, il en était ainsi dans des cas limitativement énumérés par la loi, en cas de lésion (C. civ., art. 1118 anc. / art. 1674 nouv.). Depuis la réforme, le juge se trouve doté de pouvoirs afin de critiquer un contenu contractuel déséquilibré.

De tels déséquilibres se sont particulièrement illustrés dans les rapports fournisseur-distributeur établis sur le fondement de contrats de distribution. Longtemps, la Cour de cassation a empêché le fournisseur, réputé fort, d'imposer sa volonté au distributeur, réputé faible, notamment en exigeant un prix négocié, déterminé ou déterminable (Cass. com., 27 avril 1971). Cependant, une telle solution constituait un frein au développement économique, de sorte que la Cour régulatrice a porté une solution plus souple, tout en maintenant sa volonté de protéger la partie faible à la convention : si le fournisseur est libre de fixer unilatéralement le prix de vente lors de chaque cession, le juge est susceptible d'exercer un contrôle a posteriori sur le fondement de l'abus (Cass. ass. plén., 1er déc. 1995). Cette solution a été consacrée par la réforme du droit des contrats à l'article 1164 du Code civil.

Au-delà du prix, ce sont les clauses elles-mêmes qui peuvent être l'objet de la critique judiciaire. Dans un premier temps, c'est surtout les clauses visant à l'aménagement de la responsabilité contractuelle.

Un pouvoir de révision judiciaire en cas d'excès lui est conféré par la loi en matière de clauses pénales dès avant la réforme du droit des contrats (C. civ., art. 1152 anc. / art. 1231-5 nouv.). Au terme d'une construction jurisprudentielle importante, partant de l'arrêt Chronopost I (Cass. com., 22 oct. 1996) jusqu'à l'arrêt Faurecia II (Cass. com., 29 juin 2010), les juges ont neutralisé, sur le fondement de la cause, les clauses limitatives et exonératoires de responsabilité par trop déséquilibrées. Cette jurisprudence a depuis été consacrée par la réforme de 2016, à l'article 1170 du code.

Enfin, sinon surtout, la prohibition des clauses abusives, d'abord, en droit de la consommation (C. consom, art. L. 212-1, anc. art. L. 132-1), ensuite dans le Code de commerce (C. com., art. L. 442-6, I, 2°, et désormais en droit commun (C. civ., art. 1171), offre un pouvoir considérable de critique sinon de réfaction du contrat par le juge. Naturellement, le terrain de prédilection de la prohibition des clauses abusives en droit commun est cantonné aux contrats d'adhésion (C. civ., art. 1110). Le nouvel article 1171, alinéa 1er dispose, à cet effet, que « Dans un contrat d'adhésion, toute clause qui crée un déséquilibre significatif entre les droits et obligations des parties au contrat est réputée non écrite ». Ainsi, dans les principaux contrats déséquilibrés parce que non négociés, le juge a le pouvoir de priver d'effet, les clauses qui imposées par le fort au faible, organisent le déséquilibre au profit du premier au détriment du second.

La réforme du droit des contrats a non seulement offert de nouveaux moyens d'action pour le juge de lutter contre les déséquilibres contractuels, mais elle lui accorde aussi davantage de pouvoirs dans le cadre de la restauration des équilibres conventionnels en cas d'inexécution contractuelle.

2. La remise en cause du contrat

Le principe de l'intangibilité contractuelle dont le juge est le garant, implique que ce dernier doit, lorsque cela est nécessaire, forcer l'exécution de la convention, dans le respect de la loi. À moins que les parties n'en aient décidé ensemble le contraire (mutuus dissensus), la convention doit être exécutée dans les termes des contractants. En cas d'inexécution contractuelle, le juge doit, parmi l'arsenal de sanctions judiciaires, rechercher la sanction la mieux disante dans cette perspective (Cass. com., 1er juill. 1980 : le juge préférera par exemple le remplacement de la chose viciée plutôt que la résolution de la vente – il s'agit d'ailleurs d'un usage en matière commerciale).

Cependant, cette vocation propre à respecter et faire respecter la force obligatoire des conventions et l'intangibilité contractuelle est parfois contrariée au nom de la justice et de l'équilibre contractuel. C'est le cas dans la jurisprudence récente dans l'hypothèse des groupes de contrat, d'interdépendance contractuelle. Les groupes de contrats ou ensembles contractuels ne sont nullement envisagés dans le Code civil de 1804 ; à raison, ce sont des créations de la pratique du XXe siècle. L'hypothèse du crédit-bail comme celle de la location financière sont topiques de ce phénomène. À charge pour le juge de répondre à la question de l'impact de l'interdépendance entre les conventions d'un même ensemble sur les principes d'intangibilité et de relativité conventionnelles. Autrement dit, dans le cas où l'une des conventions de l'ensemble serait anéantie, quel est le sort réservé aux autres contrats du même ensemble ? D'abord, en matière de crédit-bail (Cass. ch. mixte, 23 nov. 1990, 2 arrêts), ensuite et surtout, en matière de location financière (Cass. ch. mixte, 17 mai 2013, 2 arrêts), la Cour de cassation a choisi de prendre en considération l'équilibre économique de l'ensemble plutôt que les stipulations des parties, pour lier le sort des contrats appartenant à un même groupe. C'est ainsi que dans l'un des arrêts de 2013, la Haute juridiction a décidé que « les contrats concomitants ou successifs qui s'inscrivent dans une opération incluant une location financière, sont interdépendants ; (...) sont réputées non écrites les clauses des contrats inconciliables avec cette interdépendance » (Cass. ch. mixte, 17 mai 2013). Cette solution a été consacrée par la réforme du droit des contrats (C. civ., art. 1186, alinéa 2).

Encore, longtemps, la Cour de cassation a poussé le principe d'intangibilité contractuelle à son paroxysme dans une hypothèse bien particulière. Ainsi, jugé, en application de l'ancien 1184 du Code civil que, au seul constat qu'une construction était inférieure de 33 centimètres en hauteur par rapport aux prévisions d'un contrat d'entreprise, un maître de l'ouvrage pouvait obtenir du juge qu'il impose à l'entrepreneur et aux frais de ce dernier la démolition intégrale et la reconstruction dans le respect du contrat conclu (Cass. 3e civ., 11 mai 2005 : « la partie envers laquelle l'engagement n'a point été exécuté peut forcer l'autre à l'exécution de la convention lorsqu'elle est possible »). Cette solution en parfaite adéquation avec le principe d'intangibilité a cependant été brisée par la réforme du droit des contrats. En effet, le nouvel article 1221 du Code civil dispose désormais que « Le créancier d'une obligation peut, après mise en demeure, en poursuivre l'exécution en nature sauf si cette exécution est impossible ou s'il existe une disproportion manifeste entre son coût pour le débiteur et son intérêt pour le créancier ». Autrement dit, le juge est appelé à préférer la cohérence et la proportionnalité à l'exécution forcée de la convention, appelé à préférer l'équilibre et la logique économique à une intangibilité seulement juridique.

La lutte contre les déséquilibres contractuels comme la recherche d'une juste exécution conventionnelle sont au cœur des nouvelles missions du juge en droit des contrats. Se conçoit aisément l'idée que le juge cherche à remédier à l'imprévision et ses conséquences pour la partie faible au contrat.

B - L'INTANGIBILITÉ DU CONTRAT MESURÉE EN CAS D'IMPRÉVISION

Malgré le principe d'intangibilité contractuelle, la jurisprudence d'abord (1), la loi finalement (2) ont contribué à lutter contre les déséquilibres contractuels survenus en cours d'exécution de la convention en raison d'un bouleversement économique extérieur.

1. Le dépassement de la jurisprudence

L'imprévision est topique du déséquilibre contractuel. À la différence des hypothèses précédentes, le déséquilibre ne tient pas à la différence de qualité des parties, mais à un bouleversement économique extérieur. Cette hypothèse n'était pas envisagée dans le Code civil de 1804, lequel ignorait dans une large mesure les contrats destinés à perdurer dans le temps. Le contrat est formé par les parties en considération d'une situation économique donnée ; cependant, au cours de la phase d'exécution, une évolution des circonstances économiques a pour conséquence de rendre l'exécution du contrat excessivement onéreuse pour l'une des parties. Celle-ci espère alors la fin du contrat ou sa révision.

Mais, en vertu du principe d'intangibilité contractuelle, la réponse judiciaire première et évidente a toujours été d'ordonner de continuer à exécuter conformément à la convention des parties et aux termes initiaux. C'est le sens de l'arrêt Canal de Craponne qui conduit à refuser au juge le pouvoir de réviser le contrat en cas d'imprévision (Cass. civ., 6 mars 1876). L'intervention du juge pour rééquilibrer le contrat serait pourtant équitable, mais elle ne saurait avoir lieu en raison du principe d'intangibilité (la solution contraire est portée par le juge administratif, qui révise le prix des contrats administratifs en cas d'imprévision depuis le célèbre arrêt Cie générale d'éclairage de Bordeaux, CE, 30 mars 1916).

Sans revenir sur le refus de la révision judiciaire pour imprévision, le juge judiciaire a recherché d'autres remèdes en cas d'imprévision au nom de la justice contractuelle. Deux fondements classiques du droit commun des obligations ont ainsi été revisités par la Cour de cassation pour servir d'éventuels remèdes et d'instruments de rééquilibrage du contrat. D'abord, à la fin du XXe siècle, alors que la doctrine porte l'idée du solidarisme contractuel, la Haute juridiction entend, au nom de l'obligation générale de bonne foi (C. civ., art. 1134, alinéa 3 anc. / art. 1104 nouv.), imposer une obligation de renégociation en cas d'imprévision, y compris en l'absence de clause dite de « hardship », pesant sur celui qui ne supporte pas le coût du bouleversement économique, afin de permettre à son cocontractant de poursuivre utilement le contrat (Cass. com., 3 nov. 1992, Huard ; Cass. com., 24 nov. 1998, Chevassus-Marche). Cependant, le glas sonné du solidarisme a mis un terme à cette idée d'une obligation de renégociation imposée, dont la portée était tout de même limitée, car aucune certitude quant à la bonne fin de la renégociation ne pouvait être garantie. Encore, sur le fondement de la cause de l'ancien article 1131 du Code civil, la Cour régulatrice a ouvert la voie à la caducité du contrat en cas d'imprévision (Cass. com., 29 juin 2010, Soffimat). Cependant, les incertitudes et critiques entourant la notion de cause, comme la réforme alors à venir du droit des contrats, avaient conduit à enterrer cette construction prétorienne tout juste naissante.

Aussi, les louables, cependant vains efforts prétoriens, ont été suppléés par la réforme du droit des contrats qui est loin d'aboutir à une solution satisfaisante en cas d'imprévision.

2. La révision pour imprévision dans la réforme du droit des contrats

Comme le juge, le législateur a recherché une solution à l'imprévision contractuelle. Pris en compte les objectifs de justice et d'équilibre contractuels qui imprègnent la réforme du droit des contrats, il n'y a nul étonnement à constater qu'un dispositif a été réservé à cette hypothèse ; cependant, l'article 1195 nouveau en question (on ne manquera pas de remarquer qu'il est disposé à la suite quasi-immédiate de l'article 1193 lequel prévoit le principe d'intangibilité contractuelle) se révèle certes révolutionnaire du point de vue du principe d'intangibilité mais à de nombreux égards décevant du point de vue de son efficience. Il suffit d'en analyser les termes de la quasi-procédure mise en place pour s'en convaincre.

Le premier alinéa de l'article 1195 du Code civil propose, in limine, une définition de l'imprévision soulignant que le bouleversement économique à l'origine de l'imprévision doit rendre excessivement onéreuse l'exécution des obligations prévues au contrat pour l'une des parties qui n'en a pas accepté le risque. L'ambition d'une définition est louable ; la substance est critiquable dès lors que la référence à l'excès est incertaine et source elle-même de contentieux (alors qu'à ce stade, le juge ne saurait être saisi). In fine, l'alinéa 1er de l'article 1195 du Code civil prévoit que celui qui subit l'imprévision peut demander la renégociation du contrat à l'autre partie, tout en devant continuer à exécuter la convention. La prescription est sans intérêt, sans utilité : tout contractant peut demander la renégociation du contrat à l'autre partie, soit une modification de la convention (par exemple, un salarié qui demande une augmentation de salaire à son employeur) ; tout contractant est tenu de poursuivre l'exécution de la convention, une fois celle-ci conclue. En n'obligeant pas l'autre partie à accepter la renégociation, le dispositif mis en place se limite finalement à rappeler le principe d'intangibilité contractuelle.

Le second alinéa n'offre guère de perspectives d'efficience de la loi en cas d'imprévision. En effet, le dispositif reprend en soulignant que les parties peuvent mettre fin au contrat d'un commun accord en cas d'imprévision ; le texte rappelle donc inutilement le mutuus dissensus, stricte application du principe d'intangibilité. La relativisation du principe résonne davantage à la suite de la lecture du second alinéa de l'article 1195 du Code civil. Les parties peuvent ensemble demander au juge de fixer le nouveau prix au contrat (les juges n'auraient pas réussi à se mettre d'accord sur ce prix, qu'elles demanderaient au juge de le déterminer), ce qui revient à rappeler une pratique connue, celle du tiers estimateur. L'apport du texte se révèle toujours aussi résiduel. La véritable nouveauté intervint à l'issue de ce long processus : si les étapes précédentes n'ont pas heureusement abouti, la partie qui subit l'imprévision peut unilatéralement demander au juge, de mettre fin au contrat ou de le réviser. Ainsi, finalement, la réforme du droit des contrats porte une réelle atteinte au principe d'intangibilité contractuelle, en permettant, au terme d'un processus peu pertinent, au juge judiciaire de réviser le contrat en cas d'imprévision, brisant (au moins partiellement) la jurisprudence Canal de Craponne.

Conclusion

L'intangibilité contractuelle demeure un principe essentiel de la matière contractuelle. Justifiée tant par l'obligatoriété des conventions que par l'impératif de sécurité contractuelle, l'intangibilité du contrat est, depuis la réforme du droit des contrats, à géométrie et intensité variables. L'intangibilité constitue un principe qui reçoit exception, en vertu des nouveaux mécanismes du Code civil, au nom d'une justice contractuelle, entendue comme la protection de la partie faible au contrat. La nécessaire conciliation entre sécurité juridique et équilibre contractuel se réalise au travers de la casuistique judiciaire, par la mise en œuvre de mécanismes classiques, telles que l'obligation de bonne foi ou encore la théorie des vices du consentement, ou encore d'instruments nouveaux, telles que la caducité et la proportionnalité.

FAIRE LE POINT SUR L'ACTUALITÉ DU SUJET

Sujet 4

DISSERTATION : LA FAUTE LUCRATIVE (SUJET COMPLÉMENTAIRE 1)

Posner écrit que, dans les sociétés modernes, les individus « se comportent comme des 'maximisateurs' de leurs satisfactions lorsqu'ils prennent des décisions comme se marier, divorcer, commettre ou non des actes délictueux » (R. A. Posner, « The law and economics movement », American Economic Review, 1987, vol. 77/2, p. 1). Partie prenante d'une pensée cynique cependant réaliste, ce raisonnement repose sur une nécessaire analyse économique du droit. Le droit français de la responsabilité civile demeure relativement hermétique à cette approche, ignorant jusqu'au concept de faute lucrative, malgré les efforts du juge en ce sens.

Entre l'abstraction du droit et la réalité des comportements économiques, il existe une distance qui se matérialise dans le caractère peu commun sinon paradoxal de l'association des termes « faute » et « lucrative ». La faute constitue l'une des notions les plus évidentes et les plus importantes de notre système juridique et notamment du droit civil ; pourtant, ses contours demeurent flous de sorte qu'il n'existe pas une mais des définitions de cette notion : selon Planiol, la faute est « la violation d'une obligation préexistante » ; selon Carbonnier, il s'agit simplement « d'un fait illicite » ; selon Henri Mazeaud, la faute est « une erreur ou une défaillance de conduite faisant qu'est en faute celui qui ne s'est pas comporté comme il aurait dû le faire ». Parmi les fautes, l'on distingue traditionnellement celles constatées comme intentionnelles et celles, par défaut de constatation, dites non-intentionnelles. C'est ici que le lien se réalise avec le lucre, par essence recherché par les individus. Au travers d'une démarche illicite, le plus souvent intentionnelle, un individu se trouve l'auteur d'un fait illicite, car il sait à raison y avoir un intérêt. De manière quelque peu simpliste, la faute lucrative s'identifierait par la constatation d'un profit ou d'une économie dans le patrimoine de l'auteur de la faute malgré la sanction prononcée par le juge ou convenue entre les parties en réparation du préjudice subi par la victime. Autrement dit, la faute lucrative présenterait la particularité d'un intérêt patrimonial et économique pour un individu à ne pas se soumettre à l'obligatoriété du droit. Le phénomène n'est sans doute pas nouveau : il est seulement plus évident car plus récurrent en suite de la transformation de notre société, désormais tournée vers la consommation et l'information. Il n'est pas ignoré en droit comparé : particulièrement, en droit anglo-saxon, qui prévoit le possible prononcé par le juge de *punitives damages* en cas de fautes lucratives.

Il en va différemment du droit français qui demeure dans une large mesure ignorant de ce phénomène. Si l'on excepte l'éventuelle et rare intervention du droit pénal (par ex. en matière de contrefaçon), le droit français ne sanctionne pas de manière spécifique la faute lucrative et ce, parce qu'elle lui est étrangère, indifférente. L'affirmation vaut au principal pour le droit de la responsabilité civile que l'on sait entièrement dédié à la réparation des préjudices, sinon à l'indemnisation des victimes. Parfois, la faute n'est pas même une condition de la responsabilité (v. les mécanismes de responsabilité délictuelle objective, telle que la responsabilité du commettant du fait de son préposé). Jamais, la faute n'est prise en compte dans la mise en œuvre du régime de responsabilité, que l'on sait dominé par le principe de réparation intégrale du préjudice. Ainsi, le juge se trouve, dans une large mesure, désarmé lorsqu'il s'agit de lutter contre les fautes lucratives en droit civil. Pourtant, les efforts doctrinaux comme les projets de réforme visent à l'érection de sanctions voulues efficaces. Il s'agirait alors de modifier en profondeur le droit de la responsabilité civile au risque d'en perturber la philosophie. Au-delà de la réparation, serait recherchée la punition de l'auteur d'une faute lucrative.

Aussi convient-il de mettre en rapport l'indifférence du droit civil à l'égard de la faute lucrative (I) et la recherche d'une sanction efficace de la faute lucrative en droit français (II).

I - L'indifférence du droit civil à l'égard de la faute lucrative

La faute lucrative rapporte plus qu'elle ne coûte. Cette simple constatation découle de la circonstance que le juge voit son office encadré par le principe de réparation intégrale du préjudice (B). Cette impossibilité fondamentale de sanctionner les fautes lucratives explique la multiplication en pratique de ce phénomène (A).

A - L'IMPOSSIBILITÉ D'EMBRASSER LES MANIFESTATIONS DE LA FAUTE LUCRATIVE

La raison première sinon fondamentale de l'impossibilité pour le juge de la sanctionner réside dans l'absence de définition de la faute lucrative. Se constate ainsi une carence du droit français révélée, de manière manifeste, par les multiples manifestations de ce phénomène en matière contractuelle (1), comme extracontractuelle (2).

1. L'évidence de la faute contractuelle lucrative

Au moment de la formation du contrat, le contractant, présumé rationnel, normalement avisé et intelligent, conclut un contrat par nature (par volonté) juste et efficace. Cependant, au moment de l'exécution du contrat, l'une des parties peut trouver, par recherche ou par opportunité, un meilleur moyen de placer ses ressources. Si le profit qu'elle peut obtenir de la rupture du contrat, à tout le moins d'une mauvaise exécution ou d'une inexécution de ses obligations, est supérieur au profit qu'elle va effectivement retirer de la poursuite du contrat dans les conditions initiales, elle a un intérêt économique à ne pas respecter ses obligations.

Les exemples sont nombreux en pratique comme en jurisprudence. En pratique, l'on notera la multiplication d'un phénomène qui met en exergue la délicate combinaison entre le droit de la responsabilité contractuelle et la procédure civile. Il est ainsi évident que le lucre peut naître de la répétition d'une faute légère ou simple dans des relations avec un nombre importants de contractants dont on sait que seul un faible nombre recherchera la responsabilité de son auteur. Il en est ainsi en matière de clauses abusives, dont on sait qu'elles font pourtant, de manière heureuse, l'objet d'une prohibition particulière, notamment en droit de la consommation (C. consom., art. L. 132-1) et d'une prohibition nouvellement généralisée bien qu'incertaine en droit commun (C. civ., art. 1171 nouv.). En jurisprudence, se trouve ainsi dénoncée la pratique du surbooking employée en matière de transport aérien de personnes. Dans un arrêt de la Cour d'appel de Paris, les juges du fond ont condamné, le fait pour un transporteur aérien d'offrir à la réservation de clientèle un nombre de places supérieur à celui que permet la capacité de l'avion, « une politique commerciale destinée à accroître la rentabilité financière des vols au détriment des intérêts légitimes des passagers » (CA Paris, 15 sept. 1992).

Ainsi faut-il constater que, dans une telle approche de l'inexécution contractuelle, la force obligatoire du contrat est réduite à la seule question du montant de l'indemnité mise à la charge de la partie défaillante sans égard pour l'exécution forcée (C. Jamin, « Que répondre à Eric Brousseau ? (Je n'ai presque rien à dire à un économiste) », LPA du 19 mai 2005, p. 54). Autrement dit, il y a un hiatus évident entre la force obligatoire des conventions et la raison économique de l'un des contractants. Se pose la question de l'efficacité de la règle de droit, particulièrement en matière contractuelle : dans quelle mesure les sanctions de l'inexécution des contrats doivent-elles inciter les contractants à exécuter correctement leurs obligations ? Autrement dit, toute règle de droit, parce que son respect est soumis à la contrainte étatique, ne doit-elle pas être comminatoire ? La question vaut tant pour l'obligation contractuelle qu'extracontractuelle.

2. La diversité des fautes délictuelles lucratives

Les fautes lucratives sont susceptibles d'exister dans tous les domaines, dans toutes les matières. Aucune situation juridique n'est exempte du risque d'un choix par un individu entre le respect de ses obligations et le profit qui résulterait de leur inobservation. Cependant, la faute lucrative trouve des terrains de prédilection.

Tel est le cas notamment en droit de la presse. En témoigne la récurrence en la matière des atteintes à la vie privée. Dans un arrêt désormais célèbre, Ici Paris c. Alain Delon (Cass. 1re civ., 17 nov. 1987), la Haute juridiction rappelle que la réparation du préjudice de l'acteur, auquel il a été porté atteinte à l'intimité, n'est pas fonction du profit réalisé par celle-ci. Or, il est constant que les dommages et intérêts auxquels sont susceptibles d'être condamnés ces journaux spécialisés sont moindres que le profit qu'ils retirent de leurs publications. Finalement, les droits de la personnalité, de l'atteinte et de l'honneur ne sont que faiblement et restrictivement protégés par le droit pénal, nullement par le droit de la responsabilité civile (v. déjà mêlant droit pénal et responsabilité civile, l'affaire Belmondo, CA Paris, 13 févr. 1971).

D'autres matières sont identifiées comme vulnérables : tel est le cas de la propriété intellectuelle, de la concurrence, de la consommation, et de l'urbanisme, sachant qu'il apparaît vain de vouloir en dresser une liste exhaustive, tant la contamination des branches du droit apparaît transversale. Ainsi, en matière environnementale, à propos des dégazages en mer, il peut être profitable aux armateurs de déverser quantités de produits, notamment du fuel, en mer afin d'économiser les frais de retraitement et/ou de nettoyage des navires effectués au port, moyennant l'emploi de moyens matériels parfois coûteux. En pratique, l'auteur d'une telle infraction pénale est non seulement rarement appréhendé, mais encore rarement sanctionné, que cela soit sur le plan pénal ou civil. En effet, l'absence de reconnaissance définitive du préjudice écologique a longtemps interdit une sanction efficace de cette pratique. À ce titre, il faut néanmoins constater l'initiative de la chambre criminelle de la Cour de cassation qui a non seulement caractérisé, dans l'affaire Erika (Cass. crim., 25 sept. 2012), l'existence d'une « faute de témérité », c'est-à-dire d'une faute qui se rencontre « lorsque le dommage a été commis témérairement et avec conscience qu'un tel dommage en résulterait probablement » dont on comprend le lien intime qu'elle entretient avec la faute lucrative, mais encore identifié un « préjudice écologique pur », réparable en nature comme par équivalent, au sens du principe de réparation intégrale du préjudice (v. art. 1246 et s. du Code civil).

B - LE JUGE LIÉ PAR LE PRINCIPE DE RÉPARATION INTÉGRALE DU PRÉJUDICE

La traduction du principe de réparation intégrale du préjudice par la formule aux accents d'adage « Tout le dommage mais rien que le dommage » (1) traduit l'indifférence du droit français de la responsabilité civile à l'égard de la faute et du lucre (2).

1. « Tout le dommage, mais rien que le dommage »

Il convient, en droit civil, de distinguer entre la responsabilité encourue et la responsabilité effectivement mise en œuvre. À l'occasion de cette dernière, le préjudice se désolidarise de la faute et du lien de causalité pour se retrouver au centre du système de réparation. Ainsi, comme a pu le démontrer Roujou de Boubée, le dommage constitue « la raison d'être de la réparation » et le « fondement nécessaire et suffisant » de la responsabilité civile (M.-E. Roujou de Boubée, Essai sur la notion de réparation, LGDJ, p. 297). Aussi, « les dommages et intérêts alloués à une victime doivent réparer le préjudice subi sans qu'il en résulte pour elle ni perte ni profit » (Cass. 1re civ., 16 avril 1996). Ainsi, en vertu du principe de réparation intégrale du préjudice, l'office du juge consiste à couvrir le préjudice réparable et uniquement celui-ci. En droit de la responsabilité contractuelle, le principe est cependant nuancé par la réparation du seul préjudice prévisible lors de la conclusion du contrat (C. civ., art. 1231-3 ; pour une application récente de cette règle, Cass. 1re civ., 28 avril 2011 ; Cass. 1re civ., 26 sept. 2012).

Le propre du droit civil et le rôle du juge, notamment en droit de la responsabilité civile, consistent au principal à garantir les équilibres et corriger les déséquilibres patrimoniaux. Autrement dit, en matière de responsabilité contractuelle comme délictuelle, il appartient au juge de réparer le préjudice subi et inscrit dans le patrimoine de la victime, en prélevant sur le patrimoine de l'auteur du dommage. Or, dans le cas particulier des fautes lucratives, il y a un enrichissement supérieur de l'auteur du dommage en comparaison de l'appauvrissement de la victime. Ainsi, en condamnant le premier à réparer le dommage du second, le juge, par application du principe de réparation intégrale du préjudice, laisse subsister un profit, ou à tout le moins une économie, dans le patrimoine de l'auteur de la faute.

Parfois, et dans certaines matières, le principe de réparation intégrale du préjudice ne reflète qu'« une illusion de l'efficacité du droit à prévenir et réparer certains dommages » (Roubier, « Théorie générale de l'action en concurrence déloyale », RTD com. 1948, p. 554 et s.). L'exemple du dénigrement illustre parfaitement l'hypothèse d'une faute lucrative occasionnant un préjudice imparfaitement réparé. Une entreprise cherche à s'approprier la clientèle de l'un de ses concurrents en critiquant, souvent de manière infondée, toujours de manière déloyale, l'entreprise ou les produits de ce concurrent. Le droit sanctionne une telle faute de concurrence à condition de réunir les conditions de la responsabilité délictuelle des articles 1240 et suivants du Code civil. Ceci fait, il appartient au juge de réparer le préjudice de la victime du dénigrement. Comment doit-il procéder ? Il s'appuiera évidemment sur les pertes subies et le gain manqué par cette dernière. Cependant comment les évaluer ? à partir du chiffre d'affaires précédemment réalisé par celle-ci ? Mais comment démontrer que celui-ci n'aurait pas augmenté ou n'aurait pas diminué, sans le fait de concurrence déloyale ? Pis, le mal est peut-être définitif : la clientèle définitivement accaparée par autrui. Sur combien d'années doit-on calculer la perte subie ? Non seulement la faute sera potentiellement lucrative pour son auteur, mais encore le préjudice impossible à correctement évaluer donc à réparer. C'est dire que « les conséquences profitables de leur auteur [de fautes lucratives] ne sont pas neutralisées par la simple réparation des dommages causés » (Rapp. inf. Sénat sur la responsabilité civile, 2009).

2. L'indifférence de la faute et du lucre

La responsabilité civile n'a de vocation que la réparation du préjudice subi par la victime, contractant ou tiers. L'objectif de réparation domine la matière : le Conseil constitutionnel le rattache à l'article 4 de la DDHC de 1789 (Cons. const., 9 nov. 1999 relative au PACS), quand la Cour EDH procède pareil rattachement à l'article 1er du protocole additionnel n° 1 à la CESDH. Exclusif de toute autre considération, le principe d'équivalence entre le dommage et la réparation marque son indifférence à l'égard non seulement de la faute, mais également du profit qu'elle est susceptible d'occasionner.

Concernant l'indifférence du régime de responsabilité à l'égard de la faute, puisqu'il s'agit de réparer et non de punir, il semble logique de considérer que la gravité de la faute demeure sans influence quant à l'établissement du quantum des dommages-intérêts. Aussi une faute légère peut-elle causer un dommage important tandis qu'une faute d'une particulière gravité peut n'être à l'origine que d'un faible dommage. C'est ainsi que même dans le cadre d'une action civile née d'un délit, la Cour de cassation a martelé, dans un arrêt Veuve Bonneau, que « l'indemnité nécessaire pour compenser le préjudice subi doit être calculée en fonction de la valeur du dommage, sans que la gravité de la faute puisse avoir aucune influence sur le montant de ladite indemnité » (Cass. 2e civ., 8 mai 1964). Autrement dit, l'objectif de la responsabilité civile étant le rétablissement du statu quo ante la survenance du dommage, le comportement du responsable est par principe indifférent (Cass. 2e civ., 18 janv. 1973).

Concernant l'indifférence du régime de responsabilité à l'égard du lucre, elle se trouve encore plus marquée, dès lors que le profit ou l'économie que l'auteur de la faute retire de sa commission est sans incidence aucune sur la satisfaction du créancier de l'obligation de la réparation, qui ne saurait poursuivre d'autres ambitions que la restauration de son équilibre patrimonial. Peu importe dès lors le caractère particulier de la faute, ici le lucre. Le profit ou l'économie ne participe nullement du dommage occasionné à la victime (v. déjà citée, l'affaire Ici Paris c. Alain Delon). Au surplus, à l'instar de toute faute, celle dite lucrative peut être grave, simple ou légère, sans que cette considération n'ait davantage d'influence sur le dommage réparable. Elle n'est pas per se sanctionnée par le droit de la responsabilité civile.

Le principe de réparation intégrale du préjudice appliqué aux hypothèses de fautes lucratives serait, selon Mme Viney, un « véritable pousse-au-crime » (G. Viney, « Faut-il moraliser le droit français de la réparation du dommage ? », LPA du 20 novembre 2002, p. 66). Cette observation dénuée de nuances est de nature à expliquer l'ambition récente, néanmoins réelle, de trouver une sanction efficace à la faute lucrative.

II - La recherche d'une sanction efficace de la faute lucrative en droit français

Concrètement, une sanction efficace de la faute lucrative consisterait à trouver, en droit français, parmi les mécanismes existants (A) ou au moyen de nouveaux correctifs mis à disposition du juge (B), des instruments visant à nier le bilan économique positif réalisé par celui qui commet la faute.

A - L'AMÉNAGEMENT DES TECHNIQUES CLASSIQUES DU DROIT DE LA RESPONSABILITÉ

Allouer au droit de la responsabilité civile une vocation punitive conduirait à la relecture de techniques classiques propres à cette matière pour dépasser la seule volonté réparatrice. En portant l'extension du domaine de la responsabilité civile (1), comme en renforçant certaines sanctions déjà existantes (2), cette matière serait alors soumise à un principe commun de réparation des préjudices et de sanction des fautes.

1. L'extension du domaine de la responsabilité

Deux voies visant à l'extension du domaine de la responsabilité civile sont parfois explorées par le juge pour sanctionner l'auteur d'une faute lucrative : d'un côté, la détermination et la réparation du préjudice moral de la victime ; de l'autre, la soumission des individus, notamment dans le domaine contractuel, à des obligations comportementales.

D'une part, il est constant en jurisprudence comme en doctrine, que l'indifférence à l'égard de la gravité de la faute en droit de la responsabilité civile connaît des limites, notamment au nom de l'équité. Il s'agit alors d'envisager la majoration des dommages-intérêts. Le juge civil, dans sa casuistique, comme en vertu de son pouvoir souverain d'appréciation, pratique parfois un tel ajustement entre détermination du préjudice et gravité de la faute. Tel est le cas notamment lorsqu'il s'agit de réparer le préjudice moral de la victime ou du créancier insatisfait. L'option est non seulement logique mais également « humaine ». Cependant, elle est critiquée par une partie de la doctrine qui la dénonce comme source d'une certaine insécurité judiciaire sinon juridique. La récente extension du domaine de la responsabilité par l'admission de la réparation du préjudice moral des personnes morales participe néanmoins de cet élan porté par le juge (Cass. com., 15 mai 2012).

D'autre part, la création de nouvelles obligations telles que l'interdiction de se contredire au détriment d'autrui ou plus généralement la sanction de la mauvaise foi peuvent constituer des supports d'une responsabilité accrue de celui qui commet une faute lucrative. En exigeant une particulière cohérence d'un contractant qui ne saurait se dédire unilatéralement et fautivement, le juge pourrait sanctionner le comportement d'une partie. Autrement dit, comme en matière de manquement à l'obligation de bonne foi, il y aurait en sus des obligations légales et/ou conventionnelles, des obligations de comportement que le juge découvre notamment sur le fondement de l'ancien article 1134 du Code civil (art. 1104 nouv.). Le calcul économique consistant à volontairement causer un dommage à son cocontractant est synonyme d'une déloyauté, source de responsabilité.

2. Les sanctions existantes en droit civil

Différents mécanismes existent dans l'arsenal déjà offert au juge pour lutter contre les fautes lucratives. L'un est particulièrement efficace, mais voit son champ limité à la matière contractuelle et à certaines circonstances : il s'agit de qualifier de dolosive, la faute lucrative (pour Rodière, « la faute lucrative est nécessairement une faute dolosive », note sous l'arrêt Cass. ch. réunies, 11 mars 1960). Les autres sont moins évidents et commandent une certaine habileté du juge.

D'un côté, la considération de la faute lucrative en matière contractuelle et la nécessité de trouver les moyens de les sanctionner efficacement ont frappé la Haute juridiction dès les années 1960. Particulièrement, les hauts conseillers ont alors rappelé que la sanction de la faute dolosive, sur le fondement de l'ancien article 1150 du Code civil (art. 1231-3 nouv.), peut servir à limiter les hypothèses de fautes lucratives. C'est ainsi qu'en a jugé la Cour de cassation dans un arrêt de 1960 (Cass. ch. réunies, 11 mars 1960 ; v. déjà mais isolé Req., 5 juin 1920) mettant fin à une pratique qui était devenue par trop commune dans le domaine du transport maritime. Précisément, le transporteur maritime qui proposait le transport de marchandises en cale ou sur le pont, faisait payer à tous le tarif pour un transport en cale, par nature plus protecteur des marchandises. En cas de perte ou de détérioration des marchandises finalement placées sur le pont, il se retranchait derrière une clause limitative de responsabilité d'origine conventionnelle (avant 1936) ou d'origine légale (après 1936). Sur l'ensemble des opérations, le transporteur maritime était économiquement gagnant, n'étant pas tenu de réparer le préjudice du commanditaire à hauteur de la valeur de la marchandise perdue ou détériorée. Désormais, de tels calculs se confrontent à l'exclusion des limites conventionnelle et légale de responsabilité en cas de faute dolosive ou lourde, c'est-à-dire notamment en cas de faute volontaire et/ou d'une particulière gravité (sur la définition de la faute lourde, v. notamment Cass. com., 29 juin 2010, Faurecia 2). Il en est de même en matière de clause pénale (Cass. 1re civ., 4 févr. 1969).

De l'autre, deux autres instruments au moins peuvent être envisagés pour servir la lutte contre la faute lucrative. D'une part, les mécanismes d'astreinte comme les actions en cessation peuvent utilement être employés par un juge qui constate qu'une faute lucrative perdure dans le temps. À ce titre, le projet de réforme de mars 2017 reprend le droit positif prétorien pour le consacrer, mais uniquement en matière délictuelle (art. 1266 proposé : « En matière extracontractuelle, indépendamment de la réparation du préjudice éventuellement subi, le juge peut prescrire les mesures raisonnables propres à prévenir le dommage ou faire cesser le trouble illicite auquel est exposé le demandeur »). D'autre part, le juge a parfois eu recours à la théorie des quasi-contrats pour sanctionner des fautes lucratives. L'enrichissement sans cause, dont on sait le domaine limité par des conditions strictement appréciées par le juge, pourrait se voir ainsi employé. Mieux, la Cour de cassation n'a pas hésité à créer un nouveau quasi-contrat sur le fondement de l'ancien article 1371 du Code civil, pour sanctionner une pratique commerciale agressive source de lucre pour son auteur : la fausse promesse de gain émise dans une loterie publicitaire (Cass. ch. mixte, 6 sept. 2002, 2 arrêts). Sur ce fondement, la Cour de cassation impose la délivrance du gain promis, ce qui constitue une sanction parfaite de la pratique puisqu'elle revient à nier le calcul économique réalisé par le commerçant qui n'a jamais eu l'intention de respecter sa promesse. Le procédé est intéressant sinon habile, mais comme les autres instruments cités, il n'a nulle vocation générale. Il ne constitue pas une sanction de droit commun des fautes lucratives.

B - L'INTRODUCTION ENVISAGÉE DE CORRECTIFS EN DROIT FRANÇAIS

Parmi les correctifs spécifiques à la multiplication des fautes lucratives en droit civil, deux mécanismes concurrents ont été proposés : d'un côté, au risque d'un mélange des genres peu pertinent entre droit pénal et droit civil, a été envisagée puis exclue la possibilité pour le juge de prononcer des dommages-intérêts punitifs ou une restitution intégrale du lucre (1) ; de l'autre, le projet de réforme porte l'idée de sanctionner la faute lucrative par une amende civile (2).

1. Les solutions exclues

En 2005, l'avant-projet de réforme Catala postulait le principe de réparation intégrale du préjudice consacrant la solution prétorienne aux termes de laquelle la fonction première de la responsabilité est la restauration du déséquilibre patrimonial subi par la victime d'un dommage. Pour autant, la Commission Catala, soumise à des tensions paradoxales, proposait également la réception en droit français des dommages punitifs s'ajoutant aux dommages et intérêts compensatoires. Autrement dit, le juge se serait vu doté d'un rôle majeur central et d'un pouvoir de sanction de nature à lutter contre la faute lucrative. L'article 1371 alors envisagé du Code civil, dont on ne manquera pas de remarquer qu'il aurait trouvé siège à la place encore aujourd'hui consacrée aux quasi-contrats, ambitionnait la faculté pour le juge de prononcer des dommages et intérêts punitifs. Si l'opportunité d'une introduction en droit français des dommages et intérêts selon le modèle longtemps prôné par le droit anglo-saxon n'est plus, en raison de nombreuses critiques, aujourd'hui poursuivi, il n'en demeure pas moins qu'indirectement, une telle sanction peut trouver indirectement à s'appliquer en jurisprudence. Ainsi, dans un arrêt fort commenté, la première chambre civile de la Cour de cassation a considéré, en 2010, que « le principe d'une condamnation à des dommages-intérêts punitifs n'est pas, en soi, contraire à l'ordre public » (Cass. 1re civ., 1er déc. 2010). Ainsi, une telle sanction prise par une juridiction étrangère peut trouver à s'appliquer en droit français, au travers du processus d'exequatur.

En 2010, le projet de réforme présenté par le Professeur Terré proposait une solution alternative à la consécration des dommages-intérêts punitifs afin de lutter contre les faits illicites profitables à leur auteur. Il visait à l'érection au rang de règle directrice du droit de la responsabilité, d'un principe de restitution intégrale, qui viendrait s'ajouter au principe fondamental de réparation intégrale du préjudice. Auraient été ainsi distingués les dommages-intérêts compensatoires, traditionnels, et les dommages restitutifs, nouvellement créés. Précisément, le juge aurait eu la faculté d'accorder le montant du profit retiré par le défendeur plutôt que la réparation du préjudice subi par le demandeur. La complexité d'une telle édification comme les incertitudes entourant son adoption sur d'autres pans du droit de la responsabilité civile ont conduit à l'abandon immédiat de cette idée.

Se trouve finalement retenue celle d'une sanction de la faute lucrative par une amende civile, plutôt que par des dommages-intérêts punitifs ou une restitution intégrale du lucre.

2. La solution retenue

Une solution définitive est avancée pour lutter contre les fautes lucratives en matière extra-contractuelle dans le projet de réforme de la responsabilité civile présenté en mars 2017. L'article 1266-1 proposé dispose ainsi que « lorsque l'auteur du dommage a délibérément commis une faute en vue d'obtenir un gain ou une économie, le juge peut le condamner, à la demande de la victime ou du ministère public et par une décision spécialement motivée, au paiement d'une amende civile ». Ainsi, la sanction prendrait la forme d'une amende civile dont bénéficierait du moins pour partie le Trésor Public ou un fonds d'indemnisation dédié, au travers d'une décision spécialement motivée. Le système mis ainsi en place rapprocherait fondamentalement le droit civil d'autres branches du droit, notamment du droit pénal. La fonction réparatrice de la responsabilité civile se doublerait donc d'une fonction punitive.

Ainsi, l'amende civile constitue une sanction qui, bien que de nature civile, trouve son inspiration dans le modèle de la sanction pénale. Elle existe encore en droit de l'urbanisme et de la construction, en matière processuelle ainsi qu'en droit de la concurrence, c'est-à-dire dans des domaines de prédilection des fautes lucratives. Il s'agit donc de confier au juge civil le pouvoir de sanctionner le fait de se soustraire à une charge publique ou civique ou l'usage contestable d'une voie de droit (G. Cornu, Vocabulaire juridique, PUF, 2004). D'une efficacité redoutable, l'amende civile est pourtant doublement critiquée : d'un côté, il s'agit de dénoncer un mélange des genres entre le droit pénal et le droit civil, qui n'est que le résultat de la carence commune de ces deux droits ; de l'autre, elle serait nécessairement source d'injustice quant à son montant.

Il appartiendrait alors au juge de déterminer ce montant dans les limites de la loi. Par principe, le juge s'appuierait sur l'exigence de proportionnalité en prenant en considération la gravité de la faute (art. 1266-1, alinéa 2, proposé « Cette amende est proportionnée à la gravité de la faute commise, aux facultés contributives de l'auteur et aux profits qu'il en aura retirés »). Mais le juge ne saurait pas totalement libre puisque des plafonds légaux seraient également instaurés : « L'amende ne peut être supérieure au décuple du montant du profit réalisé ».

Conclusion

Le droit civil se révèle, à ce jour et dans une large mesure, ignorant du phénomène économico-juridique qu'est la faute lucrative. L'inertie du droit commandée par une tradition ancrée en matière de responsabilité, a conduit à la multiplication de telles manifestations. Se pose la question de doter le juge d'instruments de sanctions efficaces et de leurs sources : le projet de réforme de la responsabilité civile de mars 2017 ambitionne la création d'un mécanisme d'amende civile. Cependant, cela ne concernerait que la matière extra-contractuelle ; sans justification pertinente, la matière contractuelle serait ignorée. Une nouvelle fois, comme en matière de force majeure, la responsabilité contractuelle et la responsabilité délictuelle trouveraient nouvellement à se distinguer.

FAIRE LE POINT SUR L'ACTUALITÉ DU SUJET

Sujet 5

DISSERTATION : LA PROTECTION DES PERSONNES

(SUJET COMPLÉMENTAIRE 2)

Au temps de la loi des Douze Tables, celui atteint de troubles mentaux graves, qui était qualifié de furiosus, était placé sous l'autorité des membres les plus proches de sa famille, de façon justement à ce qu'il ne puisse agir d'une façon déraisonnable. Un tel mécanisme de protection devait se poursuivre sous l'empire du droit romain. C'est ainsi que sous Justinien, un système de représentation du « fou », qui était appelé curatelle, devait permettre la sauvegarde des intérêts de cette personne. Désormais, la protection des personnes est plus étendue et dépasse largement le régime des incapacités.

Afin de la préserver du mal, la personne doit être protégée. La personne est un sujet de droit doté de la personnalité juridique, c'est-à-dire de l'aptitude à être titulaire de droits et assujetti à des obligations. Seule une personne peut acquérir un droit et toutes les personnes sont des sujets de droit. L'expression sujet de droit est donc dédiée aux personnes, pour désigner leur faculté théorique à être titulaires de droits, à les exercer en exprimant leur volonté, à les défendre au moyen d'une action en justice, mais aussi à être tenues par des obligations. L'intérêt attaché à la reconnaissance de la personnalité explique qu'elle ait été accordée non seulement aux êtres faits de chair et de sang que sont les personnes physiques, mais aussi parfois à des entités abstraites n'ayant aucune réalité biologique : les groupements reconnus par la loi que sont les personnes morales. Ainsi, la notion de personne dépasse celle de personne humaine et caractérise également certaines collectivités, certains groupements de personnes, tels que les sociétés, voire des groupements de biens, comme les fondations. Néanmoins, la grande diversité des personnes morales rejaillit sur le plan de leur régime juridique. Aussi, il existe un droit des personnes morales qui dépasse en ampleur et en richesse le droit des personnes physiques. Il demeure largement étranger au droit civil, car nombre de ses éléments naissent plus ou moins du droit administratif, du droit commercial et des sociétés et du droit du travail. Pour les sociétés civiles, les associations et les fondations, si elles pénètrent le champ civil, elles relèvent d'autres parties du droit civil : des contrats spéciaux ou des libéralités, selon l'acte juridique qui en est la source.

Dans la lettre du Code civil de 1804, la protection de la personne est circonscrite aux incapacités. La personnalité juridique est limitée afin de protéger le sujet de droit contre sa propre faiblesse, quelle que soit la source de celle-ci : l'âge, la maladie, les difficultés de l'existence. Toutefois, les atteintes contemporaines à la personne humaine ont rendu nécessaire l'instauration d'une protection de l'intégrité de la personne conçue en elle-même dans la complétude et l'indissociabilité des éléments qui la composent. Le juge a alors édifié l'essentiel des principes de protection de la personne sur le fondement des textes du droit commun.

Aussi convient-il d'envisager d'une part, la protection spécifique de la personne incapable (I) et, d'autre part, la protection généralisée de l'intégrité étendue à toutes les personnes (II).

I - La protection spécifique de la personne incapable

Le Code civil n'a pas consacré une partie distincte aux incapacités. Toutefois, les titres IX, X et XI de son Livre Des personnes, sont consacrés aux principales institutions en rapport avec les incapacités. Cette notion d'incapacité est à adapter en fonction de la minorité (A) ou de la majorité (B).

A - LA PROTECTION NATURELLE DU MINEUR

1. La protection traditionnelle par les père et mère

Selon les termes de l'article 388 du Code civil, « Le mineur est l'individu de l'un ou de l'autre sexe qui n'a point encore l'âge de dix-huit ans ». Il est considéré comme un être faible et dépendant qui doit être représenté dans la vie civile, mais aussi éduqué, élevé et protégé dans sa personne. Ses protecteurs naturels sont ses parents, qui sont titulaires de l'autorité parentale. Cette dernière est définie par l'article 371-1 du Code civil, comme « un ensemble de droits et de devoirs ayant pour finalité l'intérêt de l'enfant ». Il s'agit d'une véritable fonction de protection de l'enfant dans sa sécurité, sa santé et sa moralité, « pour assurer son éducation et permettre son développement, dans le respect dû à sa personne » et en associant « l'enfant aux décisions qui le concernent, selon son âge et son degré de maturité ». Il s'agit là d'une véritable fonction parentale, des droits pour les parents, mais aussi des devoirs. Afin d'atteindre les objectifs définis par l'article 371-1 du Code civil, les parents doivent se respecter mutuellement et accomplir chacun les efforts nécessaires pour traduire leurs responsabilités de façon positive dans la vie de leur enfant, notamment en respectant la place de l'autre parent et en maintenant un nécessaire dialogue entre eux (Paris, 11 sept. 2002).

Afin de remédier à l'incapacité juridique du mineur, la technique de la représentation permet l'accomplissement des actes de la vie civile au nom et pour le compte du mineur par une personne désignée à cet effet. Il s'agit soit de l'administration légale, soit de la tutelle. La première s'applique au mineur dont l'un des parents au moins a l'exercice de l'autorité parentale (C. civ., art. 382). La seconde s'applique au mineur dont aucun des parents n'est apte à exercer l'autorité parentale, comme en cas de décès des père et mère (C. civ., art. 390). Malgré un principe d'incapacité générale, l'étendue de l'incapacité juridique dépend en partie de l'âge du mineur concerné. Seul l'infans, c'est-à-dire l'enfant en bas âge, est entièrement dépendant de ses représentants pour l'accomplissement des actes de la vie civile. Le mineur capable de discernement se voit reconnaître une certaine autonomie juridique. L'article 12 de la Convention de New York sur les droits de l'enfant prévoit d'ailleurs que « Les États garantissent à l'enfant qui est capable de discernement le droit d'exprimer librement son opinion sur toute question l'intéressant ». Ainsi, le mineur non émancipé peut accomplir tous les actes de la vie courante. Il appartient au juge, en cas de litige, de vérifier au regard des circonstances de l'espèce, si la qualification d'« acte de la vie courante » est justifiée (Cass. 1re civ., 12 nov. 1998). Également sous l'angle procédural, la loi n° 93-22 du 8 janvier 1993 a assoupli le régime des incapacités par l'insertion des articles 388-1 et 388-2 du Code civil prévoyant respectivement l'audition et la représentation de l'enfant en justice. Le mineur ne peut être auditionné par le juge que s'il est doué de discernement, sans que la jurisprudence ne fixe un âge précis (Cass. 1re civ., 18 mars 2015).

Le mineur non émancipé peut accomplir tous les actes de la vie courante ou les actes spécialement énumérés par la loi. En revanche, seul le mineur émancipé a la pleine capacité civile, il peut, comme un majeur, effectuer tous les actes de la vie civile (C. civ., art. 413-6, al. 1er). L'émancipation d'un mineur résulte de plein droit du mariage (C. civ., art. 413-1) ou, à certaines conditions, d'une décision du juge des tutelles. Il n'est donc plus sous l'autorité parentale de ses parents (C. civ., art. 413-7). Les effets de l'émancipation sont importants puisque « le mineur émancipé est capable, comme un majeur, de tous les actes de la vie civile » (C. civ., art. 413-6). Ainsi, le mineur n'a pas à être représenté dans le cadre d'une action en justice (Cass. 2e civ., 23 oct. 1985). Trois limites demeurent cependant jusqu'à la majorité légale (dix-huit ans), le consentement des parents est requis s'il veut se marier ou être adopté (C. civ., art. 413-6, al. 2), il ne peut être commerçant et il ne peut exercer de droits civiques.

2. La protection exceptionnelle par l'administration et le juge

Au-delà de la protection par l'incapacité et l'administration légale ou la tutelle, il existe une protection générale de l'enfant, judiciaire et extra-judiciaire qui lui permet d'être protégé. Dans le cadre de cette dernière, le Code de l'action sociale et des familles charge le service de l'aide sociale à l'enfance, placé sous l'autorité du président du conseil général (niveau départemental), de la protection administrative des mineurs en danger. Elle peut prendre différentes formes, avec l'accord des parents qui est toujours nécessaire : aides matérielles ou financières, placement de l'enfant dans une famille d'accueil ou un établissement, suivi de l'enfant. Ce champ de la protection sociale de l'enfance n'est pas sans lien avec la protection judiciaire, notamment parce que les travailleurs sociaux travaillent aussi en relation avec le juge des enfants. Enfin, la loi du 14 mars 2016, relative à la protection de l'enfant, ne modifie pas le principe selon lequel la protection administrative consiste à aider et accompagner les familles. Toutefois, elle élargit le rôle de la prévention et le contrôle des parents défaillants.

La protection judiciaire de l'enfance en danger est confiée par l'article 375-1 du Code civil au juge des enfants, juge civil de l'assistance éducative et juge pénal du mineur délinquant. Il est compétent chaque fois que la santé, la sécurité ou la moralité d'un mineur sont en danger, ou quand les conditions de son éducation ou de son développement physique, affectif, intellectuel et social sont gravement compromises. Il peut en être ainsi des enfants appartenant à une secte (Cass. 1re civ., 28 mars 1995). Cette protection ne constitue pas une sanction à l'égard des parents, comme peut l'être une mesure de retrait de l'autorité parentale. Le contrôle de la fonction parentale ne peut déboucher que sur des mesures encadrant l'exercice de l'autorité parentale et le limitant éventuellement, mais qui ne privent jamais en elles-mêmes les parents du droit ni même de l'exercice de ce droit. Ce maintien de l'exercice de l'autorité parentale est si clair que l'article 378-1 du Code civil prévoit que si les parents s'abstenaient d'exercer les droits et devoirs qui leur sont laissés par l'article 375-7 pendant deux ans, ils pourraient se voir retirer l'autorité parentale. L'action en retrait est portée devant le TGI soit par le ministère public, soit par un membre de la famille ou le tuteur de l'enfant.

B - LA PROTECTION PROPORTIONNÉE DU MAJEUR

1. Les mesures indépendantes de toute protection

Une personne peut souffrir d'une atteinte passagère à ses facultés, sans pour autant avoir besoin d'une protection organisée pour tous les actes de la vie civile. Il est inutile d'ouvrir un régime de protection, mais il est nécessaire de protéger ponctuellement la personne pour l'accomplissement de tel ou tel acte. Aussi l'article 414-1 du Code civil précise que « pour faire un acte valable, il faut être sain d'esprit ». L'article 414-1 du Code civil érige la santé mentale en condition de validité des actes juridiques et en précise immédiatement la conséquence : la nullité des actes passés sous l'empire d'un trouble mental, sanction qui constitue le seuil minimal de protection des personnes insanes indépendamment de la mise en œuvre éventuelle d'un régime de protection. L'existence et la gravité du trouble mental relèvent de l'appréciation souveraine des juges du fond (Cass. 2e civ., 23 oct. 1985). De cette règle générale, le Code civil en fait une application particulière à l'article 901 du Code civil, qui dispose que « pour faire une libéralité, il faut être sain d'esprit ». Ainsi, la libéralité consentie par un disposant non sain d'esprit est entachée d'une nullité relative comme il en est pour la nullité procédant d'un vice du consentement. En principe, la protection du majeur prend effet à compter de la publicité du jugement ouvrant la sauvegarde de justice, la curatelle ou la tutelle. Ainsi, afin de protéger la personne vulnérable, les actes antérieurs à l'ouverture d'une curatelle ou d'une tutelle peuvent faire l'objet d'une action en réduction ou d'une action en nullité à condition de rapporter la preuve d'un préjudice (C. civ., art. 464).

Indépendamment de l'état mental, il est prévu un dispositif particulier pour les personnes victimes de violence. En effet, le Code civil contient, depuis 2010, un titre XIV au Livre I « Des personnes », « Des mesures de protection des victimes de violences ». Aux termes de l'article 515-9 du Code civil « lorsque les violences exercées au sein du couple ou par un ancien conjoint, un ancien partenaire lié par un pacte civil de solidarité ou un ancien concubin mettent en danger la personne qui en est victime, un ou plusieurs enfants, le juge aux affaires familiales peut délivrer en urgence à cette dernière une ordonnance de protection ». Cette ordonnance de protection délivrée par le juge aux affaires familiales sur requête permet de fixer diverses mesures provisoires énumérées à l'article 515-11 du Code civil, parmi lesquelles la résidence de la famille, l'éloignement de la personne violente ou les modalités d'exercice de l'autorité parentale.

2. Les mesures dépendantes du régime de protection

La personne est au cœur de la protection juridique mise en place par la loi du 5 mars 2007. Aussi, « cette protection est instaurée et assurée dans le respect des libertés individuelles, des droits fondamentaux et de la dignité de la personne » (C. civ., art. 415, al. 2). Lorsque le majeur est placé sous régime de protection, la protection de sa personne est essentielle, et le droit prend en compte l'autonomie réelle du majeur en l'informant et en le faisant participer aux décisions le concernant autant qu'il est possible. L'ouverture d'un régime de protection peut être justifiée dès qu'il y a altération des facultés mentales ou corporelles du majeur (C. civ., art. 425). Ainsi, le juge ne peut placer une personne sous le régime de la tutelle ou de la curatelle, pour altération de ses facultés mentales ou corporelles, que si cette altération a été médicalement constatée (Cass. 1re civ., 8 juill. 2015). Néanmoins, la mise en place d'un régime protecteur spécifique ne doit intervenir qu'à condition qu'il ne puisse être suffisamment pourvu aux intérêts de la personne par d'autres techniques, au rang desquelles la loi (C. civ., art. 428) mentionne notamment l'application des règles de la représentation ou des régimes matrimoniaux. De surcroît, la loi du 5 mars 2007 a inscrit expressément dans le Code civil les principes de nécessité, de subsidiarité et de proportionnalité qui sont ensuite mis en œuvre dans le cadre de chaque mesure (C. civ., art. 428).

Sauvegarde de justice, curatelle et tutelle sont, eu égard à la sévérité des règles applicables, les trois régimes prévus par la loi pour protéger le majeur. La curatelle est un régime de protection intermédiaire entre les deux autres et emprunte nombre de ses règles à la tutelle. « Le majeur placé sous sauvegarde de justice conserve l'exercice de ses droits » (C. civ., art. 435). Il n'est donc pas atteint par une incapacité générale d'exercice. L'ouverture d'une tutelle suppose que le majeur a besoin d'être assisté pour tous les actes de la vie civile, sauf dérogation légale ou judiciaire. Lorsque le majeur est sous tutelle ou curatelle renforcée, le législateur a élaboré un régime très précis applicable à la gestion de son patrimoine. Enfin, l'ordonnance du 15 octobre 2015 a créé une nouvelle mesure : l'habilitation familiale (C. civ., art. 494-1 et s.). Elle vise à donner à l'entourage de la personne vulnérable un rôle déterminant dans la mise en œuvre de sa protection. Par là même est réalisé un allègement des procédures jusqu'alors applicables. L'habilitation d'une personne de confiance, choisie parmi les proches de la personne à protéger, peut être générale ou restreinte à certains actes déterminés. En cas de difficultés dans la mise en œuvre de la mesure, il revient au juge des tutelles de statuer.

Si la personne bénéficie notamment d'une protection de son patrimoine par le régime des incapacités, la personne bénéficiera d'une protection des droits extrapatrimoniaux par les droits de la personnalité. On peut regrouper les droits de la personnalité autour de deux axes, l'intégrité physique et morale et le respect de la vie privée et familiale de la personne.

II – La protection généralisée de l'intégrité étendue à toutes les personnes

L'intégrité est l'état d'une chose qui est entière, qui a toutes ses parties. La protection de l'intégrité de la personne est une protection de la personne conçue en elle-même, dans la complétude et l'indissociabilité des éléments qui la composent. Elle sera celle de sa personnalité, sous son double aspect, physique (A) et moral (B).

A - LA PROTECTION DE L'INTÉGRITÉ PHYSIQUE

1. La consécration du principe jurisprudentiel d'indisponibilité du corps humain

L'indisponibilité du corps humain doit être entendue, non pas au sens large, comme l'interdiction de disposer librement de son corps, mais dans un sens strict comme l'interdiction d'en faire un objet de commerce. La jurisprudence (Cass. 1re civ., 16 déc. 1975 ; Cass. 1re civ., 13 déc. 1989), en dégageant le principe d'indisponibilité du corps humain, l'avait d'ailleurs fondé sur l'ancien article 1128 du Code civil selon lequel « il n'y a que les choses dans le commerce qui peuvent être l'objet de conventions ». Aussi, l'indisponibilité du corps humain interdit à la personne d'effectuer des actes juridiques de disposition par lesquels s'opère une transmission d'un droit ayant pour objet son corps humain, par la voie de la cession, à titre onéreux ou gratuit, ou d'un abandon. En matière de gestation pour autrui, la Cour de cassation a ainsi affirmé que « la convention par laquelle une femme s'engage, fût-ce à titre gratuit, à concevoir et à porter un enfant pour l'abandonner à sa naissance contrevient tant au principe d'ordre public de l'indisponibilité du corps humain qu'à celui de l'indisponibilité de l'état des personnes » (Cass. ass. plén., 31 mai 1991). Elle s'applique au corps humain en son entier tant qu'il fait la personne et non aux éléments détachés du corps qui, s'ils ne peuvent, en principe, être vendus, peuvent être donnés (don de sang, d'organes).

Selon l'article 16-1 du Code civil, le corps humain est inviolable et l'article 16-3 précise « qu'il ne peut être porté atteinte à l'intégrité du corps humain qu'en cas de nécessité médicale pour la personne ou, à titre exceptionnel, dans l'intérêt thérapeutique d'autrui ». Cela signifie qu'un individu est en droit d'exiger qu'aucune atteinte ne soit portée à son corps, à sa santé ou à sa vie, du moins tant que l'ordre public n'est pas en jeu. Ainsi, en principe, il n'est pas possible d'imposer à l'individu une opération, une expertise ou un prélèvement. Toutefois, au nom de l'ordre public, il faut subir certaines vaccinations obligatoires, une prise de sang peut être exigée en cas d'accident automobile, l'analyse comparative de sangs, l'identification d'une personne par ses empreintes génétiques sont parfois ordonnées par les tribunaux en cas d'action en recherche de filiation (C. civ., art. 16-10 et 16-11). La constitutionnalité de l'obligation vaccinale a été confirmée par le Conseil constitutionnel dans une décision du 20 mars 2015, rendue sur question prioritaire de constitutionnalité (Cons. const., 20 mars 2015, n° 2015-458 QPC). De la même façon, la nécessité « médicale » justifie qu'il soit porté atteinte à l'intégrité du corps humain, mais le consentement de l'intéressé doit être recueilli chaque fois que cela est possible et qu'il est à même de consentir.

2. La concurrence du principe législatif de non-patrimonialité

Le législateur, en 1994, a choisi de ne pas inscrire dans le Code civil le principe d'indisponibilité du corps humain, dégagé par la jurisprudence. Il lui a préféré celui de non-patrimonialité (C. civ., art. 16-1 et 16-5). La substitution par le législateur de la non-patrimonialité du corps humain à son indisponibilité s'explique par la crainte du contresens dont l'indisponibilité aurait pu être l'objet. La règle de non-patrimonialité du corps humain est posée par l'article 16-1, alinéa 3, du Code civil, aux termes duquel « le corps humain, ses éléments et ses produits ne peuvent faire l'objet d'un droit patrimonial ». Le principe d'indisponibilité du corps humain conduit, en effet, à interdire toute convention portant sur le corps humain, quelle que soit sa nature, gratuite aussi bien qu'onéreuse. Le principe de non-commercialité conduit à frapper de nullité les seules conventions ayant pour effet de conférer une valeur patrimoniale (autrement dit : pécuniaire) au corps humain, à ses éléments ou à ses produits (C. civ., art. 16-5), c'est-à-dire les conventions à titre onéreux ayant un tel objet. Le principe de non-patrimonialité ne serait donc qu'un des composants du principe plus général de l'indisponibilité du corps humain.

La loi n° 94-653 du 29 juillet 1994 a inséré un chapitre dans le Code civil (art. 16 à 16-9) consacré au respect du corps humain : « Chacun a droit au respect de son corps. Le corps humain est inviolable. Le corps humain, ses éléments et ses produits ne peuvent faire l'objet d'un droit patrimonial » (C. civ., art. 16-1). Le corps humain, ses éléments et ses produits ne peuvent faire l'objet d'un droit patrimonial. Ils ne sont pas « dans le commerce » et ne peuvent faire l'objet que de dons (C. civ., art. 16-6) et toujours avec le consentement de l'intéressé (C. civ., art. 16-3, al. 2), sachant qu'en cas de prélèvement d'organes sur une personne décédée, elle est présumée avoir consenti au prélèvement si elle n'a pas fait connaître son refus de son vivant. Depuis les lois du 29 juillet 1994, les conditions dans lesquelles les dons peuvent être effectués sont très minutieusement précisées par le Code de la santé publique. On distingue les prélèvements d'organes et le prélèvement de tissus, de cellules ou de produits du corps. Le prélèvement de gamètes et le prélèvement de sang (qui sont des produits du corps) font l'objet de règles particulières. Les mêmes règles de gratuité et de consentement du donneur s'appliquent en toutes circonstances. Enfin la règle de l'anonymat s'applique à toutes ces situations (C. civ., art. 16-8).

B - LA PROTECTION DE L'INTÉGRITÉ MORALE

1. La protection de la vie privée et de l'honneur

Si le corps vivant est la personne, la personne ne se réduit pas à celui-ci. La protection de l'intégrité de la personne, pour se réaliser pleinement, doit saisir la personne au-delà son corps. Ainsi, l'article 9 du Code civil affirme que « chacun a droit au respect de sa vie privée » et l'article 8 de la Convention européenne de sauvegarde des droits de l'homme et des libertés fondamentales que « toute personne a droit au respect de sa vie privée et familiale, de son domicile et de sa correspondance ». La Cour de cassation consacra l'autonomie de l'article 9 du Code civil par rapport à l'article 1382 du Code civil, en affirmant que « la seule constatation de l'atteinte à la vie privée ouvre droit à réparation » (Cass. 1re civ., 5 nov. 1996). Toute personne, quels que soient son rang, sa naissance, sa fortune, ses fonctions présentes ou à venir, a droit au respect de sa vie privée. La Cour de cassation a eu plusieurs fois l'occasion de rappeler cette règle fondamentale, concernant notamment les personnages publics dont l'intimité est souvent violée au titre de la liberté d'expression (Cass. 1re civ., 27 févr. 2007). Toutefois, lorsqu'est en cause une question utile à un débat d'intérêt général, la CEDH rappelle que « l'article 10, § 2, ne laisse guère de place pour des restrictions à la liberté d'expression » (CEDH, 10 nov. 2015, req. n° 40454/07, Couderc et Hachette Filipacchi Associés c/France). Néanmoins, la jurisprudence récente a précisé que seules les personnes physiques peuvent se prévaloir d'une atteinte à la vie privée au sens de l'article 9 du Code civil, excluant les personnes morales (Cass. 1re civ., 17 mars 2016).

Si le droit au respect de la vie privée a été consacré par le législateur et trône dans le Code civil, en son article 9, le droit sur l'image est une création de la jurisprudence. Elle rappelle régulièrement « qu'en principe, toute personne a sur son image un droit exclusif et absolu et peut s'opposer à sa fixation, à sa reproduction ou à son utilisation sans autorisation préalable » (Cass. 2e civ., 24 avr. 2003). Néanmoins, elle précise aussi que ce droit doit se combiner avec l'exercice de la liberté de communication des informations, ce dont il résulte qu'une personne ne peut s'opposer à la réalisation et à la divulgation de son image chaque fois que le public a un intérêt légitime à être informé (Cass. 2e civ., 30 juin 2004).

2. La protection contre les atteintes à la dignité de la personne

L'article 16 du Code civil consacre le principe de dignité de la personne humaine, principe moral ancien, progressivement juridicisé à partir des années 1980. En dehors des atteintes au corps humain, la dignité a permis de protéger les personnes contre les spectacles dégradants. En effet, ont été jugés contraires au principe de respect de la dignité de la personne humaine les spectacles de « lancers de nains » (CE, ass., 27 oct. 1995, Cne de Morsang-sur-Orge). Cette solution a été reconduite par le Conseil d'État dans une série d'ordonnances de référé rendue les 9 et 10 janvier 2014 pour confirmer l'interdiction des spectacles publics de M. D. M'Bala M'Bala pour les atteintes portées à la dignité de la personne humaine résultant de propos relatifs à la Shoa (CE, ord. réf., n° 374528, 10 janv. 2014, SARL Les Productions de la Plume et M. D. M'Bala M'Bala).

La dignité humaine intervient également pour protéger la personne contre les atteintes au corps humain. Ainsi, dans un arrêt du 27 juin 1913, la Cour d'appel de Lyon a retenu la responsabilité d'un médecin qui avait, moyennant rémunération, utilisé une femme comme cobaye dans une expérimentation de chirurgie esthétique (CA Lyon, 27 juin 1913). Cette dignité doit être respectée en tout état de cause, ce qui implique de ne pas imposer au regard « en des lieux de passage public forcé ou dans certains organes de presse, l'image fractionnée et tatouée du corps humain », ce qui est « une symbolique de stigmatisation dégradante pour la dignité des personnes atteintes de manière implacable en leur chair et en leur être, de nature à provoquer à leur détriment un phénomène de rejet ou de l'accentuer » (CA Paris, 28 mai 1996). De plus, le respect dû au corps humain ne cessa pas avec la mort (Cass. 1re civ., 29 oct. 2014). Enfin, le principe de dignité est fréquemment invoqué au soutien de la revendication d'un droit à mourir dans la dignité par les partisans d'une légalisation de l'euthanasie.

Conclusion

Le droit protège aussi bien de manière spécifique la personne vulnérable, par le régime des incapacités, que de manière générale, toute personne voit son intégrité protégée. Cette protection est d'une part nécessaire, comme le souligne le rapport sur la protection juridique des majeurs vulnérables de septembre 2015, en raison de l'allongement de l'espérance de vie et de l'apparition de troubles liés à l'âge et, d'autre part, les progrès scientifiques et techniques ont accru les risques d'atteintes aux corps humain et à la vie privée.

FAIRE LE POINT SUR L'ACTUALITÉ DU SUJET

Sujet 6 CAS PRATIQUE : CAS MONSIEUR D. (ANNALES CONCOURS ENM 2017)

SUJET

Les époux D. sont en pleine crise financière et conjugale. L'épouse n'exerçant pas d'activité professionnelle, le mari a toujours subvenu seul aux besoins de la famille qui menait grand train de vie jusqu'en juillet 2014, date à laquelle Monsieur D. a perdu son emploi. En septembre 2015, Monsieur D. accepte une offre d'emploi de magasinier au sein de la société G. malgré l'éloignement de ce lieu de travail et la nécessité pour lui de prendre un logement sur place. Il hésite d'autant moins qu'il vient de découvrir l'infidélité de son épouse au travers de photographies et messages non équivoques circulant sur le net.

Au mois de janvier 2016, l'employeur de Monsieur D. lui indique avoir reçu notification d'une procédure de paiement direct le concernant et lui précise qu'il va devoir retenir sur son salaire, dès la fin du mois en cours, une somme de 933,33 €, en exécution d'une ordonnance du juge aux affaires familiales en date du 2 novembre 2015.

Le 20 janvier 2016, Monsieur D. reçoit signification de cette décision le condamnant au paiement d'une contribution aux charges du mariage de 800 € par mois. L'avocat qu'il consulte le 30 janvier 2016 lui apprend que l'assignation qui lui était destinée en vue de l'audience, a été convertie par l'huissier en procès-verbal sur le fondement de l'article 659 du Code de procédure civile avec indication des diligences suivantes :

- le destinataire de l'acte n'a pu être rencontré à son domicile de V. que, selon les déclarations de son épouse, il a quitté depuis le 25 septembre 2015 ;
- il n'a pu être trouvé sur son lieu de travail à la société G. sur la commune de B. malgré plusieurs passages de l'huissier délégué ;
- appelé à plusieurs reprises par l'huissier sur la ligne de téléphone mobile il n'a pu être joint ni n'a contacté l'étude comme le lui suggérait le message laissé sur messagerie vocale.

Monsieur D. est d'autant plus furieux qu'il était présent sur son lieu de travail à la date du procès-verbal et que le numéro de téléphone mentionné dans l'acte ne correspond pas au sien.

Au mois de juillet 2016, Madame D. dépose une requête en séparation de corps devant le juge aux affaires familiales.

Au mois de novembre 2016, rendant visite à son père qui a été placé sous curatelle par un jugement du 2 juillet 2016, l'association A. ayant été désignée en qualité de curateur, Monsieur D. fils apprend que cette mesure de protection est sur le point d'être remplacée par un mandat de protection future que son père a consenti à son notaire, Maître Y. par acte en date du 26 mai 2011. Le 15 octobre 2016, le notaire a en effet fait viser par le greffe du tribunal d'instance ledit mandat de protection afin de pouvoir le mettre à exécution.

Le juge des tutelles ayant été saisi par Monsieur D. père, assisté de son curateur d'une demande tendant à ce que le mandat de protection future soit substitué à la mesure de curatelle ordonnée par le juge du 2 juillet 2016, Monsieur D. fils écrit au juge des tutelles pour s'opposer à cette demande. Il conteste la validité du mandat signé par son père en 2011 en considérant que celui-ci, déjà très affaibli, a été influencé par son notaire, Maître Y. Il ajoute que la décision de placement sous curatelle empêche la mise à exécution du mandat de protection future.

Vous répondrez aux questions suivantes.

1. Monsieur D. va-t-il pouvoir contester l'ordonnance du juge aux affaires familiales du 2 novembre 2015 ? (6 points)
2. Monsieur D. pourra-t-il former une demande en divorce dans le cadre de la procédure engagée par son épouse en juin 2016 ? (2 points)
3. En l'absence de demande en divorce, Monsieur D. pourrait-il éviter la mise à sa charge par le jugement de séparation de corps d'une pension alimentaire au profit de l'épouse ? (4 points)
4. Le mandat de protection future pourra-t-il être déclaré nulle part le juge des tutelles si Monsieur D. rapporte la preuve que les facultés mentales de son père étaient déjà affaiblies le 26 mai 2011 ? (4 points)
5. La mesure de curatelle décidée le 2 juillet 2016 fait-elle obstacle à la mise à exécution du mandat de protection future donné le 26 mai 2011 ? (4 points)

Monsieur D., en pleine crise financière et conjugale, rencontre des difficultés relatives à une ordonnance du juge aux affaires familiales (1), à une demande en séparation de corps (2), à une pension alimentaire (3), à la nullité d'un mandat de protection future (4) et à la mise à exécution d'un mandat de protection future (5).

1. Monsieur D. va-t-il pouvoir contester l'ordonnance du juge aux affaires familiales du 2 novembre 2015 (6 points)

Par une ordonnance, en date du 2 novembre 2015, le juge aux affaires familiales sollicite le paiement direct d'une pension alimentaire auprès de l'employeur de Monsieur D. Ce dernier n'a pas été informé de la procédure, puisque l'huissier a converti l'assignation en procès-verbal sur le fondement de l'article 659 du Code de procédure civile.

Les diligences accomplies par l'huissier pour délivrer l'assignation sont-elles suffisantes ?

En application de l'article 214 du Code civil, les époux doivent contribuer aux charges du mariage. L'alinéa 2 dudit article précise que si l'un des époux ne remplit pas ses obligations, l'autre peut l'y contraindre.

En l'espèce, Madame D., n'exerçant pas d'activité professionnelle, a assigné son époux en contribution aux charges du mariage. Toutefois, l'huissier n'ayant pu délivrer l'acte à personne, celui-ci a été converti en procès-verbal sur le fondement de l'article 659 du Code de procédure civile. Or, Monsieur D. conteste les diligences accomplies.

L'assignation est l'acte de procédure adressé par le demandeur au défendeur par l'intermédiaire d'un huissier de justice, pour l'inviter à comparaître devant une juridiction de l'ordre judiciaire.

Afin que la notification soit pleinement effective, elle doit être réalisée au lieu où l'on est le plus sûr de toucher le destinataire de l'acte. Ainsi, en application de l'article 654 du Code de procédure civile, la signification doit être faite à personne, remise au destinataire directement, en mains propres, en quelque lieu qu'il se trouve y compris sur son lieu de travail.

Or en l'espèce, l'huissier n'a pas pu remettre l'assignation à Monsieur D.

L'huissier de justice ne peut s'exonérer de son obligation de signifier à personne posée à l'article 654 du Code de procédure civile que s'il justifie des raisons qui ont rendu cette remise au destinataire impossible (CPC, art. 659). L'huissier de justice doit procéder à toutes les investigations nécessaires pour connaître le domicile, la résidence ou le lieu de travail du destinataire de l'acte (Cass. 2e civ., 21 juill. 1986). En l'espèce, l'huissier a mentionné plusieurs diligences.

Pour la première diligence, il est relevé que l'épouse a informé l'huissier que l'époux a quitté le domicile depuis le 25 septembre 2015, sans plus de précisions. Or, si l'épouse connaissait le domicile réel de son époux la signification doit être annulée (Cass. 2e civ., 17 mai 2001).

Pour la seconde diligence, il est précisé que Monsieur D. n'a pu être trouvé sur son lieu de travail, après plusieurs passages de l'huissier délégué. Or, Monsieur D. soulève qu'il était présent. Satisfaisant aux diligences de l'article 659 du Code de procédure civile, l'huissier de justice qui, quand le domicile et la résidence du destinataire de l'acte sont demeurés introuvables, s'est rendu plusieurs fois sur le lieu de travail de celui-ci sans pouvoir délivrer l'acte à personne (Cass. 2e civ., 19 nov. 2008). Finalement, ce point se résoudra sur le terrain probatoire.

Enfin, il est indiqué que l'huissier a laissé un message téléphonique invitant Monsieur D. à le contacter. Or, le numéro de téléphone figurant sur le procès-verbal ne correspond pas au numéro de Monsieur D. Comme pour le précédent point, la difficulté se résoudra sur le terrain probatoire.

Surtout, les juges du fond doivent vérifier si les diligences sont suffisantes. Ainsi, la jurisprudence considère que pour une pension alimentaire après séparation de corps, il convient de rechercher si la nouvelle adresse ne pouvait être obtenue auprès des enfants du couple (Cass. 2e civ., 15 nov. 1995).

Or, en l'espèce aucune diligence ne semble avoir été réalisée en ce sens, alors que le couple a au moins un enfant. Ainsi, il est possible de déclarer nulle la signification effectuée dès lors que l'huissier de justice n'a pas fait toutes les recherches nécessaires.

La nullité pour non-respect de l'article 658 du Code de procédure civile est une nullité pour vice de forme (Cass. 2e civ., 22 nov. 1984).

En vertu de l'adage quod nullum est, nullum producit efficium, la nullité de l'acte de procédure entraîne en principe l'anéantissement rétroactif de celui-ci. Les conséquences de la nullité sont le plus souvent restreintes à l'acte de procédure attaqué ; mais elles peuvent s'étendre aussi à tous les actes qui avaient été accomplis sur le fondement de l'acte annulé.

Ainsi, il convient d'annuler l'ordonnance en date du 2 novembre 2015 qui a été prise sur le fondement de l'assignation convertie en procès-verbal par l'huissier.

2. Monsieur D. pourra-t-il former une demande en divorce dans le cadre de la procédure engagée par son épouse en juin 2016 ? (2 points)

L'épouse, en juillet 2016, a déposé une requête en séparation de corps. L'époux souhaite lui opposer une demande en divorce.

Dans le cadre d'une procédure en séparation de corps, le juge peut-il se prononcer sur une demande en divorce émanant de l'autre époux ?

La séparation de corps est un simple relâchement du lien conjugal, consistant essentiellement dans la dispense du devoir de cohabitation, alors que les devoirs de fidélité et d'assistance demeurent (C. civ., art. 296 et s.).

L'article 297-1 du Code civil dispose que « Lorsqu'une demande en divorce et une demande en séparation de corps sont concurremment présentées, le juge examine en premier lieu la demande en divorce. Il prononce celui-ci dès lors que les conditions en sont réunies. À défaut, il statue sur la demande en séparation de corps ».

Dès lors, Monsieur D. pourra former une demande reconventionnelle en divorce pour faute, en invoquant notamment l'infidélité de son épouse et le juge devra se prononcer en priorité sur la demande en divorce.

3. En l'absence de demande en divorce, Monsieur D. pourrait-il éviter la mise à sa charge par le jugement de séparation de corps d'une pension alimentaire au profit de l'épouse ? (4 points)

Dans l'hypothèse où aucune demande en divorce ne serait présentée, Monsieur D. peut-il se soustraire à la condamnation à la pension alimentaire dans le cadre d'une séparation de corps ?

Le devoir de secours comporte normalement l'obligation, pour chacun des époux, de fournir à l'autre, s'il est dans le besoin, tout ce qui est nécessaire à son entretien (nourriture, logement, vêtements, soins médicaux…). L'article 303 du Code civil précise que la séparation de corps laisse subsister le devoir de secours et le jugement prononçant la séparation de corps fixe la pension alimentaire, qui est due à l'époux dans le besoin.

La pension alimentaire due au titre du devoir de secours est fixée en considération de deux éléments visés à l'article 208 du Code civil. Il s'agit à la fois de l'état de besoin du créancier et du montant des ressources dont dispose le débiteur. Ces critères sont souverainement appréciés par les juges du fond (Cass. 2e civ., 10 juill. 1991).

En l'espèce, il est précisé que l'épouse n'exerce pas d'activité professionnelle et que son époux subvenait seul aux besoins de la famille. Toutefois, l'époux vient de retrouver un emploi de magasinier, ce qui laisse supposer que ses ressources sont plus faibles que lorsqu'ils menaient « grand train de vie ».

Reste à savoir, si l'infidélité de l'épouse a une incidence.

L'époux tenu au devoir de secours n'est cependant pas dépourvu de tous moyens de défense puisqu'il peut invoquer, s'il y a lieu, les dispositions de l'article 207, alinéa 2 (sur renvoi de l'art. 303, al. 2, C. civ.). Cet article prévoit la déchéance en tout ou en partie du droit aux aliments en cas de manquement grave du créancier à ses obligations envers le débiteur. Les fautes invoquées par un époux à l'appui de la demande en séparation de corps aux torts du créancier seront retenues si elles présentent un caractère de gravité suffisante. Ainsi, une cour d'appel a pris en considération à bon droit de nombreux abandons du foyer par la femme pour réduire l'obligation du mari (Cass. 2e civ., 11 févr. 1981).

Or, en l'espèce, l'époux a découvert l'infidélité de son épouse à travers des photographies et des messages diffusés sur Internet.

En conclusion, il convient de décharger totalement ou partiellement l'époux du versement d'une prestation compensatoire.

4. Le mandat de protection future pourra-t-il être déclaré nul par le juge des tutelles si Monsieur D. rapporte la preuve que les facultés mentales de son père étaient déjà affaiblies le 26 mai 2011 ? (4 points)

Le 26 mai 2011, Monsieur D. conclut un mandat de protection future en désignant comme mandataire son notaire.

Le mandat de protection future peut-il être déclaré nul si les facultés mentales sont affaiblies ?

Le mandat de protection future est le mandat par lequel une personne capable organise sa propre protection juridique, pour le cas où elle ne pourrait plus pourvoir seule à ses intérêts par suite d'une altération de ses facultés personnelles, en désignant un tiers de confiance chargé de la représenter dans les actes de la vie civile (C. civ., art. 477 et s.).

Le mandant est une personne physique majeure ou mineure émancipée. Il ne doit pas faire l'objet d'une mesure de tutelle (C. civ., art. 477).

En l'espèce, Monsieur D., au 26 mai 2011, ne fait l'objet d'aucune mesure de protection.

Comme pour tout acte juridique, il importe que les parties au mandat de protection future soient saines d'esprit, ce qui est présumé (C. civ., art. 414-1). S'il est par la suite établi que le mandant était sous l'empire d'un trouble mental au moment de l'acte, le mandat pourra être annulé. Néanmoins, selon les termes de l'article 414-2 du Code civil, l'action n'appartient, de son vivant, qu'à l'intéressé.

Ainsi, le fils de Monsieur D. ne pourra pas agir en justice à cette fin.

5. La mesure de curatelle décidée le 2 juillet 2016 fait-elle obstacle à la mise à exécution du mandat de protection future donné le 26 mai 2011 ? (4 points)

Par un jugement, en date du 2 juillet 2016, Monsieur D. a été placé sous le régime de la curatelle. Une association a été désignée en qualité de curateur. Toutefois, le mandat de protection future conclu en 2011 est mis à exécution par le mandataire. Monsieur D. et son curateur saisissent le juge des tutelles afin de substituer le mandat de protection future à la curatelle.

Le juge des tutelles peut-il substituer à une curatelle, un mandat de protection future ?

Le mandat de protection future prend effet lorsqu'il est établi que le mandant ne peut plus pourvoir seul à ses intérêts (C. civ., art. 477 et 481) pour l'une des causes prévues à l'article 425 du Code civil, c'est-à-dire en raison d'une altération, médicalement constatée, soit de ses facultés mentales soit de ses facultés corporelles de nature à empêcher l'expression de sa volonté. Il appartient alors au mandataire, à peine d'engager sa responsabilité, de mettre en œuvre la mesure de protection conventionnelle.

En l'espèce, le notaire (mandataire) a mis à exécution, le 15 octobre 2016, le mandat de protection future.

Toutefois, une difficulté se pose dans l'hypothèse où la personne est soumise à une curatelle au moment de la mise à exécution du mandat de protection future. En effet, le mandat, dans une telle hypothèse, ne doit pas pouvoir prendre effet dès sa conclusion, à défaut de quoi il permettrait une remise en cause de la décision de justice ouvrant la curatelle.

A priori donc, le mandat de protection future ne devrait pas être mis à exécution en dehors d'une intervention judiciaire.

En matière de curatelle, comme de tutelle, les prévisions du juge sont constamment révisables. En effet, l'article 442, alinéa 3 du Code civil prévoit que « le juge peut, à tout moment, mettre fin à la mesure, la modifier ou lui substituer une autre mesure prévue au présent titre ». Le mandat de protection future faisant partie du titre XI, « De la majorité et des majeurs protégés par la loi », le juge des tutelles pourra substituer à la curatelle, le mandat de protection future conclu en 2011.

Néanmoins, il convient de préciser que le juge des tutelles devra apprécier l'amélioration des facultés mentales de l'intéressé.

Une autre voie semble envisageable pour le fils de Monsieur D.. En effet, aux termes des articles 484 du Code civil et 1259-3 du Code de procédure civile, tout intéressé peut saisir le juge aux fins de contester sa mise en œuvre ou les modalités de son exécution.

Ainsi, le fils de Monsieur D., membre de sa famille, peut agir en contestation de la mise en œuvre du mandat. Restera pour lui à démontrer, au regard du principe de nécessité, que le mandat de protection future n'est pas adapté.

FAIRE LE POINT SUR
L'ACTUALITÉ DU SUJET

Sujet 7

CAS PRATIQUE : RICHARD

(ANNALES CONCOURS ENM 2015)

SUJET

Monsieur Richard, qui est commerçant, gère habituellement ses économies en souscrivant des bons anonymes. C'est ainsi qu'entre le 1er février et le 1er novembre 1994 il a souscrit auprès de la Caisse nationale du Crédit Agricole un total de quinze bons « Predicis » de 10 000 francs chacun pour une durée minimale de huit ans reconductible.

Seize années plus tard, lorsqu'il les présente, courant 2010, à la Caisse régionale de la banque, celle-ci, invoquant une opposition faite par un tiers le 15 décembre 2007, refuse de les payer et les saisit, l'attestation de saisie précisant que le présentateur Monsieur Richard autorisait le Crédit Agricole à donner à l'opposant ses nom et adresse en vue d'un règlement amiable ou judiciaire.

En effet, Monsieur Legendre, l'ancien conjoint de la fille de Monsieur Richard, avait formé cette opposition à une époque où le couple, désargenté, vivait au domicile de ce dernier. Aux termes du document d'opposition signé par lui, qui mentionnait qu'il ne pourrait recevoir le règlement des bons avant dix ans après leur échéance, Monsieur Legendre autorisait la banque à donner ses nom et adresse au porteur des bons en vue d'un règlement amiable ou judiciaire.

Finalement, tous les protagonistes ayant été attraits en la cause courant 2011 à la demande du tribunal saisi initialement par Monsieur Richard, Monsieur Legendre revendique la propriété des bons litigieux, mais, Monsieur Richard lui opposant la prescription de son action en revendication, il pense à engager, à titre subsidiaire, la responsabilité de la banque.

Vous répondrez aux questions suivantes.

1. Que peut faire Monsieur Richard, auquel la banque n'a pas donné les coordonnées de l'opposant ?
2. Dans l'hypothèse où il envisagerait une action en justice, contre qui l'engagerait-il ? Sur quel fondement ? Devant quelle juridiction ? Selon quelle procédure ?
3. Pensez-vous que l'action en revendication de Monsieur Legendre est forclose ? Expliquez pourquoi.
4. Dans l'affirmative, sur quel fondement Monsieur Legendre peut-il rechercher la responsabilité du Crédit Agricole et avec quelles chances de succès ?
5. Dans la négative, exposez qui de Monsieur Richard ou de Monsieur Legendre a les meilleures chances d'obtenir gain de cause sur le fond.

Le présent cas pratique propose l'examen de deux situations juridiques intimement liées, de sorte qu'il convient de les traiter de manière ordonnée.

I - Sur l'opposition de Monsieur Legendre et la présentation de Monsieur Richard

En 1994, Monsieur Richard a souscrit auprès de la Caisse nationale du Crédit Agricole (la Banque) des bons anonymes. En 2007, une opposition est formée par Monsieur Legendre. En 2010, Monsieur Richard présente les bons à la Caisse régionale de la banque. Cette dernière refuse de les payer et les saisit.

Deux questions se posent : d'une part, que peut faire Monsieur Richard auquel la banque n'a pas donné les coordonnées de l'opposant ? D'autre part, quelles voies de droit s'offrent à Monsieur Richard ?

A - SUR L'ABSENCE DE COMMUNICATION DES COORDONNÉES DE L'OPPOSANT

Il est constant à ce stade que Monsieur Richard ignore que le tiers ayant formé opposition se trouve être Monsieur Legendre. Il est également constant que la Banque n'a pas donné à Monsieur Richard les coordonnées de l'opposant alors même que Monsieur Legendre autorisait la banque à communiquer ses nom et adresse au porteur des bons.

Il convient ici de préciser la question posée : que peut faire Monsieur Richard pour obtenir les coordonnées de l'opposant ?

La question est posée avant tout litige. Il n'en demeure pas moins que Monsieur Richard ne saurait trouver un règlement amiable ou rechercher un règlement judiciaire du litige à venir sans connaître le nom et l'adresse de l'opposant.

Le Code de procédure civile connaît de ce type de situation et prévoit en son article 145 que « S'il existe un motif légitime de conserver ou d'établir avant tout procès la preuve de faits dont pourrait dépendre la solution d'un litige, les mesures d'instruction légalement admissibles peuvent être ordonnées à la demande de tout intéressé, sur requête ou en référé ».

En outre, l'article 11 du Code de procédure civile dispose que « Les parties sont tenues d'apporter leur concours aux mesures d'instruction sauf au juge à tirer toute conséquence d'une abstention ou d'un refus. Si une partie détient un élément de preuve, le juge peut, à la requête de l'autre partie, lui enjoindre de le produire, au besoin à peine d'astreinte. Il peut, à la requête de l'une des parties, demander ou ordonner, au besoin sous la même peine, la production de tous documents détenus par des tiers s'il n'existe pas d'empêchement légitime ».

Enfin, la jurisprudence a considéré que « l'expression "mesures d'instruction" doit être considérée comme incluant les mesures de l'article 142 et permet donc au requérant d'obtenir des preuves d'une autre partie » (Cass. com., 11 avr. 1995).

Autrement dit, il est possible pour Monsieur Richard de rechercher, sur requête ou en référé, une telle mesure d'instruction afin d'obtenir la communication par la Banque des coordonnées de l'opposant.

En conséquence, pour la suite, il sera considéré comme établi que Monsieur Richard a effectivement pris connaissance du nom et de l'adresse de son opposant.

B - SUR LES DIFFÉRENTES VOIES DE DROIT OUVERTES À MONSIEUR RICHARD

L'espèce soumise à l'examen révèle l'existence de trois protagonistes : d'abord, Monsieur Richard, le souscripteur et porteur des bons ; ensuite, Monsieur Legendre, son gendre et opposant ; enfin, la Banque appelée au payement, saisissant les bons en suite de l'opposition.

La question ici posée a trait aux différentes voies de droit ouvertes à Monsieur Richard. Précisément se posent les questions suivantes :

- Contre qui peut-il agir ?
- Sur quel fondement ?
- Devant quelle juridiction
- Selon quelle procédure ?

Afin de répondre à ces différentes interrogations seront distinguées les voies de droit que Monsieur Richard peut engager, d'un côté, à l'encontre de la Banque, de l'autre, à l'endroit de Monsieur Legendre.

1. À l'encontre de la Banque

Il est possible d'envisager deux voies de droit à l'encontre la Banque : dans un premier temps, il semble évident que Monsieur Richard recherchera la mainlevée de l'opposition ; dans un second temps, Monsieur Richard pourra rechercher la responsabilité de la Banque.

Sur la mainlevée de l'opposition : une telle action en mainlevée d'opposition pourrait être fondée sur le Code des procédures civiles d'exécution, à l'instar de l'action prévue à l'article L. 512-1 dudit code, qui prévoit la mainlevée des saisies conservatoires.

En l'espèce, le séquestre constitue bien une telle mesure conservatoire. En conséquence, Monsieur Richard obtiendra une telle mainlevée s'il démontre le caractère injustifié de l'opposition.

Face à une telle difficulté probatoire, les éléments de fait ne permettent pas de conclure définitivement sur ce point.

Sur cette première voie d'action, la compétence du juge est déterminée par l'article R. 121-1 du Code des procédures civiles d'exécution, qui donne compétence au juge de l'exécution du lieu d'exécution de la mesure.

Sur la responsabilité : la souscription de bons anonymes ou bons au porteur procède de la conclusion d'un contrat de capitalisation (cette précision n'est utile que pour relever la nature contractuelle de la situation juridique).

Ainsi, en vertu des articles 1101 et 1103 du Code civil un contrat se forme par l'échange des consentements. En l'espèce, rien ne permet de douter de l'existence et de l'intégrité des consentements échangés en 1994.

En conclusion, Monsieur Richard et la Banque sont liés par contrat, lequel prévoit que lors de la présentation des bons, Monsieur Richard sera le créancier de la Banque pour la somme correspondant au montant souscrit.

Sur le fondement de l'article 1103 du Code civil, il appartient aux contractants d'exécuter les obligations convenues par la convention. En l'espèce, l'on pourrait logiquement considérer la Banque comme tenue de payer à Monsieur Richard, le montant correspondant aux bons.

En conséquence, s'agissant d'une obligation de payement, Monsieur Richard pourrait demander l'exécution forcée de l'obligation de la Banque sur le fondement des articles 1217, 1221 et 1222 du Code civil.

Cependant, le séquestre pratiqué par la Banque se fait vraisemblablement en vertu d'une obligation légale consécutive à l'opposition (une telle obligation existe dans le Code des assurances, cependant les étudiants n'ont pas à la connaître avec précision).

En conséquence, la Banque pourrait résister à l'action de Monsieur Richard sur ce point.

Reste à se poser la question de l'éventuelle responsabilité de la Banque non pour défaut de payement, mais pour non-communication des coordonnées de l'opposant.

Il est alors logique de se poser la question du fondement d'une telle action en responsabilité. Il sera rappelé qu'en vertu d'un arrêt de principe de la chambre requête du 21 janvier 1890, le principe de non-cumul des responsabilités interdit d'agir en réparation d'un préjudice à la fois sur le fondement délictuel et contractuel.

Ainsi, si une obligation d'information non conventionnelle pèse sur la Banque, le fondement sera de nature délictuelle. Si une telle obligation a une nature conventionnelle, le fondement sera l'article 1231-1 du Code civil.

En l'espèce, la communication des coordonnées de l'opposant pèse sur la banque en vertu de l'autorisation qui a été donnée par celui-ci. Une telle charge pèse donc sur la Banque en raison d'un élément extérieur à la convention qui unit la Banque à Monsieur Richard. Autrement dit, si Monsieur Richard doit reprocher à la Banque l'absence de communication de ces coordonnées, c'est au regard d'une obligation extérieure à la convention de capitalisation. En conséquence, le fondement a nécessairement une nature délictuelle.

Reste donc à envisager les conditions de la responsabilité civile sur le fondement de l'article 1240 du Code civil.

S'agissant de la juridiction, il convient de se poser la question de la qualité de Monsieur Richard, qui va être demandeur à l'action. En l'espèce, il est précisé dans les faits que Monsieur Richard est commerçant, c'est alors que la difficulté survient : soit l'on considère que les bons anonymes ont été souscrits au regard des ressources qu'il tirait de cette activité et, dans ce cas, il conservera pour la cause sa qualité de commerçant ; soit l'on considère que les bons anonymes ont été souscrits par un particulier au regard de la gestion de son patrimoine personnel et il devra être considéré comme une personne civile.

Dans la première hypothèse, la compétence sera déterminée par l'article L. 721-3 du Code de commerce. En l'espèce, le litige oppose un commerçant et une Banque nécessairement commerçant elle-même et le juge de commerce sera compétent.

Dans la seconde hypothèse, Monsieur Richard bénéficiera d'un droit d'option qui lui permettra d'agir soit devant le juge civil soit devant le juge du commerce (Cass. civ., 8 mai 1907).

Dans l'hypothèse, d'une action devant le juge civil, en application des articles R. 211-3, R. 221-4 et R. 231-4 du Code de l'organisation judiciaire, la compétence du TGI est reconnue pour les litiges d'un montant supérieur à 10 000 euros.

À considérer que Monsieur Richard agira sur l'ensemble des fondements auparavant visés, ce montant sera dépassé, le TGI sera compétent.

Concernant la compétence territoriale, les règles sont fixées aux articles 42 à 48 du Code de procédure civile, qui concernent toutes les juridictions de l'ordre judiciaire, sauf disposition contraire. La règle est ici que le demandeur doit porter son action devant le tribunal du lieu où demeure le défendeur. Une personne physique demeure là où elle a son domicile ou, à défaut, sa résidence (CPC, art. 43, al. 2).

En l'espèce, Monsieur Richard agit contre une personne morale.

Pour une personne morale, il s'agit du lieu où elle est établie (CPC, art. 43). Toutefois, une ancienne jurisprudence a assoupli la règle lorsque la personne morale a des succursales réparties sur le territoire. Par faveur pour les demandeurs, la Cour de cassation a accepté qu'on puisse assigner ces sociétés au tribunal du lieu de l'une de leurs succursales (Cass. civ., 19 juin 1876).

En conséquence Monsieur Richard pourrait agir devant le TGI du siège social de la Banque ou devant le TGI du ressort de la Caisse régionale de la Banque.

Enfin, en matière de réparation du dommage causé par un délit ou un quasi-délit, la demande pourra être portée devant la juridiction où demeure le défendeur, devant le tribunal du lieu où le fait dommageable s'est produit ou devant celui dans le ressort duquel le dommage « a été subi » (CPC, art. 46).

2. À l'encontre de Monsieur Legendre

Il est constant, quand bien même seraient-ils liés par des liens familiaux, qu'en la cause, Monsieur Legendre et Monsieur Richard sont des tiers.

Monsieur Richard pourrait envisager une action en responsabilité à l'encontre de Monsieur Legendre.

Une telle action en responsabilité sera alors engagée sur le fondement de l'article 1240 du Code civil par Monsieur Richard à l'encontre de Monsieur Legendre afin d'obtenir réparation du préjudice qu'il a subi.

En l'espèce, ce préjudice aura une nature patrimoniale.

Mais, à ce stade, il faudra encore à Monsieur Richard démontrer la faute de Monsieur Legendre, ce qui implique de démontrer le caractère illégitime sinon frauduleux de l'opposition formulée. En l'état, les faits ne nous permettent pas de répondre définitivement sur ce point.

Sur la compétence juridictionnelle, il semble difficile de considérer Monsieur Richard autrement que comme un particulier. Ici, joueront à nouveau les règles du Code de l'organisation judiciaire pour la compétence matérielle et du Code de procédure civile pour la compétence territoriale.

II - Sur la revendication de Monsieur Legendre et sur la responsabilité de la Banque

Tous les protagonistes étant dans la cause, Monsieur Richard revendique la propriété des bons litigieux. Toutefois, Monsieur Richard lui oppose la prescription de son action en revendication.

À titre liminaire, s'agissant d'une action en revendication, la compétence matérielle appartient au TGI.

A - LA FORCLUSION DE L'ACTION EN REVENDICATION

L'action en revendication permet à une personne qui se prétend propriétaire d'obtenir la restitution de cette chose qui se trouve dans les mains d'un tiers nécessairement considéré comme le possesseur du bien. En principe, l'article 2276 du Code civil prévoit qu'en fait de meuble, possession vaut titre. En l'espèce, les bons constituent des valeurs mobilières.

En conclusion, Monsieur Legendre n'a effectivement d'autres choix que d'intenter une action en revendication à l'encontre de Monsieur Richard pour lui contester sa propriété.

Pour ce qui est de la prescription, une jurisprudence constante fondée sur les articles 544 et 2227 du Code civil prévoit que l'action en revendication est imprescriptible (Cass. 1re civ., 2 juin 1993).

Cependant, l'alinéa 2 de l'article 2276 précise que « celui qui a perdu ou auquel il a été volé une chose peut la revendiquer pendant trois ans à compter du jour de la perte ou du vol, contre celui dans les mains duquel il la trouve ». Au-delà de ce délai préfix de 3 ans (ce qui implique qu'il n'est pas susceptible de suspension), l'action est forclose (Cass. crim., 30 oct. 1969).

En l'espèce, l'on ne connaît nullement les raisons qui ont conduit Monsieur Legendre à faire opposition et les raisons qui le conduisent à se considérer propriétaire des bons.

Tout juste soulignera-t-on que lorsque Monsieur Legendre a formé opposition en 2007, il était le conjoint de la fille de Monsieur Richard. À considérer ce point, pris en compte que les protagonistes ont été attraits courant 2011 devant le tribunal, Monsieur Legendre a semble-t-il dépassé ce délai de 3 ans à compter du jour de la perte ou du vol.

Si le point de départ de l'action se trouve effectivement en 2007, l'action en revendication de Monsieur Legendre est forclose.

En retour, Monsieur Legendre peut sans doute arguer que le point de départ de l'action en revendication ne se situe pas en 2007. En effet, cette action doit être diligentée contre le possesseur, encore faut-il connaître celui-ci. Or, il s'agit de bons anonymes. De plus, dans les faits, rien n'indique que la Banque malgré l'autorisation de Monsieur Richard a effectivement communiqué à Monsieur Legendre ses coordonnées.

Le fait que la Banque n'ait pas procédé à une telle communication dans le sens inverse renvoie peut-être à l'idée d'une autre carence de cette banque. Dans ce cas, Monsieur Legendre ne pouvait engager l'action en revendication qu'à compter de la présentation en 2010.

En conséquence, si le point de départ du délai devait se situer en 2010, l'action en revendication ne serait pas forclose.

Il existe donc une incertitude en la matière qui interdit de répondre par l'affirmative ou la négative. Les deux hypothèses doivent alors être envisagées.

B - SUR LA RESPONSABILITÉ DE LA BANQUE À L'ÉGARD DE MONSIEUR LEGENDRE

À considérer l'action en revendication forclose, il est logique pour Monsieur Legendre de considérer la responsabilité de la Banque qui ne lui a pas communiqué les coordonnées de Monsieur Richard en 2007.

La nature de cette responsabilité dépend du lien entre la Banque et Monsieur Legendre. En l'espèce, ils sont tiers. En conséquence, la responsabilité ne saurait être que délictuelle. Les trois conditions de la responsabilité délictuelle doivent être examinées.

Concernant la faute, elle naît de l'absence de communication des coordonnées de Monsieur Richard.

Concernant le préjudice et le lien de causalité qui doivent être examinés ensemble, il sera nécessaire pour Monsieur Legendre de démontrer que cette faute de la Banque se trouve à l'origine de la perte de chance pour lui de pouvoir agir dans le délai en revendication à l'encontre de Monsieur Richard.

Il ne peut s'agir d'un préjudice correspondant de manière définitive au montant des bons, dès lors qu'il n'est pas certain que Monsieur Legendre aurait abouti dans son action en revendication.

Seule la perte de chance d'agir constituera le préjudice réparable de Monsieur Legendre.

C - SUR LE LITIGE ENTRE MONSIEUR RICHARD ET MONSIEUR LEGENDRE

Finalement se pose la question du succès de l'action en revendication de Monsieur Legendre et, de manière plus générale, de la détermination du propriétaire des bons.

En vertu de l'article 2276 alinéa 1er du Code civil, le possesseur doit être regardé comme le propriétaire.

Précisément, sur le fondement de l'article 2276 du Code civil, il est constant en jurisprudence que le possesseur de bonne foi est considéré comme le propriétaire (usucapion instantanée). En pareil cas, l'usucapion neutralise toute action en revendication.

En l'espèce, s'il est établi que Monsieur Richard est possesseur de bonne foi des bons anonymes, l'action de Monsieur Legendre ne pourra prospérer. Le séquestre ne change rien à cet état de fait.

Cependant, dans le cadre de l'action en revendication, Monsieur Legendre peut essayer de rapporter la preuve qu'il est le propriétaire et qu'il a été dépossédé par le vol ou la perte.

En l'espèce, les faits ne révèlent pas un élément permettant de démontrer que les bons sont devenus la propriété de Monsieur Legendre. Précisément, il faudrait que Monsieur Legendre établisse comment les bons sont passés du patrimoine de Monsieur Richard souscripteur dans son patrimoine personnel.

Le lien de famille les unissant pourrait constituer indirectement un tel vecteur, mais il s'agit là de suppositions.

Cet élément établi, il faudrait encore que Monsieur Legendre révèle le moyen par lequel Monsieur Richard aurait retrouvé la possession des bons.

À nouveau, le fait que Monsieur Legendre ait vécu chez Monsieur Richard pourrait constituer un tel vecteur d'accaparement des bons par ce dernier.

Cependant, il s'agit à nouveau de suppositions.

En conséquence, et face à de telles difficultés probatoires, il semble que Monsieur Richard soit le mieux placé pour obtenir gain de cause.

C'est d'ailleurs ainsi qu'en a jugé la CA d'Agen dans un arrêt du 9 mai 2012, n° 11/01329 pour dire que la possession du présentateur n'était pas paisible et faire droit à celui qui agit en revendication.

Reste à conclure que Monsieur Legendre obtenant judiciairement gain de cause, il ne pourrait prétendre au règlement des biens qu'en 2020 (le document d'opposition signé par lui mentionnait qu'il ne pourra recevoir ledit règlement avant 10 ans après l'échéance des bons en 2010).

FAIRE LE POINT SUR
L'ACTUALITÉ DU SUJET

Sujet 8 CAS PRATIQUE : BERGER (ANNALES CONCOURS ENM 2014)

SUJET

Monsieur Berger, domicilié à Bordeaux, après avoir effectué une recherche sur Internet des différentes propositions de véhicules par les concessionnaires de sa marque favorite, a fait l'acquisition d'un véhicule automobile fabriqué par un constructeur dont le siège est à Paris, auprès d'un concessionnaire établi à Lyon.

La commande a été confirmée le 7 janvier 2013 et le véhicule lui a été livré le 10 avril 2013 alors que le délai de livraison indiqué sur le site du concessionnaire était de 1 mois après la confirmation de la commande. Par ailleurs, les sièges de l'arrière du véhicule sont inamovibles alors que tous les véhicules de ce type présentés par le constructeur ont des sièges amovibles et Monsieur Berger, collectionneur de meubles, souhaitait en particulier utiliser son véhicule pour transporter des meubles volumineux.

Quelles actions judiciaires Monsieur Berger peut-il intenter ? Vous détaillerez les fondements, les objectifs, le tribunal compétent.

Dès lors qu'il utilise la voiture depuis la livraison, devra-t-il verser une indemnité au vendeur en compensation de cette utilisation ?

Monsieur Berger rentre à son domicile très contrarié par cette situation, après avoir longuement discuté de son problème avec des copains au bar ; lorsque son épouse lui reproche son état d'ébriété, il s'énerve et la brutalise ; à la demande des services de police, intervenus sur appel téléphonique d'Emma, leur fille témoin de la scène, Monsieur Berger quitte le domicile commun le jour même et s'installe provisoirement chez un ami.

Madame Berger veut rester vivre dans l'appartement acquis par le couple pendant le mariage, avec les enfants communs Hugo, né le premier mai 1995, Emma, née le 3 juillet 2002 et Tom, né le 4 septembre 2009.

Très marquée par la violence de leur rupture, elle désire être protégée rapidement de toute irruption de son époux et s'oppose à ce qu'il rencontre les enfants, qui ont été choqués par l'attitude de leur père et ne veulent plus le voir ; elle a conscience qu'elle ne pourra pas se passer de son soutien financier pour les élever et pour financer les études qu'Hugo vient de commencer.

Monsieur Berger veut divorcer.

Devant quelle juridiction et par quelle voie procédurale peut-il obtenir le maintien de ses relations avec les enfants ? Madame Berger peut-elle s'y opposer ?

Monsieur Berger devra-t-il subvenir aux besoins des enfants et de quelle manière ?

Madame Berger souhaite être préservée le plus rapidement possible de toute irruption de son mari au domicile familial. Comment peut-elle procéder ?

I - Concernant la voiture acquise par Monsieur Berger

A - L'ACTION DE MONSIEUR BERGER EN RAISON DU RETARD DE LIVRAISON

L'action doit être dirigée contre le concessionnaire.

1. Fondements et objectifs

Monsieur Berger s'est fait livrer la voiture avec un retard certain. Il s'agit d'un problème lié à l'exécution du contrat.

Le délai de livraison indiqué sur le site du concessionnaire entre, en effet, dans le champ contractuel.

L'article 1217 du Code civil dispose :

« La partie envers laquelle l'engagement n'a pas été exécuté, ou l'a été imparfaitement, peut :

- refuser d'exécuter ou suspendre l'exécution de sa propre obligation ;
- poursuivre l'exécution forcée en nature de l'obligation ;
- solliciter une réduction du prix ;
- provoquer la résolution du contrat ;
- demander réparation des conséquences de l'inexécution.

Les sanctions qui ne sont pas incompatibles peuvent être cumulées ; des dommages et intérêts peuvent toujours s'y ajouter ».

En l'espèce, la voiture a été livrée. L'exécution forcée en nature ne présente guère de sens. A priori, il a déjà payé le prix de sorte que l'exception d'inexécution n'a pas davantage de sens.

Par conséquent, il reste trois options à Monsieur Berger : la résolution du contrat (solution radicale qui le conduirait à restituer le véhicule), la demande de réduction du prix (qui semble appropriée ici puisque le cas constitue l'hypothèse même qui a conduit à la consécration de la jurisprudence par l'ordonnance du 10 février 2016) et, à défaut de l'hypothèse précédente, la responsabilité contractuelle.

2. La compétence

Pour la compétence matérielle, le tribunal de grande instance est la juridiction de droit commun. En effet, « Le TGI connaît de toutes les affaires civiles et commerciales pour lesquelles compétence n'est pas attribuée, en raison de la nature de l'affaire ou du montant de la demande à une autre juridiction » (COJ, art. L. 211-3).

Toutefois, en vertu de l'article L. 721-3 du Code de commerce, les juridictions commerciales sont compétentes pour connaître : des contestations relatives aux engagements entre commerçants, entre établissements de crédit, entre sociétés de financement ou entre eux; de celles relatives aux sociétés commerciales; de celles relatives aux actes de commerce entre toutes personnes.

À ce titre, en ce qui concerne la compétence des tribunaux, le commerçant doit assigner le débiteur civil devant le tribunal civil tandis que le civil peut assigner le commerçant à son gré devant le tribunal civil ou le tribunal de commerce (Cass. civ., 8 mai 1907).

En l'espèce, le concessionnaire peut être qualifié de commerçant, alors que Monsieur Berger doit être considéré comme un débiteur civil. Dès lors, il disposera d'une option entre le tribunal civil ou commercial.

La compétence du TGI vaut pour toutes les actions personnelles ou mobilières; mais la réserve des textes quant à la valeur du litige lui fait partager sa compétence, pour ce type d'actions, avec d'autres juridictions. Le TGI ne peut en connaître qu'au-delà de 10 000 euros et toujours à charge d'appel (COJ, art. L. 211-3). En deçà, on retombe sur la compétence du TI et à charge d'appel (COJ, art. R. 221-4 et L. 221-4).

En l'espèce, le montant de la demande n'est pas chiffré. Il appartiendra donc au juge d'inviter Monsieur Berger à chiffrer le montant de sa demande. Toutefois, la demande devrait probablement être d'un montant supérieur de 10 000 euros, relevant donc de la compétence du TGI.

Pour la compétence territoriale, les règles posées aux articles 42 à 48 du Code de procédure civile concernent toutes les juridictions de l'ordre judiciaire, sauf disposition contraire.

La règle est ici que le demandeur doit porter son action devant le tribunal du lieu où demeure le défendeur (CPC, art. 42, actor sequitur forum rei).

Dans l'hypothèse d'une pluralité de défendeurs, en l'occurrence le concessionnaire ou le constructeur, « S'il y a plusieurs défendeurs, le demandeur saisit, à son choix, la juridiction du lieu où demeure l'un d'eux ». En l'espèce, Monsieur Berger devra donc porter son action, à son choix, devant le tribunal du lieu des défendeurs : Lyon ou Paris.

Pour une personne morale, il s'agit du lieu où elle est établie (CPC, art. 43), le siège social pour les sociétés. Le lieu est fixé dans les statuts.

Une vieille jurisprudence a assoupli la règle de compétence lorsque la personne morale a des succursales réparties sur le territoire. Par faveur pour les demandeurs, la Cour de cassation a accepté qu'on puisse assigner ces sociétés (de chemins de fer, d'assurances, de crédit, etc.), au tribunal du lieu de l'une de leurs succursales (Cass. com., 19 juin 1876).

Dès lors, Monsieur Berger pourra porter son action soit devant le lieu du fabricant, qui a son siège social à Paris, soit devant le lieu du concessionnaire, à savoir Lyon.

Néanmoins, en matière contractuelle, le demandeur a la faculté de porter le litige, selon la nature du contrat, soit devant la juridiction du lieu de la livraison effective de la chose, soit devant celle du lieu de l'exécution de la prestation de services (CPC, art. 46, al. 2).

En l'occurrence, il n'est pas précisé le lieu de livraison du véhicule, mais l'on peut présumer qu'elle s'est faite chez le concessionnaire fixé à Lyon.

Enfin, selon l'article R. 631-1 du Code de la consommation, issu du décret du 26 juin 2016, « Le consommateur peut saisir, soit l'une des juridictions territorialement compétentes en vertu du code de procédure civile, soit la juridiction du lieu où il demeurait au moment de la conclusion du contrat ou de la survenance du fait dommageable ».

Dès lors, Monsieur Berger, étant un consommateur, peut saisir le TGI de Bordeaux, lieu de son domicile.

B - L'ACTION DE MONSIEUR BERGER EN RAISON DU CARACTÈRE INAMOVIBLE DES SIÈGES

L'action peut être dirigée à la fois contre le concessionnaire et contre le constructeur. Monsieur Berger peut envisager la poursuite de plusieurs actions :

- rechercher la nullité de la convention ;
- rechercher la résolution de la convention ;
- rechercher l'exécution forcée de l'obligation ;
- rechercher la réduction du prix ;
- rechercher la responsabilité contractuelle.

1. Sur la nullité

L'article 1131 dispose que les vices du consentement sont source de nullité. Particulièrement, l'erreur est, au sens de l'article 1132, « une cause de nullité du contrat lorsqu'elle porte sur les qualités essentielles de la prestation due ou sur celles du cocontractant ».

En l'espèce, il est bien précisé que tous les sièges de ce type de véhicule sont en général amovibles. Demeure qu'il semble difficile d'en faire une qualité essentielle d'un véhicule automobile.

Par conséquent, il ne semble pas y avoir nullité.

De plus, l'article 1135 alinéa 1er prévoit que « L'erreur sur un simple motif, étranger aux qualités essentielles de la prestation due ou du cocontractant, n'est pas une cause de nullité, à moins que les parties n'en aient fait expressément un élément déterminant de leur consentement » (Cass. 3e civ., 24 avril 2003).

En l'espèce, Monsieur Berger souhaitait « utiliser son véhicule pour transporter des meubles volumineux ». Or, il ne semble pas que le motif soit entré dans le champ contractuel au moyen d'une stipulation expresse ce qui écarte toute nullité.

Par conséquent, cette voie de remise en cause du contrat semble devoir être écartée.

2. Sur la résolution

L'article 1224 du Code civil prévoit que « La résolution résulte soit de l'application d'une clause résolutoire soit, en cas d'inexécution suffisamment grave, d'une notification du créancier au débiteur ou d'une décision de justice ». L'article 1227 dispose que « La résolution peut, en toute hypothèse, être demandée en justice ». Enfin, l'article 1228 dispose « Le juge peut, selon les circonstances, constater ou prononcer la résolution ou ordonner l'exécution du contrat, en accordant éventuellement un délai au débiteur, ou allouer seulement des dommages et intérêts ».

En l'espèce, l'inexécution est caractérisée par le non-respect de la commande ; cependant, il n'est pas certain que l'inexécution soit suffisamment grave pour constituer un cas de résolution.

Par conséquent, Monsieur Berger peut demander la résolution de la vente, mais il n'est pas certain de l'obtenir, notamment en raison de l'existence d'autres solutions plus propices aux circonstances.

3. Sur l'exécution forcée

L'article 1221 du Code civil dispose « Le créancier d'une obligation peut, après mise en demeure, en poursuivre l'exécution en nature sauf si cette exécution est impossible ou s'il existe une disproportion manifeste entre son coût pour le débiteur et son intérêt pour le créancier ». L'article 1222 dispose « Après mise en demeure, le créancier peut aussi, dans un délai et à un coût raisonnables, faire exécuter lui-même l'obligation ou, sur autorisation préalable du juge, détruire ce qui a été fait en violation de celle-ci. Il peut demander au débiteur le remboursement des sommes engagées à cette fin. Il peut aussi demander en justice que le débiteur avance les sommes nécessaires à cette exécution ou à cette destruction ».

En l'espèce, le remplacement des sièges inamovibles par des sièges amovibles est probablement possible. Quand bien même cela représenterait un coût certain pour le concessionnaire et/ou le constructeur, il est évident que cela permettrait un plein usage du véhicule par Monsieur Berger. L'exécution forcée en nature ne semble donc pas une mesure disproportionnée.

Par conséquent, il appartient à Monsieur Berger de mettre en demeure le concessionnaire et le constructeur, de demander judiciairement le remplacement des sièges, voire l'autorisation judiciaire de faire réaliser ce changement par un autre professionnel.

4. Sur la réduction de prix

L'article 1223 du Code civil dispose que « Le créancier peut, après mise en demeure, accepter une exécution imparfaite du contrat et solliciter une réduction proportionnelle du prix. S'il n'a pas encore payé, le créancier notifie sa décision de réduire le prix dans les meilleurs délais ».

En l'espèce, il semble constant que Monsieur Berger a déjà payé le véhicule.

Par conséquent, Monsieur Berger pourra demander au concessionnaire ou au fabricant une réduction du prix sans certitude de l'obtenir.

5. Sur la responsabilité

Selon l'article 1231-1 du Code civil, « Le débiteur est condamné, s'il y a lieu, au paiement de dommages et intérêts soit à raison de l'inexécution de l'obligation, soit à raison du retard dans l'exécution, s'il ne justifie pas que l'exécution a été empêchée par la force majeure ».

En l'espèce, l'inexécution est caractérisée. Elle empêche un plein usage du véhicule par Monsieur Berger.

Le préjudice est caractérisé et est prévisible dès lors que le transport de marchandises peut se faire par un véhicule et qu'en principe les sièges de ce genre de véhicule sont amovibles ce qui permet ce transport.

Monsieur Berger pourra engager la responsabilité du concessionnaire et du fabricant.

C - LA QUESTION DE L'ÉVENTUELLE INDEMNITÉ DE COMPENSATION AU VENDEUR POUR L'UTILISATION DU VÉHICULE

Ici, il faut supposer qu'une action en anéantissement du contrat puisse prospérer, particulièrement l'action en résolution, pour se demander quels sont les effets des restitutions consécutives à cette action.

L'article 1352 du Code civil dispose « La restitution d'une chose autre que d'une somme d'argent a lieu en nature ou, lorsque cela est impossible, en valeur, estimée au jour de la restitution ». Encore, l'article 1352-1 prévoit que « Celui qui restitue la chose répond des dégradations et détériorations qui en ont diminué la valeur, à moins qu'il ne soit de bonne foi et que celles-ci ne soient pas dues à sa faute ». Enfin, l'article 1352-3 prévoit que « La restitution inclut les fruits et la valeur de la jouissance que la chose a procurée ».

Étant donné que Monsieur Berger a utilisé le véhicule, on pourrait penser qu'il est tenu d'une indemnité en compensation de cette utilisation. Cependant, la jurisprudence demeure incertaine en la matière, notamment du fait que Monsieur Berger est de bonne foi. Il est constant que la réforme de 2016 n'a pas clairement tranché cette hypothèse qui relève de l'appréciation souveraine des juges du fond.

Par conséquent, il est préférable d'avertir Monsieur Berger de ce risque : s'il demande la résolution de la vente, il sera peut-être tenu de payer une indemnité pour l'utilisation du véhicule. Définitivement, l'exécution forcée semble une solution plus favorable.

II - La situation de la famille Berger

A - LE DIVORCE ET LE MAINTIEN DES RELATIONS AVEC LES ENFANTS

1. Sur le divorce

L'article 229 du Code civil dispose : « Les époux peuvent consentir mutuellement à leur divorce par acte sous signature privée contresigné par avocats, déposé au rang des minutes d'un notaire.

Le divorce peut être prononcé en cas :

– soit de consentement mutuel, dans le cas prévu au 1° de l'article 229-2 ;

– soit d'acceptation du principe de la rupture du mariage ;
– soit d'altération définitive du lien conjugal ;
– soit de faute ».

En l'espèce, Monsieur Berger souhaite divorcer, l'on ne connaît pas la position de Madame Berger.

Si elle est d'accord avec le principe du divorce, celui-ci pourra avoir lieu par consentement mutuel de manière extra-judiciaire, par consentement mutuel de manière judiciaire en raison de la présence d'enfants, ou pour acceptation devant le juge à nouveau.

En cas de désaccord, les deux dernières voies sont ouvertes, sachant que les circonstances de la rupture ouvrent à Madame Berger la possibilité d'agir en divorce pour faute (COJ, art. 242).

2. Sur le maintien des relations avec les enfants

Sur le tribunal compétent : dès lors que la question de l'autorité parentale sera envisagée dans le cadre du divorce, trouve à s'appliquer en principe l'article L. 213-3, 3° du Code de l'organisation judiciaire. En effet, selon ce dernier, le juge aux affaires familiales connaît des demandes en divorce et des actions liées à l'exercice de l'autorité parentale.

En l'espèce, le juge aux affaires familiales du TGI sera donc compétent matériellement.

Pour la compétence territoriale, l'article 1070 du Code de procédure civile dispose que le juge aux affaires familiales territorialement compétent est le juge du lieu où se trouve la résidence de la famille.

Néanmoins, en l'espèce, Monsieur Berger a quitté le domicile commun fixé à Bordeaux.

Aussi, lorsque les parents vivent séparément, le juge compétent est le juge du lieu de résidence du parent avec lequel résident habituellement les enfants mineurs en cas d'exercice en commun de l'autorité parentale.

En l'espèce, l'épouse est restée vivre dans le domicile bordelais et l'on peut supposer avec les enfants.

En conséquence, le juge aux affaires familiales du TGI de Bordeaux est compétent.

En effet, en principe au nom des mesures d'assistance éducative, trouve à jouer en principe l'article 375-1 du Code civil qui donne compétence au juge des enfants.

Cependant, en vertu de l'article 375-3, si la question intervient lorsqu'une requête en divorce a été présentée ou un jugement de divorce rendu, le JAF est compétent, à moins que des faits nouveaux ne se soient produits postérieurement (CA Aix, 3 juill. 2013).

En l'espèce, puisque Monsieur Berger entend divorcer, son action consistera probablement en une assignation et le JAF sera effectivement compétent sur la question du maintien des relations avec les enfants.

Sur le fond : selon l'article 372-2, al. 1 et 2 Code civil, « La séparation des parents est sans incidence sur les règles de dévolution de l'exercice de l'autorité parentale.

Chacun des père et mère doit maintenir des relations personnelles avec l'enfant et respecter les liens de celui-ci avec l'autre parent ».

Sur le point de savoir si Madame Berger peut s'y opposer, elle pourra faire valoir, en vertu de l'article 375 du Code civil, que la santé, la sécurité ou la moralité de ses enfants mineurs sont en danger.

B - L'ENTRETIEN DES ENFANTS

En vertu de l'article 371-2 du Code civil, « Chacun des parents contribue à l'entretien et à l'éducation des enfants à proportion de ses ressources, de celles de l'autre parent, ainsi que des besoins de l'enfant.

Cette obligation ne cesse pas de plein droit lorsque l'enfant est majeur ».

Encore, l'article 372-2-2 dispose que : « En cas de séparation entre les parents, ou entre ceux-ci et l'enfant, la contribution à son entretien et à son éducation prend la forme d'une pension alimentaire versée, selon le cas, par l'un des parents à l'autre, ou à la personne à laquelle l'enfant a été confié ».

Le fait que Hugo soit majeur ne libère pas Monsieur Berger de contribuer à son entretien et donc à ses études.

C - LES RISQUES D'IRRUPTION AU DOMICILE FAMILIAL

Il existe des outils juridiques aux fins de protection (des victimes de violence) en pareille hypothèse :

D'une part, l'article 515-9 du Code civil prévoit que : « Lorsque les violences exercées au sein du couple ou par un ancien conjoint, un ancien partenaire lié par un pacte civil de solidarité ou un ancien concubin mettent en danger la personne qui en est victime, un ou plusieurs enfants, le juge aux affaires familiales peut délivrer en urgence à cette dernière une ordonnance de protection ».

D'autre part, il est essentiel de souligner que l'article 515-11 prévoit que « L'ordonnance de protection est délivrée, dans les meilleurs délais, par le juge aux affaires familiales, s'il estime, au vu des éléments produits devant lui et contradictoirement débattus, qu'il existe des raisons sérieuses de considérer comme vraisemblables la commission des faits de violence allégués et le danger auquel la victime ou un ou plusieurs enfants sont exposés. À l'occasion de sa délivrance, le juge aux affaires familiales est compétent pour :

(...)

3° Statuer sur la résidence séparée des époux en précisant lequel des deux continuera à résider dans le logement conjugal et sur les modalités de prise en charge des frais afférents à ce logement. Sauf circonstances particulières, la jouissance de ce logement est attribuée au conjoint qui n'est pas l'auteur des violences, même s'il a bénéficié d'un hébergement d'urgence ; »

FAIRE LE POINT SUR L'ACTUALITÉ DU SUJET

Sujet 9

CAS PRATIQUE : MAGOU (SUJET COMPLÉMENTAIRE 1)

SUJET

Jusqu'alors Monsieur Magou avait une vie parfaitement heureuse, mais cette nouvelle année 2017 qui commence promet nombre de difficultés.

C'est en ce mois de janvier 2017 que les difficultés commencent sur un plan professionnel :

– son principal fournisseur lui a récemment proposé l'acquisition de toute une nouvelle gamme de produits à un prix très attractif. Monsieur Magou a demandé quelques jours de réflexion, histoire de montrer qu'il est dur en affaires. Cependant, à peine deux jours plus tard, son fournisseur lui dit qu'il a vendu lesdits produits à un autre distributeur. Monsieur Magou est furieux d'autant qu'il avait déjà programmé une opération commerciale spéciale susceptible de lui rapporter plus de 100 000 € nets. Peut-il agir contre son fournisseur ? Que peut-il espérer obtenir ?

– il s'adresse par la suite à un autre fournisseur dont il rencontre l'un des salariés, Monsieur Doré. Celui-ci lui offre une ristourne de 40 % pour toute commande si Monsieur Magou s'engage à s'approvisionner en exclusivité auprès de sa société pendant deux ans. Monsieur Magou se dit qu'il ne peut laisser passer une telle aubaine et accepte. Mais, dès la première commande qu'il passe, le fournisseur refuse de lui faire la ristourne, car, selon lui, Monsieur Doré n'avait pas le pouvoir de passer une telle convention (qui a bien été écrite et signée par Messieurs Doré et Magou), lui qui n'est qu'un simple salarié, en charge de la démonstration des produits. Qu'en pensez-vous ?

En ce mois de juin 2017, les galères continuent pour Monsieur Magou : sa femme vient de le quitter, alors qu'il ne s'y attendait nullement. D'ailleurs, il l'aime toujours, et entend toujours la reconquérir. Pour elle, la séparation est actée et elle veut obtenir le divorce. Qu'en pensez-vous ? Quel juge doit être saisi ?

À l'occasion du divorce, deux autres difficultés surgissent :

– d'une part, Madame Magou, avocate, veut conserver comme nom d'usage celui de son mari, qui est aussi celui des enfants et celui par lequel elle est connue de sa clientèle ? Peut-il s'y opposer ? Le gardera-t-elle tout de même ?

– d'autre part, Monsieur Magou s'oppose à la communion solennelle de leur fille aînée tandis que sa mère insiste. Leur fille de 12 ans n'a pas vraiment d'avis. Qu'en pensez-vous ?

Au cours de l'année 2017, Monsieur Magou nous interroge sur deux séries de questions parfaitement distinctes et qu'il convient d'étudier successivement :

I – Sur les questions d'ordre professionnel

II – Sur les questions d'ordre personnel

I - Sur les questions d'ordre professionnel

En janvier 2017, Monsieur Magou rencontre deux difficultés avec deux fournisseurs distincts :

A – Sur les relations entre Monsieur Magou et le premier fournisseur

B – Sur les relations entre Monsieur Magou et le second fournisseur

A - SUR LES RELATIONS ENTRE MONSIEUR MAGOU ET LE PREMIER FOURNISSEUR

Le principal fournisseur de Monsieur Magou, distributeur, lui propose l'acquisition de produits. Monsieur Magou demande quelques jours de réflexion. Il programme une opération commerciale en ce sens. Cependant, deux jours après la proposition, le fournisseur lui apprend qu'il a vendu lesdits produits à un tiers.

Quelles sont les voies de droit offertes à Monsieur Magou agissant à l'encontre du fournisseur?

Afin d'envisager les différentes voies de droit qui s'offrent à Monsieur Magou, distributeur, à l'encontre de son fournisseur, il convient de qualifier juridiquement la situation.

1. Sur la qualification

Les faits rapportés ne permettant pas de déterminer immédiatement la qualification juridique de la relation entre le distributeur et le fournisseur, il convient d'envisager deux hypothèses : l'existence d'une promesse unilatérale de vente, d'un côté, et d'une simple offre, de l'autre.

Sur le fondement de l'article 1124 du Code civil, « La promesse unilatérale est le contrat par lequel une partie, le promettant, accorde à l'autre, le bénéficiaire, le droit d'opter pour la conclusion d'un contrat dont les éléments essentiels sont déterminés, et pour la formation duquel ne manque que le consentement du bénéficiaire ».

En l'espèce, le fournisseur a proposé des produits déterminés à un prix déterminé. La proposition contient donc les éléments essentiels du contrat de vente futur. Le distributeur, Monsieur Magou, a demandé un délai de réflexion, ce qui pourrait laisser penser qu'il entend se donner le droit de consentir ou non à la proposition. Ces éléments pourraient conduire à la qualification de promesse unilatérale de vente; cependant, aucun élément de fait ne témoigne de la volonté commune des deux parties de figer leurs discussions et négociations dans un accord. Il n'est pas possible d'affirmer que les parties ont conclu un avant-contrat.

Par conséquent, la qualification de promesse unilatérale ne semble pouvoir être retenue en l'état des faits rapportés. Reste à envisager la qualification d'offre.

Sur le fondement de l'article 1114 du Code civil, « L'offre, faite à personne déterminée ou indéterminée, comprend les éléments essentiels du contrat envisagé et exprime la volonté de son auteur d'être lié en cas d'acceptation. À défaut, il y a seulement invitation à entrer en négociation ».

En l'espèce, le fournisseur a proposé des produits déterminés à un prix déterminé. La proposition contient donc les éléments essentiels du contrat de vente futur. La proposition apparaît au moment de son émission, claire, précise et ferme.

Par conséquent, le fournisseur a effectivement réalisé une offre à destination de son distributeur, Monsieur Magou.

À noter que l'article 1113 alinéa 1er dispose « Le contrat est formé par la rencontre d'une offre et d'une acceptation par lesquelles les parties manifestent leur volonté de s'engager ».

En l'espèce, une offre a bien été émise, mais elle a été rétractée par le pollicitant au moment où le destinataire a entendu manifester son acceptation. Il n'y a donc pas eu rencontre des volontés.

Par conséquent, aucun contrat n'a été formé sur lesdits produits entre le fournisseur et le distributeur.

La qualification des faits déterminés, il convient d'étudier le régime juridique afférent pour connaître des voies de droit ouvertes à Monsieur Magou.

2. Sur le régime

En vertu de l'article 1115 du Code civil, l'offre « peut être librement rétractée tant qu'elle n'est pas parvenue à son destinataire ».

En l'espèce, l'offre a été émise directement et présentement au distributeur. Elle lui est donc parvenue.

Par conséquent, l'offre ne pouvait librement être rétractée par son auteur.

L'article 1116 du Code civil dispose, en son alinéa 1er, que l'offre « ne peut être rétractée avant l'expiration du délai fixé par son auteur ou, à défaut, l'issue d'un délai raisonnable ». Cette disposition rappelle l'enseignement prétorien aux termes duquel, toute offre est nécessairement assortie d'un délai stipulé ou raisonnable (Cass. 3e civ., 20 mai 2009).

En l'espèce, rien n'indique que le pollicitant ait déterminé un délai pour l'acceptation du distributeur qui a demandé quelques jours de réflexion. En l'absence de délai stipulé, il convient de se demander si la rétractation du fournisseur intervenue en l'espèce « à peine deux jours plus tard » est constitutive ou non d'un délai raisonnable. En la matière, si la loi n'offre pas de critère, le juge peut prendre en considération, la qualité des parties, la valeur de la chose objet de l'offre de vente, la nature de la chose ou encore la pratique des parties. En l'espèce, il s'agit de négociations entre professionnels de la distribution qui sont déjà en relation d'affaires et qui négocient un contrat portant sur des produits pour un montant relativement importants au vu des profits qu'espérait en tirer le distributeur. Ces éléments ne sont pas par eux-mêmes définitifs, cependant réunis, ils laissent croire qu'un délai très court de moins de deux jours ne semble pas raisonnable.

Par conséquent, le pollicitant ne pouvait valablement rétracter son offre.

Quelles sont alors les voies de droit ouvertes à Monsieur Magou ?

Le distributeur peut-il exiger la réalisation forcée de la vente ?

En vertu de l'article 1116 alinéa 2 du Code civil, « La rétractation de l'offre en violation de cette interdiction empêche la conclusion du contrat ».

En l'espèce, il a déjà été souligné qu'il n'y a pas eu rencontre des consentements du fait de la rétractation, laquelle même non valablement émise, demeure opposable par le pollicitant au destinataire.

Par conséquent, Monsieur Magou ne pourra pas obtenir la réalisation forcée de la vente.

Le distributeur peut-il engager la responsabilité du fournisseur ?

Selon l'article 1116 alinéa 3 du Code civil, la rétractation de l'offre « engage la responsabilité extracontractuelle de son auteur dans les conditions du droit commun sans l'obliger à compenser la perte des avantages attendus du contrat ». Sur le fondement de l'article 1240 du Code civil, la responsabilité délictuelle du fait personnel est engagée lorsque trois conditions sont réunies : une faute, un préjudice et un lien de causalité.

En l'espèce, le fournisseur a de facto rétracté son offre avant l'issue d'un délai raisonnable. Cela constitue une faute. Quant au préjudice, si le distributeur peut faire valoir l'engagement de frais qu'il devra prouver, il ne pourra pas espérer obtenir réparation des gains qu'il entendait réaliser si le contrat avait été conclu. Si le préjudice était démontré, les frais constitueraient une perte découlant de la rétractation fautive du pollicitant.

Par conséquent, la responsabilité personnelle du fournisseur pourra être engagée par le distributeur, mais ce dernier ne saurait obtenir à titre de dommages-intérêts le profit de 100 000 € espérés.

B - SUR LES RELATIONS ENTRE MONSIEUR MAGOU ET LE SECOND FOURNISSEUR

Un contrat a été conclu entre Monsieur Magou et une personne qui s'est engagée, salariée d'une société, au nom et pour le compte de celle-ci. Cependant, la société refuse d'exécuter une partie de ses obligations arguant que son salarié n'avait pas le pouvoir de l'engager.

Le contrat conclu oblige-t-il le fournisseur à l'égard du distributeur ?

En vertu de l'article 1128 du Code civil, le contrat est valablement conclu dès lors que les parties ont la capacité de contracter. Sur le fondement de l'article 1156 du Code civil, pris en son alinéa 1er, « L'acte accompli par un représentant sans pouvoir ou au-delà de ses pouvoirs est inopposable au représenté (…) ». En l'espèce, le salarié ne serait qu'en charge de la simple démonstration des produits et non de la vente. Il n'aurait donc pas le pouvoir de représenter le fournisseur.

Par conséquent, le contrat semble inopposable au représenté, c'est-à-dire le fournisseur. L'article 1128 alinéa 3 du Code civil prévoit que l'inopposabilité comme la nullité peuvent être couvertes par la ratification du représenté. En l'espèce, le fournisseur refuse d'exécuter les obligations contractuelles convenues par son salarié.

Par conséquent, l'inopposabilité ne saurait être couverte.

Cependant, l'article 1128 alinéa 1er prévoit une exception à cette inopposabilité de principe, en vertu de la théorie de l'apparence, dans le cas où le tiers contractant a légitimement cru en la réalité des pouvoirs du représentant, notamment en raison du comportement ou des déclarations du représenté.

En l'espèce, le salarié ne semble pas s'être comporté comme un simple démonstrateur ; il a négocié la durée du contrat, une exclusivité conventionnelle et une ristourne, soit le prix des produits. Ce comportement peut légitimement apparaître comme un pouvoir de négociation et de représentation, et ce, d'autant qu'il ressort des faits, que fournisseur et distributeur n'étaient pas en relation auparavant et donc que le distributeur ne pouvait connaître du fonctionnement de l'entreprise du fournisseur.

En conclusion, le distributeur pourra valablement exiger du fournisseur le respect des obligations contractuelles convenues. En cas de non-respect par le fournisseur de ses obligations, le distributeur pourra user des voies de droit que l'article 1217 du Code civil lui offre en cas d'inexécution du contrat.

II - Sur les questions d'ordre personnel

À compter de juin 2017, Monsieur Magou nous interpelle sur trois questions successives :

A – Sur le divorce et le juge compétent

B – Sur l'utilisation de son nom de famille par son ex-femme à la suite du divorce

C – Sur la communion de leur fille

A - SUR LE DIVORCE ET LE JUGE COMPÉTENT

Madame Magou souhaite divorcer tandis que Monsieur Magou entend la reconquérir.

Quel cas de divorce peut être envisagé par Madame Magou qui souhaite divorcer ? Quel est le juge compétent ?

1. Sur les cas de divorce

L'article 229 du Code civil prévoit quatre cas de divorce : un cas de divorce non contentieux (le divorce par consentement mutuel sans juge/avec juge) et trois divorces semi-contentieux ou contentieux (le divorce accepté, le divorce pour altération définitive du lien conjugal et le divorce pour faute).

Le divorce par consentement mutuel de l'article 230 du Code civil suppose l'accord des époux sur le principe du divorce et la réalisation d'une convention synonyme d'accord sur ses conséquences. Le divorce sur demande acceptée de l'article 233 du même code nécessite également l'accord sur le principe du divorce. En l'espèce, Madame Magou souhaite divorcer, ce qui n'est pas le cas de Monsieur Magou. Ainsi, ces cas peuvent être écartés.

Concernant le divorce pour faute de l'article 242 du Code civil, il nécessite la caractérisation de trois conditions cumulatives : le comportement reproché doit être commis sciemment et délibérément ; la faute doit constituer un manquement grave aux obligations conjugales ; le comportement doit rendre intolérable la vie commune. En l'espèce, rien dans les faits ne révèle un comportement de Monsieur Magou constitutif de ces éléments.

En conséquence, en l'absence de preuve d'une faute de Monsieur Magou, Madame Magou ne pourra se fonder sur ce cas de divorce.

Reste le divorce pour altération définitive du lien conjugal de l'article 237 du Code civil, il est nécessaire de rapporter la preuve d'une séparation de plus de deux ans lors de l'assignation (C. civ., art. 238).

En l'espèce, les faits rapportent que Madame Magou vient de quitter Monsieur Magou. Dès lors, le délai de deux ans n'est pas atteint.

En conséquence, ce cas de divorce semble exclu dans l'immédiat.

Cependant, en vertu de l'article 1106 alinéa 1er du Code de procédure civile, « L'époux qui veut former une demande en divorce présente par avocat une requête au juge. La requête n'indique ni le fondement juridique de la demande en divorce ni les faits à l'origine de celle-ci. Elle contient les demandes formées au titre des mesures provisoires et un exposé sommaire de leurs motifs ». En vertu des articles 1108 et suivants du même code, le juge, après avoir vainement tenté une conciliation, rendra une ordonnance de non-conciliation.

En l'espèce, Madame Magou pourra être tentée d'user de cette voie, pour donner date certaine à la séparation – quoiqu'en l'espèce, ce point ne pose pas de difficultés probatoires apparentes –, engager la procédure malgré l'absence d'une séparation de deux ans. Elle pourra également rechercher le bénéfice d'une séparation de corps.

En conclusion, en toutes hypothèses, le divorce ne sera définitivement prononcé qu'après un délai de deux ans à compter de la séparation de fait, sauf à finalement obtenir l'accord de Monsieur Magou. À noter que si celui-ci devait finalement envisager le divorce, il pourrait reconventionnellement agir dans le cadre d'un divorce pour faute (C. civ., art. 246, sans que doive être respecté le délai de deux ans).

2. Sur le juge compétent

En vertu de L. 213-3 du Code de l'organisation judiciaire, le juge aux affaires familiales est compétent en matière de divorce. L'article 1070 du Code de procédure civile détermine la compétence territoriale de la juridiction devant être saisie qui, en principe, dépend du ressort de la résidence des époux lorsqu'ils ne sont pas séparés. En l'espèce, aucun élément de fait ne permet de déterminer le lieu de la résidence familiale.

En conséquence, Madame Magou devra saisir le juge aux affaires familiales du tribunal de grande instance du lieu de la résidence du couple.

B - SUR L'UTILISATION DE SON NOM DE FAMILLE PAR SON EX-FEMME À LA SUITE DU DIVORCE

Dans le cadre de la procédure de divorce, Madame Magou fait valoir sa volonté de conserver l'usage du patronyme de son mari.

Une personne qui a pris à titre de nom d'usage le nom patronymique de son conjoint peut-elle le conserver à la suite du divorce? Son ex-conjoint peut-il s'y opposer?

En vertu de l'article 264 alinéa 1er du Code civil, relatif aux conséquences du divorce pour les époux, « À la suite du divorce, chacun des époux perd l'usage du nom de son conjoint ».

En l'espèce, Madame Magou peut, jusqu'à l'issue de la procédure de divorce que l'on sait ne pouvoir aboutir immédiatement, conserver l'usage du patronyme marital.

Demeure qu'elle ne pourra pas en principe conserver l'usage du nom de son conjoint une fois le divorce prononcé.

Cependant, l'alinéa 2 du même article dispose que « L'un des époux peut néanmoins conserver l'usage du nom de l'autre, soit avec l'accord de celui-ci, soit avec l'autorisation du juge, s'il justifie d'un intérêt particulier pour lui ou pour les enfants ».

En l'espèce, Monsieur Magou refuse à son conjoint de conserver ce droit d'usage, lorsque le divorce sera prononcé. Reste à Madame Magou d'en demander l'autorisation au juge. Elle peut invoquer à cet effet l'intérêt des enfants et l'idée d'un socle familial et patronymique unique. Cependant, cet argument semble quelque peu obsolète eu égard à l'évolution de la société (Cass. 1re civ., 26 mars 1980 : le juge du fond doit pouvoir comparer la situation de fait des parents et enfants de la cause avec les situations des autres parents divorcés et leurs enfants). Madame Magou avance aussi des raisons professionnelles dès lors qu'elle serait connue de sa clientèle sous le nom de son mari. Cet argument a pu prospérer devant les juges du fond, souverains dans leur appréciation (CA Paris, 10 nov. 2004), mais les juges doivent vérifier la réalité de l'intérêt particulier.

En conséquence, les éléments de fait font défaut en l'espèce pour conclure définitivement; Madame Magou ne pourra pas en principe conserver l'usage du nom patronymique de son mari, sauf élément déterminant et prouvé rapporté par la suite.

C - SUR LA COMMUNION DE LEUR FILLE

Madame Magou souhaite que sa fille aînée fasse sa communion, acte religieux. Monsieur Magou s'y oppose. L'enfant n'exprime aucune volonté particulière.

Un parent peut-il décider sans l'accord de l'autre parent la réalisation d'un acte religieux pour l'enfant?

L'article 371-1 du Code civil dispose « L'autorité parentale est un ensemble de droits et de devoirs ayant pour finalité l'intérêt de l'enfant. Elle appartient aux parents jusqu'à la majorité ou l'émancipation de l'enfant pour le protéger dans sa sécurité, sa santé et sa moralité, pour assurer son éducation et permettre son développement, dans le respect dû à sa personne. Les parents associent l'enfant aux décisions qui le concernent, selon son âge et son degré de maturité ». Encore, aux termes de l'article 372 du Code civil, les parents exercent en commun l'autorité parentale.

En l'espèce, la mère souhaite que l'enfant procède à sa communion religieuse. Le père s'y oppose. L'éducation religieuse constitue un acte éducatif au sens de l'autorité parentale. L'enfant n'exprime aucun avis.

Par conséquent, le principe est que la décision soit prise en commun.

À noter que l'article 373-2 du Code civil rappelle que la séparation des parents est sans incidence sur les règles de dévolution de l'exercice de l'autorité parentale.

En l'espèce, les parents sont séparés.

Demeure que cette séparation est sans effet sur le principe d'une décision en commun.

Cependant, l'article 372-2 du Code civil prévoit que chacun des parents est réputé agir avec l'accord de l'autre, quand il fait seul un acte usuel de l'autorité parentale relativement à la personne de l'enfant.

En l'espèce, la présomption d'accord ne valant que simplement et Monsieur Magou faisant clairement valoir son opposition, Madame Magou ne pourra être réputée pouvoir agir seule. De plus, les actes d'éducation religieuse ne semblent pas pouvoir être considérés comme des simples actes usuels au regard de leur importance du point de vue de l'enfant (CA Nîmes, 20 juin 2012 ; Cass. 1re civ., 23 sept. 2015).

En conséquence, Madame Magou ne pourra pas au vu de l'opposition réaliser la communion solennelle de leur enfant.

NB : en vertu des articles 373-2-6 du Code civil, le juge aux affaires familiales peut être saisi des questions relatives à l'autorité parentale dans le but de sauvegarder les intérêts de l'enfant mineur.

En l'espèce, la persistance du désaccord peut nuire à l'enfant (Cass. 1re civ., 23 sept. 2015).

Par conséquent, Monsieur Magou ou Madame Magou pourront saisir le juge aux affaires familiales qui, après médiation, sera amené à statuer éventuellement sur les modalités de l'exercice de l'autorité parentale.

FAIRE LE POINT SUR L'ACTUALITÉ DU SUJET

Sujet 10 CAS PRATIQUE : THOMAS (SUJET COMPLÉMENTAIRE 2)

SUJET

Pour ses 50 ans, Monsieur Thomas Certin décide d'acheter un bateau à moteur pour aller à la pêche aux maquereaux. Après avoir vu une annonce dans le journal Ouest-France, il se rend chez le courtier maritime, la SARL Ouest Marine située à Saint-Malo, qui a publié l'annonce d'un Boston Whaler 320 Outrage de 2007 au prix de 90 000 euros, qui appartient à Monsieur Romain Thomas. L'annonce précisait que le bateau avait été « entièrement révisé » et que la motorisation était « en très bon état ». Sans hésiter, Monsieur Thomas Certin achète le bateau à Romain Thomas. Le 30 avril 2017, partant du port de Dinard, il fait sa première sortie en mer et éprouve de sérieuses difficultés à naviguer. Aussi, il dépose son bateau au chantier naval de Saint-Malo, le mécanicien l'informe que les silentblocs du moteur sont vétustes, il a ainsi établi un devis, d'un montant de 3 456 euros, prévoyant leur remplacement. Toutefois, le lendemain, le mécanicien constate que le pont est rempli d'eau et que les moteurs sont affaissés endommageant la coque du bateau. Thomas Certin est abattu, jamais il ne retrouvera ce bateau à ce prix. En effet, il y a très peu de Boston Whaler en France et il y est très attaché.

Vous répondrez aux questions suivantes.

1. Quelles actions judiciaires Monsieur Thomas Certin peut-il intenter ? Vous détaillerez les fondements et le tribunal compétent.

2. Avant que le bateau ne coule, Monsieur Thomas Certin souhaiterait se ménager rapidement la preuve, comment peut-il procéder ?

3. Monsieur Thomas Certin a assigné, par acte du 12 mai 2017, la société Ouest Marine et Romain Thomas, lesquels soulèvent l'article 12 du contrat de vente qui précise que « pour tous les litiges pouvant survenir dans l'application du présent contrat, les parties s'engagent à solliciter l'avis d'un arbitre choisi d'un commun accord avant tout recours à une autre juridiction ». Ont-ils des chances d'être entendus par le tribunal ?

4. Finalement le tribunal a, entre autres, condamné Romain Thomas à indemniser Thomas Certin, en se fondant sur le rapport d'expertise qui a chiffré le coût des réparations à la somme de 17 895 euros. Il est particulièrement étonné que le tribunal se fonde sur une expertise à laquelle il n'a pas participé.

Thomas Certin est confronté à plusieurs difficultés à la suite de l'achat d'un bateau, qui sont relatives à la responsabilité (I), à la preuve (II), à une clause d'arbitrage (III) et à une expertise (IV).

I - Sur les responsabilités

Après avoir acheté un bateau auprès d'un courtier maritime, Thomas Certin éprouve des difficultés à naviguer. Il confie donc le bateau à un mécanicien qui l'informe que les supports moteurs sont défectueux. Le lendemain, le moteur s'est affaissé endommageant la coque et le pont.

Thomas Certin souhaiterait donc intenter diverses actions en justice, aussi convient-il de déterminer les différents fondements (A) et le tribunal compétent (B).

A - SUR LES FONDEMENTS

L'achat du bateau implique diverses relations qu'il faut qualifier (1), afin d'appliquer le régime approprié (2).

1. La qualification

Sur le fondement des articles 1101 et 1103 du Code civil, le contrat se forme par la rencontre des volontés. En l'espèce, plusieurs situations contractuelles sont à distinguer.

D'abord, Thomas Certin et Romain Thomas se sont accordés sur la vente du bateau. Dès lors, il s'agit d'un contrat de vente.

Ensuite, le mécanicien a pris en charge le bateau. Si le devis n'a pas été signé et ne permet pas de retenir un contrat d'entreprise, un contrat de dépôt a en revanche été conclu entre Thomas Certin et le mécanicien du chantier naval de Saint-Malo.

Enfin, un contrat a été conclu entre Romain Thomas et le courtier maritime qui est en charge de la vente du bateau, il s'agit d'un contrat de mandat, par lequel il représente Romain Thomas auprès d'un acquéreur.

L'article 1154 du Code civil reprend la distinction classique entre la représentation dite parfaite lorsque le représentant agit au nom et pour le compte du représenté, et la représentation dite imparfaite, lorsque le représentant dit agir pour le compte d'autrui, mais contracte en son nom.

En l'espèce, le courtier maritime agit au nom et pour le compte de Romain Thomas. En effet, le premier a représenté le second, mais le contrat a été conclu par le propriétaire initial.

Dès lors, le représentant est un tiers absolu qui ne peut être tenu des obligations issues du contrat pour lequel il exerce son pouvoir de représentation (C. civ., art. 1154). En conséquence, il n'y a pas de relation contractuelle entre Thomas Certin et le courtier maritime.

2. Le régime

Sur le fondement de l'article 1231-1 du Code civil, un contractant engage sa responsabilité en cas de manquement contractuel se trouvant à l'origine d'un préjudice.

En l'espèce, lorsque le mécanicien a examiné le moteur et a préconisé le changement des silentblocs, il n'y avait pas d'eau sur le pont et il n'y en avait pas non plus au moment où le navire lui a été déposé. C'est le lendemain du dépôt que le mécanicien a constaté que le pont était rempli d'eau, avec les dommages qui s'en sont suivis.

Or, pèse sur le mécanicien une obligation de moyens de conserver la chose dans l'état et de restituer la chose dans l'état où elle se trouvait.

En conséquence, le mécanicien engage sa responsabilité contractuelle.

Ensuite, le vendeur est lié par un contrat de vente à l'égard de l'acheteur.

DROIT CIVIL ET PROCÉDURE CIVILE

Cas pratique 5

L'article 1231-1 du Code civil conditionne le succès de l'action en responsabilité à la démonstration d'un manquement contractuel, d'un préjudice et d'un lien de causalité entre les deux.

D'abord, la faute contractuelle réside, d'une façon générale, en l'inexécution d'une obligation du contrat.

L'annonce précisait que le bateau avait été entièrement révisé et le moteur était en très bon état. Or, les silentblocs du moteur étaient vétustes. En conséquence, le vendeur a manqué à son obligation de délivrer un bateau conforme aux descriptions.

Ensuite, l'acheteur a subi divers préjudices liés à la vétusté des silentblocs puisque le moteur s'est affaissé, endommageant la coque et le pont.

Enfin, le courtier maritime et l'acquéreur, n'étant pas liés par un contrat, sa responsabilité est engagée sur le fondement de l'article 1240 du Code civil. La responsabilité délictuelle pour faute personnelle est engagée lorsque trois conditions sont réunies : une faute, un préjudice et un lien de causalité.

En l'espèce, le préjudice avancé par Thomas Certin est la destruction partielle du bateau.

Sur le fondement de l'article 1240 du Code civil, la faute se définit comme l'acte de commission ou d'omission. Cette dernière est caractérisée lorsque le fait doit être accompli en vertu d'une obligation légale ou réglementaire (Cass. 1re civ., 27 févr. 1951, Branly).

En l'espèce, l'information fournie par le courtier maritime est erronée. En effet, l'annonce précisait que le moteur avait été « entièrement révisé » et que la motorisation était « en très bon état ». Or, les supports moteurs étaient en mauvais état.

Le mandataire du vendeur, en sa qualité de professionnel, a donc commis une double faute à l'égard de l'acquéreur. D'une part, il n'a pas informé le vendeur et l'acquéreur du mauvais état des silentblocs. D'autre part, c'est lui qui a fait paraître l'annonce vantant le très bon état du navire et de sa motorisation, une publicité qu'il serait possible de qualifier de trompeuse.

En conséquence, le courtier maritime engage sa responsabilité sur le terrain délictuel.

En conclusion, la responsabilité contractuelle de Romain Thomas et du mécanicien sera engagée, tandis qu'à l'égard du courtier maritime la responsabilité sera délictuelle.

L'acquéreur étant attaché à son bateau, et face à la rareté de ce dernier, réclamera la réparation du bateau auprès des trois protagonistes.

B - LE TRIBUNAL COMPÉTENT

1. La compétence matérielle

Pour la compétence matérielle, le tribunal de grande instance est la juridiction de droit commun. En effet, « Le TGI connaît de toutes les affaires civiles et commerciales pour lesquelles compétence n'est pas attribuée, en raison de la nature de l'affaire ou du montant de la demande à une autre juridiction » (COJ, art. L. 211-3).

La compétence du tribunal de grande instance vaut pour toutes les actions personnelles ou mobilières, mais la réserve des textes quant à la valeur du litige lui fait partager sa compétence, pour ce type d'actions, avec d'autres juridictions.

En l'espèce, il s'agit d'une demande en justice visant à une réparation en nature, donc d'une action personnelle.

Le tribunal de grande instance ne peut en connaître qu'au-delà de 10000 euros (COJ, art. L. 211-3). En deçà, on trouve le tribunal d'instance jusqu'à 10000 euros (COJ, art. L. 221-4).

Ici, la demande principale est supérieure à 10 000 euros puisqu'un rapport d'expertise a chiffré le montant des réparations à la somme de 17 895 euros.

En conséquence, le tribunal de grande instance est compétent pour connaître de ce litige.

2. La compétence territoriale

Pour la compétence territoriale, les règles sont posées aux articles 42 et suivants du Code de procédure civile qui concernent toutes les juridictions de l'ordre judiciaire, sauf disposition contraire.

La règle est ici que le demandeur doit porter son action devant le tribunal du lieu où demeure le défendeur (CPC, art. 42, actor sequitur forum rei).

Thomas Certin devra donc porter son action au lieu du tribunal du défendeur. Toutefois, en l'espèce, il y a plusieurs défendeurs : le courtier maritime, le vendeur et le mécanicien.

Pour une personne morale, il s'agit du lieu où elle est établie (CPC, art. 43), le siège social pour les sociétés. Le lieu est fixé dans les statuts. Pour le courtier, il s'agit d'une SARL qui est domiciliée à Saint-Malo. Néanmoins, à l'égard du courtier maritime, la relation étant délictuelle, il est possible de faire application de l'article 46 du Code de procédure civile, qui ouvre une option : la demande pourra être portée devant la juridiction où demeure le défendeur, devant le tribunal du lieu où le fait dommageable s'est produit ou devant celui dans le ressort duquel le dommage « a été subi ».

En tout état de cause, le défendeur est domicilié à Saint-Malo et le dommage s'est produit et a été subi également dans le ressort du tribunal de grande instance de Saint-Malo.

Ainsi, à l'égard du courtier maritime, le tribunal de grande instance compétent est celui de Saint-Malo. À l'égard du vendeur et du mécanicien, il est question de relations contractuelles.

Ainsi, en matière contractuelle, le demandeur a la faculté de porter le litige, selon la nature du contrat, soit devant la juridiction du lieu de la livraison effective de la chose, soit devant celle du lieu de l'exécution de la prestation de services (CPC, art. 46, al. 2).

En l'espèce, il s'agit d'un contrat portant sur une chose. On peut supposer que le lieu de livraison était Saint-Malo.

Enfin, en cas de pluralité de défendeurs, le demandeur assignera tous les défendeurs devant la juridiction du lieu où demeure l'un d'eux, à son choix (CPC, art. 42, al. 2).

En conclusion, le tribunal compétent est le tribunal de grande instance de Saint-Malo.

II - Sur la preuve

Avant que le bateau ne coule, l'acquéreur souhaiterait se préconstituer rapidement la preuve des manquements.

Sur le fondement de l'article 145 du Code de procédure civile, « s'il existe un motif légitime de conserver ou d'établir avant tout procès la preuve de faits dont pourrait dépendre la solution d'un litige, les mesures d'instruction légalement admissibles peuvent être ordonnées à la demande de tout intéressé, sur requête ou en référé ».

Ce texte permet à tout intéressé de demander sur requête (sans contradictoire) ou en référé (dans le respect du contradictoire) une mesure d'instruction dite in futurum ou préventive, c'est-à-dire… avant tout procès à condition de démontrer un motif légitime d'établir la preuve de faits dont pourrait dépendre la solution d'un éventuel litige.

En l'espèce, il est nécessaire de recourir à une telle mesure d'instruction avant que le bateau ne coule par voie de référé. De plus, une telle expertise permettra de déterminer l'incidence des diverses fautes des protagonistes.

Par ailleurs, l'existence d'une convention d'arbitrage ne fait pas obstacle tant que le tribunal arbitral n'est pas constitué, à ce qu'une partie saisisse une juridiction de l'État aux fins d'obtenir une mesure d'instruction sur le fondement de l'article 145 du Code de procédure civile (CPC, art. 1449).

Ainsi, l'article 12 du contrat de vente ne fera pas obstacle à une demande d'expertise sur le fondement de l'article 145 du Code de procédure civile.

En conclusion, Thomas Certin pourra obtenir en référé, sur le fondement de l'article 145 du Code de procédure civile, une expertise.

III - Sur la clause d'arbitrage

L'article 12 du contrat de vente précise que « pour tous les litiges pouvant survenir dans l'application du présent contrat, les parties s'engagent à solliciter l'avis d'un arbitre choisi d'un commun accord avant tout recours à une autre juridiction ».

L'avis d'un arbitre est-il un préalable à la saisine du juge ?

Selon l'article 122 du Code de procédure civile, constitue une fin de non-recevoir tout moyen qui tend à faire déclarer l'adversaire irrecevable en sa demande sans examen du fond pour défaut de droit d'agir, tels le défaut de qualité, le défaut d'intérêt, la prescription, le délai préfix, la chose jugée.

Si l'article 122 du Code de procédure civile énonce un certain nombre de fins de non-recevoir, la Cour de cassation a reconnu qu'il ne s'agissait que d'une liste indicative.

Des fins de non-recevoir peuvent provenir d'une source conventionnelle. C'est le cas des clauses par lesquelles les parties conviennent d'instaurer un préalable à la saisine du juge, en particulier lorsqu'il s'agit d'instituer une tentative de règlement amiable d'un litige qui les opposerait (Cass. ch. mixte, 14 févr. 2003).

Or en l'espèce, la clause prévoit qu'en cas de litige, il convient de solliciter l'avis d'un arbitre.

Concrètement, le demandeur devra préalablement mettre en œuvre la clause, avant toute saisine du juge. À défaut, cela constituera une fin de non-recevoir.

Toutefois, la Haute juridiction a précisé que, lorsque les parties n'ont pas pris soin d'assortir la clause des conditions particulières de sa mise en œuvre, la demande introduite en méconnaissance du préalable prévu ne peut donner lieu à une fin de non-recevoir (Cass. com., 29 avril 2014).

En d'autres termes, il faut stipuler les modalités de sa mise en œuvre, qui permettent notamment de déterminer le moment à partir duquel les parties retrouvent leur liberté procédurale.

Or, l'article 12 du contrat de vente est elliptique et devrait rester sans effet, dès lors qu'elle ne prévoyait pas les conditions particulières de conciliation.

Néanmoins, la troisième chambre civile de la Cour de cassation s'est départie de la solution de la chambre commerciale (Cass. 3e civ., 19 mai 2016). En effet, elle a considéré que la clause précisant que « pour tous les litiges pouvant survenir dans l'application du présent contrat, les parties s'engagent à solliciter l'avis d'un arbitre choisi d'un commun accord avant tout recours à une autre juridiction », est un préalable à la saisine du juge. Si la solution venait à se confirmer, cela constituerait une évolution importante qui illustrerait encore davantage la faveur avec laquelle la Cour de cassation aborde aujourd'hui ces clauses de règlement amiable.

Concrètement, en dépit de la formulation évasive de la clause, Monsieur Thomas Certin devra respecter l'article 12 du contrat avant toute saisine du juge.

IV - Sur l'expertise

Le tribunal, se fondant sur un rapport d'expert, a condamné le vendeur. Toutefois, ce dernier n'a pas participé à l'expertise.

Les vérifications et opérations diverses réalisées par un technicien exigent la présence ou du moins la convocation des parties (CPC, art. 160 et 161). L'expert doit en effet veiller à ce que soit respecté le caractère contradictoire de l'expertise (CPC, art. 16).

En l'espèce, le vendeur n'a pas participé à l'expertise.

Toutefois, la Cour de cassation a jugé en chambre mixte (Cass. ch. mixte, 28 sept. 2012) que les irrégularités affectant le déroulement des opérations d'expertise sont sanctionnées sur le fondement de l'article 175 du Code de procédure civile, ce qui conduit à appliquer le régime des nullités de forme supposant la preuve d'un grief.

D'ailleurs, la chambre commerciale (Cass. com., 10 déc. 2013) a admis que le défaut de convocation d'une partie aux opérations d'expertise ne rendait pas le rapport inopposable à cette partie, dès lors que le rapport a été versé aux débats et soumis à une discussion contradictoire.

Or, ici il est précisé que Romain Thomas n'a pas été convoqué à l'expertise. Toutefois, s'agissant d'une procédure au fond devant le tribunal de grande instance, l'on peut supposer que les débats se sont déroulés de manière contradictoire.

En conséquence, Romain Thomas ne pourra pas soulever la nullité de l'expertise.

FAIRE LE POINT SUR L'ACTUALITÉ DU SUJET

DROIT PÉNAL ET PROCÉDURE PÉNALE

Sujet 1

DISSERTATION : LES DROITS DE LA DÉFENSE DURANT LA PHASE PRÉPARATOIRE AU PROCÈS PÉNAL

(ANNALES CONCOURS ENM 2017)

Le droit de défense est « un droit qui n'a besoin d'être écrit nulle part pour appartenir à tous. Sans ce droit exercé largement et librement, la justice pénale n'est pas justice, elle est oppression » (Ortolan, Éléments de droit pénal. Pénalité. Juridictions. Procédure, 1855, n° 1853). Pour Cornu, les droits de la défense désignent « l'ensemble des prérogatives qui garantissent à l'inculpé la possibilité d'assurer effectivement sa défense dans le procès pénal et dont la violation constitue une cause de nullité de la procédure même si cette sanction n'est pas expressément attachée à la violation d'une règle légale » (Cornu, Vocabulaire juridique, 8e éd., 2000, PUF, p. 258). Quant à la « phase préparatoire du procès pénal », elle désigne la phase de mise en état de la procédure pénale, à savoir, non seulement la phase d'information judiciaire, mais aussi celle des enquêtes de police.

À cet égard, le sujet proposé peut apparaître paradoxal puisque, dans le cadre d'une procédure inquisitoriale, qui est l'ancêtre de la procédure pénale française, aucune place n'est faite aux droits de la défense dans un objectif d'efficacité répressive. Néanmoins, le développement de la protection du droit à un procès équitable a eu pour conséquence d'appliquer les droits de la défense à tout le procès pénal : de la phase d'enquête à la phase d'exécution de la peine. La garantie des droits de la défense s'est accrue. Si elle intéressait essentiellement la phase de jugement, héritée du modèle accusatoire, la phase de mise en état, traditionnellement inquisitoire, s'est teintée de garanties des droits de la défense (CEDH, 24 nov. 1993, Imbrioscia c/ Suisse), jusqu'à ce que ce mouvement parvienne même à gagner l'enquête de police par l'accroissement du rôle tenu par l'avocat en garde à vue notamment.

Ainsi, s'agit-il de s'interroger sur la manière dont, dans la phase préparatoire du procès pénal, les droits de la défense sont protégés au prisme de l'équilibre, consubstantiel à la matière pénale, qui doit être ménagé avec la nécessaire protection de l'ordre public.

Pour être complète, cette interrogation doit se dédoubler et porter, à la fois, sur la question de savoir quelles sont les personnes destinataires des droits de la défense (I), afin d'en vérifier l'effectivité, et sur celle de la détermination du contenu de ces derniers, dont la densité apparaît variable (II).

I - La titularité des droits de la défense

L'essor des droits de la défense dans la phase préparatoire du procès pénal est prégnant à la fois dans la phase des enquêtes de police (A), mais aussi dans celle de l'instruction préparatoire (B).

A - LA TITULARITÉ DES DROITS DE LA DÉFENSE DANS LA PHASE DES ENQUÊTES DE POLICE

Bénéficient des droits de la défense au cœur de l'enquête de police, à la fois le gardé à vue et la personne suspectée entendue librement.

1. L'octroi des droits de la défense au suspect gardé à vue

Avant la loi du 4 janvier 1993, il n'existait pas de règle dédiée à la protection des droits de la défense dans les enquêtes de police. En effet, si le Code de procédure pénale de 1958 avait encadré le recours à la garde à vue et sa durée, rien n'avait été prévu quant au respect des droits de la défense. La mesure pouvait durer vingt-quatre heures et pouvait être prolongée de la même durée par le procureur de la République ou le juge d'instruction. Au regard des droits de la défense, la loi avait simplement mis en place l'intervention d'un médecin, pour éviter les brutalités policières et faciliter leur constatation quand elles avaient lieu, ainsi qu'une présentation au procureur de la République, sauf en cas de flagrance.

C'est la loi du 4 janvier 1993 qui a finalement rendu la personne gardée à vue titulaire de droits de la défense dont la teneur a été amplifiée par la suite. Ainsi, en 1993, le suspect placé en garde à vue s'est vu reconnaître le droit à l'intervention ponctuelle d'un avocat, dans un objectif de prévention des mauvais traitements, mais aussi d'organisation de la défense. Par la suite, les droits de la défense se sont renforcés en garde à vue. D'abord, avec la loi du 15 juin 2000 qui a, notamment, rendu effectif le droit au silence au moyen de sa notification au suspect et développé le rôle de l'avocat en autorisant son intervention dès le début de la mesure. Ensuite, avec la loi du 14 avril 2011 qui, d'une part, a, à nouveau, développé le rôle de l'avocat, puisque celui-ci peut désormais assister le gardé à vue au cours des interrogatoires, et, d'autre part, a permis l'accès à certaines pièces du dossier.

2. L'extension des droits de la défense au suspect entendu librement

Jusqu'à récemment, dans le cadre des enquêtes de police, l'octroi des droits de la défense était conditionné au placement en garde à vue, c'est-à-dire à l'exercice d'un acte de contrainte à l'encontre de la personne concernée. Pourtant, les déclarations faites par une personne entendue librement peuvent se révéler lourdes de conséquences sur la suite des investigations. C'est la raison pour laquelle, la Cour européenne des droits de l'Homme a pu constater, à l'encontre de la France, des violations de l'article 6 de la Convention en ce que le suspect entendu librement ne se voyait pas, non seulement notifier le droit au silence, mais aussi accorder les droits de la défense, en particulier le droit d'être assisté pas un avocat (voir, notamment : CEDH, 14 oct. 2010, Brusco c/ France et 27 oct. 2011, Stojkovic c/ France et Belgique). En d'autres termes, le critère de déclenchement des droits de la défense dans les enquêtes de police, fondé sur l'existence d'un acte de contrainte à l'égard de la personne mise en cause, n'apparaissait pas assez protecteur des droits de la défense, qui doivent être garantis dès qu'apparaissent les éléments du soupçon.

Le Conseil constitutionnel avait d'ailleurs perçu la difficulté puisque, sans reconnaître au suspect entendu librement le droit à l'intervention d'un avocat, il avait émis une réserve d'interprétation aux termes de laquelle le respect des droits de la défense exige que la personne soupçonnée soit informée de la nature et de la date de l'infraction supposée et de son droit de quitter à tout moment les locaux de police ou de gendarmerie (Cons. const., déc. 18 nov. 2011 QPC). À la suite du renforcement des droits de la défense dans le cadre de la garde à vue, le législateur est donc, à nouveau, intervenu pour permettre une protection des mêmes droits de la défense hors l'exercice d'un acte de contrainte à l'égard du suspect. Ainsi, la loi du 27 mai 2014 a inséré dans le Code de procédure pénale un article 61-1 aux termes duquel la personne à l'égard de laquelle il existe des raisons plausibles de soupçonner qu'elle a commis ou tenté de commettre une infraction ne peut être entendue librement sur ces faits qu'après avoir été informée, notamment, des faits reprochés et du droit de garder le silence. Par ailleurs, l'article 61-3 du Code de procédure pénale dispose désormais que toute personne à l'égard de laquelle existe une ou plusieurs raisons plausibles de soupçonner qu'elle a participé, en tant qu'auteur ou complice, à la commission d'un crime ou d'un délit puni d'emprisonnement peut demander l'intervention d'un avocat. De la sorte, l'audition libre est devenue une mesure créatrice de droits et les droits de la défense se sont un peu plus diffusés dans la phase des enquêtes de police.

B - LA TITULARITÉ DES DROITS DE LA DÉFENSE DANS LA PHASE D'INFORMATION JUDICIAIRE

Cette phase du procès pénal n'est pas celle où les droits de la défense s'épanouissent le plus aisément puisqu'elle est, depuis toujours, fortement teintée du modèle inquisitoire. Pourtant, comme la garde à vue, la mise en examen est devenue une mesure également génératrice de droits dont l'ampleur s'est considérablement renforcée jusqu'à irriguer le statut du témoin assisté.

1. L'octroi des droits de la défense à la personne mise en examen

Dans l'information judiciaire, les droits de la défense – en particulier, le droit d'être assisté par un conseil reconnu à compter de la loi du 8 décembre 1897 – ont longtemps été réservés à la seule personne suspectée ayant fait l'objet d'une décision du juge d'instruction d'« inculpation » ou, depuis la loi du janvier 1993, de mise en examen. Ainsi, la personne suspectée, qui n'était pas formellement inculpée ou mise en examen, ne pouvait bénéficier des droits de la défense alors même que l'existence de soupçons à son encontre semblait imposer la reconnaissance de tels droits. En pratique, c'était, le plus souvent, la volonté du juge d'instruction de placer en détention provisoire le suspect qui l'amenait à décider d'une mise en examen, préalable nécessaire à un tel placement. À cet égard, comme pour ce qui concerne les enquêtes de police, le seuil de déclenchement des droits de la défense ne semblait pas fondé sur un critère adéquat puisque ce ne sont pas les actes de contrainte exercés à l'encontre de l'intéressé qui doivent lui permettre de se défendre, le droit de défense devant être reconnu à toute personne suspectée.

C'est pourquoi, la jurisprudence a développé la théorie dite des « inculpations tardives » et des « inculpations virtuelles ». Ainsi, s'agissant de la notion d'« inculpation tardive », celle-ci était définie comme l'audition sous serment et sans l'assistance d'un avocat d'une personne contre qui existent des indices graves de culpabilité. Une telle audition, qui revenait à contourner les droits de la défense, doit être frappée par la nullité (voir, notamment : Cass. crim., 16 juin 1955). Ceci explique pourquoi le juge répressif considère depuis longtemps que, dès lors que le témoin a procédé à des aveux, il ne peut plus être entendu comme simple témoin (Cass. crim., 13 févr. 1975). Quant à la notion d'« inculpation virtuelle », elle renvoie à la jurisprudence de la Chambre criminelle de la Cour de cassation aux termes de laquelle, même en l'absence formelle d'une inculpation ou d'une mise en examen, il y a lieu de conférer les droits de la défense à certaines personnes en raison de leur désignation dans certains actes de procédure. Ainsi en était-il, en particulier, pour les personnes nommément visées dans un réquisitoire introductif (voir, notamment : Cass. crim., 24 mai 1971). De la sorte aussi, il s'agissait de garantir les droits de la défense en en prévenant le contournement.

2. L'extension des droits de la défense au témoin assisté

Dans le prolongement de cette jurisprudence sur les inculpations tardives, la loi du 30 décembre 1987 a créé le statut de témoin assisté dont le champ d'application a été, par la suite, étendu (CPP, art. 113-1 et s.). Ainsi, doivent bénéficier du statut de témoin assisté, notamment, les personnes nommément visées par un réquisitoire introductif ou supplétif du procureur de la République, si elles ne sont pas mises en examen, les personnes nommément visées par une plainte avec constitution de partie civile ou une mise en cause par la victime et qui, auditionnées par le juge d'instruction, lui en font la demande et les personnes à l'encontre desquelles existent des indices graves et concordants de culpabilité et qui n'ont pas été mises en examen

(CPP, art. 105). Peuvent, par ailleurs, bénéficier de ce statut, les personnes qui sont mises en cause par un témoin et les personnes à l'encontre desquelles il existe des indices rendant vraisemblable qu'elles aient pu participer, comme auteur ou comme complice, à la commission des faits dont le juge d'instruction est saisi.

La raison d'être de l'octroi de ce statut réside dans la prise en compte de la jurisprudence relative aux « inculpations tardives » et aux « inculpations virtuelles » dans un objectif de prévention du contournement des droits de la défense. Le statut du témoin assisté n'est, en effet, pas sans rappeler celui du mis en examen puisqu'il bénéficie notamment du droit d'être assisté d'un avocat et d'accéder au dossier de la procédure. En prévoyant l'octroi obligatoire de ce statut à certaines personnes, clairement identifiées comme suspectes, le législateur a voulu mettre un terme à la pratique des « inculpations tardives » tout en consacrant la jurisprudence relative aux « inculpations virtuelles ». Il reste que, dans certains cas, l'octroi du statut de témoin assisté demeure facultatif, de sorte qu'il demeure encore un risque de fraude aux droits de la défense. En effet, comme le souligne un auteur, « seule la personne contre laquelle une plainte avec constitution de partie civile a été déposée peut exiger d'être entendue sous ce statut ; celle qui est soupçonnée peut être entendue par le juge d'instruction jusqu'aux limites des indices graves et concordants de l'article 105 dès lors qu'en présence d'« indices rendant vraisemblable » qu'elle ait pu participer à une infraction, le juge d'instruction « peut » mais non « doit », lui conférer ce statut, de sorte que paradoxalement « le suspect est mieux protégé devant les enquêteurs que devant le magistrat instructeur » (Ch. Guéry, « Le juge d'instruction et le suspect », AJ Pénal 2017, pp. 384 et s.).

II - La densité des droits de la défense

La phase préparatoire du procès pénal est devenue de plus en plus contradictoire au regard du contenu des droits accordés au suspect qui consistent, pour l'essentiel, dans le droit d'être informé (A) et dans le droit de se défendre (B).

A - LE DROIT D'ÊTRE INFORMÉ

Le suspect dispose du droit, parfois limité, d'être informé sur les faits qui lui sont reprochés, mais aussi du droit de provoquer cette information.

1. Le droit de recevoir l'information

Qu'il s'agisse des enquêtes de police ou de l'information judiciaire, la personne mise en cause est, en principe, informée, dans le cadre de son éventuelle convocation et lorsqu'elle est entendue, sur les faits reprochés, des droits dont elle dispose afin de garantir leur effectivité. En particulier, la personne mise en cause doit être informée de son droit de garder le silence, corollaire du droit à la présomption d'innocence. Pour ce qui concerne la garde à vue, la question de la notification du « droit au silence » a longtemps posé difficulté. Rendue obligatoire par la loi du 15 juin 2000, puis atténuée par la loi du 4 mars 2002, elle a été supprimée par la loi du 18 mars 2003. Néanmoins, certainement sous l'impulsion du droit européen qui impose une notification du droit au silence au suspect (voir, notamment : CEDH, gde chambre, 27 nov. 2008, Salduz c/ Turquie), certains juges du fond ont décidé d'annuler des gardes à vue sans notification du droit au silence (CA Agen, 18 févr. 2010) et, surtout, le Conseil constitutionnel a considéré que l'absence d'une telle notification méconnaissait l'article 16 de la DDHC et abrogé – avec effet différé au 1er juillet 2011 – le régime de droit commun de garde à vue (décision QPC du 30 juillet 2010). C'est la raison pour laquelle, la loi du 14 avril 2011, dont les dispositions ont été reprises par celle du 27 mai 2014, a finalement réintroduit la notification du droit au silence (CPP, art. 63-1 ; voir : Cass. crim., 17 janv. 2012).

Par ailleurs, dans les enquêtes de police, si la personne mise en cause est informée des faits qui lui sont reprochés, elle ne dispose que d'un accès parcellaire aux pièces relatives aux investigations entreprises afin de garantir l'efficacité de la recherche de la vérité. Ainsi, dans le cadre de la garde à vue, la loi du 14 avril 2011 n'autorise la défense qu'à consulter le procès-verbal de placement en garde à vue et de notification des droits, l'éventuel certificat médical relatif à l'état de santé du gardé à vue et les éventuels procès-verbaux d'interrogatoire antérieur (CPP, art. 63-4-1 ; sur la conformité de cette disposition au droit européen des droits de l'Homme et au droit de l'Union européenne : Cass. crim., 31 janvier 2017). À l'inverse, dans l'information judiciaire, la personne mise en examen et le témoin assisté disposent d'un droit d'accès à l'intégralité des pièces figurant au dossier, sous réserve de dispositions particulières destinées à garantir l'efficacité des investigations (CPP, art. 114 et s.). Les lois du 27 mai 2014 et du 3 juin 2016 se sont efforcées de compenser cette disparité dans la protection des droits de la défense en prévoyant, par exemple, la possibilité pour la personne mise en cause dans l'enquête de police de solliciter du procureur de la République, dans certains cas, la communication de tout ou partie de la procédure (v. en particulier, CPP, art. 77-2).

2. Le droit de provoquer l'information

Le législateur contemporain a fortement accentué le caractère contradictoire de l'information judiciaire. Ainsi, le mis en examen peut solliciter toute mesure utile à la manifestation de la vérité : audition, confrontation, transport sur les lieux, etc. Il dispose, dans un souci d'égalité des armes, de prérogatives très proches de celles du ministère public et de la partie civile. Toutefois, jusqu'à récemment, la personne mise en cause ne pouvait formuler de telles demandes d'actes d'investigation que dans le cadre d'une information judiciaire (CPP, art. 82-1), sachant que le refus de procéder à de tels actes peut être contesté au moyen d'un appel soumis au filtre du président de la Chambre de l'instruction. Afin de compenser cette disparité dans la protection des droits de la défense tout au long du procès pénal, dans un premier temps, la loi du 27 mai 2014 a permis à la personne faisant l'objet d'une citation directe ou d'une convocation par officier de police judiciaire de solliciter, du président du tribunal correctionnel ou du tribunal lui-même, la réalisation d'actes nécessaires à la manifestation de la vérité (CPP, art. 388-5). Dans un second temps, la loi du 3 juin 2016 a prévu la possibilité de solliciter, du procureur de la République, la réalisation d'actes dans le cadre de l'enquête de police (CPP, art. 77-2). Ainsi, lorsque les conditions sont réunies, le procureur avise l'avocat de l'intéressé, ou l'intéressé s'il n'est pas assisté, de la mise à disposition d'une copie de la procédure, de la possibilité de formuler des observations, ainsi que des demandes d'actes utiles à la manifestation de la vérité. L'avocat, l'intéressé et/ou la victime disposent, après cette information, d'un délai d'un mois pour consulter le dossier, faire leurs observations et demandes et pendant ce délai, le procureur ne peut prendre aucune décision sur l'action publique, hormis l'ouverture d'une instruction, la mise en œuvre de l'article 393 ou le recours à la procédure de comparution sur reconnaissance préalable de culpabilité. Le mouvement actuel du législateur semble ainsi se diriger vers l'instauration d'une enquête de police de plus en plus teintée de contradictoire.

Par ailleurs, au-delà de la possibilité donnée à la personne mise en cause de formuler des demandes d'actes d'investigation afin de provoquer, notamment, la révélation d'informations utiles à sa défense, il convient de souligner la grande marge de manœuvre dont disposent les parties privées, dont le suspect, dans la recherche des preuves. En effet, il est de jurisprudence constante que, dans la recherche des preuves au soutien de la défense de leurs intérêts, les particuliers peuvent avoir recours à tout procédé, y compris des méthodes déloyales, voire illégales. Ainsi, le juge d'instruction ne peut refuser de joindre au dossier une preuve administrée par la partie civile et obtenue éventuellement de façon déloyale (Cass. crim., 7 mars 2012, sur l'admissibilité d'enregistrements audio effectués par un ancien salarié démontrant la commission d'infractions). Bien plus, la Chambre criminelle de la Cour de cassation a considéré, d'une part, qu'une preuve obtenue au moyen d'une infraction pénale est recevable devant les juridictions répressives (Cass. crim., 31 janv. 2012 et 27 nov. 2013, à propos de preuves volées) et, d'autre part, que l'infraction ainsi commise peut être justifiée au moyen d'une cause d'irresponsabilité pénale sui generis, dès lors qu'elle apparaît strictement nécessaire à l'exercice des droits de la défense (Cass. crim., 11 mai 2004). À cet égard, les droits de la défense font l'objet d'une protection particulièrement forte.

B - LE DROIT DE SE DÉFENDRE

Informé des faits qui lui sont reprochés, le suspect dispose du droit de se défendre en ayant recours, parfois de manière limitée, à l'aide d'un avocat et en exerçant les recours qu'il estime nécessaire.

1. Le droit à l'intervention d'un avocat

Dès le 8 février 1996, la Cour de Strasbourg a affirmé que le droit à l'intervention d'un avocat dans la phase préparatoire de la procédure pénale débute dès le début des investigations (CEDH, 8 févr. 1996, John Murray c/Royaume Uni). Ainsi, en France, dans le cadre des enquêtes de police, comme dans celui de l'information judiciaire, la personne mise en cause dispose du droit d'être assistée par un avocat lorsqu'elle est entendue sur les faits reprochés. En particulier, dans le cadre de la garde à vue, le suspect dispose, non seulement du droit de s'entretenir avec un avocat, mais aussi du droit d'être assisté par lui pendant les interrogatoires. Néanmoins, dans ce cadre particulier de la garde à vue – qui intervient, le plus souvent, au tout début des investigations – et afin de garantir un certain équilibre entre la protection de l'ordre public et celle des droits des justiciables, il est possible de différer l'intervention de l'avocat pour permettre, notamment, le bon déroulement d'investigations urgentes tendant au recueil ou à la conservation des preuves, en particulier en matière de criminalité et de délinquance organisées. Pour autant, un garde-fou a été créé par le législateur puisque le dernier alinéa de l'article préliminaire du Code de procédure pénale dispose qu'« en matière criminelle et correctionnelle, aucune condamnation ne peut être prononcée contre une personne sur le seul fondement de déclarations qu'elles a faites sans avoir pu s'entretenir avec un avocat et être assistée par lui ».

Cette intervention de l'avocat dans l'enquête de police se révèle limitée au regard du droit général dont dispose la personne mise en examen et le témoin assisté dans le cadre de l'information judiciaire. Ainsi, l'avocat ne peut intervenir que dans le cadre d'une garde à vue, voire d'une audition libre, et son rôle est cantonné à l'assistance passive de son client pendant l'interrogatoire puisqu'il ne peut émettre des observations – voire poser des questions – qu'à la fin dudit interrogatoire. Bien plus, cette intervention n'est pas prévue lors des perquisitions alors même que le suspect pourrait être amené à tenir des propos auto-incriminants. Certes, la loi du 3 juin 2016 a étendu l'intervention de l'avocat aux opérations de reconstitution et aux séances d'identification des suspects (CPP, art. 61-3), mais les perquisitions ne sont pas concernées. À ce propos, il convient de noter qu'au soutien de leurs questions prioritaires de constitutionnalité dirigées contre la loi du 14 avril 2011 relative à la garde à vue, les requérants invoquaient la méconnaissance des droits de la défense, en ce que l'intervention de l'avocat n'est prévue que pendant les auditions et les confrontations (CPP, art. 63-4-2) et non lors des autres actes d'investigation menés en présence du suspect, tels que les perquisitions. Malgré tout, dans sa décision du 18 novembre 2011, le Conseil a écarté l'argumentation en considérant que les nouvelles dispositions du Code de procédure pénale « instituent des garanties de nature à assurer que la personne gardée à vue bénéficie de l'assistance effective d'un avocat » et assurent, « entre le droit de la personne gardée à vue à bénéficier de l'assistance d'un avocat et l'objectif de valeur constitutionnelle de recherche des auteurs d'infractions, une conciliation qui n'est pas déséquilibrée ». Par ailleurs, la Chambre criminelle de la Cour de cassation a estimé que l'article 6, § 3, de la Convention européenne de sauvegarde des droits de l'Homme et des libertés fondamentales n'exige pas que la personne ayant reçu notification officielle du fait qu'elle est suspectée d'avoir commis une infraction soit assistée d'un avocat lorsqu'elle est présente lors d'une perquisition au cours de laquelle elle n'est ni privée de liberté ni entendue sur les faits qui lui sont reprochés (Cass. crim., 3 avril 2013).

2. Le droit d'exercer les voies de recours

La personne mise en examen et, sous certaines réserves, le témoin assisté, peuvent interjeter appel et former des requêtes en nullité devant la Chambre de l'instruction (CPP, art. 170 et s.). Cette faculté n'est toutefois pas accordée à la personne mise en cause dans le cadre des enquêtes de police puisque cette phase de la procédure pénale n'est pas juridictionnelle et ne peut donc faire l'objet d'un contrôle juridictionnel tant que les poursuites n'ont pas été engagées. Ceci pose difficulté au regard de l'effectivité des droits et libertés, en particulier les droits de la défense, susceptibles d'être mis à mal dans le cadre desdites phases d'enquête devenues de plus en plus coercitives. À cet égard, il convient d'évoquer l'arrêt Abdelali c/ France dans lequel la Cour européenne des droits de l'Homme a constaté une violation de l'article 6, § 1er, de la Convention en ce que le requérant, n'ayant pas été considéré comme partie à la procédure en cause, n'avait pas pu exercer les voies de recours à l'encontre d'un certain nombre d'actes d'investigation et avait, de la sorte, été privé du droit « de remettre en question l'authenticité de l'élément de preuve [litigieux] et de s'opposer à son utilisation » (CEDH, 11 oct. 2012, Abdelali c/ France).

Une fois les poursuites engagées, par l'ouverture d'une information judiciaire ou la saisine directe d'une juridiction répressive de jugement, les voies de recours sont effectivement ouvertes à la personne mise en cause, en particulier les requêtes en nullité. Or, la méconnaissance des droits de la défense constitue généralement une cause de nullité assimilée à une cause de nullité d'ordre public, de nature à garantir leur effectivité (voir, en matière de garde à vue : Cass. crim., 3 déc. 1996). Néanmoins, l'appréciation in globo de l'équité de la procédure est de nature à éroder cette effectivité. À ce propos, la grande Chambre de la Cour de Strasbourg s'est récemment prononcée dans le cadre d'une affaire au cours de laquelle le requérant, placé en garde à vue, s'était vu dénier illégalement le droit d'être assisté par un avocat pendant trois jours. Pour autant, les juges européens n'ont pas estimé qu'il y avait eu violation de l'article 6 de la Convention en ce sens que les garanties offertes à l'intéressé dans le reste de la procédure lui avaient permis de bénéficier d'un procès globalement équitable (CEDH, 12 mai 2017, Simeonovi c/ Bulgarie). Cette position contraste, sans nul doute, avec la jurisprudence de la Cour de cassation, selon laquelle la méconnaissance du droit à l'assistance relève des nullités assimilées aux nullités d'ordre public, et avec la nécessaire effectivité des droits de la défense.

Conclusion

Le législateur contemporain a assumé sa volonté de rendre l'enquête comme l'instruction préparatoire de plus en plus contradictoires et respectueuse des droits de la défense. Ainsi, récemment, la loi du 28 février 2017, relative à la sécurité publique, conformément à la décision du 16 septembre 2016 du Conseil constitutionnel ayant censuré l'article 197 du Code de procédure pénale, a renforcé les droits de la défense dans la procédure devant la Chambre de l'instruction en permettant aux parties non assistées par un avocat d'avoir accès aux réquisitions du ministère public. Désormais, les avocats des parties ou, si elles n'ont pas d'avocat, les parties peuvent se faire délivrer copie de ces réquisitions sans délai et sur simple requête écrite, sans préjudice de leur faculté de demander la copie de l'entier dossier en application du quatrième alinéa de l'article 114. Jusqu'à la tenue de l'audience, les droits de la défense sont donc, là aussi, ménagés.

FAIRE LE POINT SUR
L'ACTUALITÉ DU SUJET

Sujet 2

DISSERTATION : LES PREUVES EN MATIÈRE PÉNALE

(ANNALES CONCOURS ENM 2016)

La preuve se décline en autant de moyens qu'il est de nécessité d'établir la réalité d'une infraction, a fortiori suivant sa gravité. Elle est ainsi un défi lancé à la matière pénale qui a dû s'adapter à l'évolution de la criminalité pour trouver, au-delà du droit, des relais pour y répondre. À la croisée du droit et des faits, la preuve s'est diversifiée autant qu'elle s'est réinventée, au gré des évolutions techniques et scientifiques.

Domat a défini la preuve comme « ce qui persuade l'esprit d'une vérité », ce qu'exprime également la maxime latine « idem est non esse et non probari ». C'est pourquoi, « les preuves de la culpabilité doivent être plus claires que le jour à midi », selon un adage de l'Ancien droit inspiré du Code Justinien. Il s'agira essentiellement pour la partie poursuivante de rapporter la preuve de la culpabilité d'un auteur supposé par la démonstration de la constitution d'une infraction recouvrant ses éléments matériel et moral (à l'exception des contraventions, par principe, purement matérielles). La preuve revêt ainsi une importance particulière en matière pénale en ce qu'elle engage l'honneur et la liberté de la personne mise en cause. Eu égard aux intérêts en présence, elle doit résister à la tolérance de ceux qui pourraient la tenir trop facilement pour acquise sous la pression des nécessités de la répression. « Il vaut mieux hasarder de sauver un coupable que de condamner un innocent » (Voltaire, « Zadig ou la destinée », 1747).

Le verdict (ou la vérité dite) n'est que l'aboutissement du procès pénal de sorte que la preuve pénale dont il ressort est nécessairement tributaire de la conception que l'on peut avoir de cette notion, évolutive dans le temps et dans l'espace. Du Ve siècle jusqu'au Moyen-Âge, la procédure rejoignait largement le modèle accusatoire avec des preuves qui pouvaient parfois ressembler davantage à des épreuves (ordalies, serments purgatoires, etc.). Progressivement (et notamment à partir du XIIIe siècle), la procédure pénale française va se départir de ce modèle pour celui de l'inquisitoire qui trouvera notamment à s'exprimer dans l'ordonnance criminelle de Saint-Germain-en-Laye de 1670. La Révolution française, portée notamment par les critiques de Montesquieu et de Cesare Beccaria dans leur ouvrage respectif (« L'esprit des lois », 1748 et le « Traité des délits et des peines », 1764), marque l'avènement d'un autre système de justice pénale : là où le principe de légalité est désormais consacré, le système des preuves légales est abandonné. Alors que le premier consiste à prouver un fait par tous moyens propres à en établir l'existence, le second implique non seulement d'organiser légalement les moyens de rechercher et d'établir la culpabilité, mais aussi de la tenir légalement pour démontrer toutes les fois où les preuves légalement exigées auront été rapportées.

Sans doute le choix du législateur était-il dicté par la teneur des intérêts en présence. Deux parties vont alors s'affronter et chacune va apporter, au soutien de ses prétentions et pour défendre sa position, les preuves qu'elle estime déterminantes et qui sont susceptibles d'emporter la conviction du juge ou plus précisément, en matière pénale, son intime conviction. On le sait, la charge de la preuve de la culpabilité repose sur le ministère public mais cette règle, contrairement à la présentation qui en est souvent faite, tient moins au principe de la présomption d'innocence qu'à un principe de droit commun selon lequel la charge de la preuve incombe au demandeur. Cela ne signifie pas que l'accusation ait le monopole dans la recherche des preuves, bien au contraire, le juge comme les personnes privées disposent également de prérogatives afin de rechercher et d'administrer les preuves qu'ils auront pu recueillir.

Toutes les parties au procès pénal sont ainsi engagées sur le terrain probatoire même si celui-ci relève du pré carré des autorités policières et judiciaires qui veillent à sauvegarder l'objectif à valeur constitutionnelle de protection de l'ordre public. À mesure où celui-ci est exposé par une criminalité toujours plus organisée et exacerbée sous le prisme du terrorisme, les autorités policières et judiciaires ont vu leurs pouvoirs renforcés au gré des lois successives. On songe notamment à la loi du 9 mars 2004 qui a, notamment, rendu possibles les sonorisations de lieux et fixations d'images de lieux publics ou privés, à la loi du 14 mars 2011 qui a permis la captation informatique, ou encore à la loi du 6 décembre 2013 qui a étendu les infiltrations policières et les dispositions relatives aux repentis aux infractions relevant de la grande délinquance économique, financière et fiscale. Plus récemment, la loi du 13 novembre 2014 a donné naissance à l'enquête sous pseudonyme. La loi du 24 juillet 2015 sur le renseignement a placé les moyens de preuve du renseignement sous le contrôle de l'autorité administrative et dernièrement celle du 3 juin 2016 a, entre autres, autorisé l'utilisation de l'IMSI catcher dans le cadre des investigations relatives aux infractions de criminalité et de délinquance organisées.

Aussi convient-il de se demander comment la matière pénale parvient à concilier cet impératif de protection de l'ordre public avec la nécessaire préservation des droits et libertés des justiciables.

Dans l'objectif d'apporter une réponse équilibrée à cette interrogation primordiale, la matière pénale oscille entre un principe de liberté encadré (I) et un principe de légalité cantonné (II).

I - La liberté des preuves pénales : un principe encadré

Le principe de liberté de la preuve présente une double signification (A) dont la portée implique un encadrement (B) afin de prévenir les atteintes non nécessaires ou disproportionnées aux droits et libertés.

A - LA DOUBLE SIGNIFICATION DU PRINCIPE DE LIBERTÉ

Le principe de liberté des preuves s'illustre à deux égards : d'abord dans la production des preuves puis dans l'appréciation de ces dernières.

1. La liberté dans la production des preuves

L'essence même du procès pénal réside dans la recherche de la vérité matérielle qui consiste à rapporter la preuve de la commission d'une infraction. Contrairement au droit civil où la preuve repose sur des faits et des actes, en matière répressive, la preuve doit porter sur le fait, sur l'imputation de ce fait à la personne concernée ainsi que sur l'intention qu'elle avait de commettre un tel fait. La difficulté réside ici dans l'impossibilité de se pré-constituer de telles preuves. C'est pourquoi, le droit pénal est gouverné par le principe de liberté de la preuve qui consiste à prouver un fait par tous moyens afin d'emporter ou non l'intime conviction du juge répressif. L'article 427 du Code de procédure pénale dispose ainsi qu'« Hors les cas où la loi en dispose autrement, les infractions peuvent être établies par tout mode de preuve et le juge décide d'après son intime conviction. »

Ce principe de liberté de l'établissement de la preuve par tous moyens est affirmé à propos du tribunal correctionnel et s'étend aux juridictions d'instruction et de jugement en matière criminelle. Le dessein du droit pénal étant la manifestation de la vérité, le système ne peut ainsi exclure, a priori, de modes de preuves. Afin de garantir l'effectivité du principe, le législateur incrimine certaines atteintes aux preuves. On songe ainsi au délit de subordination de témoin (C. pén., art. 434-15), au délit de fuite (C. pén., art. 434-10 et 434-45) ou encore à l'article 434-4 du Code pénal qui punit de trois ans d'emprisonnement et 45 000 euros d'amende le fait de modifier l'état des lieux de commission d'un crime ou d'un délit ou de détruire ou détériorer un document ou objet de nature à faciliter la découverte d'un crime ou d'un délit.

2. La liberté dans l'appréciation des preuves

Deux méthodes dans l'appréciation des preuves se sont succédé dans l'histoire. L'Ancien droit était teinté du principe de preuves légales, selon lequel si la preuve requise était rapportée, le juge n'avait aucune marge d'appréciation et il devait condamner le prévenu. Cette nécessité présentait l'inconvénient de la nécessaire obtention de l'aveu, consenti suite à un interrogatoire, ou forcé, lorsqu'il était obtenu par la méthode de la question (autrement dit la torture). L'abolition de la torture et le rejet de l'arbitraire ont naturellement conduit à la suppression de ce principe en faveur de celui de la preuve morale ou de l'intime conviction.

Le juge pénal n'a plus aujourd'hui l'obligation de condamner le prévenu lorsque certaines preuves sont réunies alors même qu'il est convaincu de son innocence. Toutes les preuves sont ainsi soumises à son appréciation et ne représentent que de simples présomptions de l'homme : le juge en apprécie la valeur probante. Il forge sa conviction en son âme et conscience. Ce principe présente le double avantage de garantir la fonction essentielle du juge pénal – celle d'évaluer les preuves qui lui sont soumises – et de ménager la séparation des pouvoirs – le législateur ne devant pas évaluer les preuves à la place du juge. Pour autant, l'autorité judiciaire ne peut se prononcer que sur les preuves qui lui ont été apportées au cours des débats et contradictoirement discutées devant lui (CPP, art. 353, 427, 512 et 536).

B - L'ENCADREMENT DU PRINCIPE DE LIBERTÉ

Afin d'éviter que le principe de liberté de la preuve ne conduise à l'arbitraire, le législateur est venu l'encadrer doublement : d'une part, quant à la production des preuves et, d'autre part, quant à leur appréciation.

1. La légalité dans la production des preuves pénales

Pour certaines infractions, la preuve n'est pas libre, le législateur déterminant les preuves dont la production est recevable devant le juge répressif. Ainsi, l'article 537, alinéa 1er du Code de procédure pénale prévoit que les contraventions sont prouvées, soit par procès-verbaux de constatation d'infraction ou rapports, soit – à défaut de procès-verbaux et rapports – par témoins (Cass. crim., 16 mars 2005 ; 6 déc. 2011 et 7 déc. 2011). Par ailleurs, les articles L. 234-1 et suivants du Code de la route détaillent les conditions dans lesquelles la conduite sous l'empire d'un état alcoolique ne peut être que strictement rapportée. Un dépistage préalable de l'état d'imprégnation alcoolique doit d'abord être effectué (alcootest). Ce dépistage effectué, l'opération de vérification destinée à établir la preuve de l'état alcoolique est ensuite opérée soit par analyses et examens médicaux cliniques et biologiques – le plus souvent par prise de sang –, soit par analyse de l'air expiré – par le biais d'un éthylomètre.

Surtout, la production des preuves est tributaire des conditions de leur obtention. Ainsi, en premier lieu, toute méthode d'investigation attentatoire aux droits d'autrui doit être autorisée et encadrée par la loi. C'est ainsi que la Chambre criminelle a admis les prises de vues par les enquêteurs d'individus se trouvant sur la voie publique – dans la mesure où leur vie privée n'est alors pas mise en cause –, mais refusé d'admettre de tels enregistrements portant sur des images provenant d'une propriété privée (Cass. crim., 15 févr. 2006 ; 21 mars 2007 ; voir également, à ce propos, la jurisprudence de la CEDH en matière d'interceptions de télécommunications ou de géolocalisation dynamique). En second lieu, certaines méthodes d'investigation sont prohibées. Ainsi, notre système procédural prohibe l'administration de preuves incompatibles avec le respect des droits de la défense et l'idée que l'on se fait de la justice : tel est le cas s'agissant de l'impossibilité de faire état de la correspondance écrite échangée par l'avocat et son client (CPP, art. 432) ou de l'impossibilité d'avoir recours à des détournements de procédure (pour la sonorisation de cellules de garde à vue : Cass. ass. plén., 6 mars 2015). Par ailleurs, sont évidemment interdits tous les procédés contraires à la dignité de l'Homme. Il n'est donc pas possible d'avoir recours, afin d'obtenir des aveux, à la violence, à la torture ou à des traitements inhumains ou dégradants (CESDH, art. 3 ; voir, notamment : CEDH, 27 août 1992, Tomasi c/ France ; 28 juill. 1999, Selmouni c/ France ; voir, pour le « *menottage* » et la garde à vue d'un tétraplégique : Cass. crim., 4 mai 2008). De même, parce qu'il mène à une instrumentalisation de l'Homme, le recours à la narco-analyse (« sérum de vérité » ; v. Trib. corr. Seine, 23 févr. 1949) ou à l'hypnose (Cass. crim., 12 déc. 2000 ; 28 nov. 2001) est interdit.

2. La légalité dans l'appréciation des preuves pénales

Dans certains cas, le juge n'est pas libre dans l'appréciation des preuves pénales. Ainsi en est-il lorsque le législateur attribue une valeur probante spécifique à certaines preuves. Tel est le cas, par exemple, en matière contraventionnelle puisque l'article 537 du Code de procédure pénale dispose que les procès-verbaux ou rapports établis, en la matière, font foi jusqu'à preuve contraire, sachant que cette preuve contraire ne peut être rapportée que par écrit ou par témoins, ce qui signifie qu'en l'absence d'une telle preuve contraire, même intimement convaincu de l'innocence du prévenu, le juge répressif est tenu de le déclarer coupable. Ainsi en est-il également lorsque le législateur a recours au mécanisme, emprunté au système des preuves légales, de la corroboration qui peut être illustrée par référence aux dispositions du dernier alinéa de l'article préliminaire du Code de procédure pénale aux termes duquel « en matière criminelle et correctionnelle, aucune condamnation ne peut être prononcée contre une personne sur le seul fondement de déclarations qu'elle a faites sans avoir pu s'entretenir avec un avocat et être assistée par lui. » En d'autres termes, conformément à ce texte, le juge, même intimement convaincu de la culpabilité, ne peut condamner s'il ne dispose que des aveux de la personne mise en cause obtenus alors qu'elle n'avait pas été mise en mesure de s'entretenir avec un avocat et d'être assistée par lui.

Par ailleurs, afin d'éviter que le principe de l'intime conviction ne soit synonyme d'arbitraire, le législateur encadre l'action du juge. Ainsi, en premier lieu, conformément aux dispositions de l'article 427, alinéa 2, du Code de procédure pénale, « le juge ne peut fonder sa décision que sur des preuves qui lui sont apportées au cours des débats et contradictoirement discutées devant lui. » Le juge ne saurait donc fonder sa décision sur des éléments puisés dans leur notoriété publique, pris dans la connaissance personnelle qu'il aurait d'une affaire (Cass. crim., 22 juin 1977) ou encore, par exemple, d'une pièce qui n'aurait pas été discutée par toutes les parties. En second lieu, l'intime conviction ne constitue pas un mode de preuve de sorte que le juge doit motiver sa décision. Ainsi, selon les articles 485, 543 et 593 du Code de procédure pénale, les jugements et arrêts, en matière correctionnelle et de simple police, doivent contenir les constatations sur lesquelles est fondée leur décision. De même, la loi du 10 août 2011 a inséré dans le code un article 365-1 qui impose désormais au président de la Cour d'assises ou à l'un de ses assesseurs d'énoncer les « principales raisons, qui pour chacun des faits reprochés à l'accusé, ont convaincu la Cour d'assises ».

II – La légalité des preuves pénales : un principe cantonné

Il convient désormais de réfléchir aux conséquences d'une preuve qui contreviendrait aux règles susmentionnées. À ce propos, il convient de constater que le principe de légalité de la preuve subit un cantonnement « ratione materiae » (A) et « ratione personae » (B).

A - LE CANTONNEMENT « RATIONE MATERIAE » DU PRINCIPE DE LÉGALITÉ

La légalité de la preuve est cantonnée par des obstacles procéduraux et matériels.

1. Les obstacles procéduraux à l'effectivité de l'illégalité

Bien qu'obtenues de manière illégale, certaines preuves demeureront au dossier et pourront fonder la décision du juge. Il s'agit d'évoquer, ici, les « purges » des nullités intervenant lors de l'information judiciaire et du jugement. Ainsi, par exemple, on sait que l'envoi de l'avis de fin d'information adressé aux parties ouvre un délai de trois mois – ou d'un mois en cas de détention provisoire – afin qu'elles puissent adresser des observations écrites au juge d'instruction. Dans ce même délai, les parties vont alors pouvoir formuler des demandes ou présenter des requêtes en nullité. À l'expiration de ce délai, elles ne sont plus recevables à formuler ou présenter de telles demandes ou requêtes (CPP, art. 175, al. 3). De même, devant la juridiction correctionnelle ou de police, une nullité de procédure ne peut être soulevée qu'« in limine litis », c'est-à-dire avant que le juge vérifie « la réalité des faits et leur qualification juridique » (CPP, art. 385 ; voir, notamment : Cass. crim., 22 févr. 2012).

Ces mécanismes de purge, destinés à garantir la célérité de la justice et à prévenir les comportements dilatoires, sont susceptibles de poser difficulté au regard de la jurisprudence de la Cour de Strasbourg relative au droit de contester devant un juge les conditions d'obtention d'une preuve pénale. En effet, dans un arrêt du 11 octobre 2012, la Cour européenne des droits de l'Homme a constaté une violation de l'article 6§1 de la Convention à propos de la jurisprudence de la Cour de cassation aux termes de laquelle une personne en fuite et vainement recherchée au cours de l'information n'a pas la qualité de partie au sens de l'article 175 du Code de procédure pénale et ne peut donc exciper devant le tribunal correctionnel d'une quelconque nullité d'actes de la phase préparatoire. Dans leur arrêt, les juges européens affirment qu'il se déduit du droit à un procès équitable le droit pour la personne mise en cause « de remettre en question l'authenticité de l'élément de preuve [litigieux] et de s'opposer à son utilisation » (CEDH, 11 oct. 2012, Abdelali c/ France).

2. Les obstacles matériels à l'effectivité de l'illégalité

Seules les irrégularités pour lesquelles le législateur a prévu la sanction de la nullité sont susceptibles de mener au retrait du dossier des preuves concernées. Mais, cela ne suffit pas, puisqu'en principe, seules les irrégularités causant grief à celui qui les invoque mènent à un tel retrait. Ainsi, aux termes des dispositions de l'article 802 du Code de procédure pénale, la cause de nullité textuelle est définie comme la « violation des formes prescrites par la loi à peine de nullité ». En d'autres termes, l'illégalité d'une preuve ne peut être sanctionnée par la nullité que dans l'hypothèse où les dispositions particulières de ce code, relatives aux méthodes mises en œuvre pour l'obtention de ladite preuve, prévoient une telle sanction. Ainsi, en l'absence d'indication par la loi de ce que l'irrégularité fait encourir la nullité, celle-ci ne pourra être prononcée à propos de l'obligation d'indiquer la teneur des questions posées lors d'un interrogatoire ou d'une audition (Cass. crim., 21 sept. 2005). Par ailleurs, aux termes communs des articles 802 et 171 du Code de procédure pénale, les nullités de procédure pénale répondent à la règle « pas de nullité sans grief », de sorte qu'en l'absence de la démonstration d'un tel grief, l'illégalité de l'acte accompli ne sera pas sanctionnée par la nullité. Ceci montre donc bien que l'effectivité de l'illégalité de la preuve pénale n'est que parcellaire.

Le rôle du juge pénal apparaît alors primordial, comme gardien de la légalité, en ce qu'il dispose de la possibilité de dégager, non seulement, des causes de nullités virtuelles, mais aussi, des causes de nullité pour lesquelles le grief est présumé. Ainsi, au sens de l'article 802 du Code de procédure pénale, une cause de nullité substantielle consiste en « l'inobservation des formalités substantielles ». Contrairement à ce qui est le cas pour les nullités textuelles, aucune disposition du code ne donne d'exemple formel de ces nullités substantielles. Pour les formalités prévues au code, il appartient au juge de s'interroger, matériellement, sur leur caractère substantiel, c'est-à-dire fondamental. Tel est le cas, par exemple, en ce qui concerne les garanties offertes à la personne suspectée et faisant l'objet d'une garde à vue (voir, notamment :

Cass. crim., 3 déc. 1996). De même, en ce qui concerne la règle « pas de nullité sans grief », le juge dispose de la possibilité de découvrir des nullités « assimilées » aux nullités d'ordre public pour lesquelles la nullité pourra être prononcée sans qu'il soit nécessaire d'établir l'existence d'un grief, celui-ci étant présumé. Ainsi, est-ce le cas, par exemple, en ce qui concerne le principe selon lequel la personne poursuivie doit avoir la parole en dernier à l'audience (Cass. crim., 18 oct. 2006).

B - LE CANTONNEMENT « RATIONE PERSONAE » DU PRINCIPE DE LÉGALITÉ

Si le dispositif probatoire s'est considérablement durci en matière répressive, on assiste à un affaiblissement des obstacles à la preuve produite par les particuliers. La Cour de cassation maintient toutefois quelques garde-fous.

1. L'ineffectivité de l'illégalité des preuves produites par les particuliers

À la différence des autorités publiques, à l'égard desquelles s'impose, sous réserve de dispositions spécifiques, une obligation de loyauté (voir, encore récemment : Cass. crim., 11 juill. 2017). Pour les particuliers, l'encadrement des preuves pénales est, en principe, inexistant puisque la jurisprudence estime que la preuve déloyale, voire illégale, peut être produite par un particulier devant le juge répressif. Ainsi, le destinataire d'appels téléphoniques anonymes répétés est en droit de les enregistrer et de les produire en justice (Cass. crim., 17 juill. 1984), de même que toute conversation téléphonique (Cass. crim., 31 janv. 2007). Identiquement, le juge d'instruction ne peut refuser de joindre au dossier une preuve administrée par la partie civile et obtenue éventuellement de façon déloyale (voir, notamment : Cass. crim., 7 mars 2012, sur l'admissibilité d'enregistrements audio effectués par un ancien salarié démontrant la commission d'infractions par le dirigeant d'une société). La juridiction de jugement elle-même ne peut refuser de l'examiner, comme cela a été souligné s'agissant de la pratique du « testing » (Cass. crim., 11 juin 2002 ; 27 nov. 2012). La Chambre criminelle de la Cour de cassation a même considéré qu'une preuve obtenue au moyen d'une infraction pénale était admissible (voir, notamment : Cass. crim., 31 janv. 2012 ; 27 nov. 2013).

Ceci se justifie par le fait que les règles relatives aux nullités de procédure ne concernent que les investigations menées par les autorités publiques. Ceci est également expliqué par le fait qu'en toute hypothèse, la preuve déloyale ou illégale sera soumise au contradictoire et pourra donc être critiquée par la partie à laquelle on l'oppose. De manière sous-jacente, cette position jurisprudentielle se comprend comme une volonté de rétablir l'égalité des armes, l'accusation disposant de considérables moyens d'investigations dont ne disposent pas les particuliers (ce qui renvoie, dans une certaine mesure, à la jurisprudence civiliste relative au « droit à la preuve »). Pour autant, une critique est possible dès lors que, poussée à l'extrême, cette jurisprudence pourrait mener à déclarer recevables des aveux obtenus à la suite d'actes de torture exercés par des particuliers…

2. Vers une effectivité de l'illégalité des preuves produites par les particuliers

Pour autant, ce risque est limité, au regard de la jurisprudence de la Cour de cassation qui affirme que la preuve obtenue au moyen d'une infraction pénale, si elle est recevable devant les juridictions répressives, est susceptible d'engager la responsabilité pénale du plaideur qui l'a ainsi obtenue (sous réserve de l'application du fait justificatif tiré de « l'exercice nécessaire des droits de la défense » ; voir, notamment : Cass. crim., 11 mai 2004).

Par ailleurs, sous l'impulsion de la jurisprudence européenne relative à la protection des droits et libertés fondamentaux (voir, par ex., CEDH, 10 oct. 2006, L. L. c/ France), l'action des particuliers, même dans la perspective de l'obtention d'une preuve, peut se trouver cantonnée par la Cour de cassation, en particulier à l'aune du droit au respect de la vie privée (Cass. crim., 24 avril 2007 : à propos d'une preuve produite en violation du secret professionnel, la Chambre criminelle a estimé que la juridiction de fond devait rechercher si l'examen public et contradictoire devant elle de telles pièces « constituait une mesure nécessaire et proportionnée à la défense de l'ordre et à la protection des droits de la partie civile au sens de l'article 8 de la Convention européenne des droits de l'Homme »).

Conclusion

L'objectif poursuivi en procédure pénale – la manifestation de la vérité – ne saurait justifier l'emploi de méthodes probatoires contraires aux droits et libertés fondamentaux, comme ces droits et libertés fondamentaux ne doivent pas être un carcan trop rigide afin de permettre la répression des infractions et le rétablissement de l'ordre public. Tel est l'enseignement que l'on doit tirer de l'ensemble des développements précédents qui ont permis d'illustrer le difficile équilibre opéré, en la matière, par le législateur et par le juge.

FAIRE LE POINT SUR L'ACTUALITÉ DU SUJET

Sujet 3

DISSERTATION : LA FAMILLE ET LE DROIT PÉNAL (ANNALES CONCOURS ENM 2003)

Selon Portalis, « les vertus privées peuvent seules garantir les vertus publiques ; et c'est par la petite patrie qu'est la famille, que l'on s'attache à la grande ; ce sont les bons pères, les bons maris, les bons fils qui font de bons citoyens ». L'importance de la famille pour la cohésion sociale a donné lieu à une codification importante de ses rapports au sein du Code civil. À l'inverse, le Doyen Couvrat affirmait en 1969 que « la famille n'est pas l'objet d'une véritable politique criminelle ».

La création du droit pénal est en effet davantage liée à la nécessité de prévenir l'affrontement clan contre clan dans le cycle de la vengeance privée qu'à une volonté d'intervenir dans les rapports familiaux. La famille en tant que groupe de personnes reliées entre elles par des liens fondés traditionnellement sur le mariage et la filiation est en effet susceptible de se réguler. Le droit pénal, dans son acception large incluant le droit pénal général, le droit pénal spécial, la procédure pénale, ne s'immisçait dans les liens familiaux qu'au travers d'une certaine moralisation empreinte de valeurs judeo-chrétiennes. L'infraction d'adultère illustrait particulièrement ce rôle du droit pénal dans son appréhension des rapports familiaux. Il faudra à ce titre attendre la loi n° 75-617 du 11 juillet 1975 pour que ces dispositions soient abrogées. L'idée d'un droit pénal davantage orienté vers la moralisation des rapports familiaux que de la protection des membres de la famille était également mise en relief par l'article 324, alinéa 2 du Code pénal, également abrogé par la loi précitée, qui admettait comme excusable « dans le cas d'adultère prévu par l'article 336, le meurtre commis par l'époux sur son épouse, ainsi que sur le complice, à l'instant où il les surprend en flagrant délit dans la maison conjugale ».

La famille a toutefois connu de nombreux bouleversements, notamment au travers de son rétrécissement, de la modification de ses schémas comme en témoigne l'avènement du pacs, de la multiplication des séparations en son sein qui ont contribué à une conception plus individualiste, soucieuse de garantir l'autonomie de chacune de ses entités. L'illustration la plus manifeste de cette évolution consiste dans le rétrécissement du champ d'application de l'immunité familiale par la loi n° 2006-399 du 4 avril 2006. Le droit pénal tend ainsi à affirmer un rôle de protecteur des éléments composant la famille. Il n'en oublie toutefois pas d'appréhender la famille comme une entité à part entière lorsqu'il prend conscience des effets néfastes d'une incarcération sur la vie de la famille.

Le droit pénal apparaît donc comme un instrument davantage intrusif dans la vie de la famille se comportant comme un spectateur concerné par les rapports familiaux (I) allant même jusqu'à en devenir un acteur (II).

I - Le droit pénal, spectateur concerné par les rapports familiaux

Le développement de l'individualisme dans nos sociétés modernes ainsi que l'avènement du principe d'égalité entre l'homme et la femme ont contribué à renforcer l'immixtion du droit pénal dans les rapports au sein du couple (A). En revanche, le législateur a parfois souhaité lutter contre cet individualisme, plutôt que l'accompagner en développant le rôle du droit pénal dans les rapports au sein du couple parental (B).

A - L'IMMIXTION CROISSANTE DU DROIT PÉNAL DANS LA FAMILLE EN PRÉSENCE D'UN COUPLE

Que l'on se place sur le terrain des atteintes aux personnes ou des atteintes aux biens, on assiste progressivement à une immixtion croissante du droit pénal dans les rapports au sein du couple.

1. En matière d'atteintes à la personne

La répression des atteintes aux personnes commises dans les rapports au sein du couple n'est pas une idée nouvelle, comme en témoigne l'absence d'immunités familiales en cette matière. La famille ne pouvait ainsi servir d'écran en présence d'infractions présentant une gravité certaine, propres à déstabiliser la sphère familiale nécessaire au développement de la nation. Cependant, il apparaissait que le droit pénal présentait parfois une certaine pudeur dans l'appréhension de ces rapports familiaux. Ainsi, pendant longtemps, l'admission du viol entre époux était impensable juridiquement. En l'absence d'une définition légale de cette incrimination, la jurisprudence et la doctrine, à l'instar d'Émile Garçon, définissaient régulièrement le viol comme le « coït illicite auquel la femme ne consent point », ce qui excluait le viol entre époux puisque le coït y apparaissait licite. Or, la loi du 23 décembre 1980 a donné pour la première fois une définition légale du viol qui permettait davantage de pénaliser ce comportement commis au sein du couple. L'article 222-23 du Code pénal, reprenant en 1994 cette définition, dispose que le viol correspond à « tout acte de pénétration sexuelle, de quelque nature qu'il soit, commis sur la personne d'autrui par violence, contrainte, menace ou surprise ». Aussi la jurisprudence a-t-elle fini par reconnaître le viol entre époux, d'abord dans un arrêt de 1990 dont les faits ne se réduisaient pas à un viol en raison de l'extrême cruauté du mari en l'espèce (Cass. crim., 5 sept. 1990), puis dans un arrêt de la haute juridiction en date du 11 juin 1992 qui levait toute ambiguïté sur la question. Le législateur a également poursuivi ce mouvement de pénalisation du viol entre époux. La loi n° 2006-399 du 4 avril 2006 a ainsi ajouté un alinéa 2 à l'article 222-22 disposant que « Le viol et les autres agressions sexuelles sont constitués lorsqu'ils ont été imposés à la victime… quelle que soit la nature des relations existant entre l'agresseur et sa victime, y compris s'ils sont unis par les liens du mariage », précisant toutefois que « La présomption de consentement des époux à l'acte sexuel ne vaut que jusqu'à preuve contraire ». Cette formulation a fait l'objet de nombreuses critiques tant au regard de la nécessité de préserver la liberté sexuelle au sein du couple que de son inutilité dès lors que la présomption d'innocence est un principe consacré par notre procédure pénale. La loi n° 2010-769 du 9 juillet 2010 a ainsi supprimé cette précision. Il convient par ailleurs d'ajouter que, loin d'une dépénalisation traditionnelle de ce type de fait, notre législation est aujourd'hui particulièrement sévère à l'encontre de ce comportement puisque la loi du 4 avril 2006 a prévu que la commission de ces faits par le conjoint, le concubin de la victime ou le partenaire lié à la victime par un pacte civil de solidarité est désormais une circonstance aggravante.

Cette circonstance aggravante n'est pas nouvelle, elle existait notamment en matière de violences. Elle tend toutefois à être adjointe à de nouvelles infractions. Ainsi, la loi du 9 juillet 2010 a créé un nouvel article 222-18-3 du Code pénal réprimant plus sévèrement les menaces de commettre un crime ou un délit lorsqu'elles sont commises par l'un des membres du couple. Le développement de cette circonstance aggravante est le reflet d'une prise de conscience par le législateur que ce type de faits s'accompagne souvent d'une emprise psychologique constituant un obstacle pour la victime pour déposer plainte. Ils doivent donc faire l'objet d'une répression aggravée. Cette prise en compte de la spécificité des faits commis au sein de la famille se retrouve également au travers de la création de nouvelles incriminations telles que la prohibition du harcèlement moral au sein du couple à l'article 222-33-2-1 du Code pénal. Par ailleurs, on constate que le législateur a accompagné la transformation de la famille en étendant cette circonstance aggravante d'une part aux partenaires liés par un pacte civil de solidarité et aux concubins mais d'autre part aux personnes ayant été par le passé unies par ce type de lien. Ainsi, la loi n° 2006-399 du 4 avril

2006 a créé un article 132-80 du Code pénal qui étend le bénéfice de la circonstance aggravante de faits commis par le conjoint, concubin ou partenaire liée à la victime par un pacte civil de solidarité aux anciens conjoints, concubins ou partenaires liées à la victime par un pacte civil de solidarité dès lors que l'infraction est commise en raison des relations ayant existé entre l'auteur des faits et la victime. Il convient de préciser que la Cour de cassation dans un arrêt en date du 16 décembre 2009, a restreint cette extension aux crimes et délits, seules infractions spécifiées par l'alinéa 1 de l'article 132-80 du Code pénal. En réponse à cet arrêt, la loi n° 2010-769 du 9 juillet 2010 a étendu les dispositions de l'article précité aux contraventions.

2. En matière d'atteintes aux biens

L'immixtion croissante du droit pénal dans la famille se retrouve également dans la sphère des atteintes aux biens. Traditionnellement, les immunités familiales permettent de tenir compte d'un lien de famille pour neutraliser la répression pénale. Le législateur a notamment retenu ces immunités familiales en matière d'appropriations frauduleuses. Le vol (C. pén., art. 311-12), l'abus de confiance (C. pén., art. 314-4), l'escroquerie (C. pén., art. 313-3), l'extorsion (C. pén., art. 312-9), le chantage (C. pén., art. 312-12 sont ainsi des infractions susceptibles d'être neutralisées par l'immunité familiale, dont l'effet est limité toutefois aux ascendants, descendants et conjoint sauf lorsque les époux sont séparés de corps ou autorisés à résider séparément. Ainsi, lorsque la valeur sociale lésée paraît moins importante que la protection de la cohésion familiale, le droit pénal refuse de s'immiscer dans la sphère familiale et le lien familial devient source d'impunité. Cette immunité se justifie également par des considérations d'opportunité tenant à l'imbrication au sein de la famille des liens patrimoniaux rendant complexe l'identification par la justice pénale du légitime propriétaire du bien litigieux.

Cependant, le législateur a pris conscience que cette difficulté de déterminer le propriétaire d'un bien est parfois moins prégnante s'agissant de biens dont le propriétaire est par définition nommément désigné. Par ailleurs, la nécessité de protéger les individualités au sein de la famille a également contribué à réduire le champ d'application des immunités familiales. La loi n° 2006-399 du 4 avril 2006 a donc ajouté un alinéa à l'article 311-12 du Code pénal qui précise que les immunités familiales « ne sont pas applicables lorsque le vol porte sur des objets ou documents indispensables à la vie quotidienne de la victime, tels que des documents d'identité, relatifs au titre de séjour ou de résidence à l'étranger, ou des moyens de paiement ». La liste non exhaustive proposée par le législateur pour la détermination des documents indispensables à la vie quotidienne de la victime illustre le fait que ce rétrécissement de la portée de l'immunité familiale est davantage lié à la protection de la liberté individuelle qu'à celle du droit de propriété. Dans le cadre des relations de couple, on comprend aisément l'emprise pouvant résulter de l'appréhension des documents d'identité ou des moyens de paiement de la victime.

B - L'IMMIXTION CROISSANTE DU DROIT PÉNAL DANS LA FAMILLE EN PRÉSENCE D'UN ENFANT

L'existence d'un enfant commun suscite une prise en compte plus importante de la famille par le droit pénal. D'une part, le droit pénal entend protéger la structure familiale notamment la solidarité qui en est consubstantielle. D'autre part, le droit pénal entend protéger cet enfant contre les agissements qui pourraient nuire à son développement.

1. La protection de la famille

Le droit pénal, conscient de l'importance de la famille dans la société, protège cette institution de diverses manières. En premier lieu, le législateur a prévu au sein du Chapitre 7 du Livre II du Code pénal une section intitulée « Des atteintes à la filiation ». L'article 227-12 du Code pénal prévoit notamment l'incrimination de provocation des parents à l'abandon d'un enfant. Le législateur a, à ce titre, accru son immixtion au sein de la famille par une loi du 29 juillet 1994. Il a ainsi interdit « Le fait de s'entremettre entre une personne ou un couple désireux d'accueillir un enfant et une femme acceptant de porter en elle cet enfant en vue de leur remettre ». La pénalisation des conventions de mère porteuse obéit à cette idée que la famille n'est pas totalement devenue une convention mais reste, en présence d'un enfant, une institution que le droit pénal doit plus que jamais préserver. Cet impératif est d'autant plus vrai que l'on assiste à la multiplication des séparations bouleversant la vie familiale. Le droit pénal doit alors rappeler l'obligation d'une solidarité familiale notamment en présence d'un enfant commun. L'article 227-3 du Code pénal punit ainsi de deux ans d'emprisonnement et de 15 000 euros d'amende « Le fait, pour une personne, de ne pas exécuter une décision judiciaire ou une convention judiciairement homologuée lui imposant de verser au profit d'un enfant mineur, d'un descendant, d'un ascendant ou d'un conjoint une pension, une contribution, des subsides ou des prestations de toute nature dues en raison de l'une des obligations familiales… ». Cette infraction, qui suppose que la décision socle de l'obligation familiale soit exécutoire, est caractérisée dès lors que le débiteur de ladite obligation ne s'est pas acquitté volontairement de ladite pension pendant un délai de deux mois. Ce délai est réduit lorsque l'obligation provient d'une ordonnance de protection du juge aux affaires familiales en présence de violences intrafamiliales. En effet, dans ce cadre, l'absence de versement d'une échéance suffit, aux termes de l'article 227-4-2 du Code pénal issu de la loi du 9 juillet 2010, à caractériser l'infraction.

La structure familiale est également protégée par le droit pénal dans les situations de séparation par la volonté du législateur de maintenir les liens familiaux conformément aux décisions du juge aux affaires familiales. Il convient de noter que l'infraction de non-représentation d'enfant donne lieu à un important contentieux devant le tribunal correctionnel. Elle nécessite l'existence d'un jugement exécutoire comme élément préalable. Cette incrimination a pour objectif de maintenir les liens familiaux dès lors que cette poursuite est conforme à l'intérêt de l'enfant, critère primordial sur le fondement duquel le juge aux affaires familiales rend ses décisions en ce domaine. Hormis des circonstances exceptionnelles constatées par les juges, le délit est constitué par le refus délibéré d'exécuter une décision de justice et de remettre les enfants à la personne qui est en droit de les réclamer. Ainsi, le 2 mars et le 8 juin 2016, la Chambre criminelle n'a ni validé le refus de l'enfant et exige que le parent vainque la résistance du mineur, ni des soupçons de maltraitance envers un enfant (non constatée dans un rapport d'investigation éducative établi à la demande du juge des enfants, ni par les conclusions des psychologues, sans aucune constatation médicale probante).

2. La protection de l'enfant

La préoccupation du droit pénal pour l'intérêt de l'enfant est encore plus primordiale lorsque l'on envisage les atteintes qu'il peut subir au sein de la famille. Les infractions sexuelles ont notamment donné lieu depuis la loi du 10 juillet 1989 à de nombreuses réformes opérées, notamment par les lois du 17 juin 1998 et du 9 mars 2004. Ces évolutions législatives ont eu pour effet de retarder le point de départ du délai de prescription à la majorité de la victime et d'allonger le délai jusqu'à vingt ans en matière, notamment, de crimes de nature sexuelle commis sur un mineur. La loi du 27 février 2017, qui a réformé la prescription, a maintenu ces dispositions dérogatoires. Par ailleurs, le législateur a souhaité mettre en relief le fait que les infractions sexuelles étaient commises dans un environnement familial en créant par la loi du 8 février 2010 un article 222-31-1 qui disposait que « Les viols et les agressions sexuelles sont qualifiés d'incestueux lorsqu'ils sont commis au sein de la famille sur la personne d'un mineur par un ascendant, un frère, une sœur, ou par toute autre personne, y compris s'il s'agit d'un concubin d'un membre de la famille, ayant sur la victime une autorité de droit ou de fait ». Cette qualification qui ne présentait aucune spécificité en termes de peines encourues a été censurée par une décision du 16 septembre 2011 du Conseil constitutionnel au regard du principe de légalité, dès lors que le législateur n'avait pas désigné précisément les personnes pouvant être considérées comme membre de la famille. Le législateur a réagi à cette décision des sages par la promulgation de la loi n° 2016-297 du 14 mars 2016 relative à la protection de l'enfant. Il inscrit expressément la notion d'inceste dans notre droit répressif et clarifie la portée des textes applicables en la matière, sans pour autant modifier les pénalités existantes, qui sanctionnent déjà ces comportements de façon suffisamment sévère. Le législateur a veillé à adopter une formule précise tenant en une liste limitative. L'article 222-31-1 du Code pénal est ainsi rétabli et les cas d'inceste précisés : « Les viols et les agressions sexuelles sont qualifiés d'incestueux lorsqu'ils sont commis sur la personne d'un mineur par : un ascendant, un frère, une sœur, un oncle, une tante, un neveu ou une nièce, le conjoint ou le concubin d'une de ces personnes ou le partenaire lié par un pacte civil de solidarité avec l'une de ces personnes s'il a sur le mineur une autorité de droit ou de fait ».

La protection des enfants au sein de la famille par le droit pénal tend à se développer. Ainsi, la loi du 18 mars 2003 assimile à une privation de soins prévue par l'article 227-15 du Code pénal le fait de maintenir un enfant de moins de six ans sur la voie publique ou dans un espace affecté au transport collectif de voyageurs, dans le but de solliciter la générosité des passants. Ces nouvelles dispositions tendent à créer une forme de corpus juridique encadrant l'éducation parentale. Ainsi, la loi du 18 décembre 1998 pénalise au travers de l'article 227-17-1 du Code pénal le fait, par les parents d'un enfant ou toute personne exerçant à son égard l'autorité parentale ou une autorité de façon continue, de ne pas inscrire dans un établissement d'enseignement, sans excuse valable, en dépit d'une mise en demeure de l'autorité de l'État compétente en matière d'éducation. De manière plus générale, cette intrusion du droit pénal dans l'éducation parentale est illustrée par la loi du 9 septembre 2002 qui a modifié l'article 227-17 du Code pénal. Antérieurement à cette loi, les parents engageaient leur responsabilité pénale s'ils se soustrayaient, sans motif légitime, à leurs obligations légales au point de compromettre gravement la santé, la sécurité, la moralité ou l'éducation de son enfant mineur. La loi précitée a supprimé le terme gravement, conduisant ainsi le droit pénal à une immixtion plus importante dans les rapports parentaux. Cette intrusion peut même d'une certaine manière être perçue comme une influence du droit pénal sur le fonctionnement des rapports familiaux.

II - Le droit pénal, acteur influençant les rapports familiaux

Classiquement, le droit pénal a un effet néfaste sur les rapports familiaux, notamment au travers de l'incarcération d'un membre de la famille. Conscient de cette situation, le législateur se révèle au travers de nombreuses dispositions soucieux du maintien des liens familiaux. Cependant, le comportement de l'un des membres de la famille peut également conduire le droit pénal à interrompre les liens familiaux.

A - LE DROIT PÉNAL SOUCIEUX DU MAINTIEN DES LIENS FAMILIAUX

L'objectif de maintenir les liens familiaux est poursuivi par le législateur tant dans la phase pré-sentencielle que post-sentencielle.

1. Au stade pré-sentenciel

Au stade pré-sentenciel, le principe de la présomption d'innocence rend particulièrement grave la rupture des liens familiaux par l'effet d'une détention provisoire. Le législateur a donc souhaité au travers de certaines dispositions favoriser le maintien des liens familiaux. L'article 145-4 du Code de procédure pénale est particulièrement illustrant de cette volonté du législateur. Il dispose en effet qu'à l'expiration d'un délai d'un mois à compter du placement en détention provisoire, le juge d'instruction ne peut refuser de délivrer un permis de visite à un membre de la famille de la personne détenue que par une décision écrite et spécialement motivée au regard des nécessités de l'information. Le législateur tente au travers de cet article de concilier les nécessités de l'information et le maintien des liens familiaux. Cette volonté de limiter les effets de l'information judiciaire sur les rapports familiaux est particulièrement prégnante lorsque l'on est en présence d'un enfant mineur. L'article 145-5 du Code de procédure pénale issu de la loi du 15 juin 2000 prévoyait notamment que le « placement en détention provisoire ou la prolongation provisoire d'une personne faisant connaître qu'elle exerce l'autorité parentale sur un enfant de moins de dix ans ayant chez elle sa résidence habituelle ne peut être ordonné sans que l'un des services ou l'une des personnes visées au septième alinéa de l'article 81 ait été au préalable chargé de rechercher et proposer toutes mesures propres à éviter la détention de l'intéressé ou à y mettre fin ». La circulaire du 20 décembre 2000 précisait à ce titre que le législateur était soucieux des conséquences du placement en détention provisoire d'une personne sur ses enfants, notamment lorsque ceux-ci sont très jeunes.

Toutefois, le législateur a profondément modifié par la loi du 5 mars 2002 cet équilibre entre nécessité de l'information judiciaire et maintien des liens familiaux. En effet, l'article précité prévoit désormais que « Le placement en détention provisoire d'une personne faisant connaître, lors de son interrogatoire par le juge d'instruction préalable à la saisine du juge des libertés et de la détention, qu'elle exerce à titre exclusif l'autorité parentale sur un mineur de seize ans au plus ayant chez elle sa résidence ne peut être ordonné sans que l'un des services ou l'une des personnes visés au septième alinéa de l'article 81 ait été chargé au préalable de rechercher et de proposer toutes mesures propres à éviter que la santé, la sécurité et la moralité du mineur ne soient en danger ou que les conditions de son éducation ne soient gravement compromises ». Si le législateur a élargi l'application de l'article 145-5 du Code de procédure pénale à la catégorie des mineurs de moins de seize ans, il a néanmoins limité le bénéfice de ces dispositions aux familles monoparentales. En outre, il a également réduit l'effet de ce texte puisqu'il s'agit désormais de rechercher des solutions permettant l'éducation de l'enfant mineur et non d'empêcher l'incarcération de son parent. À l'inverse, au stade post-sentenciel, le droit pénal tente de maintenir davantage les liens familiaux.

2. Au stade post-sentenciel

La peine prononcée par le tribunal correctionnel notamment lorsqu'elle est privative de liberté peut avoir des répercussions importantes pour la vie de la famille. Cette considération est d'autant plus prégnante lorsque la personne condamnée participe de manière essentielle à la vie de sa famille. La loi du 15 août 2014 mentionne à l'article 132-1 alinéa 3 du Code pénal que la juridiction doit déterminer la nature, le quantum et le régime des peines prononcées notamment en fonction de la situation familiale de ce dernier. Le législateur incite donc le tribunal correctionnel à éviter une incarcération aux répercussions importantes pour la famille, le cas échéant au travers d'un aménagement de peine ab initio. La juridiction de jugement pourra ainsi décider d'assortir sa décision du placement sous le régime de la semi-liberté, du placement à l'extérieur (C. pén., art. 132-25), du placement sous surveillance électronique (C. pén., art. 132-26-1). La juridiction pourra également fractionner sous certaines conditions la peine en prenant en considération les motifs familiaux justifiant cet aménagement. Il convient, à ce titre, de noter que par une loi du 24 novembre 2009, le législateur a supprimé le terme « grave » pour qualifier les motifs familiaux justifiant cet aménagement. Cela illustre une prise en compte croissante du législateur de la vie de famille. Le juge d'application des peines est également conduit à aménager la peine avant leur mise à exécution ou en cours d'exécution en considération notamment de la situation familiale du condamné aux termes de l'article 707 du Code de procédure pénale.

Outre les aménagements précités auxquelles il convient d'ajouter la libération conditionnelle et la libération sous contrainte, il pourra suspendre l'exécution de la peine pour des motifs familiaux. Cette suspension pour motif familial peut être décidée depuis la loi du 15 août 2014 alors même que le reliquat de la peine restant à subir est de quatre ans lorsque la suspension s'applique soit à une personne condamnée exerçant l'autorité parentale sur un enfant de moins de dix ans ayant chez ce parent sa résidence habituelle, soit à une femme enceinte de plus de douze semaines. Ces pouvoirs du juge d'application des peines s'expliquent notamment par la fonction de réinsertion sociale dévolue à la peine qui doit favoriser la prévention de la récidive. Le droit pénal prend ainsi en compte les liens familiaux car ils doivent favoriser la resocialisation du délinquant. Ce maintien des liens familiaux est également illustré par les permissions de sortir accordées par le juge d'application des peines qui peuvent être autorisées aux termes de l'article 723-3 du Code de procédure pénale pour maintenir les liens familiaux. Cette recherche d'un équilibre entre la répression et le respect de la vie familiale se retrouve également dans les missions de l'administration pénitentiaire au travers de l'accueil de l'enfant de moins de dix-huit mois auprès de sa mère incarcérée, des parloirs familiaux ainsi que des unités de vie familiale développées notamment par la loi du 24 novembre 2009 après avoir été préalablement expérimentées dans certains établissements. Ce souci constant de maintenir les liens familiaux disparaît lorsque le comportement de l'un des membres de la famille déstabilise la structure même de la famille. Le droit pénal peut dans ce cadre empêcher le maintien des liens familiaux.

B - LE DROIT PÉNAL INTERROMPANT LES LIENS FAMILIAUX

On assiste à une interpénétration du droit civil et du droit pénal en présence notamment de violences commises au sein du couple ou par un membre du couple dissolu. En effet, la loi du 9 juillet 2010 a prévu une nouvelle compétence du juge aux affaires familiales aux articles 515-9 et suivants du Code civil permettant à ce dernier de rendre des ordonnances de protection en présence de violences conjugales avérées. Ces mesures de protection peuvent également être décidées dans le cadre d'une instance pénale. Par ailleurs, le tribunal correctionnel se voit reconnaître des pouvoirs relevant du juge aux affaires familiales au travers notamment de la déchéance de l'autorité parentale.

1. Au titre de mesures de protection

Dans la phase pré-sentencielle, le procureur de la République peut opter notamment en matière de violences conjugales pour la convocation par procès-verbal avec demande de placement sous contrôle judiciaire, conformément aux dispositions des articles 393 et suivants du Code de procédure pénale. Il saisit alors le juge des libertés et de la détention aux fins que ce dernier puisse imposer à la personne déférée diverses obligations et interdictions prévues par la loi du 4 avril 2006 et notamment l'interdiction de se rendre au domicile conjugal, l'interdiction d'entrer en contact avec la victime, l'obligation d'être pris en charge sur un plan sanitaire, social ou psychologique. Ces mesures peuvent également être prononcées par le tribunal correctionnel notamment dans le cadre d'un sursis avec mise à l'épreuve.

Il convient de noter qu'afin de renforcer l'effectivité de ces mesures, le législateur par une loi du 4 août 2014 ayant créé un article 41-3-1 du Code de procédure pénale prévoit la possibilité pour le procureur de remettre à la victime de ce type de faits un dispositif de télé-protection en cas de grave danger pour cette dernière. Le droit pénal tend donc à prescrire et garantir l'interruption des liens familiaux notamment dans le domaine des violences conjugales. Cela illustre l'immixtion croissante du droit pénal dans la vie de la famille. Cette intrusion ne peut toutefois qu'être saluée au regard de l'impact de ces violences sur l'ensemble des membres de la famille.

2. Au titre de l'autorité parentale

À ce titre, le législateur est allé encore plus loin dans la portée du droit pénal sur la vie de la famille notamment au travers de la loi du 4 août 2014 précitée. L'article 222-48-2 prévoit ainsi qu'« En cas de condamnation pour un crime ou un délit prévu aux sections I, III ou III bis, commis par le père ou la mère sur la personne de son enfant ou l'autre parent, la juridiction de jugement se prononce sur le retrait total ou partiel de l'autorité parentale, en application des articles 378 et 379-1 du Code civil ».

Si ce type de mesures était déjà connu du droit pénal, il convient toutefois de noter qu'elles peuvent être prononcées en l'absence même de faits commis sur l'enfant commun. Cette évolution est liée à la prise en considération que l'enfant témoin de violences conjugales est en réalité également victime de ces agissements par les perturbations qu'elles provoquent sur la vie de famille. Par ailleurs, il convient de constater que la juridiction de jugement a désormais l'obligation de se positionner sur cette question, illustrant ainsi l'intrusion croissante du droit pénal sur les rapports familiaux.

Conclusion

Il résulte de l'ensemble des développements précédents que le juge pénal, à l'instar du juge aux affaires familiales, est à la fois spectateurs et acteurs des rapports familiaux. L'architecture judiciaire interpelle alors : ne serait-il pas nécessaire de repenser les rôles respectifs de ces juges et notamment de s'interroger sur le rôle du juge pénal dans des domaines – tel que la titularité de l'autorité parentale – parfois hors de sa spécialité traditionnelle ?

FAIRE LE POINT SUR L'ACTUALITÉ DU SUJET

Sujet 4

DISSERTATION : LA CLASSIFICATION TRIPARTITE DES INFRACTIONS (SUJET COMPLÉMENTAIRE 1)

La classification tripartite des infractions trouve son fondement dans le premier article du Code pénal (art. 111-1). Cette place marque incontestablement l'importance du principe en droit pénal français, lequel s'attache à apporter une réponse pénale différenciée en fonction de la gravité du comportement incriminé. Ainsi, le crime se situe en haut de la hiérarchie de la gravité des infractions, qui peuvent être commises, suivi par les délits et les contraventions.

Cette classification est une classification juridique en ce qu'elle résulte de la loi. Le législateur détermine, en fixant la peine encourue, la classe qui est attribuée à l'infraction commise. Conformément aux articles 131-1 et suivants du Code pénal, les personnes physiques déclarées coupables de la commission d'un crime encourent une peine de réclusion criminelle d'une durée de dix ans au moins. L'auteur d'un délit encourt, quant à lui, un panel de peine vaste allant de la sanction-réparation à l'emprisonnement de dix ans au plus. L'auteur d'une contravention encourt également plusieurs peines allant de l'amende à la sanction-réparation et aux peines complémentaires prévues par les articles 131-16 et 131-17 du Code pénal.

Cette classification tripartite des infractions est apparue pour la première fois dans le Code des délits et des peines du 3 brumaire an IV. Elle a été reprise par le Code pénal de 1810 puis conservée par le Code pénal de 1994. Sur le plan de la technique juridique, elle est la distinction fondamentale de tout notre droit pénal. Pourtant, le respect de cette classification a été de nombreuses fois ébranlé au profit d'une adaptation voulue des réponses pénales à apporter aux comportements infractionnels.

Si « toute société a les criminels qu'elle mérite » (Lacassagne, « Les transformations du droit pénal et les progrès de la médecine légale de 1810 à 1912 », Archives d'anthropologie criminelle, 1913), toute société a surtout les criminels qu'elle admet de considérer comme tels. Ainsi, le criminel d'hier n'est pas celui d'aujourd'hui ni de demain puisque le droit pénal évolue au gré de la définition des comportements infractionnels. Ce qui a pu être interdit et réprimé peut ne plus tomber sous le coup de la loi pénale et inversement.

En ce sens, tandis que l'adultère n'est plus une infraction pénale depuis 1975, la relation sexuelle imposée dans le cadre du mariage est aujourd'hui qualifiée de viol depuis une jurisprudence de la Chambre criminelle de la Cour de cassation du 5 septembre 1990 (Cass. crim., 5 sept. 1990). Plus encore, certaines infractions sont tantôt qualifiées de crime, tantôt de délit. La réforme du Code pénal a ainsi criminalisé la production et la fabrication de stupéfiants.

Par ailleurs, le législateur contemporain a disséminé dans le Code pénal de nombreuses circonstances aggravantes pour protéger des intérêts nouveaux. Afin d'appréhender au mieux la prévention de la dangerosité, il a été préféré d'ajouter de telles circonstances plutôt que de créer de nouvelles infractions (on songe notamment à l'introduction du guet-apens, de la bande organisée, à la qualité d'ex-conjoint pour la répression des violences, la dissimulation du visage…). Ces dernières entraînent des conséquences lourdes, notamment en aggravant considérablement le quantum des peines ou en attribuant à ces infractions un traitement pénal dérogatoire hors champ de l'organisation classique de la justice dévolue à la répartition tripartite des infractions.

Ce sont donc les criminalisations, décriminalisations, correctionnalisations et contraventionnalisations qui ébranlent le respect strict de la classification tripartite des infractions. Par ailleurs, certaines infractions qualifiées de crime font l'objet d'une requalification pénale en délit à des fins de praticité judiciaire et économique, pratique légalisée par la loi n° 2004-204 du 9 mars 2004 portant sur l'adaptation de la justice aux évolutions de la criminalité.

Aussi convient-il de s'interroger sur l'intérêt actuel de la classification tripartite des infractions. L'intérêt juridique de la classification tripartite des infractions est établi (I). Toutefois, l'intérêt pratique est contesté (II).

I - Un intérêt juridique établi

L'intérêt juridique de la classification tripartite des infractions est établi tant en droit pénal de forme (A) qu'en droit pénal de fond (B).

A - UN INTÉRÊT JURIDIQUE EN DROIT PÉNAL DE FORME

La classification tripartite des infractions est essentielle à la bonne organisation du droit pénal car elle permet de déterminer deux éléments primordiaux à la bonne tenue du procès pénal, la compétence juridictionnelle et la procédure applicable à l'infraction poursuivie.

1. La détermination de la compétence juridictionnelle

La classification tripartite des infractions trouve un intérêt incontestable en droit pénal de forme car les compétences juridictionnelles sont déterminées en fonction de la classe attribuée à une infraction. Ainsi, les crimes sont jugés par une Cour d'assises comme en dispose l'article 231 du Code de procédure pénale. La Cour d'assises est composée de magistrats professionnels (un président et deux assesseurs) et d'un jury populaire (6 membres en première instance et 9 en appel) en droit commun. Les délits sont, quant à eux jugés, en principe, par un tribunal correctionnel (conformément à l'article 381 du Code de procédure pénale) composé uniquement de juges professionnels parmi lesquels peut figurer un magistrat à titre temporaire. Enfin, les contraventions relèvent du tribunal de police suivant l'article 521 du Code de procédure pénale.

La classification tripartite des infractions permet donc une organisation juridictionnelle précise, laquelle induit, bien évidemment, l'application d'une procédure pénale définie et divergente selon la nature de l'acte infractionnel.

2. La détermination de la procédure applicable

À chaque infraction, une classe et à chaque classe une procédure pénale applicable. En effet, la procédure pénale est une matière protéiforme. Les règles procédurales divergent selon la classe d'infraction commise. Ainsi, la commission d'un crime engendre automatiquement l'ouverture d'une instruction (CPP, art. 79), laquelle est menée à charge et à décharge par un magistrat indépendant, le juge d'instruction. La procédure applicable aux délits et contraventions est plus variée. En effet, l'instruction est toujours possible en matière de délit mais exclue pour les contraventions. De même, les modalités de saisine du tribunal sont différentes. À titre d'exemple, la comparution immédiate n'est possible qu'en matière correctionnelle (CPP, art. 388 et 531). En outre, la procédure d'appel des différentes classes d'infractions a également été longtemps très disparate puisque l'appel n'était pas possible en matière criminelle avant la loi n° 2000-516 du 15 juin 2000 renforçant la protection de la présomption d'innocence et les droits des victimes.

Par ailleurs, le délai de prescription de l'action publique diverge selon la classe d'infraction. La loi du 27 février 2017 a modifié les durées de délai de prescription. Elles sont désormais de vingt ans pour les crimes, de six ans pour les délits et d'un an pour les contraventions (CPP, art. 7 et s.), sauf exceptions. Enfin, les mesures alternatives aux poursuites fondées ne peuvent être décidées en matière de crime (art. 41-1 : rappel à la loi ; art. 41-2 : composition pénale). Par ailleurs, la comparution sur reconnaissance préalable de culpabilité (CPP, art. 495-7) et l'ordonnance pénale (CPP, art. 495 et s.) ne sont pas applicables aux crimes.

La classification tripartite des infractions est donc à la base de toute l'organisation juridictionnelle en droit pénal français. Son intérêt est, par conséquent, indéniable. Toutefois, ce n'est pas uniquement un intérêt formaliste puisque le droit pénal de fond s'organise également autour de cette classification.

B - UN INTÉRÊT JURIDIQUE EN DROIT PÉNAL DE FOND

L'intérêt juridique de la classification en droit pénal de fond s'illustre en droit pénal général à plusieurs égards dont il convient de retenir essentiellement l'appréciation de la réunion des éléments constitutifs de l'incrimination et le régime des peines applicables.

1. Une incrimination conditionnée à la classification de l'infraction

La mise en œuvre de la responsabilité pénale dépend, pour partie, de la classification de l'infraction commise. La nature de la faute commise par le délinquant sera appréciée différemment selon la gravité que lui accorde le droit pénal. Ainsi, plus l'infraction est considérée comme grave, plus les éléments constitutifs nécessaires à sa caractérisation seront appréciés sévèrement et strictement. Cette rigueur dans la recherche des éléments constitutifs s'illustre essentiellement quant à l'élément moral, psychologique de l'infraction. En effet, en matière de contravention, la simple commission matérielle suffit à engendrer une sanction. En matière de délit, la loi du 10 juillet 2000, a circonscrit la notion de faute non intentionnelle. En revanche, la commission d'un crime doit toujours être intentionnelle.

L'appartenance à telle ou telle classe d'infraction aura un impact quant à la matérialité de celle-ci. Si la tentative d'un crime est toujours punissable, elle ne l'est, en matière correctionnelle, que si le texte d'incrimination le précise ; la tentative de contravention n'est jamais incriminée (C. pén., art. 121-4, 2°). Quant à la complicité, elle est sanctionnée dans trois hypothèses, mais à des conditions différentes : si tous les cas de complicité sont punissables en matière de crime et de délit, seuls certains d'entre eux sont visés en cas de complicité de contravention (C. pén., art. 121-6 et 121-7 : provocation ou fourniture d'instructions). Quant à l'impact sur les conditions de mise en œuvre de la responsabilité pénale, il n'existe pas de légitime défense des biens lorsque l'agression constitue une simple contravention (C. pén., art. 122-5, al. 2).

2. Un régime de peine différencié selon la classification choisie

Une telle différenciation n'est pas étonnante lorsque l'on sait que la classification tripartite est déterminée en fonction de la gravité de l'infraction et logiquement de la sanction prévue à la commission de l'acte infractionnel. Une des plus grandes différences est celle du cumul des peines. Alors qu'il n'est, par principe, pas possible de cumuler les peines prononcées pour des délits et crimes commis en situation de concours, les contraventions se cumulent indéfiniment (C. pén., art. 132-2 à 132-7). De plus, la classification légale a des incidences sur le quantum de la sanction. Si, quelle que soit la gravité de l'infraction, le minimum de la peine n'est plus, en principe, précisé par les textes, néanmoins, en matière de crime, le juge ne peut descendre en dessous de certains planchers, fixés par la loi (C. pén., art. 132-18). Par ailleurs, la dispense de peine ne peut intervenir qu'en matière correctionnelle ou contraventionnelle.

Plus encore, le délai de prescription de la peine est différent selon la classe de l'infraction commise. Il est de vingt ans en matière de crime, six ans pour les délits et trois ans pour les contraventions (C. pén., art. 133-2 à 133-4). Par ailleurs, les mesures d'aménagement de peine sont différentes selon que la peine prononcée est criminelle (réclusion ou détention criminelle) ou correctionnelle (emprisonnement). Enfin, la classification tripartite produit des conséquences sur l'exécution de la sanction. Ainsi, le sursis ne concerne que les peines correctionnelles ou, dans certains cas, de police.

Il apparaît que la classification tripartite des infractions est le fondement de toute l'organisation juridictionnelle en droit pénal. Elle est instituée comme un pilier fondateur du droit pénal et détermine les éléments de droit pénal de forme et de fond applicables aujourd'hui. Toutefois, les principes de cette classification sont ébranlés tant par la pratique judiciaire que par le législateur. En effet, la rigueur de cette classification, pourtant utile au bon respect du principe de légalité, a souvent été décriée et son intérêt pratique est à ce jour contesté.

II – Un intérêt pratique contesté

La correctionnalisation grandissante (A) et l'existence d'infractions particulières (B) marquent la contestation de son intérêt pratique.

A - LA CORRECTIONNALISATION GRANDISSANTE

La correctionnalisation a été introduite dans la pratique judiciaire pour être légiférée en 2004.

1. La correctionnalisation judiciaire

La correctionnalisation judiciaire consiste à qualifier de délit des faits qui devraient recevoir une qualification criminelle. Trois méthodes de correctionnalisation ont été utilisées en droit pénal français. La première était assez répandue au XIXe siècle. Elle consistait à présenter au tribunal correctionnel un délinquant, précédemment acquitté par la Cour d'assises, pour le même fait, mais sous une qualification correctionnelle. Cette correctionnalisation, postérieure au jugement, a été formellement interdite par le Code de procédure pénale de 1959. La deuxième méthode existe toujours. Elle est concomitante au jugement. Un fait a été déféré comme crime devant la Cour d'assises mais il résulte des débats que ce dernier n'est qu'un délit. En vertu du principe de la plénitude de juridiction de la Cour d'assises, celle-ci reste saisie, même si les faits échappent à sa compétence matérielle. La troisième méthode de correctionnalisation est la plus répandue et critiquée. Elle est antérieure au jugement et est l'œuvre du parquet ou des juridictions d'instruction. Ces derniers ne retiennent qu'une qualification délictuelle là où il existe, en réalité, un crime en négligeant une circonstance aggravante. Cette fiction juridique favorise la saisine de la juridiction correctionnelle.

Les justifications sont nombreuses, mais également critiquables, et toutes fondées sur une bonne administration de la justice. Certes, la correctionnalisation permet un jugement plus rapide quand on sait qu'une Cour d'assises se réunit en moyenne une fois tous les trois mois pour deux semaines. De même, un jugement correctionnel est plus économique au regard notamment des frais relatifs au jury populaire. Enfin, le jugement correctionnel est réalisé uniquement par des magistrats professionnels qui conservent donc le pouvoir de fixer une peine qui serait plus juste et proche de la réalité judiciaire. Cette troisième forme de correctionnalisation viole toutefois de nombreux principes juridiques.

Les autorités judiciaires, en optant délibérément pour une mauvaise qualification des faits, transgressent les règles d'ordre public régissant la compétence matérielle des juridictions répressives mais également le sacro-saint principe de légalité et bien évidemment, le respect des intérêts de la classification tripartite des infractions. Il est donc étonnant de constater qu'une telle correctionnalisation est souvent justifiée dans l'intérêt d'une bonne administration de la justice.

2. La correctionnalisation légiférée

La loi du 9 mars 2004 légalise la correctionnalisation lorsqu'elle est réalisée par le juge d'instruction à l'issue de l'instruction préparatoire. Le tribunal correctionnel saisi ne peut, en principe, pas soulever son incompétence. L'article 186-3 du Code de procédure pénale dispose que la personne mise en examen et la partie civile peuvent interjeter appel des ordonnances de renvoi devant le tribunal correctionnel dans le seul cas où elles estiment que les faits renvoyés constituent un crime qui aurait dû faire l'objet d'une ordonnance de mise en accusation devant la cour d'assises.

Selon la circulaire d'application du 21 septembre 2004, le principe général selon lequel les ordonnances de renvoi devant le tribunal correctionnel ne sont pas susceptibles d'appel par les parties, n'est pas remis en cause. L'article 186-3 du Code de procédure pénale apporte seulement une exception à ce principe, lorsqu'une partie estime que le juge d'instruction a correctionnalisé des faits de nature criminelle et qu'elle s'y oppose. Ce droit d'appel a pour contrepartie l'interdiction pour les juridictions correctionnelles de revenir sur une telle correctionnalisation, si les parties ne l'ont pas contestée. En effet, l'article 469, alinéa 4 du Code de procédure pénale, souligne qu'à défaut de contestation au moment du règlement, par la voie de l'appel ouverte par l'article 186-3, les parties sont considérées comme ayant accepté la correctionnalisation, qui ne peut plus être remise en cause. Le mécanisme découlant de ces deux articles est donc une réelle consécration légale de la pratique de la correctionnalisation.

Des garde-fous ont toutefois été posés à la correctionnalisation légiférée. En effet, des conditions ont été posées pour priver le tribunal correctionnel de son droit à soulever son incompétence : le tribunal correctionnel doit être saisi d'une ordonnance ou d'un arrêt de renvoi, la victime doit s'être constituée partie civile avant l'ordonnance ou l'arrêt de renvoi et doit avoir été assistée d'un avocat. Par ailleurs, l'article 469 du Code de procédure pénale, en son dernier alinéa, dispose que « Le tribunal correctionnel saisi de poursuites exercées pour un délit non intentionnel conserve la possibilité de renvoyer le ministère public à se pourvoir s'il résulte des débats que les faits sont de nature à entraîner une peine criminelle parce qu'ils ont été commis de façon intentionnelle ».

Sur le fondement de l'élément moral, si cher au droit pénal français, l'intérêt de la classification tripartite des infractions demeure respecté bien que considérablement ébranlé. Pour autant, la jurisprudence a strictement encadré les personnes recevables à dénoncer la correctionnalisation, considérant que « seule la victime constituée partie civile et assistée d'un avocat au moment du renvoi devant le tribunal correctionnel est recevable à soulever l'incompétence du tribunal correctionnel », excluant de fait une telle possibilité pour sa famille (Cass. crim., 20 nov. 2013). De même, la Cour de cassation a refusé de transmettre une QPC relative à la conformité de la correctionnalisation aux droits et libertés constitutionnellement garantis, considérant qu'il n'y avait pas d'incompatibilité entre le dispositif de correctionnalisation et les principes protecteurs de la procédure pénale avancés (Cass. crim., 4 avril 2013).

B - LES INFRACTIONS PARTICULIÈRES

Certaines infractions entrent difficilement dans la classification tripartite. Ce sont essentiellement les infractions politiques, militaires et les infractions catégorisées dans la criminalité et la délinquance organisée et les actes de terrorisme.

1. Les infractions politiques et militaires

Les infractions politiques n'appartiennent à aucune classe d'infractions. Leur appréhension par le droit pénal français est tout autre. Même si l'intérêt de la distinction entre infractions politiques et infractions de droit commun est de faible intérêt, il n'en demeure pas moins qu'un régime annexe leur est parfois attribué. Ainsi, à titre d'exemple, la procédure de comparution immédiate n'est pas applicable aux infractions politiques conformément à l'article 397-6 du Code de procédure pénale qui dispose que « Les dispositions des articles 393 à 397-5 ne sont applicables ni aux mineurs, ni en matière de délits de presse, de délits politiques ou d'infractions dont la procédure de poursuite est prévue par une loi spéciale ».

L'exemple le plus parlant d'infraction autonome de la classification tripartite demeure le droit pénal militaire, lequel jouit d'un code qui lui est propre : le Code de justice militaire. Les infractions militaires sont tout d'abord spécifiques à la matière (insoumission, désertion…), la procédure applicable également (divergente selon que l'on est en temps de paix ou de guerre, ainsi que les peines qui peuvent être prononcées, notamment la destitution, la perte de grade : CPP, art. 698-8).

2. Les catégories de la criminalité et de la délinquance organisée et des actes terroristes

Les infractions en matière de terrorisme puis de criminalité organisée font l'objet, de longue date, d'un traitement pénal spécifique. Ainsi, la loi n° 86-1020 du 9 septembre 1986 a défini pour la première fois la notion d'acte de terrorisme et surtout y a attaché des règles de procédure spéciales en vue de renforcer les prérogatives des enquêteurs.

Les articles 706-16 à 706-22 du Code de procédure pénale prévoient la centralisation à Paris des affaires de terrorisme. À cet effet, le procureur de la République, les juges d'instruction et les juridictions de jugement parisiens se sont vu attribuer une compétence concurrente de celle qui résulte des règles de droit commun (lieu de commission de l'infraction, résidence de l'une des personnes soupçonnées d'avoir participé à l'infraction ou lieu d'arrestation de l'une de ces personnes). L'instruction des actes de terrorisme est ainsi centralisée au sein de la « galerie Saint Eloy » à Paris.

Surtout, c'est la loi du 9 mars 2004 – suivie d'autres lois, dont celle du 3 juin 2016 – qui a complètement remis en cause dans ces matières la classification tripartite des infractions en créant un régime procédural commun pour les crimes et les délits en matière de criminalité et de délinquance organisées (CPP, art. 706-73 et s.) et de commission d'actes de terrorisme (CPP, art. 706-16 et s.).

De la même manière, cette confusion répressive s'est doublée d'une confusion s'agissant des juridictions compétentes avec notamment la création des Juridictions Interrégionales Spécialisées (JIRS) qui regroupent des magistrats du parquet et de l'instruction possédant une expertise en matière de lutte contre la criminalité organisée et la délinquance financière dans des affaires présentant une grande complexité.

Conclusion

L'intérêt juridique de la classification tripartite des infractions est réel en droit pénal de forme et en droit pénal de fond. Toutefois, son intérêt pratique est contesté au regard de la croissance de la correctionnalisation et de la multiplicité des infractions qui n'entrent que difficilement dans la classification.

Soulignons que la correctionnalisation massive est désormais concurrencée par les multiples propositions de contraventionnalisation préconisées s'agissant des contentieux de masse : c'est en ce sens que se sont orientées les conclusions du rapport sur l'efficacité de la réponse pénale appliquée aux usagers de stupéfiants remis en août 2016 et retenant l'idée de supprimer l'actuelle peine d'emprisonnement d'un an au profit d'une contravention de 5e classe.

FAIRE LE POINT SUR L'ACTUALITÉ DU SUJET

Sujet **5**

DISSERTATION : LE STATUT DU MINISTÈRE PUBLIC (SUJET COMPLÉMENTAIRE 2)

Si les récentes critiques attribuées au sommet du pouvoir exécutif et portant sur l'institution judiciaire et plus précisément sur les magistrats du parquet ont sans doute fragilisé les relations entre la sphère politique et le monde judiciaire, elles ont surtout mis en évidence la relativité d'un lien de subordination entre le ministère public et l'autorité régalienne autrefois absolu.

En effet, historiquement le ministère public a été créé par le pouvoir politique central désireux de se doter d'une partie poursuivante complètement acquise à sa cause et assurant la défense de l'intérêt général devant les juridictions royales. Ainsi, dès le XIIIe siècle, les « procureurs du Roi » représentaient les intérêts du souverain dont ils recevaient directement leurs instructions. La loi des 16-24 août 1790 a, par la suite, institué des accusateurs publics chargés de diriger l'action publique, l'institution étant cependant amenée à connaître de graves excès à l'occasion de la période révolutionnaire. Après la Révolution française, la Constitution de 1795 vint réaffirmer l'institution des magistrats spécialisés du ministère public, étroitement soumis à l'autorité hiérarchique et connaissant par la suite plusieurs ajustements jusqu'à prendre sa forme finale en 1804.

Ainsi, le statut du ministère public actuel se dessine au travers de l'héritage Napoléonien où le parquet était intégré dans un corps unique avec les juges du siège, alors même que l'adage selon lequel « la justice est rendue au nom du peuple français par les magistrats du siège et du parquet », évoquait l'idée d'un statut équivalent à tous les magistrats. Cette confusion a été réaffirmée par l'ordonnance du 22 décembre 1958, portant loi organique relative au statut de la magistrature, qui ne distingue pas statutairement entre les magistrats du siège et du parquet et qui demeure aujourd'hui encore la principale source normative régissant le statut du ministère public en droit français.

Or, depuis une décennie, cette appartenance conjointe du parquet et du siège à l'autorité judiciaire a été formellement remise en cause par les juges européens de la Cour de Strasbourg qui, en soulevant l'absence d'indépendance – et d'impartialité – du ministère public français, ont menacé l'organigramme juridictionnel tout entier. Cette défiance européenne à l'encontre du modèle français semblait avoir sonné le glas de son statut si particulier en enjoignant au législateur de le doter de gages d'indépendance à l'égard du pouvoir exécutif afin de répondre aux exigences posées par la Cour européenne des droits de l'Homme (CEDH).

Cependant, à rebours des constats de violation prononcés par ladite Cour européenne, suivis par une jurisprudence audacieuse de la chambre criminelle de la Cour de cassation, il apparaît que le législateur, indirectement soutenu en cela par le Conseil constitutionnel, n'a pas souhaité procéder à une telle réforme posant dès lors la question de savoir comment se justifie l'appartenance du ministère public à l'autorité judiciaire, si ardemment défendue en droit interne.

En effet, malgré les critiques, il est apparu que, pour le législateur français, l'orientation du ministère public vers une indépendance totale n'est, à l'heure actuelle, ni souhaitable, ni même nécessaire. Ainsi, dénoncé comme participant d'une institution impartiale cumulant les rôles de « juge et partie », le statut du ministère public, s'il a été indéniablement fragilisé par ces critiques (I), n'en demeure pas moins, pour le moment, conforté dans sa forme si atypique (II).

I - Une spécificité contestée

La place particulière accordée au ministère public au sein de la procédure pénale française a posé plusieurs difficultés au regard, en particulier, des principes issus de la Convention européenne de sauvegarde des droits de l'Homme et des libertés fondamentales (CESDH). Ces difficultés ont, d'abord, favorisé une limitation des prérogatives du parquet (A) et, ensuite, remis en cause sa qualité d'autorité judiciaire (B).

A - LES LIMITATIONS SUR LA FORME DES PRÉROGATIVES DU MINISTÈRE PUBLIC

Engageant une critique sévère des modèles proceduraux consacrant une confusion des rôles ou une trop grande proximité entre le ministère public et les magistrats du siège, les juges européens de la Cour de Strasbourg ont censuré de nombreuses attributions avantageant auparavant le parquet sur les autres parties.

Ainsi, en premier lieu, alors qu'il était d'usage au sein de la Cour de cassation belge que le ministère public assiste au délibéré sans prendre la parole ni voter, cette pratique a été définitivement condamnée par la Cour européenne (CEDH, 30 oct. 1991, Borgers c/ Belgique). En ce sens, la France a d'ailleurs connu une condamnation similaire dans deux arrêts Reinhardt et Slimane-Kaïd contre France du 31 mars 1998 puis Slimane-Kaïd contre France du 25 janvier 2000 à l'occasion desquels la Cour européenne des droits de l'Homme a considéré que la communication à l'avocat général et non au requérant du rapport et du projet d'arrêt rédigés par le conseiller rapporteur constituait une violation des garanties du procès équitable telles que consacrées par l'article 6§1 de la CEDH. Ce constat de violation a conduit la Cour de cassation française à modifier sa pratique en scindant le rapport du conseiller rapporteur en deux parties : une partie reprenant l'exposé des faits et des moyens avancés, transmise tant aux parties qu'au ministère public, et une partie relative au projet d'arrêt du rapporteur, qui n'est plus communiquée aux parties et au ministère public en la personne de l'avocat général. Cette nouvelle pratique a dès lors été validée par la CEDH comme conforme aux garanties du procès équitable (CEDH, 2 nov. 2004, Fabre c/ France).

En second lieu, c'est le législateur lui-même qui, à la suite de décisions européennes, s'est attaché à limiter certaines prérogatives particulières reconnues au ministère public. À ce propos, par exemple, en vertu du principe de l'équilibre entre les parties, la Cour européenne a constaté une violation de l'article 6§1 de la Convention s'agissant du délai plus long dont disposait le procureur général – deux mois, au lieu de dix jours pour la partie privée (CPP, art. 505) – pour interjeter appel d'un jugement correctionnel et l'impossibilité pour la partie mise en cause de former un appel incident dans le même délai (CEDH, 3 oct. 2006, Ben Naceur c/ France ; 22 mai 2008, Gacon c/ France). C'est la raison pour laquelle, la chambre criminelle de la Cour de cassation a déclaré irrecevables les appels formés par les parquets généraux au-delà du délai de dix jours (Cass. crim., 17 sept. 2008 ; 10 févr. 2009). Par la suite, la loi du 24 novembre 2009 a modifié l'article 505 du Code de procédure pénale qui dispose désormais qu'« en cas de jugement de condamnation, le procureur général peut également former son appel dans le délai de vingt jours à compter du jour du prononcé de la décision ». L'alinéa 2 de l'article 505 prévoit lui que, « sans préjudice de l'application des articles 498 à 500, les autres parties ont alors un délai de cinq jours pour interjeter appel incident. Même en l'absence d'appel incident, la cour d'appel peut en cas d'appel formé par le seul procureur général en application du présent article, prononcer une peine moins importante que celle prononcée par le tribunal correctionnel ».

B - LA REMISE EN CAUSE SUR LE FOND DE L'APPARTENANCE DU MINISTÈRE PUBLIC À L'AUTORITÉ JUDICIAIRE

Outre ces limitations, c'est surtout l'appartenance du ministère public à l'autorité judiciaire, avec les garanties que cela suppose au regard des principes consacrés en droit européen des droits de l'Homme, qui a été mise en cause par la Cour de Strasbourg à l'occasion de décisions relatives à la possibilité pour le parquet de contrôler la légalité des conditions de privation de liberté avant jugement. Ainsi, de manière annonciatrice, la CEDH avait dénié au parquet roumain la qualité d'autorité judiciaire alors même qu'il présente, dans son organisation et son statut, de très grandes similitudes avec le ministère public français en termes de subordination hiérarchique au ministre de la Justice. Sur le fondement de l'article 5§3 de la CESDH, aux termes duquel « Toute personne arrêtée ou détenue (...) doit être aussitôt traduite devant un juge ou un autre magistrat habilité par la loi à exercer des fonctions judiciaires (…) », la CEDH a ainsi condamné la pratique confiant au ministère public le contrôle de la légalité d'une mesure privative de liberté au stade des poursuites (CEDH, 3 juin 2003, Pantea c/ Roumanie). De manière prévisible, la sanction du statut du ministère public français n'a pas tardé, à l'occasion d'un contentieux lié au contrôle de la garde à vue. Les juges européens ont mis en évidence l'ambiguïté des attributions du ministère public français au stade de l'enquête. En effet, alors que l'article 41 du Code de procédure pénale dispose qu'« il dirige l'activité des officiers de police judiciaire et des agents de police judiciaire » de son ressort, l'alinéa 3 de ce même article ajoute que le procureur de la République « contrôle les mesures de garde à vue ». Ainsi, si la décision de placement en garde à vue constitue un pouvoir propre de l'officier de police judiciaire, il appartient au ministère public de contrôler la régularité de la mesure, étant d'ailleurs le seul à pouvoir la prolonger. Son rôle actif dans la poursuite des investigations, jugé incompatible avec la neutralité attendue de l'autorité judiciaire, lui a donc valu de se voir réfuter la qualité de magistrat habilité à exercer des fonctions judiciaires par la CEDH, considérant que « le magistrat doit présenter les garanties d'indépendances à l'égard de l'exécutif et des parties, ce qui exclut notamment qu'il puisse agir par la suite contre le requérant dans la procédure pénale, à l'instar du ministère public » (CEDH, gde ch., 29 mars 2010, Medvedyev et autres c/ France – CEDH, 23 nov. 2010, Moulin c/ France).

S'agissant d'une jurisprudence susceptible de mettre en péril l'organisation judiciaire, les juridictions françaises, invitées à se prononcer sur cette question, ont exprimé davantage de réserves. Saisi d'une question prioritaire de constitutionnalité sur le régime de la garde à vue, le Conseil constitutionnel a ainsi réaffirmé l'appartenance des magistrats du parquet à l'autorité judiciaire, en rappelant classiquement que l'autorité judiciaire comprend à la fois les magistrats du siège et ceux du parquet (Cons. const., 30 juill. 2010, 2010-14/22 QPC). La chambre criminelle de la Cour de cassation s'est, en revanche, alignée, sur le principe, sur la position des juges européens en nuançant toutefois sa justification et en estimant que le contrôle de la garde à vue par le parquet demeurait justifié dans certaines limites temporelles (Cass. crim., 15 déc. 2010 ; 18 janv. 2011). Pour autant, la Cour de Strasbourg a maintenu sa position. Ainsi, dans son arrêt *Vassis contre France* du 27 juin 2013, portant sur une contestation relative à une garde à vue placée sous le seul contrôle du procureur de la République durant ses quarante-huit premières heures, la Cour européenne a constaté, au regard de la non-appartenance du ministère public français à l'autorité judiciaire, une violation de l'article 5§3 de la CESDH (CEDH, 4 déc. 2014, Ali Samatar c/ France et Hassan c/ France).

Toutefois, ces incitations nombreuses à modifier le statut du parquet en améliorant son indépendance et son impartialité n'ont que modérément impacté les réformes finalement intervenues, de sorte que le statut particulier du ministère public demeure.

II - Un particularisme préservé

Malgré les vives critiques européennes du modèle français, le ministère public a conservé son statut particulier d'acteur prépondérant de la procédure pénale française (B), au prix d'efforts destinés à accroître son indépendance et son impartialité (A).

A - L'AMÉLIORATION DES GARANTIES D'INDÉPENDANCE ET D'IMPARTIALITÉ DU MINISTÈRE PUBLIC

Le ministère public demeure soumis à une subordination exercée par le pouvoir exécutif et consacrée par l'article 5 de l'ordonnance du 22 décembre 1958, portant loi organique relative au statut de la magistrature, qui dispose que « les magistrats du parquet sont placés sous la direction et le contrôle de leurs chefs hiérarchiques et sous l'autorité du garde des Sceaux, ministre de la Justice ». Ainsi, le ministère public est organisé en une structure pyramidale permettant la diffusion des instructions du sommet vers la base. Surtout, ce niveau sommital, constitué par le garde des Sceaux, présente la particularité de relever du pouvoir exécutif tout en ayant autorité sur les procureurs généraux près les cours d'appel qui ont eux-mêmes autorité sur l'ensemble des procureurs de la République du ressort de leur cour. De la sorte, le garde des Sceaux dispose de la possibilité d'adresser aux magistrats du ministère public des instructions générales d'action publique par l'intermédiaire de circulaires ayant une valeur interprétative. La subordination exercée par le pouvoir exécutif sur le ministère public se manifeste également au regard des conditions de nomination des magistrats du parquet qui sont désignés par décret du président de la République sur proposition du ministre de la Justice, après avis simple du Conseil supérieur de la magistrature. À cela vient s'ajouter le fait que les membres du ministère public ne bénéficient pas des garanties d'inamovibilité et d'irrévocabilité octroyées aux juges du siège. Surtout, la désobéissance d'un membre du parquet constitue une faute disciplinaire à l'égard de laquelle le ministre de la Justice a compétence pour exercer son pouvoir disciplinaire. Cette faute disciplinaire peut relever notamment d'un défaut d'exécution des instructions hiérarchiques, ainsi que le permet l'article 30 du Code de procédure pénale aux termes duquel que « Le ministre de la Justice conduit la politique d'action publique déterminée par le gouvernement. Il veille à la cohérence de son application sur le territoire de la République ».

Pour autant, le ministère public français peut s'appuyer sur un socle de règles tendant à lui conférer une certaine indépendance, voire une certaine impartialité. Ainsi, si la loi du 9 mars 2004 avait consacré la possibilité pour le ministre de la Justice d'adresser des instructions individuelles aux membres du ministère public afin de leur enjoindre d'engager ou de faire engager des poursuites (CPP, art. 30 anc.), le législateur, prenant en compte les critiques européennes sur le manque d'indépendance du ministère public à l'égard du pouvoir exécutif, a mis fin à cette prérogative avec la loi du 25 juillet 2013 qui a modifié l'article 30 du Code de procédure pénale de sorte que celui-ci dispose désormais que le ministre de la Justice « adresse aux magistrats du ministère public des instructions générales. Il ne peut leur adresser aucune instruction dans des affaires individuelles ». Par ailleurs, les articles 40 et 41 du Code de procédure pénale dotent le procureur de la République d'un pouvoir propre qui en fait le seul intervenant légitime dans le ressort de sa juridiction d'affectation : ainsi, nul ne peut se substituer à lui et agir à sa place tandis que les actes qu'il réalise en violation des instructions hiérarchiques reçues demeurent valables. En outre, les membres du ministère public bénéficient de l'adage en vertu duquel « la plume est serve mais la parole est libre », qui signifie que si le parquetier est tenu, dans ses réquisitions écrites, de se conformer aux instructions hiérarchiques reçues, il peut néanmoins, lors de ses réquisitions orales, « développer librement les observations qu'il croit convenables au bien de la justice » (CPP, art. 33). Enfin, la loi du 25 juillet 2013 a modifié l'article 31 du Code de procédure pénale qui dispose désormais que le ministère public exerce l'action publique et requiert l'application de la loi, « dans le respect du principe d'impartialité auquel il est tenu », ce qui constitue un écho à l'obligation déontologique des magistrats.

B - LE MAINTIEN DU STATUT DU MINISTERE PUBLIC COMME ACTEUR MAJEUR DE LA PROCÉDURE PÉNALE

Le ministère public a vu ses prérogatives maintenues, voire accrues, à l'occasion des dernières réformes. Ainsi, son rôle de directeur d'enquête a été renforcé, notamment par la loi du 3 juin 2016, renforçant la lutte contre le crime organisé, le terrorisme et leur financement et améliorant l'efficacité et les garanties de la procédure pénale, qui a inséré dans le Code de procédure pénale un article 39-3 aux termes duquel, « en tant que directeur d'enquête, le procureur de la République peut adresser des instructions générales et particulières aux enquêteurs ». La loi lui confère ainsi le pouvoir de contrôler la légalité des moyens mis en œuvre par les enquêteurs, la proportionnalité des investigations au regard de la nature et de la gravité des faits, l'orientation donnée à l'enquête et la qualité de celle-ci. Par ailleurs, aux termes du même article, le procureur de la République « veille à ce que les investigations tendent à la manifestation de la vérité et qu'elles soient accomplies à charge et à décharge, dans le respect des droits de la victime, du plaignant et de la personne suspectée », ce qui revient à confier au magistrat du parquet des prérogatives qui ne sont pas sans rappeler celles dévolues au juge d'instruction.

Ce rapprochement du rôle du parquet par rapport à celui du juge d'instruction, magistrat du siège, se manifeste également par l'accroissement des pouvoirs d'investigation dont le ministère public dispose, notamment en matière de géolocalisation dynamique, d'interceptions de télécommunications et de sonorisations de lieu et fixations d'image. En outre, la loi précitée du 3 juin 2016, a modifié les dispositions de l'article 77-2 du Code de procédure pénale aux termes duquel les personnes ayant fait l'objet d'une garde à vue, mais également celle qui ont fait l'objet d'une audition libre, peuvent désormais demander à consulter le dossier de la procédure et formuler des demandes d'actes utiles à la manifestation de la vérité, ce qui, là aussi, rappelle fortement les règles relatives à l'information judiciaire. Enfin, au stade de l'exercice des poursuites, le ministère public a acquis de plus en plus de prérogatives si bien que certains évoquent son statut de « quasi-juge » s'agissant, par exemple, de son pouvoir d'initier la sanction dans le cadre de procédures de composition pénale et de procédures de comparution sur reconnaissance préalable de culpabilité.

Conclusion

Le ministère public demeure un acteur majeur, voire l'acteur majeur, de la procédure pénale si l'on se réfère aux réformes successives qui ont accru ses prérogatives. À cet égard, la protection des droits et libertés appelle une évolution statutaire afin de garantir l'indépendance et l'impartialité du parquet. Si, jusque-là, cette évolution est apparue timide, voire inexistante, la récente transmission par le Conseil d'État au Conseil constitutionnel d'une question prioritaire de constitutionnalité relative à la conformité de l'article 5 de l'ordonnance du 22 décembre 1958 au principe, notamment, de l'indépendance de l'autorité judiciaire, pourrait accélérer les choses (CE, 27 sept. 2017).

FAIRE LE POINT SUR L'ACTUALITÉ DU SUJET

Sujet 6

CAS PRATIQUE : GRANDCHEF (ANNALES CONCOURS ENM 2017)

SUJET

Monsieur Jacques R., cadre d'une grande entreprise du Nord de la France déposait plainte au commissariat de Lille le 26 janvier 2017 à l'encontre de son employeur, Monsieur Grandchef. Il expliquait que ce dernier lui tenait des propos violents qui l'humiliaient devant ses subordonnés et que son quotidien au travail était devenu un enfer. Des tâches contradictoires lui étaient constamment demandées, son bureau avait été vidé et Monsieur Grandchef lui avait supprimé du jour au lendemain son secrétariat.

Monsieur Jacques R. se disait diffamé et ajoutait qu'il avait dû consulter son médecin en raison des pressions qui étaient exercées sur lui et de la tension qui s'ensuivait. Il ajoutait que son employeur lui avait fait parvenir dans un laps de temps très court un nombre considérable de lettres recommandées avant de le licencier. Il fournissait des attestations de témoins qui avaient constaté la dégradation de son état physique.

Une enquête était diligentée par le commissariat local suite à la plainte de Monsieur Jacques R. et Monsieur Grandchef était convoqué 15 jours après et acceptait d'être entendu. Il expliquait être excédé par Monsieur Jacques R. qui selon lui n'en faisait qu'à sa tête depuis de nombreux mois et déposait plainte à son tour contre Monsieur Jacques R. en raison de ses allégations qu'il estimait mensongères. Après que sa plainte eût été recueillie, il se mettait alors en colère et décidait de mettre fin à l'audition. Les deux procédures étaient transmises au parquet de Lille pour suite à donner.

1. Quel est le type d'enquête adapté à la situation ? (2 points)
2. Dans quel cadre juridique Monsieur Grandchef est-il entendu ? (4 points)
3. Quelles sont les formalités à respecter vis-à-vis de Monsieur Grandchef ? (4 points)
4. Quelles sont les orientations procédurales envisageables ? (3 points)
5. Le délit de diffamation vous paraît-il pouvoir être retenu à l'encontre de Monsieur Grandchef ? D'autres infractions peuvent-elles être retenues à son encontre ? (5 points)
6. Quelle infraction pourrait être retenue dans le cadre de la plainte de Monsieur Grandchef à l'encontre de Monsieur Jacques R. ? (2 points)

1 - Quel est le type d'enquête adapté à la situation ? (2 points)

En l'absence de toute mention quant à une commission rogatoire délivrée aux policiers illustrant l'ouverture d'une information judiciaire, il convient de considérer que l'on se trouve dans le cadre d'une enquête de police.

L'enquête de police est préliminaire lorsqu'elle ne répond pas aux conditions de la flagrance. Selon l'article 53, alinéa 1 du Code de procédure pénale, « est qualifié de crime ou délit flagrant le crime ou délit qui se commet actuellement, ou qui vient de se commettre. Il y a aussi crime ou délit flagrant lorsque, dans un temps très voisin de l'action, la personne soupçonnée est poursuivie par la clameur publique, ou est trouvée en possession d'objets, ou présente des traces ou indices laissant penser qu'elle a participé au crime ou au délit ».

L'enquête de flagrance répond à trois exigences : un critère de gravité suffisante des faits poursuivis (crime ou délit), un critère temporel et un critère d'apparence. Le critère de gravité implique une qualification criminelle ou correctionnelle des faits qui est assurée ici au regard des premiers actes d'enquête et de la transmission au parquet de Lille. Le critère temporel exige que la commission de l'infraction ait eu lieu dans un temps très voisin de l'intervention des policiers, la jurisprudence consacrant traditionnellement une durée maximale de 48 heures depuis la commission des faits (Cass. crim., 8 avril 1998). En l'espèce, les faits remontent à plusieurs semaines avant le dépôt de plainte et le début des investigations, invalidant cette proximité temporelle exigée. Enfin, s'agissant du critère d'apparence, la jurisprudence exige que les policiers aient pu constater « un indice apparent d'un comportement délictueux » (Cass. crim., 22 janv. 1953), cette apparence pouvant ressortir de manière alternative d'éléments divers, qu'il s'agisse des constatations matérielles faites par les policiers et leur révélant l'infraction ou encore de l'appel téléphonique qui requiert l'intervention des forces de police. En l'espèce, les faits sont portés à la connaissance des autorités de poursuite par le biais d'un dépôt de plainte, invalidant le critère d'apparence.

En l'absence de ces deux critères de la flagrance, il convient de considérer que l'enquête va se poursuivre dans le cadre préliminaire. Prévue aux articles 75 et suivants du Code de procédure pénale, l'enquête préliminaire se caractérise par son absence de coercition, imposant de recueillir le consentement de la personne poursuivie en matière de visites domiciliaires, de perquisitions et de saisies (CPP, art. 76), ainsi que l'accord du procureur de la République pour son arrestation.

2 - Dans quel cadre juridique Monsieur Grandchef est-il entendu ?

Monsieur Grandchef est convoqué au commissariat local afin d'être entendu : il convient d'écarter tout placement en garde à vue puisqu'il est indiqué qu'il consent à être entendu et de considérer qu'il est entendu librement, ce qui peut désigner deux statuts juridiques : le témoin et l'audition libre.

En premier lieu, l'audition du témoin, telle que prévue par l'article 62 du Code de procédure pénale permet d'entendre librement « Les personnes à l'encontre desquelles il n'existe aucune raison plausible de soupçonner qu'elles ont commis ou tenté de commettre une infraction. » Ce statut de témoin prévoit, en outre, que « Toutefois, si les nécessités de l'enquête le justifient, ces personnes peuvent être retenues sous contrainte le temps strictement nécessaire à leur audition, sans que cette durée puisse excéder quatre heures. » Enfin, si, au cours de l'audition du témoin apparaissent des raisons plausibles de soupçonner qu'il a commis ou tenté de commettre une infraction, il doit être entendu sous le régime de l'audition libre, sauf si son placement en garde à vue est nécessaire.

En l'espèce, les dénonciations de la victime ainsi que les attestations de témoins confirmant la dégradation de son état de santé constituent des indices laissant présumer l'implication pénale de Monsieur Grandchef et imposent d'écarter la qualité de témoin à son égard.

L'audition sans contrainte peut, en second lieu, résulter de l'audition libre prévue par l'article 61-1 du Code de procédure pénale, s'agissant de « La personne à l'égard de laquelle il existe des raisons plausibles de soupçonner qu'elle a commis ou tenté de commettre une infraction » dès lors que les conditions de la garde à vue ne sont pas satisfaites. Ainsi, il doit exister des raisons plausibles de soupçonner que le mis en cause a commis ou tenté de commettre une infraction punie d'une peine d'emprisonnement. En l'espèce, les dénonciations de Monsieur Jacques R. ainsi que les attestations témoignant de la dégradation de son état de santé sans mettre directement en cause Monsieur Grandchef sont des éléments suffisants pour constituer de telles raisons plausibles de le soupçonner d'avoir commis ou tenté de commettre l'infraction et justifient le recours à l'audition libre.

3 - Quelles sont les formalités à respecter vis-à-vis de Monsieur Grandchef ?

Le recours à l'audition libre étant justifié en l'espèce, il convient de vérifier si les droits procéduraux entourant la mesure ont été respectés.

L'audition libre ouvre pour l'intéressé un droit à l'information prévu à l'article 61-1 du Code de procédure pénale. Ainsi, dans la convocation qui lui est adressée en vue de son audition libre doit figurer l'infraction dont il est suspecté, sa date et son heure de commission. Cette obligation est renouvelée lors de son arrivée dans le service d'enquête où ses autres droits doivent lui être notifiés s'agissant de son droit d'être assisté d'un interprète et de son droit d'être assisté d'un avocat lors des auditions, des confrontations, des reconstitutions et des séances d'identification des suspects dont il fait partie (CPP, art. 61-3). De même, il doit être informé de son droit de faire des déclarations, de répondre aux questions qui lui sont posées ou de se taire, de son droit d'être assisté par un interprète et de son droit de bénéficier gratuitement de conseils juridiques émanant d'une structure d'accès au droit. En l'absence de mentions contraires, il s'agira de considérer que ces exigences sont remplies en l'espèce.

En outre, l'article 61-1 du Code de procédure pénale subordonne la validité de l'audition libre à l'absence de toute contrainte exercée sur la personne suspectée. Ainsi, il n'est plus possible de recourir à l'audition libre lorsque la personne suspectée a été conduite par la contrainte devant l'officier de police judiciaire. En l'espèce, il est indiqué que Monsieur Grandchef a accepté de répondre à la convocation, ce qui permet de retenir l'absence de coercition. En outre, la loi ne consacrant pas de durée maximale de l'audition libre, l'intéressé doit être informé de son droit de quitter à tout moment les locaux où il est entendu, modalité remplie en l'espèce puisqu'il est indiqué que Monsieur Grandchef a décidé de lui-même de mettre un terme à l'audition.

4 - Quelles sont les orientations procédurales envisageables ?

Le parquet de Lille s'est vu transmettre les deux procédures pour appréciation et il s'agit de déterminer la suite qui va leur être donnée. Il convient de considérer que le parquet va décider la jonction de ces deux procédures étroitement liées, puisque du résultat de la première dépendra l'issue de la seconde. Par ailleurs, en l'état des investigations, de nombreux éléments font défaut et le parquet demandera aux enquêteurs la réalisation d'actes supplémentaires, s'agissant notamment a minima d'une confrontation entre Monsieur Grandchef et Monsieur R., d'une audition des témoins et d'une enquête de voisinage dans l'entreprise afin d'entendre tout témoin utile et de procéder aux constatations permettant de vérifier les dires de la victime (changement de bureau, suppression du secrétariat…).

S'agissant des orientations procédurales, en premier lieu, le procureur de la République pourra décider, après la réalisation de ces actes d'enquête, de retenir une COPJ (convocation par officier de police judiciaire) à l'encontre de Monsieur Grandchef, prévue par l'article 390-1 du Code de procédure pénale qui dispose que « Sur instruction d'un magistrat, un officier de police judiciaire peut remettre à une personne une convocation à se rendre au tribunal, soit pour faire l'objet d'une mise en examen, soit pour faire l'objet d'un jugement. »

En second lieu, et tout particulièrement dans ce type de contentieux, il convient d'envisager la voie de la citation directe. Prévue par l'article 390 du Code de procédure pénale, la citation directe permet à une victime de saisir directement le tribunal de police en matière contraventionnelle ou le tribunal correctionnel en matière délictuelle comme en l'espèce. La citation directe présente l'intérêt de permettre une saisine directe du tribunal par assignation, indépendamment de l'opportunité des poursuites décidée par le procureur de la République. Elle permet également à la victime de demander, outre la condamnation de l'auteur, l'indemnisation de son préjudice au travers de dommages-intérêts. Elle est délivrée à personne dénommée par exploit d'huissier (elle est donc impossible lorsque l'identité du prévenu est inconnue), étant précisé que le prévenu peut se faire assister d'un avocat. Le particularisme de la citation directe réside dans la charge probatoire incombant à la victime qui devra ainsi prouver tant la réalité des faits dénoncés que celle de son préjudice. En ce sens, il convient de souligner la sévérité des conséquences financières pesant sur la victime en cas de relaxe, puisque l'article 392-1 alinéa 2 du Code de procédure pénale dispose que « Lorsque le tribunal correctionnel, saisi par une citation directe de la partie civile, prononce une relaxe, il peut, par ce même jugement, sur réquisitions du procureur de la République, condamner la partie civile au paiement d'une amende civile dont le montant ne saurait excéder 15 000 euros s'il estime que la citation directe était abusive ou dilatoire. »

5 - Le délit de diffamation vous paraît-il pouvoir être retenu à l'encontre de Monsieur Grandchef ? D'autres infractions peuvent-elles être retenues à son encontre ?

La diffamation consiste dans l'imputation d'un fait non avéré qui porte atteinte à l'honneur ou à la considération d'une personne. Le Code pénal distingue la diffamation publique et non publique, selon qu'elle est diffusée publiquement ou qu'elle est adressée à un public déterminé. La diffamation est non publique lorsqu'elle est adressée à des personnes déterminées, liées entre elles par un cadre commun (familial, professionnel…). En l'espèce, les faits intervenant dans le cadre de l'entreprise, il convient de privilégier la diffamation non publique.

L'article R. 621-1 du Code pénal dispose que « La diffamation non publique envers une personne est punie de l'amende prévue pour les contraventions de la 1re classe. La vérité des faits diffamatoires peut être établie conformément aux dispositions législatives relatives à la liberté de la presse. »

Matériellement, la diffamation exige l'imputation d'un fait particulier, non-avéré et de nature à porter atteinte à l'honneur ou à la considération d'une personne, tandis que l'élément moral réside dans la connaissance par l'auteur de la nature fausse de ces faits et la volonté de porter atteinte à l'honneur de la victime. En l'espèce, il est fait état de propos violents qui humilient Monsieur Jacques R., sans davantage de précision, ce qui est insuffisant pour pouvoir caractériser la diffamation.

Il convient d'envisager d'autres infractions. En premier lieu, peut ainsi être évoquée l'injure non publique, prévue et réprimée par l'article R. 621-2 du Code pénal qui dispose que « L'injure non publique envers une personne, lorsqu'elle n'a pas été précédée de provocation, est punie de l'amende prévue pour les contraventions de la 1re classe. » Matériellement, l'injure repose sur une expression vulgaire ou méprisante, non précédée d'une provocation, tandis que l'élément moral réside dans la volonté d'humilier le destinataire. En l'absence de précision quant à la teneur des propos reprochés, il n'est pas possible de caractériser l'injure.

En outre, en l'absence de toute mention quant à une ITT, il s'agit d'envisager la qualification de violences volontaires légères, de nature contraventionnelle, prévue et réprimée par l'article R. 624-1 du Code pénal qui dispose qu'« Hors les cas prévus par les articles 222-13 et 222-14, les violences volontaires n'ayant entraîné aucune incapacité totale du travail sont punies de l'amende prévue pour les contraventions de la 4e classe. »

Les violences volontaires reposent matériellement sur un acte positif de l'auteur, un résultat dommageable pour la victime et un lien de causalité entre ces deux éléments. L'élément moral repose quant à lui sur la volonté délibérée de porter atteinte à l'intégrité de la victime.

En l'espèce, les propos violents adressés par Monsieur Grandchef à Monsieur Jacques R. peuvent constituer de tels actes positifs de violence, la jurisprudence n'exigeant pas de contact physique entre l'auteur et la victime et admettant de longue date les violences « qui, sans atteindre matériellement la personne sont cependant de nature à provoquer une sérieuse émotion » (Cass. crim., 19 févr. 1892). Le lien de causalité est également constitué, la victime affirmant que son quotidien au travail est « devenu un enfer ». En outre, l'élément moral ne fait pas défaut, Monsieur Grandchef ne pouvant ignorer les conséquences néfastes de ses agissements sur la victime. Ce délit est donc caractérisé et fait encourir à Monsieur Grandchef une amende de 4e classe (135 euros).

Enfin, au regard des faits évoqués par Monsieur Jacques R., il convient d'envisager la qualification pénale de harcèlement moral prévue et réprimée par l'article 222-33-2 du Code pénal s'agissant du « fait de harceler autrui par des propos ou comportements répétés ayant pour objet ou pour effet une dégradation de ses conditions de travail susceptible de porter atteinte à ses droits et à sa dignité, d'altérer sa santé physique ou mentale ou de compromettre son avenir professionnel, puni de deux ans d'emprisonnement et de 30 000 euros d'amende. »

L'élément matériel du harcèlement moral exige la caractérisation d'agissements répétés imposés à la victime : le harcèlement ne peut donc pas reposer sur des actions isolées qui ne sont intervenues que de manière ponctuelle. Cette répétition est caractérisée en l'espèce par la diversité des actes reprochés à Monsieur Grandchef, s'agissant des humiliations et des propos violents imposés à la victime, des tâches contradictoires données, de la dégradation de ses conditions de travail issue de la suppression de son bureau et de son secrétariat et de la multiplication des courriers envoyés à la victime avant son licenciement.

L'élément moral du harcèlement moral repose sur un dol spécial : la volonté délibérée de nuire à la victime en portant atteinte à ses conditions d'existence et d'épanouissement et en compromettant son avenir professionnel.

En l'espèce, la multiplication des agissements de Monsieur Grandchef à l'égard de Monsieur R. ne peut consister en une démarche neutre et œuvre à une dégradation objective de ses conditions de travail dont l'auteur, en tant que responsable hiérarchique, ne peut ignorer la portée. La consultation par la victime d'un médecin ainsi que les attestations témoignent de la dégradation de ses conditions de vie, remplissant ainsi l'élément moral. Le délit de harcèlement moral est donc caractérisé à l'encontre de Monsieur Grandchef qui encourt 2 ans d'emprisonnement et 30 000 euros d'amende.

Au regard de ces deux qualifications pénales pouvant être retenues contre Monsieur Grandchef, il convient d'envisager l'hypothèse d'un concours réel d'infractions, tel que prévu par l'article 132-3 du Code pénal et entendu comme la concurrence de plusieurs infractions sans qu'un jugement définitif ne soit intervenu entre elles. Cependant, au regard de la proximité des qualifications pénales en l'espèce, il s'agit davantage d'un cumul idéal d'infractions amenant à ne retenir que l'infraction de harcèlement moral (la plus globale) et à exclure celle de violences.

6 - Quelle infraction pourrait être retenue dans le cadre de la plainte de Monsieur Grandchef à l'encontre de Monsieur Jacques R. ?

Monsieur Grandchef dépose plainte à son tour contre Monsieur Jacques R. en raison de ses allégations qu'il estime mensongères. Il convient donc d'envisager l'infraction de dénonciation calomnieuse, prévue et réprimée à l'article 226-10 du Code pénal s'agissant de « La dénonciation, effectuée par tout moyen et dirigée contre une personne déterminée, d'un fait qui est de nature à entraîner des sanctions judiciaires, administratives ou disciplinaires et que l'on sait totalement ou partiellement inexact, lorsqu'elle est adressée soit à un officier de justice ou de police administrative ou judiciaire, soit à une autorité ayant le pouvoir d'y donner suite ou de saisir l'autorité compétente, soit aux supérieurs hiérarchiques ou à l'employeur de la personne dénoncée, est puni de 5 ans d'emprisonnement et de 45 000 euros d'amende. »

En l'espèce, si les faits dénoncés par Monsieur Jacques R. s'avéraient mensongers, cette infraction pourrait être constituée par la dénonciation à l'autorité judiciaire de faits constitutifs d'un délit, s'agissant du harcèlement moral et ayant entraîné des investigations de la part des autorités de poursuite (élément matériel) en toute connaissance de cause par l'auteur de leur caractère calomnieux (élément moral).

Enfin, si la voie de la citation directe était retenue et venait à conduire à la relaxe de Monsieur Grandchef, cela entraînerait de fait une telle qualification pénale puisque l'article 226-10 du Code pénal in fine dispose que « La fausseté du fait dénoncé résulte nécessairement de la décision, devenue définitive, d'acquittement, de relaxe ou de non-lieu, déclarant que le fait n'a pas été commis ou que celui-ci n'est pas imputable à la personne dénoncée. »

FAIRE LE POINT SUR L'ACTUALITÉ DU SUJET

Sujet 7

CAS PRATIQUE : RONDOT (ANNALES CONCOURS ENM 2016)

SUJET

Le 20 février 2016, vers 6 heures du matin, le cadavre ensanglanté d'un jeune homme identifié comme étant Jean-Paul Durant était découvert dans un square du 15e arrondissement de Paris.

L'enquête aussitôt diligentée permettait de retrouver des témoins de la scène. Ainsi, un certain Michel Rondot expliquait avoir vu la victime abordée par un jeune homme porteur d'une casquette verte avec qui il discutait. Très rapidement une dispute éclatait et l'individu exhibait un couteau qu'il pointait aussitôt vers la poitrine de Jean-Paul Durant.

Le 21 février 2016, l'autopsie de la victime révélait que le décès était consécutif à de nombreuses plaies par arme blanche dont une au niveau de l'artère fémorale droite et une autre au niveau du cœur. Ces lésions avaient entraîné une hémorragie massive cause d'un décès très rapide.

Des investigations étaient menées dans le quartier où se fréquentaient généralement des personnes quelque peu marginales se retrouvant généralement dans un bar de la rue saint Charles dans le 15e arrondissement.

Grâce à la description et au signalement donné par Michel Rondot de l'auteur présumé porteur d'une casquette verte, un individu Emmanuel Refix était interpellé par un officier de police judiciaire le 24 février 2016, placé en garde à vue à 12 heures puis conduit au commissariat de police le plus proche ou ses droits lui étaient notifiés 35 minutes plus tard.

Il demandait à s'entretenir avec son avocat habituel ; l'officier de police judiciaire tentait en vain de joindre cet avocat tant sur son téléphone fixe que sur son portable. Un deuxième avocat de permanence était contacté par l'officier de police judiciaire et ce dernier intervenait mais Emmanuel Refix était furieux car il aurait voulu être assisté par son conseil choisi.

Emmanuel Refix indiquait connaître la victime depuis trois ou quatre ans et se présentait comme son ami. Il expliquait qu'il avait échangé ce soir-là des idées notamment sur la crise des migrants et admettait que le ton était monté ; il reconnaissait qu'ils s'étaient ensuite légèrement battus pour « rire » car ils avaient selon lui un peu bu. Il contestait avoir voulu le tuer et niait avoir eu un couteau entre les mains. Il clamait haut et fort qu'il s'agissait selon lui d'un accident malheureux.

Sa garde à vue était prolongée en l'absence de son avocat, celui-ci étant reparti avant la décision de prolongation de cette mesure.

La perquisition à son domicile effectuée durant les 24 heures de garde à vue permettait de retrouver dans la cuisine l'opinel qu'il portait habituellement sur lui selon ses proches, maculé de sang roulé dans un torchon. Son avocat observait qu'elle avait eu lieu sans son assistance.

Ces auditions durant sa garde à vue faisant l'objet d'un enregistrement audiovisuel mais lors du procès il sera constaté que celui-ci n'avait pas pu se réaliser en raison d'une défectuosité du matériel.

À l'issue de sa garde à vue de 47 heures, Emmanuel Refix était présenté au parquet, mis en examen et écroué.

Vous répondrez aux questions suivantes par une argumentation juridique précise :

1. Dans quel cadre procédural se déroule initialement l'enquête ? (3 points)
2. Qui peut être avisé de cette procédure ? (1 point)
3. Vous vous prononcerez sur la régularité de la garde à vue (6 points)
4. Vous vous prononcerez sur la nécessaire présence ou non de l'avocat durant la perquisition (3 points)
5. Quelles sont les infractions pouvant être retenues à l'encontre d'Emmanuel Refix ? (4 points)
6. Quelles peuvent être les orientations procédurales pour cette affaire ? (3 points)

1 - Dans quel cadre procédural se déroule initialement l'enquête ?

En l'absence de toute mention en ce sens, il convient d'écarter l'hypothèse d'une information judiciaire. On se trouve donc dans le cadre d'une enquête de police.

L'article 74 du Code de procédure pénale prévoit l'enquête pour recherche des causes de la mort « en cas de découverte d'un cadavre, qu'il s'agisse ou non d'une mort violente » dont la cause est inconnue ou suspecte.

Cette enquête ne s'applique qu'aux hypothèses où, en l'état des constatations opérées par l'officier de police judiciaire, il ne lui est pas possible de caractériser avec certitude les infractions d'homicide volontaire ou involontaire.

En l'espèce, un cadavre ensanglanté est découvert dans un square sans plus de précisions quant aux raisons de la mort : une enquête pour recherche des causes de la mort est donc initiée. En application de l'article 74 du Code de procédure pénale, il pourra être procédé dans ce cadre aux actes prévus par les articles 56 à 62 du même code (auditions, réquisitions, saisies, perquisitions…). Le procureur de la République pourra également requérir l'ouverture d'une information judiciaire pour recherche des causes de la mort. Enfin, cette enquête perdurera durant un délai de huit jours à l'issue duquel les investigations continueront nécessairement sous la forme de l'enquête préliminaire.

Cependant, il convient de souligner que dès le lendemain, les résultats de l'autopsie vont mettre en évidence le fait que le décès était consécutif à de nombreuses plaies par arme blanche, permettant de basculer dans le cadre procédural de l'enquête de police. Il convient de déterminer s'il s'agit d'une enquête de flagrance ou, à défaut, d'une enquête préliminaire.

Prévue à l'article 53 du Code de procédure pénale, l'enquête de flagrance nécessite la réunion de trois éléments :

– d'abord, s'agissant du critère temporel, l'enquête de flagrance ne peut concerner que l'infraction qui « se commet actuellement » ou « qui vient de se commettre ». S'agissant de l'infraction qui vient de se commettre, la jurisprudence exige traditionnellement que la durée entre la commission de l'infraction et l'initiation de l'enquête n'excède pas 24 heures : en l'espèce, les résultats de l'autopsie permettant de mettre en évidence la cause criminelle de la mort interviennent le lendemain de la découverte du corps, remplissant le critère temporel de la flagrance ;

– ensuite, s'agissant du critère d'apparence, l'infraction flagrante exige que son existence résulte « d'indices apparents d'un comportement délictueux », remplis en l'espèce par la découverte des causes criminelles de la mort à l'issue de l'autopsie ;

– enfin, l'enquête de flagrance répond à un critère de gravité, n'étant possible qu'en matière de crime ou de délit punissable d'une peine d'emprisonnement (CPP, art. 67), critère également rempli en l'espèce s'agissant d'une infraction à déterminer ultérieurement mais dont la gravité et la peine d'emprisonnement sont certaines.

Les conditions de l'enquête de flagrance étant remplies, il convient de préciser que cette enquête pourra perdurer durant 8 jours à compter du premier acte d'enquête.

2 - Qui peut être avisé de cette procédure ?

S'agissant de l'enquête pour recherche des causes de la mort, l'officier de police judiciaire dépêché sur les lieux de la découverte du cadavre doit immédiatement aviser le procureur de la République des faits, afin que celui-ci se rende éventuellement sur place (CPP, art. 74). Ce magistrat pourra procéder aux premières constatations ou les déléguer à l'officier de police judiciaire territorialement compétent.

Enfin, le procureur de la République pourra requérir une information pour recherche des causes de la mort et ainsi saisir par réquisitoire introductif un juge d'instruction afin que celui-ci soit avisé des faits et puisse se rendre sur les lieux.

Il en est de même s'agissant de l'enquête de flagrance.

3 - Vous vous prononcerez sur la régularité de la garde à vue

S'agissant de l'arrestation du mis en cause, l'article 73 du Code de procédure pénale autorise, dans le cas de crime ou de délit flagrants puni d'une peine d'emprisonnement, toute personne à appréhender l'auteur et à le conduire devant l'officier de police judiciaire le plus proche. Cette faculté est donc, a fortiori, permise à l'officier de police judiciaire en charge de l'enquête comme en l'espèce, rendant l'arrestation régulière.

S'agissant de la régularité de la mesure de garde à vue, elle est régie par les articles 62-2 et suivants du Code de procédure pénale. Il convient de s'intéresser aux conditions de placement puis au déroulement de la mesure.

S'agissant des conditions de placement, la garde à vue est une mesure judiciaire de contrainte qui ne peut être prononcée que par un officier de police judiciaire, condition satisfaite en l'espèce.

La garde à vue ne peut intervenir qu'en matière de crimes ou de délits punis d'une peine d'emprisonnement, condition également remplie en l'espèce s'agissant des deux infractions de violences ayant entraîné la mort sans intention de la donner et d'homicide volontaire qu'il conviendra de caractériser par la suite.

Plus encore, la garde à vue ne peut être décidée que lorsqu'il existe « une ou plusieurs raisons plausibles de soupçonner que la personne a commis ou tenté de commettre cette infraction ». Ici se pose une difficulté, s'agissant en l'espèce du seul signalement donné par le témoin d'un « individu porteur d'une casquette verte », qui ne semble pas suffire à caractériser ces indices graves ou concordants. Ainsi, la régularité de l'interpellation et de la décision de placement en garde à vue ne pourront pas reposer sur cette seule description donnée par le témoin et devront nécessairement ressortir d'autres éléments apparus lors des investigations menées sur le quartier et permettant de fonder la conviction de l'officier de police judiciaire, sinon elle pourrait encourir la nullité.

De même, la garde à vue ne peut être utilisée qu'à la condition qu'elle constitue « l'unique moyen » de parvenir à l'un des six objectifs consacrés par le législateur, s'agissant en l'espèce plus particulièrement de la nécessité de permettre l'exécution des investigations impliquant la présence ou la participation de la personne mais également d'empêcher une modification des preuves (en l'espèce, se débarrasser de l'arme du crime au domicile du suspect).

S'agissant du déroulement de la mesure, il convient de s'intéresser en premier lieu à la notification des droits de la personne gardée à vue. Si celle-ci s'est faite par un officier de police judiciaire, conformément aux prescriptions légales, une difficulté se pose s'agissant du délai de 35 minutes qui s'est écoulé entre le placement en garde à vue et la notification des droits.

En effet, l'article 63-1 du Code de procédure pénale impose que la notification du placement en garde à vue et des droits doivent être immédiats. Cependant, la jurisprudence considère traditionnellement que le retard de quelques minutes dans cette notification n'est pas de nature à entacher la régularité procédurale (Cass. crim., 27 juin 2000, s'agissant du placement en garde à vue prononcé sur la voie publique et lors de l'interpellation et de la notification des droits intervenue à l'arrivée au commissariat). Ici, en l'absence de toute mention sur la distance entre le lieu de l'arrestation et le commissariat, ni sur une quelconque carence de l'officier de police judiciaire, il convient de considérer que ce délai ne vient pas entacher la notification qui demeure régulière.

S'agissant du contenu de la notification des droits, il est nécessaire d'en préciser le domaine : l'individu placé en garde à vue doit être informé du motif de son placement et plus particulièrement de l'infraction dont on le soupçonne. De même, le procureur de la République doit être immédiatement informé du placement en garde à vue.

Il doit ensuite avoir une information complète de ses droits, à savoir de son droit à garder le silence, de son droit de faire prévenir par téléphone, dans un délai de trois heures à partir du moment où il en manifeste le souhait, la personne de son choix de la mesure dont il fait l'objet, qu'il s'agisse d'un proche ou de son employeur (CPP, art. 63-2), de son droit à faire l'objet d'un examen médical afin de constater notamment la compatibilité de son état de santé avec la mesure de garde à vue. L'ensemble de ces droits est mentionné dans un formulaire des droits dont la remise à l'intéressé dans une langue qu'il comprend constitue une obligation consacrée par la loi du 27 mai 2014.

En outre, il convient de s'intéresser à la régularité des droits de la défense exercés en l'espèce. En effet, il est indiqué que le suspect a désigné son avocat habituel afin qu'il l'assiste : l'officier de police judiciaire a ainsi tenté de le contacter sur ses téléphones portables et fixes en vain, pour ensuite contacter l'avocat de permanence qui se déplaçait.

L'obligation de prévenir l'avocat spécifiquement désigné par une personne placée en garde à vue constitue une obligation de moyen et non une obligation de résultat dont l'échec viendrait vicier la procédure : ainsi, l'officier de police judiciaire ayant déployé des diligences satisfaisantes pour joindre en vain l'avocat du suspect, c'est à raison qu'il a ensuite contacté l'avocat de permanence afin que le suspect bénéficie du plein exercice de ses droits de la défense.

Cet avocat bénéficiera d'un entretien confidentiel de 30 minutes avec son client avant son audition et, conformément aux prescriptions de la loi du 14 avril 2011 réformant la garde à vue, il pourra assister aux auditions et aux éventuelles confrontations de son client. En l'espèce, les droits de la défense ont donc été remplis de manière satisfaisante.

Enfin, on peut utilement s'interroger sur la régularité de la durée de la garde à vue : aucune mention n'étant faite ici sur la minorité du suspect, il convient de considérer qu'il s'agit d'un majeur. De même, les infractions qu'il s'agira de préciser par la suite ne relèvent pas du cadre dérogatoire de la criminalité et de la délinquance organisées et n'ont pas été commises en bande organisée, ce qui invite à écarter la garde à vue dérogatoire au profit de la garde à vue de droit commun.

Ainsi, la garde à vue pourra durer 24 heures et faire l'objet d'une prolongation de 24 heures sur autorisation écrite et motivée du procureur de la République, à l'issue d'une présentation du suspect devant ce magistrat qui l'interrogera sur le bon déroulement de la garde à vue dont il fait l'objet. La présence de l'avocat ne constitue pas une condition de validité de cette décision de prolongation de la garde à vue ni une des nouvelles exigences consacrées par la loi du 3 juin 2016 (à l'instar par exemple de l'assistance de l'avocat lors des reconstitutions ou présentations de suspects).

En l'espèce, il est indiqué que sa garde à vue a duré 47 heures, ce qui permet de conclure à la régularité de sa durée.

4 - Vous vous prononcerez sur la nécessaire présence ou non de l'avocat durant la perquisition

Par quatre arrêts du 15 avril 2011 rendus au visa de l'article 6§1 de la convention EDH, l'assemblée plénière de la Cour de cassation avait imposé la présence de l'avocat lors de la garde à vue. Pour autant, cette assistance ne s'est pas étendue à l'ensemble des actes de la procédure puisqu'il a par la suite été considéré que l'absence de communication de l'ensemble des pièces du dossier à l'avocat assistant une personne gardée à vue n'est pas de nature à priver la personne d'un droit effectif et concret au procès équitable (Cass. crim., 19 sept. 2012).

Surtout, dans un arrêt rendu au visa de l'article 6§3 de la convention EDH, il a été considéré que l'assistance de l'avocat au cours d'une perquisition n'est pas obligatoire (Cass. crim., 3 avril 2013) : la Cour justifie cette distinction avec la présence obligatoire de l'avocat durant l'audition par la différence de nature entre ces deux actes. Alors que lors de l'audition sont sollicitées « des déclarations par lesquelles la personne entendue peut éventuellement s'auto-incriminer », la personne chez qui la perquisition a lieu « n'a qu'un rôle passif de témoin des recherches et des saisies réalisées ».

D'ailleurs, il convient de souligner que l'article 63-1 de la loi n° 2016-731 du 3 juin 2016 renforçant la lutte contre le crime organisé, le terrorisme et leur financement, et améliorant l'efficacité et les garanties de la procédure pénale est venue préciser l'étendue de l'assistance de l'avocat durant la procédure : en effet, après l'article 61-2 du Code de procédure pénale, il est désormais inséré un article 61-3 disposant que « toute personne à l'égard de laquelle existent une ou plusieurs raisons plausibles de soupçonner qu'elle a participé, en tant qu'auteur ou complice, à la commission d'un délit puni d'emprisonnement peut demander qu'un avocat de son choix ou, si elle n'est pas en mesure d'en désigner un, qu'un avocat commis d'office par le bâtonnier l'assiste lorsqu'elle participe à une opération de reconstitution de l'infraction, soit présent lors d'une séance d'identification des suspects dont elle fait partie, la personne étant informée de ce droit avant qu'il soit procédé à ces opérations. » Cette loi n'a donc pas consacré l'assistance obligatoire de l'avocat durant la perquisition.

S'agissant de la régularité de l'opération de perquisition menée en l'espèce, les articles 56 et suivants du Code de procédure pénale précisent les conditions légales de la perquisition réalisée en enquête de flagrance dont il convient de s'assurer en l'espèce :

– La perquisition doit obligatoirement être menée par un officier de police judiciaire, condition remplie ici.

– Contrairement à la perquisition en enquête préliminaire, la perquisition réalisée durant l'enquête de flagrance ne nécessite pas le consentement de la personne chez qui elle a lieu. Cependant, elle doit être réalisée en sa présence ou, à défaut, en présence d'un représentant désigné par elle ou bien de deux témoins requis par l'officier de police judiciaire et ne relevant pas de son autorité hiérarchique. En l'absence de mention contraire en l'espèce, il conviendra de subordonner la régularité de la perquisition à la satisfaction de cette condition.

– La perquisition peut se dérouler au domicile de toute personne susceptible d'avoir participé au crime ou au délit, ainsi qu'au domicile de toute personne susceptible de détenir des pièces, objets ou documents relatifs aux faits poursuivis ou encore en tous lieux dans lesquels sont susceptibles de se trouver des biens dont la confiscation est prévue. En l'espèce, elle se déroule au domicile du suspect, la jurisprudence ayant défini le domicile comme « le lieu où une personne a son principal établissement mais encore le lieu où elle a le droit de se dire chez elle » (Cass. crim., 22 janv. 1997). En l'espèce, la garde à vue a bien été réalisée au domicile du suspect.

– Enfin, l'article 59 du Code de procédure pénale dispose que « les perquisitions et les visites domiciliaires ne peuvent être commencées avant 6 heures et après 21 heures ». En l'espèce, il n'est pas précisé l'heure exacte de réalisation de la perquisition, ce qui subordonne sa régularité à la condition qu'elle se soit déroulée durant les heures légales précitées.

Ainsi, l'absence de l'avocat durant la perquisition n'affecte nullement la validité de celle-ci qui dépendra seulement des conditions légales énumérées.

5 - Quelles sont les infractions pouvant être retenues à l'encontre d'Emmanuel Refix ?

Emmanuel Refix est soupçonné d'avoir porté de nombreux coups de couteau à son ami ayant entraîné la mort de celui-ci : plusieurs qualifications pénales peuvent être envisagées.

En premier lieu, il convient de s'interroger sur les qualifications pénales d'homicide volontaire et d'assassinat. En l'absence de toute préméditation ressortant des faits et définie par l'article 132-72 du Code pénal comme « le dessein formé avant l'action de commettre un crime ou un délit déterminé », il convient d'écarter le crime d'assassinat prévu et réprimé à l'article 221-3 du même code pour envisager la qualification de meurtre.

L'article 221-1 du Code pénal définit le meurtre comme « le fait de donner volontairement la mort à autrui » et le punit de trente ans de réclusion criminelle.

Matériellement, le meurtre exige un acte positif déployé en vue de tuer la victime, la mort de la victime et un lien de causalité entre ces deux éléments : ces éléments sont remplis par les nombreux coups de couteau administrés à la victime et la causalité ressort nettement des conclusions de l'autopsie.

S'agissant de l'élément moral, le meurtre exige la caractérisation de l'animus necandi, s'agissant de la volonté d'homicide de l'auteur : en l'espèce, les nombreux coups de couteau et leur localisation sur des parties vitales de l'organisme semblent démontrer cette intention de tuer de l'auteur.

Cependant, l'auteur présumé insiste sur l'absence de toute volonté de tuer la victime, indiquant qu'il s'agit d'une bagarre ayant mal tourné. Ainsi, un doute légitime existe sur l'intention d'homicide du suspect. La victime était un ami de longue date, aucun mobile sérieux n'a été mis en avant pouvant motiver son geste, ces derniers étaient alcoolisés et enfin l'auteur présumé plaide à de nombreuses reprises ne pas avoir voulu le tuer.

Aussi convient-il d'écarter la qualification d'homicide volontaire et d'envisager, en second lieu, la qualification de violences ayant entraîné la mort sans intention de la donner prévue et réprimée par l'article 222-7 du Code pénal.

Matériellement, cette infraction exige un acte positif de violence, un résultat effectif, à savoir la mort de la victime, et un lien de causalité entre ces deux éléments. Ces éléments sont remplis sans difficulté au travers des nombreux coups de couteau et l'autopsie a confirmé leur lien de causalité avec la mort.

S'agissant de l'élément moral, cette infraction exige la volonté de l'auteur de réaliser l'acte positif de violence mais retient l'absence d'intention d'homicide de celui-ci à l'égard de la victime : en l'espèce, les coups de couteau ont été portés volontairement à la victime mais l'auteur clame l'absence de toute intention homicide à son égard.

Aussi, l'infraction de violences ayant entraîné la mort sans intention de la donner est caractérisée et doit être privilégiée. Plus encore, l'article 222-8 10° érige en circonstance aggravante la commission de cette infraction « avec usage et menace d'une arme », il s'agit donc de déterminer si le couteau utilisé correspond à la qualification légale d'arme.

L'article 132-75 du Code pénal dispose qu'« est une arme tout objet conçu pour tuer ou blesser ». En l'espèce, l'auteur présumé a utilisé un couteau, objet correspondant sans difficulté à la qualification légale de l'arme.

Ainsi, s'agissant de l'infraction de violences ayant entraîné la mort sans intention de la donner, Emmanuel Refix encourt la répression aggravée prévue à l'article 222-8 du Code pénal de 20 ans de réclusion criminelle.

6 - Quelles sont les orientations procédurales pouvant être poursuivies pour cette affaire ?

Il est indiqué qu'à l'issue de sa garde à vue, le suspect est présenté au parquet, mis en examen et écroué : il convient de préciser les différentes étapes permettant d'aboutir à ce résultat.

S'agissant d'une qualification criminelle, le procureur de la République a l'obligation légale de requérir l'ouverture d'une instruction préparatoire (CPP, art. 79) par le biais d'un réquisitoire introductif qui saisira un magistrat instructeur in rem des faits de l'espèce.

À l'issue de son instruction, trois orientations procédurales s'offriront à lui :

– en premier lieu, s'il considère que les faits ne sont pas caractérisés, il pourra rendre une ordonnance de non-lieu et abandonner ainsi toute poursuite. En l'espèce, au regard des témoignages recueillis et surtout du résultat de la perquisition et de la découverte de l'arme supposée du crime, il convient d'écarter catégoriquement cette piste ;

– en second lieu, il convient également d'écarter la piste d'une correctionnalisation judiciaire, au regard de la gravité du préjudice subi par la victime, de l'importance des investigations à mener, de la sévérité de la peine encourue par l'auteur présumé et de l'abandon sur place de la victime sans avoir prévenu les secours ;

– ainsi, cette dernière voie reste la seule probable : le juge d'instruction disposant d'éléments suffisants va décider de la mise en examen d'Emmanuel Refix. L'article 80-1 du Code de procédure pénale dispose ainsi qu'« à peine de nullité, le juge d'instruction ne peut mettre en examen que les personnes à l'encontre desquelles il existe des indices graves ou concordants rendant vraisemblable qu'elles aient pu participer, comme auteur ou comme complice, à la commission des infractions dont il est saisi. Il ne peut procéder à cette mise en examen qu'après avoir préalablement entendu les observations de la personne ou l'avoir mise en mesure de les faire, en étant assistée par son avocat, soit dans les conditions prévues par l'article 116 du Code de procédure pénale relatif à l'interrogatoire de première comparution, soit en tant que témoin assisté conformément aux dispositions des articles 113-1 à 113-8 du Code de procédure pénale ».

En l'espèce, les indices graves ou concordants sont en effet caractérisés par les auditions de témoins, la découverte du couteau en perquisition et les révélations circonstanciées du suspect confirmant s'être battu avec la victime.

À l'issue de cette mise en examen nécessairement intervenue après l'interrogatoire de première comparution du suspect accompagné de son avocat, le juge d'instruction pourra solliciter du juge des libertés et de la détention le placement en détention provisoire. Celui-ci répond aux conditions de fond et de forme de l'article 144 du Code de procédure pénale. La détention provisoire doit constituer l'unique moyen de parvenir à l'un des objectifs légalement consacrés, à savoir en l'espèce conserver les preuves ou les indices matériels qui sont nécessaires à la manifestation de la vérité et garantir le maintien de la personne mise en examen à la disposition de la justice.

La détention provisoire ne peut être prononcée que lorsque l'assignation à résidence paraît insuffisante, ce qu'il est permis de supposer s'agissant du profil de marginal de l'auteur présumé qui ne dispose pas de solides garanties de représentation. Ainsi, le juge des libertés et de la détention prononcera certainement le placement en détention provisoire d'Emmanuel Refix qui sera dès lors écroué en maison d'arrêt le temps nécessaire pour le juge d'instruction de clore son instruction préparatoire et de renvoyer le crime devant la cour d'assises afin qu'il soit jugé.

Enfin, il convient d'évoquer une difficulté qui pourrait intervenir lors du procès, s'agissant de l'impossibilité de produire l'enregistrement audiovisuel des auditions du suspect en raison d'une défectuosité du matériel.

L'article 64-1 du Code de procédure pénale impose l'enregistrement audiovisuel des auditions des personnes gardées à vue en matière criminelle : « Les auditions des personnes placées en garde à vue pour crime, réalisées dans les locaux d'un service ou d'une unité de police ou de gendarmerie exerçant une mission de police judiciaire font l'objet d'un enregistrement audiovisuel. »

Il est tout à fait vraisemblable que la défectuosité du matériel d'enregistrement n'ait été constatée qu'à l'audience puisque l'alinéa 2 de cet article prévoit que « L'enregistrement ne peut être consulté, au cours de l'instruction ou devant la juridiction de jugement, qu'en cas de contestation du contenu du procès-verbal d'audition, sur décision du juge d'instruction ou de la juridiction de jugement, à la demande du ministère public ou d'une des parties ».

La difficulté réside dans les conséquences juridiques du défaut d'enregistrement dans le cas d'une défectuosité de celui-ci. Dans une récente espèce portant sur les mêmes faits que ceux étudiés ici, la chambre criminelle de la Cour de cassation a rejeté le pourvoi plaidant pour une nullité des auditions réalisées sans enregistrement effectif, considérant que « l'absence d'enregistrement ne remettait pas en cause la réalité des propos tenus et signés par l'accusé dans le procès-verbal de garde à vue, ces derniers ayant été réitérés à plusieurs moments de la procédure et notamment devant le juge d'instruction, la réalité de ces propos pouvant dès lors être débattue lors des débats à l'audience » (Cass. crim., 10 févr. 2016).

Ainsi, l'impossibilité de produire les enregistrements des auditions ne viciera pas la procédure.

FAIRE LE POINT SUR L'ACTUALITÉ DU SUJET

Sujet 8

CAS PRATIQUE : PAUL, XAVIER ET KEVIN

(ANNALES CONCOURS ENM 2015)

SUJET

Le 20 avril 2015, trois individus : Paul (18 ans), Xavier (20 ans) et Kevin (16 ans), désœuvrés et à court d'argent projettent de faire un braquage dans un bureau de tabac.

Tandis que Xavier et Kevin se chargent d'acheter le matériel adéquat à leur projet (ruban adhésif, gants et cagoules), Paul procède à un repérage des lieux, destiné à faciliter leur fuite, en faisant survoler un drone au-dessus du quartier de la Goutte d'or.

Par ailleurs, les trois compères font appel à Lionel (20 ans) pour les assister dans leur projet. Ainsi celui-ci est chargé de les emmener sur les lieux avec son véhicule et de faire le guet pendant que ces derniers commettent les faits.

Le 25 avril 2015, Xavier, Paul et Kevin décident de passer à l'acte et se précipitent dans un bureau de tabac qu'ils avaient repéré. Tandis que Xavier menace Philippe le gérant avec un pistolet à billes avant de l'immobiliser en le ligotant, Paul et Kevin s'emparent des clés de la caisse et parviennent à dérober des cigarettes et un fonds de caisse. Le butin s'élève à environ 1 000 euros. Au moment où les trois amis prennent la fuite, Philippe, le buraliste parvient à dénouer les liens qui l'immobilisaient jusqu'alors et à appeler au secours. Les services de police, alertés par les riverains, se rendent immédiatement sur les lieux.

Paul, Xavier et Kevin sont interpellés. En revanche, Lionel parvient à s'échapper.

A 17 h 50, les trois individus sont placés en garde à vue par les officiers de police judiciaire et se voient notifier leurs droits à 18 h 05. Les officiers de police judiciaire avisent le procureur de la République et font appel aux avocats sollicités par les trois gardés à vue ainsi qu'au médecin y compris pour le mineur qui refuse d'être examiné. La mesure prend fin le 26 avril à 16 h 45 et ils sont présentés au parquet.

Xavier a fait l'objet le 23 mars 2014 d'une condamnation à 3 mois d'emprisonnement avec sursis devenue définitive, pour des faits de recel d'extorsion. Paul et Kevin eux sont inconnus des services de police.

Vous répondrez aux questions suivantes par une argumentation juridique précise :

1. Au regard des faits ci-dessus exposés, quelles sont les infractions susceptibles d'être retenues à l'égard des différents protagonistes et quelles sont les peines encourues ? (6 points)
2. Après avoir déterminé le cadre juridique de la procédure, vous examinerez la régularité des conditions d'interpellation, de la notification et de l'exercice des droits afférents à la garde à vue (6 points).
3. Quelles sont les orientations procédurales susceptibles d'être envisagées à l'issue de la garde à vue et quelle juridiction peut être compétente pour juger cette affaire ? (5 points)
4. Enfin, par quels moyens juridiques les enquêteurs peuvent-ils, dans les jours à venir, faire localiser et interpeller Lionel. Dans quel cadre procédural ? (3 points)

1 - Au regard des faits ci-dessus exposés, quelles sont les infractions susceptibles d'être retenues à l'égard des différents protagonistes et quelles sont les peines encourues ? (6 points)

Le 20 avril 2015, Paul, Xavier et Kevin projettent de réaliser le braquage d'un bureau de tabac. Le 25 avril 2015, ils passent à l'acte avec l'aide de Lionel. Les rôles des différents protagonistes sont bien déterminés, Lionel conduit les trois comparses sur les lieux et fait le guet, Xavier menace le gérant d'un pistolet à billes et le ligote. Paul et Kevin s'emparent des clés de la caisse et dérobent un fonds de caisse et les cigarettes pour un montant global de 1 000 €.

Ces faits sont susceptibles de revêtir différentes qualifications pénales qu'il convient de déterminer.

I - La participation de Paul et Kévin

A - UNE QUALIFICATION PÉNALE COMMUNE

1. Le vol avec le drone, qualification à écarter

L'article 223-1 du Code pénal prévoit et réprime l'infraction de risques causés à autrui. Plusieurs éléments tant matériels que moraux sont nécessaires à la qualification de la présente infraction. La condition préalable est l'existence d'une obligation particulière de prudence ou de sécurité imposée par la loi ou le règlement. Rien n'étant mentionné dans l'énoncé à ce propos, il convient donc d'écarter la qualification de risques causés à autrui.

2. Le braquage du bureau de tabac, qualification à retenir

L'article 311-1 du Code pénal prévoit et réprime l'infraction de vol qu'il définit comme « la soustraction frauduleuse de la chose d'autrui ». Plusieurs éléments, tant matériels que moraux, sont nécessaires à la qualification de cette infraction :

– condition préalable : une chose appartenant à autrui, en l'espèce, les sommes d'argent et les cigarettes qui appartiennent au gérant du bureau de tabac ;

– matériellement, le vol exige une soustraction, s'agissant d'une interversion de possession que la jurisprudence définit comme l'action de « prendre, enlever, ravir » (Cass. crim., 18 nov. 1837) : en l'espèce, les biens ont été appréhendés par les auteurs, validant l'élément matériel ;

– moralement, le vol doit avoir un caractère frauduleux en reposant sur un dol général, s'agissant de la conscience de violer la loi pénale et un dol spécial correspondant à la volonté de se comporter comme le propriétaire de la chose.

L'infraction de vol est caractérisée à l'encontre de Paul et Kevin.

B - UNE DÉTERMINATION DE LA PEINE ENCOURUE DIFFÉRENCIÉE

1. À l'égard de Paul, majeur

Lorsque le vol est simple, il est puni, en application de l'article 311-3 du Code pénal, de 3 ans d'emprisonnement et de 45 000 € d'amende. Or, cette infraction est caractérisée par une diversité de circonstances aggravantes pouvant très sévèrement alourdir la peine. Ainsi, l'article 311-4-1 du Code pénal prévoit que la peine est portée à 7 ans d'emprisonnement et 100 000 euros d'amende lorsque s'applique la circonstance aggravante de commission par un majeur avec l'aide d'un ou plusieurs mineurs agissant en qualité de coauteurs ou de complices, applicable en l'espèce puisque Kévin a 16 ans et agit bien en coauteur de Paul en réalisant avec lui l'ensemble des éléments constitutifs de cette infraction.

En outre, l'article 311-4 du Code pénal énumère diverses circonstances aggravantes et prévoit que la peine encourue est portée à 10 ans d'emprisonnement et 150 000 euros d'amende lorsque trois des circonstances aggravantes légalement consacrées se cumulent. En l'espèce, on peut relever le cumul des 3 circonstances aggravantes suivantes : la commission de l'infraction avec dissimulation du visage (s'agissant du port des cagoules), la commission dans un lieu ou établissement destiné à l'entrepôt de fonds, valeurs ou marchandises (un bureau de tabac) et la commission de l'infraction avec usage de violence, même sans ITT, caractérisée par le ligotage du buraliste et l'exhibition de l'arme factice.

Par ailleurs, l'article 311-9 du Code pénal porte la répression à 15 ans de réclusion criminelle et 150 000 euros d'amende s'agissant du vol commis en bande organisée. Il convient ainsi de déterminer si la bande organisée peut être caractérisée en l'espèce. La bande organisée est définie par l'article 132-71 du Code pénal comme « le groupement formé ou toute entente établie en vue de la préparation, caractérisée par un ou plusieurs faits matériels, d'une ou de plusieurs infractions ». La bande organisée nécessite donc la caractérisation de deux éléments : la préméditation et la structure.

L'article 132-72 du Code pénal définit la préméditation comme « le dessein formé avant l'action de commettre un crime ou un délit déterminé ». Ici, l'énoncé précise qu'avant de commettre leurs méfaits, les intéressés ont procédé à des repérages et à l'achat de matériel, ce qui permet de déduire la préméditation.

La structure réside dans un nombre minimal de participants que le Code pénal n'a pas précisément consacré. Jusqu'à récemment, la bande organisée se satisfaisait de la commission à partir de trois participants, ainsi que l'a retenu la circulaire du 14 mai 1993 présentant les dispositions du nouveau Code pénal et surtout, le Conseil constitutionnel, dans une décision du 2 mars 2004, qui avait défini la bande organisée comme « un groupe structuré de trois personnes ou plus », condition remplie en l'espèce. Cependant, la jurisprudence a restreint les conditions d'application de la circonstance aggravante de bande organisée (Cass. crim., 8 juill. 2015) : désormais, la seule constitution d'une équipe de plusieurs malfaiteurs ne peut suffire à qualifier la bande organisée dès lors que cette équipe ne répond pas au critère supplémentaire de structure existant depuis un certain temps et que les équipes de malfaiteurs ne seraient pas toujours constituées de la même manière mais de façon variable avec trois, quatre ou cinq membres. Ici, l'équipe de délinquants n'est guère chevronnée et organisée ainsi que l'exige la jurisprudence dans l'arrêt précité. Partant, il convient d'écarter la bande organisée.

Cependant, il est nécessaire de prendre en considération que la commission du vol s'est faite sous la menace d'un pistolet à billes, l'article 311-8 du Code pénal réprimant de 20 ans de réclusion criminelle et 150 000 euros d'amende le vol commis avec usage ou menace d'une arme. Il convient ainsi de déterminer si un pistolet à billes constitue une arme au sens de la loi. L'article 132-75, al.1 du Code pénal dispose qu'« est une arme tout objet conçu pour tuer ou blesser », ce qui permet de considérer sans difficulté qu'un pistolet est une arme.

Qu'en est-il d'une arme factice ? L'alinéa 3 de ce même article précise qu'« est assimilé à une arme tout objet qui, présentant avec l'arme définie au premier alinéa une ressemblance de nature à créer une confusion, est utilisé pour menacer de tuer ou de blesser ou est destiné par celui qui en est porteur, à menacer de tuer ou de blesser », ainsi que l'a également considéré la jurisprudence, retenant l'usage d'une arme « peu importe qu'elle soit factice » (Cass. crim., 5 août 1992). Précisons qu'il s'agit d'une circonstance aggravante réelle se transmettant à tous les participants à l'infraction (« peu importe que seul un des protagonistes ait eu l'arme en main, cette circonstance aggravante est dite réelle et est inhérente au vol » (Cass. crim., 4 janv. 1985). En conséquence, la circonstance aggravante de commission du vol sous la menace d'une arme (C. pén., art. 311-8) s'appliquant, elle fait encourir à Paul 20 ans de réclusion criminelle et 150 000 euros d'amende.

2. À l'égard de Kevin, mineur

Kevin est âgé de 16 ans, il est donc mineur. Cette circonstance est de nature à impacter les peines qu'il encourt. L'article 2 de l'Ordonnance du 2 février 1945 dispose que les juridictions compétentes peuvent prononcer une peine à l'encontre des mineurs de 13 à 18 ans en tenant compte de l'atténuation de leur responsabilité pénale. L'article 20-2 du même texte dispose que la peine privative de liberté doit être diminuée de moitié pour le mineur de plus de treize ans. En l'espèce, Kevin encourt donc une peine de 10 ans d'emprisonnement ou de réclusion criminelle et 75 000 euros d'amende.

II - La participation de Xavier

A - SUR LA QUALIFICATION JURIDIQUE

1. Le ligotage du gérant

L'article 224-1 du Code pénal prévoit et réprime l'infraction de séquestration. La séquestration consiste à retenir une personne dans un ou plusieurs lieux. L'infraction doit se prolonger dans le temps, il s'agit donc d'une infraction continue. La durée de la séquestration n'influence pas la constitution de l'infraction mais la répression qui y est attachée. L'infraction suppose également l'illégalité des actes commis, c'est-à-dire qu'ils ne soient pas autorisés par la loi. Doit enfin être prouvé un dol spécial, l'auteur doit avoir la volonté de priver la victime de liberté, en ayant conscience de l'illégalité de ses agissements.

En l'espèce, le gérant du magasin est ligoté par Xavier, il est de ce fait privé de sa liberté d'aller et venir. Aucune justification légale ne permet cette entrave, les éléments matériels de l'infraction sont en conséquence satisfaits. L'auteur avait en outre la volonté de séquestrer le gérant en sachant que cet acte était manifestement illégal. L'infraction est donc caractérisée dans tous ses éléments.

Les faits peuvent également être envisagés sous l'angle de la violence venant aggraver l'infraction de vol tel que nous l'avons envisagé précédemment. Surtout, la séquestration n'étant pas au programme de l'épreuve, il convient d'envisager le ligotage du gérant sous l'angle de la participation au braquage.

2. La participation au braquage

Xavier ne commet aucun des éléments matériels du vol ; toutefois, sa participation au braquage facilite assurément la commission de l'infraction par les autres protagonistes puisqu'en exhibant l'arme il facilite le braquage. Sa participation au vol doit en conséquence être envisagée sous l'angle de la complicité. L'article 121-7 du Code pénal dispose en effet qu'« est complice d'un crime ou d'un délit la personne qui sciemment, par aide ou assistance, en a facilité la préparation ou la consommation. Est également complice la personne qui par don, promesse, menace, ordre, abus d'autorité ou de pouvoir aura provoqué à une infraction ou donné des instructions pour la commettre. »

Doivent ainsi être démontrés :

– préalablement : un fait principal punissable : en l'espèce, le vol est caractérisé et la condition préalable de la complicité est donc satisfaite ;

– matériellement : un acte positif, antérieur ou concomitant et causal de complicité facilitant la réalisation de l'infraction principale, s'agissant ici d'une aide ou assistance au bénéfice de l'auteur principal. Il est possible de distinguer l'aide de l'assistance en matière de complicité : celui qui assiste est en principe présent, alors que celui qui aide ne l'est pas. En l'espèce, Xavier est présent, il s'agira d'assistance ;

– moralement : une intention coupable du complice doit avoir la conscience de l'infraction principale et la volonté d'en faciliter la commission. En l'espèce, l'intention coupable est parfaitement établie, les protagonistes ayant à l'avance déterminé la participation de chacun.

B - SUR LES PEINES ENCOURUES POUR LA COMPLICITÉ DE VOL AGGRAVÉ

L'article 121-6 du Code pénal dispose que sera puni comme auteur le complice de l'infraction. Il encourt ainsi 20 ans de réclusion criminelle et 150 000 euros d'amende.

Xavier a été condamné en mars 2014 à une peine de 3 mois d'emprisonnement avec sursis, devenue définitive pour des faits de recel d'extorsion. Ces faits sont de nature délictuelle. Or en l'espèce, les faits de vol aggravé sous la menace d'une arme sont criminels tandis que les faits de recel sont délictuels (C. pén., art. 321-1 retenant une peine de 5 ans d'emprisonnement et 375 000 euros d'amende).

Or, la loi ne retient pas, en principe, de récidive de délit (premier terme) à crime (deuxième terme) : il convient ainsi de s'écarter ici du terrain de la récidive pour privilégier la réitération d'infraction : l'article 132-36 du Code pénal dispose que « la juridiction peut, par décision spéciale, révoquer totalement ou partiellement, pour une durée qu'elle détermine, le sursis antérieurement accordé quelle que soit la peine qu'il accompagne, lorsqu'elle prononce une nouvelle condamnation à une peine de réclusion ou à une peine d'emprisonnement sans sursis ». Cela permettra, en cas de révocation, que la première peine (condamnation délictuelle) soit exécutée sans qu'elle puisse se confondre avec la seconde (condamnation criminelle).

III - À l'égard de Lionel

Lionel ne commet aucun des éléments constitutifs du vol ; toutefois, il conduit sur place les protagonistes et fait le guet lors du braquage. Son comportement devra donc être envisagé sous l'angle de la complicité. Les développements précédents consacrés tant à la caractérisation de la complicité qu'à sa répression sont transposables au cas de Lionel. Cependant, Lionel n'étant pas présent dans les locaux du bureau de tabac, il conviendra de viser l'aide en lieu et place de l'assistance au titre de la complicité. Il encourt ainsi 20 ans de réclusion criminelle et 150 000 euros d'amende pour complicité de vol commis avec usage ou menace d'une arme.

---

2 - Après avoir déterminé le cadre juridique de la procédure, vous examinerez la régularité des conditions d'interpellation, de la notification et de l'exercice des droits afférents à la garde à vue (6 points)

Le gérant se défait de ses liens et appelle les secours, permettant aux services de police d'intervenir très rapidement. Kevin, Xavier et Paul sont interpellés et placés en garde à vue à 17 h 50 et leurs droits leurs sont notifiés à 18 h 05. Il apparaît en conséquence nécessaire de déterminer le cadre procédural dans lequel les enquêteurs ont agi et d'examiner la régularité des actes réalisés.

I - Le cadre d'enquête

Selon l'article 53, alinéa 1 du Code de procédure pénale, « est qualifié de crime ou délit flagrant le crime ou délit qui se commet actuellement, ou qui vient de se commettre. Il y a aussi crime ou délit flagrant lorsque, dans un temps très voisin de l'action, la personne soupçonnée est poursuivie par la clameur publique, ou est trouvée en possession d'objets, ou présente des traces ou indices laissant penser qu'elle a participé au crime ou au délit ».

L'enquête de flagrance répond donc à trois exigences : un critère de gravité suffisante des faits poursuivis, un critère temporel et un critère d'apparence :

– s'agissant du critère de gravité, l'enquête de flagrance ne peut être initiée qu'en matière de crimes ou de délits, ce qui ne pose pas de difficulté en l'espèce au regard de la qualification criminelle retenue de vol aggravé commis sous la menace d'une arme ;

– s'agissant du critère temporel, la commission de l'infraction doit avoir eu lieu dans un temps très voisin de l'intervention des policiers, la jurisprudence consacrant traditionnellement une durée maximale de 48 heures depuis la commission des faits (Cass. crim., 8 avril 1998). En l'espèce, le buraliste a alerté la police très peu de temps après la fuite des différents protagonistes. L'infraction vient donc de se commettre, remplissant ce critère ;

– s'agissant du critère d'apparence, la jurisprudence exige que les policiers aient pu constater « un indice apparent d'un comportement délictueux » (Cass. crim., 22 janv. 1953, Isnard). Une telle apparence peut ressortir de manière alternative d'éléments divers, qu'il s'agisse des constatations matérielles faites par les policiers et leur révélant l'infraction ou encore de l'appel téléphonique qui requiert l'intervention des forces de police. Là encore, c'est le buraliste qui a alerté la police très peu de temps après la fuite des auteurs qui permet de caractériser cette apparence.

Ainsi, les investigations se déroulent dans le cadre de la flagrance : conformément à l'article 53 du Code de procédure pénale, ce cadre pourra perdurer pendant 8 jours après son ouverture (notons la possibilité d'une éventuelle prolongation de 8 jours supplémentaires décidée par le magistrat). Il dote l'OPJ, sous l'autorité du procureur de la République, de pouvoirs d'enquête étendus (interpellation des suspects, placement en garde à vue, perquisitions, fouilles et saisies).

Il convient de s'interroger sur la régularité de ces actes d'enquête.

II - La régularité de l'interpellation et la garde à vue

A - SUR L'INTERPELLATION

Aucun texte du Code de procédure pénale ne régit expressément l'arrestation lorsqu'elle est réalisée par les fonctionnaires de police, il faut donc se référer à un article généraliste. L'article 73 du Code de procédure pénale dispose qu'en cas de crime ou délit flagrant puni d'une peine d'emprisonnement, toute personne à compétence pour arrêter l'auteur et le conduire devant l'OPJ. En l'espèce, on est bien en présence d'une infraction commise en flagrance, l'interpellation est donc régulière.

B - SUR LA GARDE À VUE

1. Sur la garde à vue de Xavier et Paul (majeurs)

La garde à vue de droit commun répond aux conditions légales définies aux articles 62-2 et suivants du Code de procédure pénale.

Le recours à la garde à vue : la garde à vue est une mesure de contrainte qui ne peut être décidée que par un OPJ à l'encontre d'une personne ayant commis ou tenté de commettre un crime ou un délit puni d'emprisonnement. Elle doit en outre être le seul moyen de parvenir à l'un des six objectifs visés par le texte. En l'espèce, l'infraction commise est punie d'une peine d'emprisonnement largement supérieure à un an, la garde à vue a été prononcée par un OPJ, elle vise des personnes dont il est permis de suspecter la participation comme auteur ou comme complice à l'infraction. Enfin, en l'espèce, elle permettra de maintenir les auteurs et complices à la disposition de la justice et d'éviter la concertation frauduleuse entre eux. Elle est donc justifiée et régulière de ce point de vue.

La notification des droits : l'article 63-1 du Code de procédure pénale prévoit la notification immédiate des droits qu'il liste. La jurisprudence est venue compléter cette notion d'immédiateté de la notification. En l'espèce, 15 minutes se sont écoulées entre le placement en garde à vue et la notification des droits ce qui rend cette notification régulière, la chambre criminelle de la Cour de cassation considérant qu'un tel délai de 15 minutes entre le placement en garde à vue et la notification des droits n'est pas excessif et que la mesure en tel cas est régulière (Cass. crim., 27 juin 2000).

L'information du procureur : l'article 63-1 du Code de procédure pénale prévoit que l'information du procureur de la République doit être réalisée dès le début de la mesure. En l'espèce, l'information a bien été fournie au procureur de la République dès le placement en garde à vue. Cette exigence est en conséquence satisfaite.

L'exercice des droits :

– le droit à l'avocat : les articles 63-3-1 à 63-4-3 du Code de procédure pénale prévoient que la personne gardée à vue a le droit d'être assistée par un avocat lors de cette mesure. Plus précisément, s'agissant d'avocats désignés par les mis en cause comme en l'espèce, l'article 63-4-2 subordonne la validité de la première audition (dépassant le champ de la simple déclinaison d'identité) à l'écoulement d'un délai de deux heures afin de permettre au conseil du suspect d'arriver ;

– le droit à un examen médical : en l'espèce le médecin a été prévenu et on peut supposer qu'un examen médical a été réalisé. Cette exigence apparaît donc satisfaite ;

– d'autres droits sont conférés à la personne gardée à vue, notamment le droit de faire prévenir un proche et son employeur, mais également le droit de répondre ou non aux questions qui lui sont posées. Aucune indication n'est fournie quant à la notification et à l'exercice de ces droits par les gardés à vue en l'espèce et il convient ainsi de considérer qu'ils ont été respectés.

La durée de la garde à vue : le régime dérogatoire étant écarté, c'est la garde à vue de droit commun telle que prévue par l'article 63 du Code de procédure pénale qui s'applique. La durée légale de la garde à vue est de 24 heures, pouvant faire l'objet sur autorisation du procureur de la République d'une seule prolongation de 24 heures, portant la mesure à une durée maximale de 48 heures. En l'espèce, elle a duré moins de 24 heures et est donc régulière sur ce point.

2. Sur la garde à vue de Kevin et ses droits spécifiques en tant que mineur

Les développements relatifs au placement en garde à vue et à la notification des droits sont transposables à la garde à vue du mineur de 16 ans sous réserve de certains droits renforcés.

Sur l'assistance d'un avocat : la loi du 18 novembre 2016 a renforcé les droits du mineur de 16 ans gardé à vue en rendant obligatoire l'assistance d'un avocat. Ainsi, l'article 4 modifié de l'ordonnance du 2 février 1945 impose l'assistance d'un avocat, désigné par le gardé à vue mineur ou ses représentants légaux ou, en cas d'absence de désignation, par le bâtonnier informé du placement en garde à vue par le procureur de la République, le juge chargé de l'instruction ou l'officier de police judiciaire. En l'espèce, Kevin a désigné un avocat, ce qui rend la procédure valide sur ce point.

Sur la durée de la garde à vue : en application de l'article 4 de l'ordonnance du 2 février 1945, la durée de la garde à vue du mineur de 16 ans révolus ne peut excéder 24 heures En l'espèce, elle a duré moins de 24 heures et est donc régulière.

Sur l'information à l'autorité judiciaire : l'article 4 de l'ordonnance du 2 février 1945 exige que tout placement d'un mineur en garde à vue impose à l'OPJ d'informer le procureur de la République (ou le juge chargé de l'instruction) mais également les parents ou la personne exerçant l'autorité sur le mineur. En l'espèce, le procureur semble avoir été informé dès le début de la mesure. Cette exigence est, en conséquence, respectée si les titulaires de l'autorité parentale sur Kevin ont bien été prévenus.

Sur l'examen médical : ce même article 4 III de l'ordonnance du 2 février 1945, impose l'examen médical obligatoire en cas de garde à vue d'un mineur de 16 ans, exigeant que les parents ou titulaires de l'autorité parentale soient informés de ce droit de voir un médecin. En l'espèce, Kevin a refusé l'examen médical ce qui ne vient pas impacter la régularité de la mesure de garde à vue.

Enfin, rappelons que la garde à vue du mineur impose l'enregistrement de ses auditions.

---

3. Quelles sont les orientations procédurales susceptibles d'être envisagées à l'issue de la garde à vue et quelle juridiction peut être compétente pour juger cette affaire ? (5 points)

I - Les orientations procédurales susceptibles d'être poursuivies

L'ouverture obligatoire d'une information judiciaire donnera probablement lieu à une correctionnalisation par la suite.

A - L'OUVERTURE D'UNE INSTRUCTION PRÉPARATOIRE

L'article 79 du Code de procédure pénale dispose que l'instruction préparatoire est obligatoire en matière de crime. Ici, elle serait particulièrement utile car l'ensemble des protagonistes n'est pas connu puisque Lionel a pris la fuite. Le magistrat du Parquet devra en conséquence prendre un réquisitoire introductif afin qu'une instruction soit ouverte contre Paul, Xavier, Kevin et X permettant au juge d'instruction, par commission rogatoire, de procéder à des investigations concernant la participation de Lionel.

B - L'ÉVENTUALITÉ D'UNE MISE EN EXAMEN

En application de l'article 116 du Code de procédure pénale, le juge d'instruction peut mettre un suspect en examen après avoir procédé à son interrogatoire de première comparution. En l'espèce, il est probable que le juge d'instruction décide de mettre l'ensemble des protagonistes en examen après avoir procédé à leur interrogatoire. En ce qui concerne le mineur, le juge d'instruction et le juge des enfants ont une compétence partagée pour la mise en examen (Ord. 2 février 1945, art. 5).

C - LA PRÉSENTATION DES PROTAGONISTES AU JUGE DES LIBERTÉS ET DE LA DÉTENTION

L'article 137 du Code de procédure pénale détermine le sort de la personne mise en examen. Si elle reste en principe libre, elle peut également être, en raison des nécessités de l'instruction ou à titre de mesure de sûreté, placée sous contrôle judiciaire, assignée à résidence sous surveillance électronique voire placée en détention provisoire. La détention provisoire est régie aux articles 143-1 et suivants du Code de procédure pénale et elle ne peut être prononcée que si la personne mise en examen encourt une peine criminelle ou une peine correctionnelle d'une durée égale ou supérieure à trois ans, condition remplie en l'espèce.

En application de l'article 144 du Code de procédure pénale, la détention provisoire doit être le seul moyen de parvenir à l'un des objectifs fixés par le texte. En l'espèce, il existe plusieurs protagonistes, on peut envisager que la détention provisoire permettra d'empêcher la concertation frauduleuse entre les différents protagonistes. Le placement en détention provisoire est donc envisageable.

Les articles 11 et suivants de l'ordonnance du 2 février 1945 régissent la détention provisoire de la personne mineure mise en examen. Le texte pose différentes exigences : la détention provisoire doit être une mesure indispensable au regard de l'un des objectifs légalement consacrés, il est également nécessaire que les obligations du contrôle judiciaire ou de l'ARSE soient insuffisantes. Enfin, ce texte rappelle que les mineurs de 16 ans révolus ne peuvent être placés en détention provisoire que dans le cas où ils encourent une peine criminelle ou correctionnelle de 3 ans et plus ou bien lorsqu'ils se sont volontairement soustraits aux obligations du contrôle judiciaire ou de l'ARSE. En l'espèce, au regard de la peine encourue par Kevin, la détention provisoire est envisageable.

D - LA POSSIBILITÉ D'UNE CORRECTIONNALISATION JUDICIAIRE

Il convient de considérer au regard de la moindre gravité des faits, s'agissant d'une arme factice exhibée, de l'absence de préjudice physique subi par la victime et du faible butin, que les faits vont être correctionnalisés pour ne retenir que la qualification de vol aggravé par trois circonstances aggravantes (C. pén., art. 311-4 : puni de 10 ans d'emprisonnement et 100 000 euros d'amende). Cette décision sera prise par le juge d'instruction initialement saisi, à l'issue de son information judiciaire, par le biais d'une ordonnance de renvoi devant le tribunal correctionnel. Précisons que cette correctionnalisation permettrait également le placement en détention provisoire envisagé.

II - Les juridictions compétentes

A - HORS LE CAS D'UNE CORRECTIONNALISATION

L'article 231 du Code de procédure pénale fixe la compétence de la Cour d'assises en matière criminelle. Celle-ci a plénitude de juridiction pour juger les accusés qui sont renvoyés devant elle par l'ordonnance de mise en accusation du juge d'instruction, s'agissant de faits criminels de vol sous la menace d'une arme. La Cour d'assises sera donc compétente pour juger les faits de vol avec arme commis par les majeurs. Cependant, Kevin étant mineur de 16 ans au moment des faits, il ne peut pas être renvoyé avec les autres individus devant la Cour d'assises puisque l'article 20 de l'ordonnance du 2 février 1945 dispose que « Le mineur de 16 ans au moins, accusé de crime, sera jugé par la Cour d'assises des mineurs [...] ». Il sera nécessairement renvoyé devant cette juridiction. Précisons néanmoins que cette juridiction pour mineurs pourra attraire devant elle tous les participants, même majeurs, afin d'avoir un jugement unique participant de la bonne administration de la justice.

B - EN CAS DE CORRECTIONNALISATION

Pour les majeurs : il s'agira du tribunal correctionnel (CPP, art. 381) et pour les mêmes raisons d'absence de complexité des faits, l'option procédurale la plus probable à l'égard des majeurs devant cette juridiction sera la comparution immédiate qui est applicable en l'espèce puisqu'elle est permise en matière de délits flagrants punis d'une peine d'emprisonnement d'au moins 6 mois.

Pour le mineur : il s'agira du tribunal pour enfants (Ord. 1945, art. 1er et 13 et s.) et plus précisément de la procédure de présentation immédiate devant le tribunal pour enfants applicable aux conditions suivantes : la peine encourue est supérieure ou égale à un an en enquête de flagrance ; les investigations sur les faits apparaissent suffisantes et ne nécessitent pas de complément ; le mineur concerné est non réitérant et il est âgé d'au moins 16 ans, ces conditions étant toutes remplies en l'espèce. Précisons qu'il conviendra que soit également remplie la dernière condition, à savoir la réalisation par le parquet d'investigations sur la personnalité du mineur.

4 - Enfin, par quels moyens juridiques les enquêteurs peuvent-ils, dans les jours à venir, faire localiser et interpeller Lionel. Dans quel cadre procédural ? (3 points)

Lionel parvient à s'échapper avant l'intervention des services de police. Il importe de déterminer les moyens susceptibles d'être déployés pour parvenir à son interpellation ainsi que le cadre procédural dans lequel ces moyens seront employés.

I - Le cadre procédural

En application de l'article 53 du Code de procédure pénale, l'enquête de flagrance ne peut durer plus de huit jours. Par exception, lorsque des investigations sont nécessaires à la manifestation de la vérité, le procureur de la République peut prolonger l'enquête de flagrance pour une durée de huit jours supplémentaires.

En l'espèce, le cadre procédural dans lequel les enquêteurs vont intervenir dépend de cette durée. Si les actes sont réalisés moins de huit jours après la commission des faits, ils le seront dans le cadre d'une enquête de flagrance. On peut douter de la pertinence de la prolongation de l'enquête de flagrance, en raison de l'instruction obligatoire.

Si les actes sont réalisés plus de huit jours après la commission des faits, ils le seront dans le cadre de l'instruction. En ce cas, en application de l'article 151 du Code de procédure pénale, les actes peuvent être réalisés par les officiers de police judiciaire en application d'une commission rogatoire délivrée par le juge d'instruction.

Dès lors qu'une instruction est ouverte, l'enquête de flagrance prend fin et les enquêteurs agiront en vertu d'une commission rogatoire délivrée par le juge d'instruction. Ainsi, en application de l'article 122 du Code de procédure pénale, un mandat de recherche pourra être délivré par le juge d'instruction à l'encontre d'une personne à l'égard de laquelle il existe une ou plusieurs raisons plausibles de soupçonner qu'elle a commis ou tenté de commettre une infraction. Ce mandat donne ordre à la force publique de rechercher la personne et de la placer en garde à vue.

En l'espèce, Lionel a participé au braquage, en conduisant les protagonistes sur les lieux et en faisant le guet pendant le braquage. Son intervention a pu être constatée par les fonctionnaires de police au moment de leur intervention ou être portée à leur connaissance pendant les interrogatoires des autres participants. Il existe donc des raisons plausibles de considérer qu'il a participé aux faits. Ainsi, le juge d'instruction pourra délivrer un mandat de recherche à l'encontre de Lionel.

II - Les moyens employés

L'article 230-32 du Code de procédure pénale dispose qu'il peut être recouru à tout moyen technique destiné à la localisation en temps réel, sur l'ensemble du territoire national, d'une personne, à l'insu de celle-ci, d'un véhicule ou de tout autre objet, sans le consentement de son propriétaire ou de son possesseur, si cette opération est exigée par les nécessités :

- d'une enquête ou d'une instruction relative à un délit prévu au livre II ou aux articles 434-6 et 434-27 du Code pénal, puni d'un emprisonnement d'au moins trois ans ;
- d'une enquête ou d'une instruction relative à un crime ou à un délit, à l'exception de ceux mentionnés au 1° du présent article, puni d'un emprisonnement d'au moins cinq ans ;

– d'une procédure d'enquête ou d'instruction de recherche des causes de la mort ou de la disparition prévue aux articles 74, 74-1 et 80-4 ;

– d'une procédure de recherche d'une personne en fuite prévue à l'article 74-2.

La géolocalisation est mise en place par l'officier de police judiciaire ou, sous sa responsabilité, par l'agent de police judiciaire. En l'espèce, les conditions légales sont remplies et le recours à la géolocalisation est donc possible.

FAIRE LE POINT SUR L'ACTUALITÉ DU SUJET

Sujet 9 CAS PRATIQUE : CAUCHEMAR À BALI (SUJET COMPLÉMENTAIRE 1)

SUJET

Sophie est ravie, elle a gagné une semaine de vacances sur l'île des Dieux à Bali, elle part avec sa meilleure amie Émilie. Dès leur arrivée à l'hôtel, elles sentent l'euphorie les emparer, plage, eau turquoise, soleil, le paradis sur terre ! Le soir, elles font la rencontre de Mike et Andy, deux étudiants australiens en vacances. Tout de suite, Sophie remarque Mike, et les deux nouveaux amis ne tardent pas à faire une promenade sous le ciel étoilé. Malheureusement, la nuit romantique tourne au cauchemar, Mike attrape violemment Sophie, la caresse et se munit d'un préservatif mais n'arrive pas à la pénétrer. De son côté, Émilie, pendant l'absence de Sophie, sympathise avec Nyoman, le barman de l'hôtel. Les vacances se passent, Sophie se morfond dans sa chambre suite à la mésaventure avec Mike, tandis qu'Émilie va de fêtes en fêtes avec Nyoman. Le jour du départ approche, Nyoman offre une magnifique statue représentant un Dieu balinais.

À leur retour en France, Émilie, la statue dans les bras, est interceptée après son passage en douanes par les stups, puis placée en garde à vue, il est 16 heures. En effet, l'OPJ Hubert a été prévenu que deux kilos de cocaïne arrivaient en provenance de Bali transportés dans une statue par une fille dont la description ressemble étrangement à celle d'Émilie. À l'arrivée dans les locaux à 17 heures, ses droits lui sont notifiés, et elle demande à voir Me Schum, l'avocat de la famille. Malgré le message laissé par l'OPJ Hubert sur le répondeur de Me Schum, ce dernier, en raison de la grève des avocats, ne se déplace pas. Son interrogatoire commence à 18 h 45, et elle essaye en vain d'expliquer la situation. Quant à Sophie, quelques jours après leur retour, elle porte plainte pour viol.

Vous examinerez la situation de Sophie et d'Émilie.

1 - Les faits subis par Sophie

La première partie du cas pratique soulève deux difficultés. La première relève du droit pénal spécial et concerne la caractérisation de l'infraction commise par Mike. La seconde relève du droit pénal général et a trait à la possibilité juridique de poursuivre cet individu devant les juridictions pénales françaises. Deux points à examiner tour à tour.

I - La qualification de tentative de viol

L'article 222-22 du Code pénal exige que l'atteinte sexuelle ait été commise « avec violence, contrainte, menace ou surprise », ce qui tend à démontrer l'absence de consentement de la victime. Ici, le défaut de consentement est évident : l'acte sexuel n'a été possible qu'en raison de la contrainte dont Sophie, qui avait été attrapée violemment par Mike, a été l'objet et dont le caractère irrésistible n'a pu qu'abolir le consentement.

L'élément moral de l'infraction ne pose ici encore aucune difficulté particulière. Le viol ou l'agression sexuelle sont des infractions intentionnelles qui supposent toutes les deux que l'auteur ait conscience d'imposer à la victime une relation sexuelle à laquelle celle-ci n'a nullement consenti. En l'espèce, la preuve de l'intention coupable procède naturellement des moyens employés (usage de la violence) par Mike pour assouvir ses pulsions sexuelles, la passivité de la victime ne pouvant, compte tenu des circonstances de l'espèce, être considérée comme une forme d'adhésion aux actes dont Sophie a été victime.

Les deux qualifications se distinguent en revanche d'un point de vue matériel. La loi définit le délit d'agression sexuelle (C. pén., art. 222-27) par opposition au crime de viol qui est constitué par « tout acte de pénétration sexuelle, de quelque nature qu'il soit, commis sur la personne d'autrui » (C. pén., art. 222-23). Or, il est précisé que Mike n'a pas pénétré Sophie. L'élément matériel n'est donc pas constitué. Partant, ces faits ne peuvent être appréhendés sous la qualification de viol. En revanche, les faits peuvent être qualifiés de tentative de viol. En effet, bien que Mike ait dans un premier temps caressé Sophie, ce qui constitue le délit d'agression sexuelle au sens de l'article 222-27 du Code pénal (Cass. crim., 31 mai 2000), il convient d'exclure la qualification d'agression sexuelle dès lors qu'il est précisé par la suite qu'il voulait en réalité pénétrer Sophie puisqu'il s'est muni d'un préservatif, mais qu'il n'y parviendra pas.

Il faut d'abord s'assurer que la tentative de viol est légalement punissable. Ce point ne soulève aucune difficulté dès lors que, selon l'article 121-4 du Code pénal, la tentative de crime est toujours punissable et que le viol constitue en toutes circonstances un crime eu égard à la peine encourue : 15 ans de réclusion (C. pén., art. 222-23, al. 2).

Aux termes de l'article 121-5 du Code pénal, « La tentative est constituée dès lors que, manifestée par un commencement d'exécution, elle n'a été suspendue ou n'a manqué son effet que par des circonstances indépendantes de la volonté de son auteur ». La tentative n'est donc punissable que si deux conditions sont établies, à savoir un commencement d'exécution et une absence de désistement volontaire.

Le commencement d'exécution est notamment défini par la jurisprudence comme « des actes qui tendent directement au crime avec intention de le commettre » (Cass. crim., 29 déc. 1970 – Cass. crim., 11 juin 1975). Concrètement, cela suppose de constater des actes matériels qui, d'une part, révèlent l'intention irrévocable de l'auteur de commettre une infraction et, d'autre part, établissent un lien de causalité certain entre le comportement de l'auteur et l'infraction projetée, ce qui implique que le commencement d'exécution se situe dans un temps assez proche de celui de la consommation proprement dite. Tel est le cas en l'espèce puisque le fait pour Mike d'agresser Sophie, physiquement puis sexuellement (il la caresse), puis de sortir un préservatif ne peut s'expliquer que par la volonté de celui-ci d'avoir un rapport sexuel, ce qui constituerait un acte de pénétration sexuelle sur autrui au sens de l'article 222-23 du Code pénal, quelle que soit la nature de ce rapport, y compris des actes de pénétration buccale (Cass. crim., 22 févr. 1984) ou anale (Cass. crim., 24 juin 1987).

Concernant ensuite le désistement, celui-ci est volontaire – et la tentative est alors exclue – si la suspension ou l'interruption de l'acte est provoquée par un sentiment purement personnel à l'auteur, tel que la peur ou le remords (Cass. crim., 20 mars 1974) ; il est en revanche involontaire – ce qui caractérise le second élément constitutif de la tentative d'infraction – chaque fois qu'il apparaît que l'absence de résultat est due à une cause externe à l'auteur (Cass. crim., 19 juin 1979, intervention de la police. – Cass. crim., 5 juill. 1951, intervention d'un témoin). En l'espèce, il est indiqué que Mike a dû suspendre son action en raison d'une défaillance physique après s'être muni d'un préservatif. C'est donc un facteur externe qui est seul à l'origine de l'échec, ce qui caractérise la tentative de viol (en ce sens, Cass. crim., 10 janv. 1996).

Dès lors que la tentative d'infraction est punie comme l'infraction consommée (C. pén., art. 121-4), Mike encourt, comme indiqué précédemment, une peine de 15 ans de réclusion criminelle.

II - La compétence des juridictions françaises

La plainte déposée par Sophie n'aboutira cependant à la condamnation de Mike que pour autant que les faits commis relèvent de la compétence des juridictions françaises. Or, à cet égard, force est de constater que l'action s'est déroulée à Bali, ce qui exclut la compétence territoriale (C. pén., art. 113-2). De même, la compétence personnelle active ne pourrait être retenue dans la mesure où Mike a la nationalité australienne (C. pén., art. 113-6). Cependant, il est possible d'envisager la compétence des juridictions françaises au regard du système de la compétence personnelle passive consacré à l'article 113-7 du Code pénal, aux termes duquel « la loi française est applicable à tout crime (...) commis par un Français ou par un étranger hors du territoire de la République lorsque la victime est de nationalité française au moment de l'infraction ». En effet, il est précisé dans l'énoncé « à leur retour en France », ce qui laisse entendre que Sophie a la nationalité française.

Pour être complet, on précisera enfin que les faits constituant un crime, leur poursuite pourra intervenir non seulement à la requête du Ministère public, mais pourra aussi être exercée directement par la victime qui aura tout loisir de porter plainte avec constitution de partie civile en cas d'inertie du parquet, les dispositions de l'article 113-8 du Code pénal étant limitées aux seuls délits. Par ailleurs, il faut encore préciser que Mike soit mis à la disposition de la justice française, ce qui suppose que l'État français sollicite et obtienne de l'Australie son extradition. Aussi, si la législation australienne n'a pas de disposition équivalente à celles prévues à l'article 113-8-1 du Code pénal, qui permettrait aux autorités judiciaires australiennes de juger ces faits en suite du rejet de la demande d'extradition, Sophie devrait porter plainte auprès des autorités australiennes (par exemple à l'ambassade ou au consulat) afin que celles-ci puissent poursuivre Mike.

---

2 - La procédure à l'encontre d'Émilie

Émilie est placée en garde à vue à son retour en France par l'OPJ Hubert, et demande à être assistée de l'avocat de la famille Me Schum.

I - Le cadre de l'enquête

Selon l'article 67 du Code de procédure pénale, les policiers ne peuvent recourir à la contrainte que si les faits poursuivis constituent un crime ou un délit puni d'une peine d'emprisonnement. Cette condition ne soulève en l'espèce aucune difficulté. Les faits peuvent en effet être qualifiés de transport et détention illicites de stupéfiants punis de 10 ans d'emprisonnement et de 7 500 000 € d'amende selon l'article 222-37 du Code pénal.

Il importe ensuite que les faits répondent à la définition de la flagrance au sens de l'article 53 du Code de procédure pénale. Selon ce texte, est qualifié de crime ou de délit flagrant, le crime ou le délit « qui se commet actuellement, ou qui vient de se commettre ». Il y a aussi crime ou délit flagrant lorsque, « dans un temps très voisin de l'action, la personne soupçonnée est poursuivie par la clameur publique, ou est trouvée en possession d'objets, ou présente des traces ou indices, laissant penser qu'elle a participé au crime ou au délit ». Il convient donc, pour relever l'existence d'une infraction flagrante, d'établir deux conditions cumulatives.

La flagrance suppose tout d'abord un critère temporel, la loi faisant référence à un crime ou un délit « qui se commet actuellement, ou qui vient de se commettre », ou se plaçant « dans un temps très voisin de l'action ».

En l'espèce, cette condition ne saurait être discutée puisque l'infraction est en train de se commettre lorsque les policiers sont appelés.

Mais cette condition n'est pas suffisante. La jurisprudence se réfère en outre à un autre critère, celui de l'apparence. En effet, selon la Cour de cassation, « pour pouvoir agir en enquête de flagrance, les officiers de police judiciaire doivent avoir eu connaissance au préalable, d'indices apparents d'un comportement révélant l'existence d'une infraction en train de se commettre ou qui vient d'être commise » (Cass. crim., 12 mai 1992). À cet égard, il ressort de l'énoncé que les policiers ont été prévenus que deux kilos de cocaïne arrivaient en provenance de Bali apparemment transportés par Émilie dans une statue, mais on ignore si la dénonciation a été ou non anonyme. Ce détail est primordial car si la dénonciation non anonyme constitue un indice apparent d'agissements délictueux déjà commis ou en train de se commettre caractérisant la flagrance (Cass. crim., 1er oct. 2003), il est constant qu'une dénonciation anonyme ne répond pas de cette définition et ne permet d'ouvrir qu'une enquête préliminaire (Cass. crim., 2 févr. 1988). Il n'en va différemment que si l'information obtenue anonymement est confortée par des indices précis et concordants obtenus préalablement à l'opération policière (Cass. crim., 23 oct. 1991). Tel est le cas en l'espèce. On peut en effet légitimement présumer que les forces de police ayant aperçu la statue dans les bras d'Émilie, elles ont pu constater par elles-mêmes des indices de l'infraction qui était encore en train de se commettre.

Il apparaît dans ces conditions que les policiers ont agi selon les règles de l'enquête de flagrance. À ce titre, au vu des éléments d'ores et déjà recueillis, ils étaient fondés à interpeller Émilie et à la placer en garde à vue.

II - Le placement en garde à vue d'Émilie

En vertu de l'article 62-2 du Code de procédure pénale, la « garde à vue est une mesure de contrainte décidée par un officier de police judiciaire, sous le contrôle de l'autorité judiciaire, par laquelle une personne à l'encontre de laquelle il existe une ou plusieurs raisons plausibles de soupçonner qu'elle a commis ou tenté de commettre un crime ou un délit puni d'une peine d'emprisonnement est maintenue à la disposition des enquêteurs ». Le placement en garde à vue est soumis à trois conditions cumulatives :

- d'une part, la mesure de garde à vue doit être décidée par un officier de police judiciaire, ce qui est le cas de l'OPJ Hubert ainsi qu'il est précisé dans l'énoncé ;
- d'autre part, il doit exister des raisons plausibles de soupçonner qu'Émilie a commis ou tenté de commettre une infraction punie d'une peine d'emprisonnement. Les indices apparents qui ont été décrits pour justifier l'état de flagrance peuvent être envisagés comme des raisons plausibles de soupçonner qu'elle a pris part au transport et à la détention illicites de stupéfiants ;
- enfin, la garde à vue doit constituer « l'unique moyen » de parvenir à l'un au moins des objectifs suivants : 1° permettre l'exécution des investigations impliquant la présence ou la participation de la personne ; 2° garantir la présentation de la personne devant le procureur de la République afin que ce magistrat puisse apprécier la suite à donner à l'enquête ; 3° empêcher que la personne ne modifie les preuves ou indices matériels ; 4° Empêcher que la personne ne fasse pression sur les témoins ou les victimes ainsi que sur leur famille ou leurs proches ; 5° Empêcher que la personne ne se concerte avec d'autres personnes susceptibles d'être ses coauteurs ou complices ; 6° Garantir la mise en œuvre des mesures destinées à faire cesser le crime ou le délit. En l'espèce, la garde à vue est justifiée, notamment, par les investigations impliquant la participation d'Émilie.

La décision de placer Émilie en garde à vue est ainsi parfaitement régulière.

Si la mesure est régulière dans son principe, il convient à présent d'en étudier le déroulement.

III - La notification des droits

Il convient de vérifier qu'Émilie a reçu notification de ses droits, et ce « immédiatement » ainsi que la loi en fait l'obligation (CPP, art. 63-1), étant précisé que, selon une jurisprudence constante, « tout retard dans la mise en œuvre de cette obligation, non justifié par une circonstance insurmontable, porte nécessairement atteinte aux intérêts de la personne concernée » (Cass. crim., 31 mai 2007). Or, en l'espèce, force est de constater que plusieurs minutes se sont écoulées entre le placement en garde à vue d'Émilie (à 16 heures) et la notification de ses droits afférents (17 heures). La Cour de cassation considère toutefois qu'il est possible de déroger au principe d'immédiateté pour des considérations tenant au délai de route, matérialisé par le temps nécessaire pour conduire un individu du lieu de son arrestation au lieu de la garde à vue. Elle a ainsi eu l'occasion de juger que n'est pas tardive, la notification, avec ses droits, du placement en garde à vue, intervenue dès l'arrivée de la personne dans les services de police, dix minutes après son interpellation (Cass. 1re civ., 27 mai 2010). La Haute juridiction a de même dit justifié un retard de 45 minutes dans la notification des droits motivé par le délai de route entre le lieu d'une rétention douanière et le service de police chargé de la garde à vue subséquente (Cass. crim., 26 nov. 2008) ou décidé que le délai d'1 h 25 entre l'interpellation et la notification de droits ne constitue pas une cause de nullité dès lors que cette dernière a eu lieu dès l'arrivée au service de police (Cass. 1re civ., 9 janv. 2008). Encore faut-il cependant s'assurer de deux choses : d'une part, que le temps qui s'est écoulé entre le placement en garde à vue (matérialisé par le pouvoir de contrainte des forces de police) et la notification des droits soit strictement nécessaire au transport, et, d'autre part, que le gardé à vue a été informé de ses droits « immédiatement » à compter de son arrivée au poste de police. En l'espèce, il est constant que les policiers se sont transportés sans délai au commissariat en suite de l'arrestation d'Émilie (rien dans l'énoncé ne permettant d'affirmer le contraire) et que celle-ci a été informée de ses droits une fois « arrivée dans les locaux ». La procédure est donc régulière de ce point de vue.

IV - L'information du procureur de la République

Il importe que le procureur de la République soit informé « dès le début de la garde à vue » (CPP, art. 63, al. 2), la Cour de cassation considérant là encore que « tout retard dans la mise en œuvre de cette obligation, non justifié par des circonstances insurmontables, fait nécessairement grief aux intérêts de la personne concernée » (Cass. crim., 29 févr. 2000). Or, au cas présent, l'information au procureur de la République n'est intervenue qu'à 17 h 05, soit 1 heure et 5 minutes après le placement en garde à vue. Il est possible de justifier ce délai au titre du délai de route.

V - L'assistance d'un avocat

Concernant le droit à l'assistance d'un avocat, prévu par les articles 63-3-1 et s. du Code de procédure pénale, il est indiqué que, suite à la demande formulée par Émilie, un policier a immédiatement pris contact avec Me Schum, ainsi que la loi en fait l'obligation. Mais, celui-ci étant absent, le policier se contentait de laisser un message sur son répondeur. Une telle démarche est-elle suffisante ? À l'évidence, oui. Il incombe en effet seulement à l'officier de police judiciaire d'accomplir les diligences nécessaires pour que l'intéressé puisse exercer son droit dans les délais prévus par la loi.

Ainsi que l'a énoncé la Cour de cassation à plusieurs reprises, si la nullité est encourue lorsque, en dépit de la demande de la personne retenue, celle-ci n'a pu s'entretenir avec un avocat et qu'aucun élément de la procédure ne justifie des diligences effectuées par l'officier de police judiciaire afin de lui permettre l'exercice de ce droit (Cass. crim., 10 mai 2001), la procédure est régulière dès lors qu'il ressort du procès-verbal de garde à vue que l'avocat (ou le bâtonnier de l'Ordre) a été immédiatement informé de la demande d'un gardé à vue de s'entretenir avec un avocat (Cass. crim., 17 mai 2000). Dans ces conditions, seul importe le point de savoir si, une fois que la personne gardée à vue a sollicité la présence de son avocat (ou celle d'un avocat commis d'office), l'officier de police judiciaire a mis en œuvre les mesures nécessaires pour contacter ce dernier (ou le bâtonnier). Or, au cas particulier, il est avéré que le policier a immédiatement pris contact avec l'avocat désigné par Émilie. Celui-ci a donc effectué les diligences requises et satisfait à ses obligations, quand bien même il n'a fait que laisser un message sur le répondeur de l'avocat, sans avoir pu communiquer avec ce dernier (en ce sens, Cass. crim., 29 oct. 2008).

De même, la circonstance qu'Émilie n'ait pas vu le moindre avocat durant sa garde à vue est sans effet sur la régularité de la procédure dès lors que la loi ne fait aucune obligation à l'officier de police judiciaire de rendre effectif l'entretien avec cet avocat (Cass. crim., 13 févr. 1996). Aucune nullité ne saurait en effet être prononcée lorsque l'impossibilité pour le gardé à vue de s'entretenir avec un avocat est le résultat de circonstances insurmontables, extérieures aux forces de police, telles que la décision prise collectivement par un barreau de suspendre toute participation des avocats au service des commissions d'office (Cass. crim., 9 mai 1994) ou, comme le refus de l'avocat de se déplacer (Cass. 1re civ., 26 oct. 2011). Aussi, le fait qu'Émilie n'ait pu s'entretenir avec son avocat durant sa garde à vue est exclusivement imputable à ce dernier. Si celui-ci n'avait pas l'envie de se rendre au commissariat, pour cause de grève, pour y assister Émilie, il lui appartenait d'en informer les policiers. Émilie aurait alors pu solliciter du policier de contacter un autre avocat, désigné ou commis d'office, demande à laquelle le policier aurait dû satisfaire.

Pour être complet, on indiquera enfin que, conformément à l'article 63-4-2 du Code de procédure pénale, les policiers, avant d'entendre Émilie (à l'exception de l'interrogatoire d'identité), auraient impérativement dû attendre l'expiration d'un délai de 2 heures. En l'espèce, ce délai n'a pas été respecté dans la mesure où l'interrogatoire a commencé à 18 h 45 avant l'expiration de ce délai légal de carence, ce qui vicie l'audition réalisée, étant rappelé que la violation d'un tel droit de la défense constitue une cause de nullité assimilée à une nullité d'ordre public, donc dispensée de la preuve d'un grief pour celui qui l'invoque. Dès lors, les procès-verbaux d'audition d'Émilie devront être retirés du dossier.

FAIRE LE POINT SUR L'ACTUALITÉ DU SUJET

Sujet 10 CAS PRATIQUE : DOMINIQUE LE VOYOU (SUJET COMPLÉMENTAIRE 2)

SUJET

Le samedi 5 août 2017, Renée et Virginie se baladaient sur la commune d'Aix-en-Provence lorsqu'elles ont été abordées par Dominique, individu défavorablement connu des services de police, qui exhibant une matraque dans leur direction leur intimait de lui remettre leurs téléphones portables. Seule Virginie s'est exécutée, Renée n'en possédant pas, étant réfractaire à toute technologie. Dominique est parvenu à s'échapper tandis que Renée et Virginie se rendaient immédiatement aux services de police pour y dénoncer les faits subis.

Manu, officier de police judiciaire, a recueilli, le jour même, la plainte de ces dernières et a procédé à des réquisitions auprès d'une banque dont la caméra enregistrait des images sur le lieu de commission des faits. Il a obtenu le jour même les images des faits qui ont confirmé les déclarations des victimes.

Le mardi 8 août 2017, Manu, de retour de week-end, a informé les services de la Brigade Anticriminalité de cette affaire et leur a demandé d'interpeller Dominique habitué à commettre des mauvais coups dans le centre-ville d'Aix-en-Provence. Les services de police de la BAC sont parvenus à localiser ce dernier en train de regarder avec insistance le sac à main d'une dame âgée installée sur une terrasse d'un restaurant. Les policiers l'ont interpellé, avant qu'il ait pu commettre son méfait, l'ont menotté et l'ont remis à la disposition de Manu qui le plaçait en garde à vue. Manu s'est rendu au logement de Dominique accompagné par ce dernier et y a procédé à une perquisition qui s'est avéré fructueuse puisqu'ont été retrouvés le portable de Virginie ainsi que la matraque utilisée lors de la commission des faits. Dominique, après avis du placement en garde à vue de ce dernier auprès de son curateur, a reconnu les faits qui lui étaient reprochés. Manu a contacté la permanence téléphonique d'Aix-en-Provence, en la personne de Monsieur Robert, vice-procureur, qui a ordonné la destruction de la matraque et a envoyé Dominique en comparution immédiate.

Vous répondrez aux questions suivantes :

1. Quelles sont les qualifications pouvant être retenues à l'encontre de Dominique ?
2. Que pensez-vous de l'orientation de cette affaire par Robert ?
3. Quelles sont les irrégularités qui pourraient affecter la procédure ?

1 - Quelles sont les qualifications pouvant être retenues à l'encontre de Dominique ?

I - Les faits subis par Virginie

Aux termes de l'article 311-1 du Code pénal, le vol est défini comme la soustraction frauduleuse de la chose d'autrui. Pour être caractérisé, le vol suppose la réunion de conditions préalables et d'éléments constitutifs. S'agissant des conditions préalables, le vol doit porter sur une chose appartenant à autrui : l'infraction portant sur le téléphone de Virginie, cette condition est bien remplie.

L'élément moral du vol nécessite l'intention frauduleuse de son auteur, c'est-à-dire la volonté de se comporter même momentanément comme le propriétaire de la chose. Il résulte des circonstances factuelles du cas pratique que Dominique a eu cette intention.

Ensuite, l'élément matériel du vol réside dans la soustraction de la chose d'autrui, action nécessairement positive qui se traduit par le fait d'appréhender une chose appartenant à autrui contre son gré. La jurisprudence a consacré de longue date que cette matérialité devait impliquer une action positive de « prendre, enlever, ravir » (Cass. crim., 18 nov. 1837). Or, au regard des faits, cet élément fait défaut car il est indiqué que Virginie remet le téléphone à Dominique, ce qui exclut cet acte positif d'appréhension exigé par le texte d'incrimination. Il convient ainsi d'écarter la qualification de vol pour privilégier celle d'extorsion.

En effet, l'article 312-1 du Code pénal dispose que « l'extorsion est le fait d'obtenir par violence, menace de violences ou contrainte soit une signature, un engagement ou une renonciation, soit la révélation d'un secret, soit la remise de fonds, de valeurs ou d'un bien quelconque ».

Sur le plan matériel, l'infraction d'extorsion nécessite un acte de violence, de menace de violence ou une contrainte qui a déterminé la victime à s'exécuter. En l'espèce, cet élément est caractérisé sans difficulté puisque Dominique a exhibé une matraque, action qui a conduit la victime à remettre son téléphone portable.

L'élément moral de l'extorsion consiste dans la conscience de se faire remettre un bien par violence ou menace de violences et se déduit des éléments factuels de l'énoncé.

L'extorsion est donc caractérisée s'agissant des faits commis par Dominique à l'encontre de Virginie.

Néanmoins, pour déterminer la peine encourue, il convient d'envisager la circonstance aggravante de commission de l'extorsion sous la menace d'une arme. En effet, l'article 312-5 du Code pénal prévoit l'usage d'une arme ou la menace d'une arme comme une circonstance aggravante des faits d'extorsion. La matraque exhibée peut-elle être légalement qualifiée d'arme ? L'article 132-75 du Code pénal définit comme une arme « tout objet conçu pour blesser ou tuer », ce qui correspond sans difficulté à l'objectif poursuivi par la matraque, tandis que le décret n° 2013-700 du 30 juillet 2013 portant application de la loi n° 2012-304 relative à l'établissement d'un contrôle des armes modernes consacre la matraque comme une arme de catégorie D dont le port est dès lors prohibé par l'article L. 317-8 du Code de la sécurité intérieure.

Par conséquent, pour des faits d'extorsion commis sous la menace d'une arme, Dominique encourt une peine de 30 ans de réclusion criminelle et de 150 000 euros d'amende.

II - Les faits subis par Renée

Renée n'ayant pas satisfait à l'ordre de Dominique de remettre son portable, il convient d'envisager la tentative d'extorsion, la tentative de crime étant toujours punissable (C. pén., art. 121-4).

L'article 121-5 du Code pénal considère la tentative punissable dès lors que les faits laissent apparaître un commencement d'exécution et une absence de désistement volontaire. Le commencement d'exécution ressort sans difficulté de l'ordre exprimé par Dominique de se voir remettre le portable de Renée, tandis que le désistement est bien involontaire, ne trouvant sa source que dans le fait que la victime ne possède pas de portable.

La tentative est donc punissable et fait encourir à Dominique la peine réprimant l'extorsion aggravée consommée, l'article 121-4 du Code pénal assimilant l'infraction consommée et l'infraction tentée.

Au regard de ces deux infractions pouvant être reprochées à Dominique, il convient d'envisager l'hypothèse d'un concours réel d'infractions, entendu comme la concurrence de plusieurs infractions sans qu'un jugement définitif ne soit intervenu entre elles. L'article 132-3 du Code pénal prévoit en telle hypothèse un cumul plafonné des peines encourues, le juge ne pouvant prononcer qu'une seule peine de même nature dans la limite du maximum légal le plus élevé : pour l'extorsion et la tentative d'extorsion, Dominique encourt ainsi une peine de 30 ans de réclusion criminelle et de 150 000 euros d'amende.

---

2 - Que pensez-vous de l'orientation de cette affaire par Robert ?

I - Une orientation erronée sur la base d'une qualification criminelle

Le choix procédural décidé par le parquet semble, à première vue, erroné. En effet, aux termes de l'article 79 du Code de procédure pénale, l'instruction préparatoire est obligatoire en matière de crime. Ainsi, le vice-procureur aurait dû rédiger un réquisitoire introductif visant les faits d'extorsion avec arme et saisissant ainsi un juge d'instruction.

II - Une orientation justifiée par la pratique de la correctionnalisation

Toutefois, lorsque les faits paraissent établis par les preuves recueillies durant l'enquête de police, que le préjudice matériel et physique subi par la victime est moindre et que l'ouverture d'une information judiciaire n'apporterait guère de nouveaux éléments, la pratique judiciaire permet de procéder à une correctionnalisation des faits criminels.

En effet, en omettant de mentionner la commission sous la menace d'une arme, les faits reprennent une qualification correctionnelle, pouvant dès lors suivre l'orientation procédurale de la comparution immédiate.

En l'espèce, cette correctionnalisation peut apparaître en effet opportune s'agissant de faits non complexes qui ont été filmés et ont été reconnus et pour lesquels il ne reste plus guère d'investigations à réaliser. Ainsi, Monsieur Robert pouvait ne viser que les faits d'extorsion en omettant l'usage ou la menace d'une arme, rendant les faits reprochés punissables de 7 ans d'emprisonnement (C. pén., art. 312-1) et pouvant donc donner lieu à une poursuite sous la forme d'une comparution immédiate, ainsi que le prévoit l'article 395 du Code de procédure pénale.

III - Une correctionnalisation à laquelle le tribunal correctionnel peut s'opposer

Cependant, le tribunal correctionnel pourrait s'opposer à cette correctionnalisation sur le fondement de divers textes. L'article 469 du Code de procédure pénale dispose en effet que « si le fait déféré au tribunal correctionnel sous la qualification de délit est de nature à entraîner une peine criminelle, le tribunal renvoie le ministère public à se pourvoir ainsi qu'il avisera ». En l'espèce, le dossier de Dominique entre dans le champ d'application des dispositions susvisées, dès lors qu'il porte sur un fait qualifié d'extorsion (délit) qui en réalité est de nature à entraîner une peine criminelle (extorsion avec arme punissable d'une peine de 30 ans de réclusion criminelle).

Ainsi, la chambre criminelle de la Cour de cassation, dans un arrêt en date du 27 mai 2003 a pu considérer que « le tribunal peut, s'il estime que la complexité de l'affaire nécessite des investigations supplémentaires approfondies, renvoyer le dossier au procureur de la République ».

Par conséquent, le tribunal correctionnel pourrait renvoyer le parquet d'Aix-en-Provence à mieux se pourvoir, à charge pour ce dernier de saisir un juge d'instruction au travers de la rédaction d'un réquisitoire introductif. Précisons qu'au regard de la simplicité des faits de l'espèce, cela ne semble ni opportun, ni probable.

---

3 - Quelles sont les irrégularités qui pourraient affecter la procédure ?

Cette procédure, qui paraît simple, l'est beaucoup moins au regard des nombreuses irrégularités l'affectant quant au cadre d'enquête applicable, s'agissant d'une procédure menée contre un majeur protégé et ayant donné lieu à la décision du vice-procureur Robert d'ordonner la destruction de la matraque saisie.

I - Irrégularités tenant au cadre d'enquête applicable

Au départ de cette enquête, les faits commis par Dominique paraissaient relever de la flagrance. Selon l'article 53 alinéa 1 du Code de procédure pénale « est qualifié de crime ou délit flagrant le crime ou délit qui se commet actuellement, ou qui vient de se commettre. Il y a aussi crime ou délit flagrant lorsque, dans un temps très voisin de l'action, la personne soupçonnée est poursuivie par la clameur publique, ou est trouvée en possession d'objets, ou présente des traces ou indices laissant penser qu'elle a participé au crime ou au délit ».

L'enquête de flagrance répond donc à trois exigences : un critère de gravité suffisante des faits poursuivis, un critère temporel et un critère d'apparence :

– s'agissant du critère de gravité, l'enquête de flagrance ne peut être initiée qu'en matière de crimes ou de délits, ce qui ne pose pas de difficulté en l'espèce au regard de la qualification correctionnelle voire criminelle de l'extorsion ;

– s'agissant du critère temporel, la commission de l'infraction doit avoir eu lieu dans un temps très voisin de l'intervention des policiers, la jurisprudence ayant toléré jusqu'à une durée maximale de 28 heures depuis la commission des faits (Cass. crim., 8 avril 1998). En l'espèce, les investigations débutent dès le dépôt de plainte des victimes dans la foulée immédiate des faits, remplissant ce critère ;

– s'agissant du critère d'apparence, la jurisprudence exige que les policiers aient pu constater « un indice apparent d'un comportement délictueux » (Cass. crim., 22 janv. 1953, Isnard). Une telle apparence peut ressortir de manière alternative d'éléments divers, qu'il s'agisse des constatations matérielles faites par les policiers et leur révélant l'infraction ou encore de la plainte des victimes comme en l'espèce.

Cependant, aux termes de l'article 53 alinéa 2 du Code de procédure pénale, « à la suite de la constatation d'un crime ou d'un délit flagrant, l'enquête menée sous le contrôle du procureur de la République dans les conditions prévues par le présent chapitre peut se poursuivre sans discontinuer pendant une durée de huit jours ». En l'espèce, la continuité des investigations (à savoir la réalisation d'au moins un acte d'enquête par jour) a été rompue lors du week-end, Manu ne reprenant son enquête que le lundi.

Aussi, le lundi, l'enquête avait basculé dans le cadre préliminaire, alors même que Manu a continué d'utiliser des prérogatives réservées à la flagrance :

– s'agissant de l'arrestation, l'officier de police judiciaire ne pouvait pas contraindre Dominique à comparaître sans l'autorisation préalable du procureur de la République (CPP, art. 78), qu'il n'avait visiblement pas sollicité. En outre, il serait inexact de penser que son arrestation faisait suite à la caractérisation d'une nouvelle flagrance : en effet, en l'absence de tout commencement d'exécution, regarder avec insistance un sac à main ne suffit aucunement à remplir le critère d'apparence précité ;

– s'agissant de la perquisition en enquête préliminaire, les dispositions de l'article 76 du Code de procédure pénale n'ont pas été respectées. La perquisition réalisée et la saisie consécutive nécessitaient l'autorisation de celui chez qui elle se déroulait ou à défaut une autorisation du juge des libertés et de la détention en cas d'infraction punissable d'au moins 5 ans d'emprisonnement. En l'espèce, la lecture du sujet permet de considérer qu'aucun de ces éléments n'avait été recueilli lors de la réalisation de cette perquisition.

Ainsi, conformément à la position consacrée de la Cour de Cassation en matière d'actes de procédure viciés, doivent être annulés les actes affectés par la nullité et ceux dont ils sont le support nécessaire. En l'espèce, il convient donc d'annuler la garde à vue de Dominique, ses auditions, la perquisition réalisée et la saisie des objets à son domicile. En revanche, la saisine du tribunal correctionnel, y compris par un procès-verbal de comparution immédiate, reste valable dès lors qu'elle repose sur d'autres éléments que les actes annulés (Cass. crim., 26 mars 2008), l'audition des victimes et la vidéosurveillance saisie ayant suffi à emporter la conviction du magistrat. Par conséquent, le tribunal correctionnel reste valablement saisi.

II - Irrégularité liée au statut de majeur protégé de Dominique

Le mis en cause étant un majeur protégé, il convient d'appliquer l'article 706-115 du Code de procédure pénale qui prévoit que la personne poursuivie doit être soumise, avant tout jugement au fond et au besoin dès le stade de l'enquête par le procureur de la République, à une expertise médicale afin d'évaluer sa responsabilité pénale au moment des faits et en particulier déterminer s'il était atteint ou non d'un trouble psychique ou neuropsychique ayant aboli ou altéré son discernement ou ayant aboli ou entravé le contrôle de ses actes, afin de permettre à la juridiction d'appliquer les dispositions de l'article 122-1 du Code pénal.

Or, en l'espèce, en l'absence de précision en ce sens, il convient de considérer que le vice-procureur Robert a omis de requérir un expert psychiatre afin d'apprécier le discernement de Dominique, majeur sous curatelle. Cependant, cet oubli ne met pas en péril la procédure car la juridiction pourra régulariser la situation en renvoyant ce dossier à une date ultérieure et en ordonnant une telle expertise.

III - Irrégularité liée à la destruction de la matraque

L'ancien article 41-4 du Code de procédure pénale consacrait le pouvoir du procureur de la République de destruction de biens saisis au cours de l'enquête.

À l'occasion d'une décision QPC du 11 avril 2014, le Conseil constitutionnel a toutefois abrogé ce texte, considérant « qu'en permettant la destruction de biens saisis sur décision du procureur de la République sans que leur propriétaire ou les tiers ayant des droits sur ces biens et les personnes mises en cause dans la procédure en aient été préalablement avisés et qu'ils aient été à même de contester cette décision devant une juridiction afin de demander, le cas échéant, la restitution des biens saisis, les dispositions du quatrième alinéa de l'article 41-4 du Code de procédure pénale ne sont assorties d'aucune garantie légale et que dès lors elles méconnaissent les exigences découlant de l'article 16 de la déclaration de 1789 » (Cons. const., 11 avril 2014, n° 2014-390 QPC).

En ce sens, la loi du 3 juin 2016 est venue préciser les conditions légales de la destruction d'objets saisis : ainsi, le nouvel article 41-4 du Code de procédure pénale reconnaît le pouvoir du procureur de la République ou du procureur général de décider, d'office ou sur requête, de la restitution des objets placés sous-main de justice. Néanmoins, l'alinéa 2 de ce texte prévoit qu'il n'y a pas lieu à restitution lorsque le bien est de nature à créer un danger pour les personnes ou les biens ou lorsque le bien saisi est l'instrument de l'infraction, étant précisé que cette décision de destruction peut être contestée par l'intéressé devant la chambre de l'instruction dans un délai d'un mois suivant sa notification.

Dès lors, pour autant que Dominique se soit vu régulièrement notifier la décision de destruction de la matraque par le procureur de la République, celle-ci sera valide.

FAIRE LE POINT SUR
L'ACTUALITÉ DU SUJET

DROIT
PUBLIC

Sujet
1

QRC : ORGANISATION DE L'ÉTAT ET DE LA JUSTICE, LIBERTÉS PUBLIQUES ET DROIT PUBLIC (ANNALES CONCOURS ENM 2017)

SUJET

Question 1 : La protection des libertés publiques à l'épreuve de l'état d'urgence (7 points)

Question 2 : Modalités, opportunités et limites de l'expérimentation législative prévue par la Constitution (7 points)

Question 3 : La mise en cause de la responsabilité du gouvernement devant le Parlement (6 points)

Question 1 : La protection des libertés publiques à l'épreuve de l'état d'urgence (7 points)

Suite aux attentats du 13 novembre 2015, l'état d'urgence a été déclaré par un décret en Conseil des ministres du 14 novembre 2015. Il a été prorogé par le Parlement à plusieurs reprises et est toujours en vigueur. Prévu par la loi du 3 avril 1955 modifiée par les lois du 20 novembre 2015 et 21 juillet 2016, le régime de l'état d'urgence permet à l'administration d'apporter aux libertés publiques des restrictions accrues, aux fins de prévention des atteintes à l'ordre public. Diverses mesures peuvent ainsi être prises par le ministre de l'Intérieur ou le Préfet parmi lesquelles les perquisitions administratives, les assignations à résidence, la dissolution d'associations ou encore la fermeture de lieux de cultes. Toutefois, l'état d'urgence ne saurait conduire à renoncer, même temporairement, à l'État de droit et il convient d'assurer, pendant qu'il est mis en œuvre, une protection effective des libertés publiques. Celle-ci est assurée par le Conseil constitutionnel et par le juge administratif.

I - Le contrôle de constitutionnalité des dispositions législatives relatives à l'état d'urgence

Le Conseil constitutionnel a eu l'occasion de se prononcer sur la constitutionnalité de la plupart des dispositions relatives à l'état d'urgence, soit dans le cadre du contrôle a priori, à l'occasion des modifications successives décidées par le législateur depuis 2015, soit dans le cadre de la procédure de la question prioritaire de constitutionnalité (ci-après QPC). S'il a jugé conforme à la Constitution la plupart des mesures contestées devant lui, il a toutefois censuré les dispositions qui permettaient à l'autorité administrative de copier toutes les données informatiques auxquelles il était possible d'accéder au cours d'une perquisition administrative. Après avoir relevé que cette mesure était assimilable à une saisie, il a considéré que le législateur n'avait pas prévu de garanties légales propres à assurer une conciliation équilibrée entre l'objectif de valeur constitutionnelle de sauvegarde de l'ordre public et le droit au respect de la vie privée. En effet, la loi n'encadrait ni les conditions dans lesquelles ces données pouvaient être copiées, ni les conditions de leur utilisation (Cons. const., QPC 19 févr. 2016, « Ligue des droits de l'Homme »). La loi du 21 juillet 2016 a réintroduit la faculté de copier des données informatiques mais l'a assortie de garanties. Ce nouveau cadre a été validé par le Conseil constitutionnel (n° 2016-600 QPC, 2 déc. 2016, M. Raïme A). Dans une décision QPC du 16 mars 2017, le Conseil a par ailleurs censuré les dispositions de la loi du 19 décembre 2016 qui prévoyaient l'autorisation préalable du Conseil d'État pour prolonger une mesure d'assignation à résidence au-delà de douze mois. Pour le juge constitutionnel, ces dispositions méconnaissaient le principe d'impartialité et le droit à exercer un recours juridictionnel effectif en ce qu'elles attribuaient au Conseil d'État la compétence d'autoriser, par une décision définitive et se prononçant sur le fond, une mesure d'assignation à résidence sur la légalité de laquelle il était susceptible de devoir se prononcer ultérieurement comme juge de dernier ressort.

II - Le contrôle de légalité des mesures administratives prises dans le cadre de l'état d'urgence

La mise en œuvre de l'état d'urgence conduit à transférer de l'autorité judiciaire vers le juge administratif la fonction de protection juridictionnelle des libertés publiques. Ce transfert a été admis par le Conseil constitutionnel dès lors que les mesures susceptibles d'être adoptées par l'administration, bien que particulièrement restrictives de liberté, ne sont pas attentatoires à « la liberté individuelle » dont l'autorité judiciaire est gardienne au sens de l'article 66 de la Constitution et qu'il ne revêt qu'un caractère temporaire lié à l'état d'urgence. Cette protection assurée par le juge administratif n'en demeure pas moins effective et efficace.

D'une part, loin d'être nouvelle, cette fonction est assurée de longue date par le juge administratif qui a intégré dans le bloc de légalité administrative les grandes libertés publiques et qui, en application du principe selon lequel « la liberté est la règle et la restriction de police l'exception », a consacré de façon assez ancienne le contrôle de proportionnalité des mesures de police administrative (CE, 19 mai 1933, Benjamin). Par ailleurs, bien qu'il soit issu historiquement de l'administration, le juge administratif dispose de solides garanties d'indépendance, jugées conformes aux exigences de l'article 6 § 1 de la Convention EDH (Cour EDH, 9 nov. 2006, Sacilor-Lormines).

D'autre part, les procédures juridictionnelles disponibles devant le juge administratif sont de nature à prévenir et à sanctionner les atteintes arbitraires ou excessives aux libertés publiques prises dans le cadre de l'état d'urgence. Parmi ces procédures, figure plus spécifiquement le « référé-liberté » qui permet au juge de prononcer dans un délai de 48 heures toutes mesures en vue de faire cesser une atteinte grave et manifestement illégale aux libertés fondamentales causée par l'administration dans l'exercice de ses pouvoirs (CJA, art. L. 521-2). Cette procédure a d'ailleurs conduit le juge à suspendre plusieurs mesures d'assignation à résidence, notamment lorsque les faits retenus par l'administration pour les prononcer n'étaient pas suffisamment probants (CE, ord., 9 févr. 2016, M.C). À cela s'ajoute la faculté d'agir en responsabilité contre l'État à raison des dommages causés par les mesures adoptées sur le fondement de la loi de 1955. Dans une décision du 6 juillet 2016, le Conseil d'État a ainsi défini le régime de l'action en responsabilité à raison des perquisitions administratives. Les personnes concernées par la perquisition peuvent engager la responsabilité de l'État pour faute. Une telle faute peut résulter de toute illégalité affectant la décision qui ordonne une perquisition mais elle peut également être commise dans l'exécution des perquisitions. Pour ce qui concerne les tiers, la responsabilité de l'État est engagée sans faute, sur le fondement de l'égalité des citoyens devant les charges publiques, en cas de dommages directement causés par des perquisitions. Il faut également relever que l'autorité judiciaire n'est pas totalement exclue du processus de contrôle des mesures administratives prises dans le cadre de l'état d'urgence, le juge pénal restant compétent pour contrôler leur légalité par voie d'exception (Cass. crim., 13 déc. 2016).

S'il résulte de ces éléments qu'une protection des libertés publiques est assurée dans le cadre de l'état d'urgence, ce dernier ne saurait revêtir qu'un caractère temporaire et exceptionnel et ne doit pas devenir un état permanent.

Question 2 : Modalités, opportunités et limites de l'expérimentation législative prévue par la Constitution (7 points)

La volonté d'améliorer l'efficacité des politiques publiques est susceptible de se traduire par le recours à l'expérimentation législative. L'objet de cette technique est de tester temporairement diverses mesures à un échelon local avant, le cas échéant et après évaluation, de les généraliser. Prévu et encadré par la Constitution, le recours à l'expérimentation demeure toutefois assez limité.

I - La consécration constitutionnelle du recours à l'expérimentation législative

Bien que son principe ait été admis par le Conseil constitutionnel dès 1993 (Cons. const., 28 juill. 1993, loi relative aux établissements publics à caractère scientifique, culturel et professionnel), l'expérimentation législative a fait l'objet d'une inscription expresse dans la Constitution de 1958 par la loi constitutionnelle du 28 mars 2003. Elle figure, aujourd'hui, dans deux articles de la Constitution. L'article 37-1 dispose que « la loi et le règlement peuvent comporter, pour un objet et une durée limités, des dispositions à caractère expérimental ». Et l'article 72, al. 4 prévoit que, « dans les conditions prévues par la loi organique, et sauf lorsque sont en cause les conditions essentielles d'exercice d'une liberté publique ou d'un droit constitutionnellement garanti, les collectivités territoriales ou leurs groupements peuvent, lorsque, selon le cas, la loi ou le règlement l'a prévu, déroger, à titre expérimental et pour un objet et une durée limités, aux dispositions législatives ou réglementaires qui régissent l'exercice de leurs compétences ».

Ces deux techniques ne semblent pas répondre exactement aux mêmes finalités. La première doit permettre d'expérimenter une politique publique au niveau local, sans que cela débouche nécessairement sur un transfert de compétence vers les collectivités territoriales, à supposer que l'expérimentation soit jugée concluante. La seconde vise en revanche à tester provisoirement l'exercice d'une compétence par une catégorie de collectivité territoriale. Cette faculté doit donc être rattachée au principe de « subsidiarité » également inscrit dans la Constitution en 2003 et en vertu duquel « les collectivités territoriales ont vocation à prendre les décisions pour l'ensemble des compétences qui peuvent le mieux être mises en œuvre à leur échelon » (Const., art. 72, al. 2).

DROIT PUBLIC

QRC 1

II - Les limites de l'expérimentation législative

La lecture des articles 37-1 et 72, alinéa 4 de la Constitution laisse apparaître une asymétrie contestable. Alors que l'expérimentation déroge par principe à l'égalité des citoyens devant la loi, elle n'est quasiment pas encadrée par l'article 37-1. Le Conseil constitutionnel a toutefois considéré que son objet et ses conditions doivent être suffisamment précisés par le législateur et que la loi doit en fixer le terme. À l'inverse, l'article 72, alinéa 4 offre un cadre bien plus contraignant en ce qu'il exclut de l'expérimentation les conditions essentielles d'exercice des libertés publiques ou d'un droit fondamental et renvoie à la loi organique le soin de préciser ses modalités de mise en œuvre. La loi organique du 1er août 2003 prise en application de ces dispositions prévoit que la loi autorisant une expérimentation doit préciser l'objet de l'expérimentation, sa durée, celle-ci ne pouvant excéder cinq ans, les collectivités susceptibles d'expérimenter et les dispositions auxquelles il pourra être dérogé. Il appartient alors aux collectivités de manifester leur intention par l'adoption d'une délibération motivée. Puis le Gouvernement fixe, par décret, la liste des collectivités admises pour l'expérimentation. Avant la fin prévue de l'expérimentation, le gouvernement transmet un rapport d'évaluation au Parlement qui détermine alors si l'expérimentation est soit prolongée, ou modifiée, pour trois ans maximum, soit maintenue et généralisée, soit abandonnée.

En tout état de cause, l'expérimentation est encore assez peu utilisée. La loi du 13 août 2004 avait autorisé, sur le fondement de l'article 37-1 de la Constitution, l'expérimentation en matière de gestion des fonds structurels européens, de lutte contre l'habitat insalubre ainsi que l'élaboration de schéma de développement économique par les régions. Sur le fondement de l'article 72, al. 4 de la Constitution, la loi du 21 août 2007 a également permis l'expérimentation du revenu de solidarité active (RSA) au niveau du département mais ce dernier a été généralisé avant même la fin de la période d'expérimentation. Enfin, expérimentée dans deux cours d'appel, la participation de citoyens assesseurs aux formations correctionnelles a pris fin de façon prématurée à compter du 30 avril 2013.

En dernier lieu, il apparaît qu'à l'issue de l'expérimentation, seules deux solutions sont envisageables : le renoncement ou la généralisation, de sorte que le cadre constitutionnel et législatif actuels ne permet pas une décentralisation « à géométrie variable » qui conduirait, par exemple, à permettre à certaines collectivités seulement d'exercer de façon durable des compétences nouvelles sur la base du volontariat, quand d'autres pourraient y renoncer.

Question 3 : La mise en cause de la responsabilité du gouvernement devant le Parlement (6 points)

Aux termes de l'article 20, alinéa 3 de la Constitution, « le gouvernement est responsable devant le Parlement dans les conditions et suivant les procédures prévues aux articles 49 et 50 ». En réalité, c'est uniquement devant l'Assemblée nationale, élue au suffrage universel direct, que cette responsabilité pourra être engagée. Surtout, dans le cadre de la rationalisation du parlementarisme, la mise en cause de la responsabilité du gouvernement devant le Parlement a fait l'objet d'un strict encadrement par l'article 49 de la Constitution. Il résulte de ces dispositions que la responsabilité du gouvernement peut être mise en cause à l'initiative même du Premier ministre ou à l'initiative des députés.

I - La mise en cause de la responsabilité du Gouvernement à l'initiative du Premier ministre

En premier lieu, le Premier ministre peut, après délibération en Conseil des ministres, engager la responsabilité du Gouvernement sur son programme ou sur une déclaration de politique générale (Const., art. 49, al. 1). Il s'agit là d'une faculté et non d'une obligation, ce qui revient à dire qu'il n'existe pas, sous la Ve République, de procédure d'investiture du Premier ministre ou du Gouvernement. Si la confiance est refusée, le Premier ministre est tenu de présenter au président de la République la démission du Gouvernement (Const., art. 50).

En second lieu, la mise en cause de la responsabilité du Gouvernement peut intervenir dans le cadre de la mise en œuvre de l'article 49, alinéa 3 de la Constitution, c'est-à-dire lorsque le Premier ministre décide, après délibération en Conseil des ministres, d'engager la responsabilité du Gouvernement sur le vote d'un texte. En effet, dans cette hypothèse, le texte est considéré comme adopté sauf si une motion de censure, déposée dans les 24 heures qui suivent, est votée dans les conditions prévues à l'article 49 alinéa 2. Concrètement, lorsque l'article 49, al. 3 est mis en œuvre, la seule possibilité pour le Parlement d'empêcher l'adoption du texte est de faire chuter le Gouvernement. En raison de sa « brutalité », la technique du 49, al. 3 a été encadrée par la révision constitutionnelle du 23 juillet 2008 qui ne permet son utilisation que pour un seul texte par session parlementaire, à l'exception toutefois des lois de finances et des lois de financement de la sécurité sociale.

II - La mise en cause de la responsabilité gouvernementale à l'initiative des parlementaires

La mise en cause de la responsabilité du Gouvernement peut prendre la forme du dépôt spontané d'une motion de censure par les députés sur le Bureau de l'Assemblée nationale. Cette motion a pour objet d'exprimer une désapprobation politique à l'égard de l'action gouvernementale. La motion de censure est très réglementée pour éviter l'instabilité gouvernementale qui avait caractérisé les IIIe et IVe Républiques. D'abord, la motion n'est recevable que si elle est signée par un dixième au moins des membres de l'Assemblée nationale. Ensuite, le vote ne peut avoir lieu que quarante-huit heures après son dépôt. Seuls sont recensés, alors, les votes favorables à la motion de censure qui ne peut être adoptée qu'à la majorité des membres composant l'Assemblée. En outre, un député ne peut être signataire de plus de trois motions de censure au cours d'une même session ordinaire et de plus d'une au cours d'une même session extraordinaire.

Outre ce strict encadrement juridique, l'apparition du « fait majoritaire » a eu pour effet de rendre vaines toutes les tentatives de mise en cause de la responsabilité gouvernementale, aucune motion de censure n'ayant été adoptée depuis 1962. La motion de censure est devenue un instrument avant tout symbolique et le contrôle de l'action gouvernementale s'exprime aujourd'hui par d'autres voies.

FAIRE LE POINT SUR
L'ACTUALITÉ DU SUJET

Sujet 2

QRC : ORGANISATION DE L'ÉTAT ET DE LA JUSTICE, LIBERTÉS PUBLIQUES ET DROIT PUBLIC

(ANNALES CONCOURS ENM 2016)

SUJET

Question 1 : Avantages et inconvénients des primaires dans un pays comme la France (7 points)

Question 2 : Indépendance et impartialité des magistrats (7 points)

Question 3 : La révision constitutionnelle selon la Constitution du 4 octobre 1958 (6 points)

Question 1 : Avantages et inconvénients des primaires dans un pays comme la France (7 points)

NB : le présent corrigé tient compte des évènements politiques survenus postérieurement à la date du concours et qui ont indéniablement contribué à modifier la perception des primaires.

L'importance de l'élection présidentielle sous la Ve République, encore renforcée par le passage au quinquennat et l'inversion du calendrier électoral, pose avec acuité la question du mode de désignation des candidats des principales formations politiques à celle-ci. L'organisation de primaires a pu apparaître comme un instrument propre à y répondre. Utilisée de longue date aux États-Unis, la primaire permet en effet que la sélection d'un candidat par le vote soit réservée aux militants, dans le cadre de primaires dites « fermées », soit à l'ensemble des sympathisants, dans le cadre de primaires dites « ouvertes ».

En 2011, le parti socialiste fut le premier parti politique à organiser des primaires ouvertes afin de désigner son candidat à la présidence de la République. Le vainqueur de cette consultation fut François Hollande, élu président de la République l'année suivante. Ce succès conduisit l'opposition à organiser à son tour des primaires de la droite et du centre en 2016. Elles furent remportées par l'ancien premier ministre François Fillon. Le parti socialiste organisa également une nouvelle primaire au début de l'année 2017 dont le vainqueur fut Benoît Hamon. Cette généralisation des primaires ne va pas sans soulever des questions quant à ses incidences sur le fonctionnement de nos institutions. Si elles semblent constituer un réel progrès démocratique (I), les primaires posent des difficultés importantes au regard des spécificités du régime politique de la Ve République (II).

I - Les primaires au service d'un meilleur fonctionnement de la démocratie représentative

L'organisation de primaires présente un double intérêt démocratique.

Tout d'abord, il s'agit d'un mode de sélection des candidats de nature à prévenir l'inflation des candidatures à la présidentielle. En effet, la règle dite des « 500 parrainages » n'a pas réellement permis de limiter le nombre de candidatures à l'élection présidentielle. Or, si la diversité des candidatures est un signe de pluralisme, elle peut également nuire à la « clarté démocratique » du scrutin et pose des difficultés organisationnelles considérables. Les primaires permettent d'organiser une sélection interne aux principaux « camps » politique, dans le but d'éviter des situations de candidatures concurrentes comme a pu l'illustrer l'affrontement fratricide entre Édouard Balladur et Jacques Chirac en 1995. Sous réserve d'être organisées dans des conditions équitables et transparentes, les primaires permettent aux citoyens de rendre, en la matière, un arbitrage difficilement contestable.

Ensuite, la primaire est de nature à opérer une légitimation démocratique des candidats par les électeurs. Dans un contexte de crise de la représentation et de défiance à l'égard du politique, elle permet de réinvestir les citoyens dans la démocratie, à travers l'organisation de ce qui s'assimile, dans une large mesure, à un « super premier tour ». Le succès des primaires en témoigne d'ailleurs. En 2011, environ 2 millions et demi de personnes participèrent au premier tour de la primaire organisée par le Parti socialiste. En 2016, ils furent 4,3 millions pour le premier tour de la primaire de la droite et du centre. Si le niveau de la participation a été plus faible pour la primaire de la gauche de 2017, il reste significatif eu égard à la situation politique que connaissait alors le parti socialiste...

II - Les effets pervers de la primaire : un mode de sélection peu adapté aux spécificités du régime politique de la Ve

Les effets positifs de la primaire ne sauraient être surestimés. En effet, contrairement aux États-Unis, la France reste un pays de multipartisme, de sorte que si la primaire limite les candidatures au sein d'un parti ou d'une famille politique, elle n'a pas pour effet de véritablement restreindre le nombre de candidatures (11 candidats en 2017 contre 10 en 2012 et 12 en 2007). L'efficacité des primaires dépend largement, en réalité, de leur degré d'ouverture. L'exemple de 2017 est particulièrement révélateur dans la mesure où Benoît Hamon, pourtant largement vainqueur des primaires de la gauche, a dû faire face à la concurrence de M. Macron à sa droite et de M. Mélenchon à sa gauche qui avaient tous deux refusé d'y participer.

Encore, la primaire est-elle véritablement en adéquation avec la logique de l'élection présidentielle telle qu'elle a été conçue sous la Ve République ? Si l'on considère que celle-ci a pour objet la rencontre d'un homme ou d'une femme et du peuple, il est permis d'en douter. Parce qu'ils s'adressent à une fraction de l'électorat, les candidats à la primaire peuvent être tentés de radicaliser leurs programmes et leurs positions. Il leur sera difficile de se démarquer ultérieurement de leurs prises de position sans donner l'impression de trahir leur électorat. Cette situation est de nature à exacerber les clivages et à saper l'image d'un « Président de tous les Français ».

Le sort de MM. Fillon et Hamon, éliminés dès le premier tour de l'élection présidentielle de 2017, ne manquera pas de relancer le débat sur l'utilité des primaires.

Question 2 : Indépendance et impartialité des magistrats (7 points)

Dans un État de droit, les droits et libertés reconnus aux citoyens ne doivent pas seulement être consacrés mais également protégés de façon effective, par des magistrats indépendants et impartiaux. L'exigence d'indépendance et d'impartialité de la justice découle de sources tant constitutionnelles, notamment l'article 16 de la Déclaration des droits de l'homme et du citoyen et l'article 64 de la Constitution de 1958 que de sources conventionnelles et, plus particulièrement, de l'article 6 § 1 de la Convention européenne des droits de l'Homme (ci-après Conv. EDH).

Les magistrats peuvent se définir comme les membres professionnels des juridictions de l'ordre judiciaire, bénéficiant d'un statut constitutionnel, regroupés en un corps unique et chargés d'assurer l'application de la loi dans les litiges qui leur sont soumis. Au sens large, sont des magistrats aussi bien les membres du Parquet que ceux du siège. Il convient également de relever que la loi du 6 janvier 1986 a reconnu la qualité de magistrats aux membres des tribunaux administratifs et des cours administratives d'appel.

I - Une indépendance garantie par un statut protecteur

L'indépendance se conçoit dans le cadre de la séparation des pouvoirs. Elle peut être définie comme étant « la situation d'un organe public auquel son statut assure la possibilité de prendre ses décisions en toute liberté à l'abri de toute instruction et pression » (Cornu, « Vocabulaire juridique », PUF). Il importe que le juge soit pleinement indépendant tant du pouvoir exécutif, que du pouvoir législatif. L'indépendance de l'autorité judiciaire est consacrée par l'article 64 de la Constitution. Quant aux juridictions administratives, leur indépendance résulte d'un principe fondamental reconnu par les lois de la République (Cons. const., 22 juill. 1980, Validation d'actes administratifs).

Le Conseil constitutionnel a réaffirmé qu'appartiennent à l'« autorité judiciaire », au sens de la Constitution, les magistrats du siège et ceux du parquet (décision QPC du 30 juillet 2010 sur la garde à vue). Ces deux catégories de magistrats disposent toutefois de garanties d'indépendance différenciées. S'agissant des magistrats du siège, ils bénéficient de garanties renforcées. D'une part, leur inamovibilité est constitutionnellement consacrée, cela implique qu'ils ne peuvent faire l'objet d'aucune mesure individuelle de destitution, de déplacement, de suspension en dehors des cas prévus par la loi, ni ne peuvent recevoir, sans leur consentement, une affectation nouvelle, même en avancement. D'autre part, le Conseil supérieur de la magistrature (ci-après CSM) exerce un pouvoir décisionnel à leur égard, s'agissant de leur nomination et en matière disciplinaire. Il est à noter que les magistrats de l'ordre administratif bénéficient de garanties d'indépendance comparables. La loi du 6 janvier 1986 consacre leur inamovibilité et crée, sur le modèle du CSM, un Conseil supérieur des tribunaux administratifs et des Cours administratives d'appel, également doté d'un pouvoir décisionnel pour ce qui concerne leur carrière et le contentieux disciplinaire.

Quant aux magistrats du Ministère public, ils ne bénéficient pas de la garantie d'inamovibilité et sont « placés sous la direction et le contrôle de leurs chefs hiérarchiques et sous l'autorité du garde des Sceaux ». Le CSM ne dispose que d'un pouvoir consultatif s'agissant de leur carrière ou du contentieux disciplinaire. La Cour européenne des droits de l'Homme leur dénie par conséquent la qualité d'« autorité judiciaire » au sens de l'article 5 de la Conv. EDH (Cour EDH, 23 nov. 2010, Moulin c/ France). Un renforcement de l'indépendance du Parquet est aujourd'hui revendiqué. C'est dans cette finalité qu'a été adoptée la loi du 25 juillet 2013 interdisant au ministre de la Justice d'adresser aux procureurs de la République des instructions individuelles. Si le parquet a désormais le plein exercice de l'action publique, le ministre de la Justice reste toutefois responsable de la politique pénale déterminée par le Gouvernement. Pour ce faire, il peut adresser des instructions « générales » aux magistrats. Afin d'accroître les garanties d'indépendance du parquet, un projet de loi constitutionnelle a également été présenté en Conseil des ministres le 13 mars 2013 par M. Jean-Marc Ayrault. Ajourné en raison de l'opposition du Sénat, il fut relancé par Jean-Jacques Urvoas en 2016. Edulcoré par rapport à sa version initiale, le texte permettait au CSM d'émettre un avis conforme sur la nomination des magistrats du Parquet et de statuer à leur égard en matière disciplinaire, à l'instar des magistrats du siège. Il s'est à nouveau heurté à l'opposition du Sénat. L'élection d'Emmanuel Macron à la présidence de la République pourrait relancer ce projet de réforme. Il convient de relever que, dans une décision QPC du 8 décembre 2017, le Conseil constitutionnel a jugé conforme à la Constitution l'article 5 de l'ordonnance n° 58-1270 du 22 décembre 1958 portant loi organique relative au statut de la magistrature. Selon cet article, « Les magistrats du parquet sont placés sous la direction et le contrôle de leurs chefs hiérarchiques et sous l'autorité du garde des Sceaux, ministre de la Justice. À l'audience, leur parole est libre ». Le juge constitutionnel a considéré que ces dispositions assurent une conciliation équilibrée entre le principe d'indépendance de l'autorité judiciaire et les prérogatives que le Gouvernement tient de l'article 20 de la Constitution aux termes duquel « le Gouvernement détermine et conduit la politique de la Nation ».

II - Une impartialité assurée dans le cadre de la procédure juridictionnelle

L'impartialité désigne l'absence de préjugé. Elle signifie que le juge n'a pas, avant même de statuer, une idée préétablie quant au sens de la solution qu'il rendra.

Cette impartialité présente, tout d'abord, une dimension subjective. Elle concerne tout ce qui peut affecter la neutralité personnelle du juge et est garantie, devant les juridictions judiciaires et administratives, par les techniques du déport et de la récusation. D'une part, le magistrat qui estime « en conscience » devoir s'abstenir a la faculté de se déporter d'une affaire. D'autre part, les parties peuvent demander la récusation d'un magistrat. Dans cette hypothèse, soit le magistrat acquiesce à la demande, soit il reviendra à la juridiction de prononcer celle-ci hors la présence du magistrat visé par la demande.

Ensuite, l'impartialité se conçoit également de façon objective : « le tribunal doit être objectivement impartial c'est-à-dire offrir des garanties suffisantes pour exclure à cet égard tout doute légitime » (Cour EDH, 1er oct. 1982, Piersack c/ Belgique). Il s'agit là d'une impartialité « structurelle » ou « organisationnelle » tenant à la manière dont fonctionne la justice. Par exemple, le magistrat qui a déjà jugé une affaire ne peut la rejuger. Le principe de séparation des autorités de poursuite et de jugement en constitue indéniablement un corollaire (Cons. const., 2 mars 2004, loi portant adaptation de la justice aux évolutions de la criminalité). À titre d'exemple, la procédure de la comparution sur reconnaissance préalable de culpabilité n'est conforme à la Constitution que dans la mesure où la peine, proposée par un magistrat du Parquet, est homologuée par une ordonnance d'un magistrat du siège. À l'inverse, violent le principe d'impartialité les dispositions législatives qui prévoient la présidence du tribunal pour enfants par le juge des enfants ayant instruit une affaire concernant un mineur. Le Conseil constitutionnel considère qu'« en permettant au juge des enfants qui a été chargé d'accomplir les diligences utiles pour parvenir à la manifestation de la vérité et qui a renvoyé le mineur devant le tribunal pour enfants de présider cette juridiction de jugement habilitée à prononcer des peines, les dispositions contestées portent au principe d'impartialité des juridictions une atteinte contraire à la Constitution » (Cons. const., QPC 8 juill. 2011). S'agissant des membres des juridictions administratives, la Cour européenne des droits de l'Homme a jugé que la participation du commissaire du gouvernement au délibéré de jugement était contraire au principe d'impartialité, dès lors que le commissaire a rendu des conclusions sur l'affaire (Cour EDH, 7 juin 2001, Kress c/ France ; 12 avril 2006, Martinie c/ France). Tirant les conséquences de cette jurisprudence, le décret du 1er août 2006 interdit désormais au commissaire du gouvernement devenu, en 2009, le rapporteur public, d'assister au délibéré, sauf devant le Conseil d'État mais sous réserve, dans cette dernière hypothèse, que les parties ne s'y opposent pas.

Question 3 : La révision constitutionnelle selon la Constitution du 4 octobre 1958 (6 points)

« Les constitutions ne sont pas des tentes dressées pour le sommeil des morts ». Cette affirmation de Royer-Collard vient rappeler la nécessité de faire évoluer les règles constitutionnelles pour tenir compte des nouvelles aspirations de la société. Pour autant, en tant que norme fondamentale, la Constitution doit être protégée contre des révisions trop fréquentes ou qui remettraient en cause ses éléments les plus importants. C'est la raison pour laquelle la plupart des constitutions sont dites « rigides », c'est-à-dire qu'elles ne peuvent être modifiées que dans le respect de règles spécifiques qu'elles définissent elles-mêmes. Tel est le cas de la Constitution du 4 octobre 1958. Cette dernière consacre son titre XVI à la révision, lequel ne comporte qu'un seul article, l'article 89. La question se pose toutefois de savoir si la procédure référendaire de l'article 11 ne pourrait pas constituer une alternative à celle définie par l'article 89.

I - La révision constitutionnelle encadrée par l'article 89 de la Constitution

La procédure de révision constitutionnelle comporte trois étapes. En premier lieu, l'initiative de la révision appartient concurremment au président de la République sur proposition du Premier ministre et aux membres du Parlement. Une seule révision d'initiative parlementaire a toutefois abouti depuis 1958, à savoir celle du 2 octobre 2000 sur le passage au quinquennat. En deuxième lieu, le projet ou la proposition de loi constitutionnelle doit être voté par les deux assemblées en termes identiques. Il y a ainsi un bicaméralisme égalitaire en matière de révision constitutionnelle. En troisième lieu, l'adoption définitive de la révision se fait en principe par la voie du référendum. Le président de la République peut néanmoins décider de faire adopter la révision par le Congrès, soit la réunion des deux chambres, à la majorité qualifiée des trois cinquièmes des suffrages exprimés. Cette faculté ne peut être exercée qu'à l'égard des projets et non des propositions de révision. Il est à noter que, depuis 1958, le référendum constituant de l'article 89 n'a été utilisé qu'une seule fois, en 2000, pour réviser la Constitution.

L'article 89 de la Constitution énonce également des interdictions quant à la révision. D'une part, aucune procédure de révision ne peut être engagée lorsqu'il est porté atteinte à l'intégrité du territoire et, par extension, lorsque sont mis en œuvre les pouvoirs exceptionnels de l'article 16 de la Constitution (Cons. const., 2 sept. 1992, « Maastricht 2 »). D'autre part, la révision ne peut porter sur la « forme républicaine du gouvernement ». L'article 7 de la Constitution prévoit une autre limite au pouvoir de révision qui ne peut s'exercer lorsque le Président du Sénat exerce à titre intérimaire les fonctions de président de la République. La portée de ces interdictions est toutefois incertaine, dans la mesure où le Conseil constitutionnel refuse de contrôler la constitutionnalité d'une loi référendaire (Cons. const., 6 nov. 1962, loi relative à l'élection du Président de la République au suffrage universel direct ; 23 sept. 1992 loi autorisant la ratification du traité sur l'Union européenne) et d'une loi adoptée par le Congrès (Cons. const., 26 mars 2003, organisation décentralisée de la République).

En définitive, la Constitution du 4 octobre 1958 présente une rigidité constitutionnelle relative, la procédure définie par l'article 89 n'ayant pas fait obstacle à la multiplication des réformes constitutionnelles (24 révisions à ce jour). La révision constitutionnelle n'est toutefois pas une simple formalité. La révision du 23 juillet 2008 a ainsi été adoptée à deux voix près (539 votes pour alors que 538 votes étaient requis) et le projet de révision proposé par F. Hollande au lendemain des attentats du 13 novembre 2015 afin d'inscrire l'état d'urgence dans la Constitution et de permettre la déchéance de nationalité des personnes condamnées pour des actes de terrorisme a échoué.

II - La procédure « concurrente » de l'article 11 de la Constitution

Le référendum législatif de l'article 11 de la Constitution a été utilisé à deux reprises par De Gaulle pour réviser la Constitution, afin d'éviter l'étape contraignante du Parlement prévue par l'article 89 de la Constitution. En 1962, De Gaulle utilise l'article 11 pour réviser le mode d'élection du président de la République. Cette révision constitutionnelle, qui avait pour objet de faire élire le président de la République non plus par un collège électoral mais au suffrage universel direct, fut adoptée à une large majorité. En 1969, De Gaulle fait de même s'agissant de la révision constitutionnelle du Sénat mais c'est un échec qui provoquera sa démission.

Le principal argument invoqué par De Gaulle pour justifier son recours à l'article 11 était de dire que « l'organisation des pouvoirs publics », sur laquelle peut porter un tel référendum, inclus leur révision. Par ailleurs, l'article 3 de la Constitution dispose que « la souveraineté appartient au peuple qui l'exerce par ses représentants et par la voie du référendum ». Ces arguments sont très contestables dans la mesure où, comme vu précédemment, la Constitution consacre un titre spécifique à la révision excluant a contrario toute autre procédure que celle déterminée à l'article 89. Par ailleurs, si cette méconnaissance de la Constitution n'a pas été sanctionnée par le Conseil constitutionnel, c'est uniquement parce que ce dernier a décliné sa compétence pour contrôler la constitutionnalité d'une loi référendaire (Cons. const., 6 nov. 1962). Ainsi, bien qu'il ait permis d'opérer l'une des révisions les plus importantes de la Ve République à travers le changement du mode d'élection du chef de l'État, le recours à l'article 11 de la Constitution apparaît contraire à la Constitution. En outre, l'échec de 1969 conduit à exclure l'idée d'une « deuxième voie de révision » qui aurait été validée par le peuple souverain.

FAIRE LE POINT SUR L'ACTUALITÉ DU SUJET

Sujet 3

QRC : ORGANISATION DE L'ÉTAT ET DE LA JUSTICE, LIBERTÉS PUBLIQUES ET DROIT PUBLIC

(ANNALES CONCOURS ENM 2015)

SUJET

Question 1 : Le bilan de la QPC (7 points)

Question 2 : L'importance des élections locales (7 points)

Question 3 : Le Défenseur des droits (6 points)

Question 1 : Le bilan de la QPC (7 points)

La révision constitutionnelle du 23 juillet 2008 a créé une nouvelle procédure de contrôle de constitutionnalité des lois a posteriori inscrite à l'article 61-1 de la Constitution. Elle permet la transmission au Conseil constitutionnel, sur renvoi du Conseil d'État ou de la Cour de cassation, d'une question de constitutionnalité soulevée, à l'occasion d'un procès, par une partie à celui-ci. Cette réforme avait déjà été envisagée en 1989, à l'initiative de Robert Badinter puis en 1993, à l'initiative de Georges Vedel, mais ces projets avaient été abandonnés pour des raisons essentiellement politiques. Les modalités de cette nouvelle procédure ont été précisées par une loi organique du 10 décembre 2009 qui en a fait la « question prioritaire de constitutionnalité » (ci-après QPC) et fixé son entrée en vigueur au 1er mars 2010. Plusieurs années après cette entrée en vigueur, il apparaît nécessaire de dresser un premier bilan quant à son utilité et à ses effets.

I - Un succès indéniable

La QPC a permis au justiciable de se prévaloir des droits et libertés que la Constitution lui reconnaît à l'encontre de la loi et constitue, en ce sens, un progrès considérable pour l'État de droit. Son succès est indéniable, les justiciables s'étant largement emparés du mécanisme de la QPC. En 2015, le Conseil d'État et la Cour de cassation avaient déjà saisi le Conseil constitutionnel de 465 QPC, soit, respectivement, 207 décisions de renvoi du Conseil d'État et 258 décisions de renvoi de la Cour de cassation. Certes, ce succès doit être tempéré en raison du filtrage exercé par les Hautes juridictions. Ainsi, sur les 856 dossiers transmis au Conseil constitutionnel par le Conseil d'État, 24 % étaient des décisions de renvoi et sur les 1 504 dossiers transmis par la Cour de cassation, 18 % étaient des décisions de renvoi. Les questions relatives à la constitutionnalité de lois de grande importance n'ont pas été transmises au Conseil constitutionnel. À titre d'exemple, la Cour de cassation a dans un premier temps refusé de transmettre une QPC relative à la « loi Gayssot » incriminant le négationnisme (Cass. crim., 7 mai 2010) avant de revenir sur cette position (Cass. crim., 6 oct. 2015). De même, le Conseil d'État a refusé de transmettre une QPC relative aux dispositions qui lui confèrent une double fonction, à la fois consultative et contentieuse (CE, 16 avril 2010). Les Hautes juridictions ont néanmoins globalement « joué le jeu » de la QPC, en saisissant le Conseil constitutionnel de questions sensibles. Ont par exemple été renvoyées au Conseil constitutionnel des questions relatives à la constitutionnalité des dispositions législatives relatives à la garde à vue (Cass. crim., 31 mai 2010), des dispositions législatives relatives au harcèlement sexuel (Cass. crim., 29 févr. 2012) ou encore des dispositions législatives déniant aux officiers d'état civil la possibilité de refuser de célébrer un mariage entre personnes de même sexe (CE, 18 sept. 2013).

II - Une reconfiguration du système juridictionnel français

La création de la QPC a induit trois grandes modifications du système juridictionnel français.

En premier lieu, par le mécanisme du « filtrage », les juridictions, appelées à vérifier le caractère « sérieux » ou « nouveau » de la question de constitutionnalité, participent désormais, indirectement mais nécessairement, au contrôle de constitutionnalité des lois, alors même qu'elles se sont toujours refusées à exercer un tel contrôle (CE, 6 nov. 1936, Arrighi). Certaines décisions de non-renvoi ont d'ailleurs une motivation très détaillée qui confine au contrôle de constitutionnalité.

En deuxième lieu, la QPC a contribué à un mouvement de juridictionnalisation du Conseil constitutionnel. D'une part, ce dernier relève de la qualité de « Tribunal » au sens de l'article 6 § 1 de la Convention européenne des droits de l'Homme lorsqu'il statue dans le cadre d'une QPC (Cour EDH, 1993, Ruiz-Mateos c/ Espagne), de sorte que la procédure suivie devant lui doit respecter les principes du procès équitable tels que l'impartialité et le contradictoire. D'autre part, le Conseil constitutionnel s'est reconnu la possibilité d'adresser des questions préjudicielles à la Cour de justice de l'Union européenne ce qui signifie qu'il estime relever de la qualification de « juridiction » au sens de l'article 267 TFUE (décision du 4 avril 2013, Jérémy F).

En dernier lieu, la QPC confère au Conseil constitutionnel un rôle accru, au point que certains auteurs comme le professeur Bastien François le présente comme une « quasi Cour suprême ». En effet, au-delà des dispositions législatives stricto sensu, le Conseil s'est reconnu la faculté de contrôler les interprétations jurisprudentielles constantes de la loi qui donnent à cette dernière sa portée effective (décisions QPC du 6 octobre 2010 et du 14 octobre 2010). Pour autant, le Conseil a su faire preuve de réserve dans l'exercice de son contrôle afin de répondre aux craintes parfois exprimées d'un « gouvernement des juges ». Il a notamment utilisé à plusieurs reprises son pouvoir de modulation dans le temps des effets de ses décisions afin de laisser au Parlement le temps d'adopter de nouvelles règles et de préserver la sécurité juridique, comme l'illustre la décision dite « garde à vue » du 30 juillet 2010. Sur les questions les plus sensibles, il rappelle également qu'il ne dispose pas d'un pouvoir d'appréciation équivalent à celui du Parlement.

En conclusion, il est possible de souligner que la création de la QPC a conduit à renforcer les critiques relatives à la composition du Conseil constitutionnel. Celle-ci est-elle réellement adaptée au rôle que joue désormais ce dernier ? Il est à noter qu'une proposition de loi constitutionnelle a été déposée sur le bureau de l'Assemblée nationale le 17 mai 2013 afin de modifier les règles relatives à la composition du Conseil et d'en faire une véritable « juridiction constitutionnelle ». Une réforme du Conseil constitutionnel a par ailleurs été annoncée par le gouvernement en 2017.

Question 2 : L'importance des élections locales (7 points)

Si l'article 1er de la Constitution dispose que la France est une « République indivisible », il précise également, depuis la révision constitutionnelle du 28 mars 2003, que son « organisation est décentralisée ». Cette précision vient consacrer le vaste mouvement de décentralisation qu'a connu la France depuis 1982 et l'adoption des « lois Deferre ». La Constitution reconnaît l'existence de collectivités territoriales librement administrées, ce qui implique qu'elles sont gérées de façon autonome par des organes élus. Sont ainsi organisées, à intervalles réguliers, des élections locales, à savoir, les élections municipales, les élections départementales et les élections régionales. Il importe de s'interroger sur l'enjeu que présentent de telles élections dans un État centralisé, de tradition jacobine et qui a fait, par ailleurs, de l'élection présidentielle l'« élection politique reine ».

I - Des élections participant à l'avènement d'une démocratie locale

L'importance des élections locales tient à ce que les collectivités territoriales se sont vues reconnaître des compétences administratives de plus en plus importantes par les lois de décentralisation, dans des domaines qui touchent à la vie concrète des citoyens comme l'urbanisme, le développement économique, l'aménagement du territoire ou encore la formation professionnelle. L'élection locale tend ainsi à « rapprocher le pouvoir du citoyen ». Les décisions des collectivités sont en effet prises soit par l'organe délibérant, composé des élus locaux, soit par l'exécutif local qui est issu de cet organe. L'élection locale est alors l'occasion pour le citoyen de choisir un programme de politique locale mais aussi de sanctionner, positivement ou négativement, les équipes sortantes.

Il est à noter que les élections municipales ont, aujourd'hui, un rôle encore plus important car le système de « fléchage » mis en place par la loi électorale du 17 mai 2013 permet aux électeurs d'élire en même temps leurs conseillers municipaux et les membres de l'organe délibérant de l'établissement de coopération intercommunale (EPCI) auquel appartient la commune. Cette réforme confère une plus grande légitimité démocratique aux EPCI qui exercent des compétences sans cesse plus importantes, en lieu et place des communes.

La limite de l'avènement d'une véritable démocratie locale tient toutefois à la grande complexité de la répartition des compétences entre les différents niveaux de collectivités qui ne permet pas toujours au citoyen d'identifier les actions respectives des communes, EPCI, départements et régions.

II - Les enjeux nationaux des élections locales

Les élections locales ont également des incidences nationales significatives tant d'un point de vue politique que juridique.

D'une part, les élections locales apparaissent comme des consultations « intermédiaires », en ce sens qu'elles interviennent pendant l'exercice des mandats respectifs du président de la République et des députés. Elles peuvent être un moyen, pour les citoyens, de sanctionner politiquement la politique gouvernementale.

D'autre part, les élections locales ont une influence directe sur la composition du Sénat qui, en vertu des dispositions du quatrième aliéna de l'article 24 de la Constitution lequel « représente les collectivités territoriales ». En effet, dans chaque département, les sénateurs sont élus par un collège électoral de grands électeurs formé d'élus de cette circonscription : députés et sénateurs, conseillers régionaux, conseillers départementaux et conseillers municipaux. C'est ce qui explique que la reconnaissance du droit de vote des étrangers aux élections locales implique une révision constitutionnelle (Cons. const., 9 avril 1992, Maastricht).

Enfin, l'interdiction du cumul des mandats consacrée par la loi organique et la loi ordinaire du 14 février 2014 contribue à renforcer le poids des élections locales dès lors que les titulaires d'un mandat exécutif local, faute de pouvoir siéger dans le même temps au Parlement, doivent se consacrer à plein temps à la gestion de la collectivité qu'ils dirigent.

Question 3 : Le Défenseur des droits (6 points)

Le Comité de réflexion et de proposition sur la modernisation et le rééquilibrage des institutions de la Ve République, dit Comité « Balladur », a recommandé en 2007 le changement d'appellation de l'institution du médiateur de la République, créée en 1973, en « Défenseur des droits fondamentaux » ainsi que sa constitutionnalisation. Cette proposition s'est concrétisée à l'occasion de la révision constitutionnelle du 23 juillet 2008 qui a introduit un Titre XI bis dans la Constitution consacrant un « Défenseur des droits ». L'article 71-1 de la Constitution dispose que ce dernier « veille au respect des droits et libertés par les administrations de l'État, les collectivités territoriales, les établissements publics, ainsi que tout organisme investi d'une mission de service public, ou à l'égard duquel la loi organique lui attribue des compétences ». Il peut être saisi par « toute personne s'estimant lésée par le fonctionnement d'un service public ou d'un organisme visé au premier alinéa » et peut également se saisir d'office. Le statut du défenseur des droits lui procure de solides garanties d'indépendances. Ses missions sont étendues et il dispose, pour les assumer, d'un large pouvoir de recommandation.

I - Le statut du Défenseur des droits : une autorité constitutionnelle indépendante

Afin de garantir tant son indépendance que sa légitimité, la Constitution prévoit que le Défenseur des droits est nommé par le chef de l'État pour un mandat de six ans non renouvelable après l'avis public rendu par les deux commissions permanentes de deux Chambres, le chef de l'État ne pouvant procéder à la nomination lorsque l'addition des votes négatifs dans chaque commission représente au moins trois cinquièmes des suffrages exprimés au sein des deux commissions (Const., art. 13). En vertu de la loi organique du 29 mars 2011 relative au Défenseur des droits, celui-ci est nommé par décret en Conseil des ministres. Il ne peut être mis fin à ses fonctions que sur sa demande ou en cas d'empêchement dans des conditions définies par décret en Conseil d'État. Le Défenseur des droits est donc une autorité constitutionnelle indépendante (L. org., art. 2). Le Conseil constitutionnel a considéré que le Défenseur des droits « constitue une autorité administrative dont l'indépendance trouve son fondement dans la Constitution » et qu'il ne doit donc pas être compté « au nombre des pouvoirs publics constitutionnels » (décision du 29 mars 2011). Il ne reçoit par ailleurs, dans l'exercice de ses attributions, aucune instruction. Ses adjoints et lui-même ne peuvent être poursuivis, recherchés, arrêtés, détenus ou jugés à l'occasion des opinions qu'ils émettent ou des actes qu'ils accomplissent dans l'exercice de leurs fonctions.

Pour éviter tout conflit d'intérêts, l'article 3 de la loi organique de 2011 énonce une règle d'incompatibilité entre les fonctions de Défenseur des droits et celles de ses adjoints avec celles de membre du Gouvernement, du Conseil constitutionnel, du Conseil supérieur de la magistrature et du Conseil économique, social et environnemental ainsi qu'avec tout mandat électif. Les fonctions de Défenseur des droits et celles de ses adjoints sont également incompatibles avec toute autre fonction ou emploi public et toute activité professionnelle ainsi qu'avec toute fonction de président et de membre de conseil d'administration, de président et de membre de directoire, de président et de membre de conseil de surveillance, et d'administrateur délégué dans toute société, entreprise ou établissement.

II - Les fonctions du Défenseur des droits

La création du Défenseur des Droits a été l'occasion d'opérer une certaine rationalisation des autorités administratives indépendantes que le Conseil d'État avait appelée de ses vœux dans son rapport public de 2001. Les fonctions dévolues au Défenseur des droits regroupent ainsi dans une large mesure celles des quatre autorités administratives indépendantes qu'il « absorbe », à savoir le Médiateur de la République, le Défenseur des enfants, la Haute autorité de lutte contre les discriminations et pour l'égalité (HALDE) et la Commission nationale de déontologie de la sécurité. Il est chargé, en premier lieu, de défendre les droits et libertés dans le cadre des relations avec les administrations de l'État, les collectivités territoriales, les établissements publics et les organismes investis d'une mission de service public. Il lui appartient, en deuxième lieu, de défendre et de promouvoir l'intérêt supérieur et les droits de l'enfant consacrés par la loi ou par un engagement international régulièrement ratifié ou approuvé par la France. En troisième lieu, il se voit conférer une mission de lutte contre les discriminations, directes ou indirectes, prohibées par la loi ou par un engagement international régulièrement ratifié ou approuvé par la France ainsi que de promouvoir l'égalité. Il doit, en dernier lieu, veiller au respect de la déontologie par les personnes exerçant des activités de sécurité sur le territoire de la République.

L'une des principales innovations par rapport au Médiateur de la République consiste dans la possibilité de saisir directement le Défenseur des droits. Les requêtes peuvent concerner des agissements de personnes publiques ou privées chargées de missions d'intérêt général. À l'instar du Médiateur, il peut en outre se saisir d'office ou être saisi par les ayants droit de la personne dont les droits et libertés sont en cause. Par ailleurs, une réclamation peut être adressée à un député, à un sénateur ou à un représentant français au Parlement européen, qui la transmet au Défenseur des droits s'il estime qu'elle appelle son intervention. La saisine du Défenseur des droits est gratuite et est précédée de démarches préalables auprès des personnes publiques ou des organismes mis en cause. Comme la saisine du Médiateur, celle du Défenseur des droits n'interrompt ni ne suspend par elle-même les délais de prescription des actions en matière civile, administrative ou pénale, non plus que ceux relatifs à l'exercice de recours administratifs ou contentieux.

III - Un pouvoir de recommandation étendu

Afin d'accomplir ses missions, le Défenseur des droits dispose d'un pouvoir de recommandation étendu. Il peut ainsi faire toute recommandation qui lui apparaît de nature à garantir le respect des droits et libertés de la personne lésée et à régler les difficultés soulevées devant lui ou à en prévenir le renouvellement. Il peut recommander de régler en équité la situation de la personne dont il est saisi. Les autorités ou personnes intéressées informent le Défenseur des droits, dans le délai qu'il fixe, des suites données à ses recommandations. À défaut d'information dans ce délai ou s'il estime, au vu des informations reçues, qu'une recommandation n'a pas été suivie d'effet, le Défenseur des droits peut enjoindre à la personne mise en cause de prendre, dans un délai déterminé, les mesures nécessaires. Lorsqu'il n'a pas été donné suite à son injonction, le Défenseur des droits établit un rapport spécial, qui est communiqué à la personne mise en cause. Le Défenseur des droits rend publics ce rapport et, le cas échéant, la réponse de la personne mise en cause, selon des modalités qu'il détermine. Le Défenseur des droits peut aussi proposer à l'auteur de la réclamation et à la personne mise en cause de conclure une transaction dont il peut recommander les termes.

Le Défenseur des droits peut aussi recommander de procéder aux modifications législatives ou réglementaires qui lui apparaissent utiles. Il peut être consulté par le premier ministre sur tout projet de loi intervenant dans son champ de compétence. Il peut également être consulté par le Premier ministre, le président de l'Assemblée nationale ou le président du Sénat sur toute question relevant de son champ de compétence. Il contribue, à la demande du premier ministre, à la préparation et à la définition de la position française dans les négociations internationales dans les domaines relevant de son champ de compétence. Il présente chaque année au président de la République, au président de l'Assemblée nationale et au président du Sénat, d'une part un rapport qui rend compte de son activité générale et comprend une annexe thématique relative à chacun de ses domaines de compétences d'autre part, un rapport consacré aux droits de l'enfant à l'occasion de la journée internationale des droits de l'enfant.

FAIRE LE POINT SUR L'ACTUALITÉ DU SUJET

Sujet 4

QRC : ORGANISATION DE L'ÉTAT ET DE LA JUSTICE, LIBERTÉS PUBLIQUES ET DROIT PUBLIC

(SUJET COMPLÉMENTAIRE 1)

SUJET

Question 1 : L'élection du président de la République sous la Ve République (7 pts)

Question 2 : Enseignement public et principe de laïcité (7 points)

Question 3 : La réunion des deux chambres sous la Ve République (6 points)

Question 1 : L'élection du président de la République sous la Ve République (7 pts)

« Le suffrage universel est un sacre bien autrement divin que l'huile de Reims ou le sang de Saint Louis. Il ne faut pas tenter Dieu, encore moins l'homme. Le président pourra dire à l'Assemblée : vous n'êtes que les neuf centièmes du peuple. Je suis à moi seul le peuple entier ». Les propos du député Piat lors des débats à l'Assemblée constituante de 1848 traduisent une méfiance à l'égard de l'élection du président de la République au suffrage universel direct. Ils devaient s'avérer prémonitoires puisque le premier chef de l'État directement élu par le peuple fut Louis Napoléon Bonaparte qui, faute d'avoir pu obtenir le droit d'exercer un second mandat, procéda à un coup d'État en 1852. Ce précédent va conduire à un rejet de l'élection populaire du président de la République. Sous la IIIe comme sous la IVe République, ce dernier sera simplement élu par le Parlement.

I - La consécration de l'élection du président au suffrage universel direct

Dans son discours de Bayeux du 16 juin 1946, Charles de Gaulle a souligné la nécessité de renforcer la fonction présidentielle. Cela implique, notamment, de conférer au chef de l'État une légitimité démocratique propre. C'est ainsi fort logiquement que les constituants de 1958 ont modifié son mode d'élection. Toutefois, en 1958, l'élection du chef de l'État au suffrage universel direct est écartée. Elle se heurte, en effet, à d'importantes difficultés théoriques et pratiques. La question se pose, tout d'abord, de l'éventuelle participation des populations des territoires d'Outre-Mer à cette élection. Par ailleurs, l'hypothèse de l'élection d'un chef de l'État communiste présente un risque important en plein contexte de « guerre froide ». Enfin, dans son discours devant le Conseil d'État du 27 août 1958, Michel Debré rejette le régime présidentiel auquel l'élection du chef de l'État par le peuple conduirait nécessairement. Par conséquent, c'est le principe d'une élection par un collège de grands électeurs (environ 80 000) qui est retenu. L'année 1962 va néanmoins marquer un tournant s'agissant de l'élection présidentielle. Soucieux de pérenniser une pratique présidentialiste qui a conduit à faire du chef de l'État un véritable gouvernant, de Gaulle souhaite donner de façon durable à ce dernier une légitimité incontestable. C'est pourquoi il fait adopter par référendum l'élection du chef de l'État au suffrage universel direct. Le principe de l'élection du président de la République au suffrage universel direct est désormais inscrit à l'article 6 de la Constitution et ses modalités sont précisées par l'article 7 ainsi que par la loi du 6 novembre 1962 modifiée à plusieurs reprises.

S'agissant des effets de l'élection présidentielle au suffrage universel direct sur le fonctionnement des institutions, ils se sont révélés considérables. Le président apparaît désormais clairement comme « l'homme de la Nation » (de Gaulle). Elu sur programme, en général avant les députés, il est devenu l'homme fort de l'Exécutif devant lequel le premier ministre et le Gouvernement sont responsables en pratique, alors même que la Constitution ne prévoit pas une telle responsabilité. Après avoir critiqué cette présidentialisation, F. Mitterrand lui-même s'y est conformé suite à son élection en 1981. Toutefois, la puissance du chef de l'État demeure subordonnée à l'existence d'une majorité présidentielle au Parlement. À l'inverse, en cas de cohabitation, le Gouvernement est en mesure de déterminer et de conduire la politique de la Nation et le premier ministre d'en diriger l'action, conformément à la lettre de la Constitution. Le passage au quinquennat ainsi que l'inversion du calendrier électoral, qui résultent, respectivement, de la révision constitutionnelle du 2 octobre 2000 et de la loi organique du 15 mai 2001, ont néanmoins conduit à limiter les hypothèses de cohabitation et à faire de l'élection présidentielle l'« élection reine », à savoir celle qui structure le jeu politique. Les législatives apparaissant alors comme des élections de « ratification ».

II - Les modalités de l'élection présidentielle au suffrage universel direct

S'agissant des modalités de l'élection, celle-ci se déroule en deux tours, sauf si un candidat a obtenu la majorité absolue des suffrages dès le premier tour. Ne peuvent se maintenir au second tour que les deux candidats arrivés en tête au premier. Depuis la loi organique du 14 avril 2011, tout citoyen âgé de plus de 18 ans (au lieu de 23 ans auparavant) et jouissant de la totalité de ses droits civils et politiques est éligible. Cette condition nécessaire n'est cependant pas suffisante pour se porter candidat à l'élection. Un système de sélection a été instauré visant à limiter le nombre des candidatures pour éviter la multiplication des candidatures dites « fantaisistes ». Ce système repose sur la nécessité d'obtenir le parrainage d'un certain nombre d'élus. Lors des trois premières élections présidentielles faites au suffrage universel (1965, 1969 et 1974) le parrainage de 100 élus était exigé. Cette règle n'ayant pas empêché la multiplication des candidatures, la loi organique du 18 juin 1976 a porté ce nombre à 500. Les parrainages doivent émaner des parlementaires ou des élus locaux. En outre, les parrainages doivent provenir d'au moins 30 départements ou collectivités d'outre-mer différents ce qui vise à éviter les candidatures liées à la défense d'intérêts purement locaux. De plus il ne faut pas que plus d'un dixième d'entre eux provienne du même département ou de la même collectivité d'outre-mer. Enfin, la réforme de 1976 impose que les noms des élus parrainant un candidat soient rendus publics huit jours au moins avant le premier tour de scrutin, dans la limite du nombre requis pour la validité de la candidature. Cette exigence a été jugée conforme à la Constitution par le Conseil constitutionnel (décision n° 2012-233 QPC, 21 févr. 2012, M. Le Pen). La règle des 500 parrainages n'en demeure pas moins controversée : elle ne permet toujours pas d'éviter la multiplication des candidatures mais est à l'inverse susceptible de faire obstacle à la candidature de certaines personnalités. La « Commission Jospin » a proposé dans son rapport de 2012 que le parrainage des candidats par 500 élus au moins soit remplacé par « un parrainage citoyen » d'au moins 150 000 signatures. Cette proposition n'a pour le moment pas été suivie.

L'élection doit se dérouler 20 jours au moins et 35 jours au plus avant l'expiration des pouvoirs du président de la République sortant. Le déroulement de la campagne électorale est prévu par la loi organique du 6 novembre 1962 relative à l'élection du président de la République et par le décret du 8 mars 2001, également modifié par le décret du 21 avril 2006. La campagne électorale officielle s'ouvre le deuxième lundi précédant le premier tour de scrutin et s'interrompt la veille du scrutin, à zéro heure. Elle reprend le jour de la publication au Journal officiel des noms des deux candidats restants et s'achève la veille du second tour, à zéro heure. L'article 7 de la Constitution prévoit que si, dans les sept jours précédant la date limite du dépôt des présentations de candidatures, une des personnes ayant, moins de trente jours avant cette date, annoncé publiquement sa décision d'être candidate décède ou se trouve empêchée, le Conseil constitutionnel peut décider de reporter l'élection. Par ailleurs, si, avant le premier tour, un des candidats décède ou se trouve empêché, le Conseil constitutionnel prononce le report de l'élection. Enfin, en cas de décès ou d'empêchement de l'un des deux candidats les plus favorisés au premier tour avant les retraits éventuels, le Conseil constitutionnel déclare qu'il doit être procédé de nouveau à l'ensemble des opérations électorales. Il en est de même en cas de décès ou d'empêchement de l'un des deux candidats restés en présence en vue du second tour.

Afin de respecter le principe de pluralisme, les différents candidats doivent recevoir les mêmes conditions de traitement de la part des pouvoirs publics. La Commission nationale de contrôle de l'élection présidentielle (CNC) veille au respect de cette égalité de traitement entre candidats. Dans le domaine audiovisuel, il appartiendra au Conseil supérieur de l'audiovisuel (CSA) de comptabiliser les temps de paroles des différents candidats. Une stricte égalité devra être respectée pendant la durée de la campagne officielle. Il est à noter que si, initialement, les sondages d'opinion ne pouvaient plus être publiés pendant la semaine précédant chaque tour afin de préserver la liberté de choix des électeurs. La loi du 19 février 2002 a modifié ce point pour tirer les conséquences de la jurisprudence de la Cour de cassation qui avait jugé cette interdiction contraire à la liberté d'expression (Cass. crim., 4 sept. 2001, Amaury). Aux termes de la loi, les sondages peuvent désormais être publiés jusqu'à la veille de chaque tour de scrutin.

Un autre enjeu essentiel de l'élection présidentielle réside dans l'encadrement juridique du financement de la campagne électorale. Ce financement s'effectue selon deux modalités : d'une part, un financement public, organisé par la loi organique ; d'autre part, un financement privé, provenant en majorité des partis (cotisations), mais aussi de personnes privées. Les candidats doivent respecter un certain nombre de règles. Ils doivent, notamment, tenir un compte de campagne qui retrace très précisément l'origine des recettes et la nature des dépenses engagées étant précisé que le candidat ne peut pas le gérer personnellement et doit nommer un mandataire. Depuis la loi organique du 5 avril 2006, le compte doit être déposé à la Commission nationale des comptes de campagne et des financements politiques (CNCCFP) – et non plus au Conseil constitutionnel – au plus tard le neuvième vendredi suivant le second tour de scrutin, afin qu'en soit vérifiée la régularité. Un plafonnement des dépenses est prévu. Un remboursement des frais de campagne est prévu dont l'importance varie selon les résultats obtenus par le/la candidat(e). Enfin, il a été procédé à la limitation des dons des personnes privées à 4 600 euros, tout don égal ou supérieur à 150 euros ne pouvant être effectué en espèces. Depuis la loi du 19 janvier 1995, les dons et avantages en nature des entreprises privées ont été interdits. Des sanctions pécuniaires et pénales sont prévues en cas d'infraction. Ainsi, un candidat ayant dépassé le plafond des dépenses doit verser au Trésor public le montant du dépassement.

Question 2 : Enseignement public et principe de laïcité (7 points)

Consacré par les lois « Ferry » du 16 juin 1881 et du 28 mars 1882, le droit à une instruction laïque, gratuite et obligatoire, fait aujourd'hui l'objet d'une protection constitutionnelle sur le fondement du Préambule de 1946 dont le 13e alinéa dispose : « L'organisation de l'enseignement public gratuit et laïque à tous les degrés est un devoir de l'État ». Le principe de laïcité de l'enseignement public implique une neutralité religieuse de l'État qui doit se traduire tant du point de vue du contenu de l'enseignement que du comportement agents publics. S'agissant des usagers, s'ils sont principalement les bénéficiaires de cette neutralité, ils sont également susceptibles de voir leur liberté religieuse restreinte sur le fondement de la laïcité.

I - La nécessaire neutralité du service

En premier lieu, l'État a le devoir d'organiser le service public de l'enseignement dans un souci de neutralité religieuse. Notons d'ailleurs que si cette exigence trouve ses sources dans le bloc de constitutionnalité, elle découle également de l'article 2 du Protocole n° 1 de la Convention européenne des droits de l'Homme (droit à l'instruction) combiné avec l'article 9 de ladite Convention (liberté de conscience et de religion). Il est ainsi interdit aux enseignants des écoles, collèges et lycées publics d'exprimer leurs convictions religieuses, notamment en arborant un signe religieux. Déjà, dans l'arrêt « abbé Bouteyre » le Conseil d'État avait admis le refus opposé à un prêtre de se présenter à l'agrégation de philosophie en se fondant sur les exigences du service public de l'enseignement (CE, 10 mai 1912). En second lieu, d'une façon plus générale, l'État ne saurait faire de l'enseignement un instrument de propagande religieuse en imposant, par exemple, des cours de religion obligatoire ou en apposant des signes religieux sur les bâtiments publics d'enseignement. Diverses atténuations à cette exigence de neutralité peuvent toutefois être relevées. Tout d'abord, il faut rappeler le régime dérogatoire en vigueur en Alsace-Moselle où s'applique encore le concordat de 1801. Le Conseil constitutionnel a tiré argument de l'intention des constituants de 1946 et de 1958 pour admettre que cette spécificité n'était pas contraire au principe de laïcité (décision QPC, 21 févr. 2013, Association pour la promotion et l'expansion de la laïcité). Quant à la présence de crucifix dans les écoles publiques, la Cour EDH a estimé qu'elle ne violait pas, par elle-même, l'exigence de neutralité dès lors qu'elle ne s'accompagnait pas d'une forme d'endoctrinement religieux, en soulignant que l'État dispose en la matière d'une « large marge d'appréciation » (Cour EDH, Gde. ch., 18 mars 2011, Lautsi c/ Italie). Ensuite, l'exigence de neutralité ne s'applique pas avec la même rigueur à l'enseignement supérieur dès lors que « les auditeurs sont en âge de juger » (Helbronner, conclusions sur l'arrêt Bouteyre précité).

II - La promotion relative de la neutralité dans le service

Le principe de laïcité produit certaines conséquences à l'égard des usagers du service public de l'enseignement. Dans un avis rendu le 27 novembre 1989, le Conseil d'État avait considéré que le port d'un signe religieux n'était pas « par lui-même » contraire au principe de laïcité, tout en admettant des restrictions possibles de la liberté religieuse des élèves sur le fondement de l'ordre public ou des exigences liées au bon fonctionnement du service public. La loi du 15 mars 2004 a remis en cause cette jurisprudence en insérant un article L. 141-5-1 dans le Code de l'éducation qui interdit aux élèves des écoles, collèges et lycées publics de porter des signes manifestant ostensiblement leur appartenance à une religion. Le Conseil d'État a précisé ultérieurement que cette interdiction s'appliquait également aux signes et tenues démontrant une affiliation religieuse par le simple comportement de l'élève (CE, 5 déc. 2007). En revanche, le port de signes religieux discrets reste autorisé. Il convient de préciser que la loi de 2004 a été jugée compatible avec l'article 9 de la Convention EDH (CEDH, 30 juin 2009, Aktas, Ghazal, Singh et autres).

DROIT PUBLIC

QRC 4

En guise de conclusion, il sera relevé que deux débats ont trait, actuellement, à la portée du principe de laïcité à l'égard de l'enseignement public. La première porte sur une éventuelle extension du champ d'application de la loi du 15 mars 2004 à l'Université, étant rappelé que la Cour EDH a admis que l'interdiction du port du voile dans les universités turques était compatible avec l'article 9 de la Convention EDH (Cour EDH, Gde ch. 10 nov. 2005, Leyla Sahin). La seconde concerne la situation des accompagnateurs et accompagnatrices de sorties scolaires. Dans une étude rendue en décembre 2013, suite à une saisine du Défenseur des droits, le Conseil d'État a estimé que la neutralité ne leur était pas applicable puisqu'ils ne sont ni des agents de l'État, ni des collaborateurs du service public. Néanmoins, il a estimé que les directeurs d'établissements pouvaient les inviter à ne pas manifester leurs convictions religieuses au nom des exigences de bon fonctionnement du service public.

Question 3 : La réunion des deux chambres sous la Ve République (6 points)

L'article 24 de la Constitution du 4 octobre 1958 prévoit que le Parlement est composé de deux chambres : l'Assemblée nationale et le Sénat qui participent toutes deux à l'exercice de la souveraineté nationale (Cons. const., 9 avril 1992, Maastricht). Si elles siègent en principe séparément, ces deux chambres peuvent être exceptionnellement réunies pour exercer certaines attributions définies par la Constitution.

I - La réunion du Congrès

En premier lieu, les deux chambres peuvent être réunies en « Congrès » dans trois hypothèses. Tout d'abord, lorsque le chef de l'État exerce son droit de message sur le fondement de l'article 18 alinéa 2 de la Constitution. Le discours donne lieu à un débat mais non à un vote ce qui traduit le principe de l'indépendance et de l'irresponsabilité du Président devant le Parlement. Ce mécanisme largement inspiré du « discours sur l'état de l'Union » pratiqué aux États-Unis, a été introduit dans la Constitution par la révision constitutionnelle du 23 juillet 2008. Il permet ainsi d'établir un rapport direct entre le président de la République et les élus de la Nation, tirant les conséquences de la présidentialisation du régime. C'est précisément parce qu'il tendrait à exacerber le présidentialisme que le droit de message a été fortement critiqué, notamment par la gauche, en 2008. L'ironie du sort a voulu que ce soit dans le cadre de l'article 18, al. 2 de la Constitution que F. Hollande s'adresse au Congrès, au lendemain des attentats du 13 novembre 2015…

Ensuite, le Congrès peut être réuni à Versailles, sur le fondement de l'article 89 de la Constitution, afin d'approuver une révision constitutionnelle. En effet, si, en principe, les propositions et les projets de loi constitutionnelle doivent être soumis à référendum ; par exception, le président de la République a la faculté, pour les seuls projets de révision, de les faire approuver par le Congrès à la majorité des trois-cinquième des suffrages exprimés. En pratique, seules deux révisions sur vingt-quatre ont été approuvées par un référendum depuis 1958 : en 1962 pour l'élection du président au suffrage universel direct et en 2000 pour le quinquennat. C'est dire si la procédure, théoriquement exceptionnelle, est devenue, en pratique, la procédure de droit commun. Enfin, le Congrès peut, depuis 2008, approuver dans les mêmes conditions de majorité l'entrée d'un nouvel État dans l'Union européenne, ce qui permet là encore d'éviter l'organisation d'un référendum, lequel était systématiquement exigé depuis la révision constitutionnelle du 1er mars 2005.

II - La réunion de la Haute Cour

En second lieu, les deux chambres peuvent être réunies en « Haute Cour » afin de se prononcer sur une éventuelle destitution du chef de l'État sur le fondement de l'article 68 de la Constitution en cas de manquement grave à ses devoirs manifestement incompatible avec l'exercice du mandat. La destitution est prononcée dans le respect des règles procédurales fixées par ce même article ainsi que par la loi organique du 24 novembre 2014. La réunion de la Haute Cour résulte de l'adoption par chacune des deux chambres statuant séparément de propositions de résolutions ayant cet objet, dans un délai de quinze jours à la majorité qualifiée des deux-tiers. La Haute Cour dispose alors d'un délai de un mois pour se prononcer sur la destitution. Cette dernière ne peut être prononcée par la Haute Cour qu'à la majorité qualifiée des deux-tiers. Le vote a lieu à bulletins secrets et les votes blancs, nuls ainsi que les abstentions comptent automatiquement contre la destitution. Il est à noter qu'afin de mieux affirmer le caractère exclusivement politique de la responsabilité du chef de l'État devant la Haute Cour, la Commission de réflexion présidée par Lionel Jospin a proposé, dans son rapport remis à François Hollande en 2012, de remplacer le terme de « Haute Cour » par celui de « Congrès ».

FAIRE LE POINT SUR L'ACTUALITÉ DU SUJET

Sujet 5

QRC : ORGANISATION DE L'ÉTAT ET DE LA JUSTICE, LIBERTÉS PUBLIQUES ET DROIT PUBLIC

(SUJET COMPLÉMENTAIRE 2)

SUJET

Question 1 : Le droit de grâce (6 points).

Question 2 : La théorie de la loi écran (7 points)

Question 3 : L'intercommunalité (7 points)

Question 1 : Le droit de grâce (6 points)

Le 28 décembre 2016, le président de la République a accordé à Madame Jacqueline Sauvage une remise gracieuse du reliquat de sa peine d'emprisonnement, mettant fin immédiatement à sa détention. Cette dernière avait été condamnée de façon définitive à dix ans d'emprisonnement pour homicide volontaire pour le meurtre de son mari. Cette affaire, très médiatisée, illustre l'importance persistante du droit de grâce sous la Ve République.

I - La nature du droit de grâce

La grâce, décidée par le président de la République, permet la réduction d'une peine voire sa non-exécution. Elle est, en revanche, sans effet sur la décision de la condamnation, qui figure toujours au casier judiciaire de la personne. Madame Sauvage reste donc condamnée pour homicide volontaire. La grâce se différencie à cet égard de l'amnistie que seul le Parlement peut voter et qui revient à faire disparaître l'infraction elle-même. C'est au regard de cette portée limitée que la grâce demeure admissible au regard du principe d'indépendance de l'autorité judiciaire (Const., art. 64).

Sous l'Ancien Régime, ce pouvoir de suspendre une peine appartenait aux rois de France. Supprimé en 1789, le droit de grâce fut restauré par Napoléon Bonaparte en 1802. Il demeure très controversé en ce qu'il est, précisément, un héritage de la monarchie. Il avait d'ailleurs été supprimé dans le projet de Constitution d'avril 1946 avant d'être rétabli à la demande du Mouvement républicain populaire (MRP). Sous la Vᵉ République, ce droit est maintenu. Il s'agit d'une prérogative exclusive du président de la République (Const., art. 17) mais non d'un pouvoir propre ce qui implique que le décret accordant une grâce doit être contresigné par le Premier ministre.

Certaines condamnations – pour terrorisme, crime contre l'humanité, trafic de stupéfiants ou corruption – sont exclues du droit de grâce. Pour en faire la demande, un condamné doit avoir épuisé toutes les voies de recours et la condamnation doit être exécutoire. Si le recours en grâce peut être formé par le condamné, un membre de sa famille, un ami ou le parquet peut également en faire la demande. L'instruction du recours est ensuite réalisée par le procureur de la République près du tribunal qui a prononcé la condamnation. Le dossier est ensuite transmis à la direction des affaires criminelles et des grâces du ministère de la Justice, qui donne un avis avant que le président de la République ne tranche. Si la réponse est favorable, le décret de grâce doit être ensuite contresigné par le premier ministre et par le ministre de la Justice. Il est considéré par le juge administratif comme un acte de gouvernement et n'est donc soumis à aucun contrôle juridictionnel (CE, 30 juin 1893, Gugel).

II - La pratique controversée du droit de grâce

L'utilisation de cette prérogative du chef de l'État a évolué sous la Ve République. Charles de Gaulle accorda sa grâce à Edmond Jouhaud en 1962, condamné à la peine de mort pour avoir participé au putsch d'Alger. À l'origine individuelle, la grâce devint collective dans les années 1980 sous la présidence de François Mitterrand et, à partir de 1991, le président de la République octroyait systématiquement, à l'occasion du 14 juillet, des remises de peine collectives. Elles étaient notamment utilisées pour désengorger les établissements pénitentiaires ce qui en faisait un instrument de régulation de la surpopulation carcérale. D'après un rapport remis par le Sénat en 2007, « la grâce collective concernait trois mille à quatre mille détenus ». C'est Jacques Chirac (1995-2007) qui usa le plus de son pouvoir de grâce présidentielle. La plus médiatique fut celle, partielle, accordée à Omar Raddad en 1994, condamné deux ans auparavant pour le meurtre de Ghislaine Marchal. En 2003, M. Chirac gracia également José Bové, condamné à dix mois de prison pour avoir détruit des plants de riz transgénique. Rompant avec cette tradition, le président Nicolas Sarkozy n'utilisa pas ce pouvoir lors de la fête nationale en 2007, et lors de la modification de la Constitution en 2008, le droit de grâce collective fut supprimé. L'article 17 de la Constitution dispose ainsi, désormais : « Le président de la République a le droit de faire grâce à titre individuel ».

Nicolas Sarkozy accorda toutefois en 2008 des remises de peine de plusieurs mois à une trentaine de détenus « au comportement exemplaire ». S'agissant de François Hollande, s'il a exprimé des réticences à l'égard de l'exercice du droit de grâce, il a toutefois usé de cette prérogative présidentielle à deux reprises. En 2014, il a utilisé la grâce partielle pour permettre à Philippe El Shennawy, alors le « plus ancien détenu de France », de sortir de prison après trente-huit ans d'incarcération et, comme il a été vu, il l'a mis en œuvre en 2016 pour mettre un terme à la détention de Madame Sauvage.

Question 2 : La théorie de la loi écran (7 points)

En affirmant que « le moyen tiré de la méconnaissance de la Constitution par un acte administratif est inopérant devant la juridiction administrative » (de jurisprudence constante CE, 6 novembre 1936, Sieur Arrighi), le Conseil d'État tire toutes les conséquences de la concentration du contrôle de constitutionnalité des lois dans le système français. Longtemps refusé en raison de la tradition légicentriste française, la

Constitution du 4 octobre 1958 consacre le contrôle de constitutionnalité des lois, un contrôle sur le modèle européen, kelsenien ou encore autrichien puisque la Constitution de 1920 consacre le premier du genre. Le dualisme juridictionnel français rend, par ailleurs, impossible en pratique un contrôle diffus à l'américaine.

La théorie de la loi écran apparaît donc comme une limite au contrôle de la constitutionnalité des actes administratifs, la jurisprudence récente du Conseil d'État illustre néanmoins une atténuation de l'écran législatif.

I - La théorie de la loi écran ou la compétence constitutionnelle circonscrite du juge administratif

En raison de la théorie de la loi écran, le bloc de constitutionnalité ne connaît qu'une invocabilité limitée dans le contentieux des actes administratifs. Le juge administratif se refuse depuis toujours à contrôler la constitutionnalité des lois (CE, 6 nov 1936, Arrighi). Cela résulte de la tradition légicentriste française : parce qu'elle exprime, en vertu de l'article 6 de la DDHC, la volonté générale, la loi ne peut faire l'objet d'un quelconque contrôle juridictionnel. Par ailleurs, la création en 1958 d'une juridiction spéciale pour exercer le contrôle de constitutionnalité des lois conforte cette solution, le choix d'un modèle de contrôle dit « concentré » exclut l'intervention des juges ordinaires. Les moyens tirés de l'inconstitutionnalité de la norme législative sont donc considérés comme inopérants par le juge administratif. Ce refus de contrôler la norme législative par rapport à la Constitution est susceptible d'avoir des incidences sur le contrôle des actes administratifs qui se bornent à mettre en œuvre la loi. En effet, dans cette hypothèse, la loi fera écran au contrôle du juge. Cependant cette théorie de la loi écran ne doit pas être exagérée et cela pour trois raisons. D'abord, elle ne vaut que pour les actes qui interviennent en application d'une loi et ne peut trouver application lorsqu'est en cause le pouvoir réglementaire autonome, pouvoir dont le domaine a été largement étendu par l'article 37 de la Constitution. En outre, les ordonnances non encore ratifiées ont une simple valeur réglementaire et, bien qu'elles interviennent dans la matière législative, elles peuvent faire l'objet d'un contrôle par le juge administratif y compris au regard de la Constitution (CE, 24 nov. 1961, Fédération nationale des syndicats de police). Enfin, depuis la jurisprudence Nicolo du 20 octobre 1989, la loi ne fait plus écran entre le traité et l'acte administratif, bien qu'il ne s'agisse pas ici d'un contrôle de constitutionnalité, cela n'en demeure pas moins un contrôle de la loi.

II - L'atténuation de l'écran législatif ou la compétence constitutionnelle élargie du juge administratif

La jurisprudence récente du juge administratif illustre un certain déclin de la théorie. Bien que la consécration ne soit aucunement explicite, le Conseil d'État semble pourtant bien exercer dans certains cas un véritable contrôle de constitutionnalité des lois.

La loi ne fait écran au contrôle des actes pris en application d'une loi que dans la mesure où l'examen du moyen tiré de l'inconstitutionnalité de l'acte administratif implique nécessairement pour le juge de contrôler la constitutionnalité de la loi. Lorsque la loi se borne à prévoir la compétence du pouvoir réglementaire sans énoncer de règles de fond, le contrôle de l'acte administratif pris sur le fondement de cette loi est possible (CE, 17 mai 1991, Quintin). Dans ce cas, le juge considère, en effet, que le vice d'inconstitutionnalité est propre à l'acte, l'écran devient alors transparent. Plus récemment, le Conseil d'État a semblé élargir l'hypothèse de l'écran transparent. Ainsi, dans sa décision Fédération nationale de la pêche en France du 12 juillet 2013, il énonce que la loi ne fait écran entre la Charte de l'environnement et le décret qu'à la condition que le décret se borne à tirer les conséquences de la loi.

Plus significatif encore, le juge administratif reconnaît sa compétence pour apprécier l'abrogation de la loi. L'abrogation explicite de la loi ne pose pas de difficulté. En effet, le Conseil d'État est, dans cette situation conduit à reconnaître une situation qui n'est pas la conséquence de sa compétence juridictionnelle mais bien celle du Conseil constitutionnel. Saisi d'un contrôle de constitutionnalité de l'acte administratif découlant d'une loi abrogée par le Conseil constitutionnel, il se bornera à exercer le contrôle comme si l'écran n'avait jamais existé. Bien plus délicate est la question de l'abrogation implicite. Bien que cette situation ne se présente que rarement dans la jurisprudence administrative, la question mérite une attention particulière en raison de sa singularité et de deux décisions récentes. Lorsque la révision de la Constitution (et a fortiori l'adoption d'une nouvelle Constitution), est incompatible avec la législation en vigueur le Conseil d'État accepte de prononcer l'abrogation implicite de la loi. Si les conséquences pour la législation sont inexistantes, le juge ne pouvait abroger réellement la loi, la nature du contrôle exercée par le juge laisse perplexe. En effet, reconnaître la loi incompatible avec la Constitution, fût-ce avec une disposition nouvelle, revient de fait à exercer un contrôle de la loi au regard de la Constitution (CE, 12 déc. 1960, Eky). Sans donc le dire expressément le Conseil se reconnaît un pouvoir de censurer la loi (ou au moins de l'écarter du litige) en raison de son inconstitutionnalité. Dans deux décisions, le Conseil a été amené à faire application de cette technique, que ce soit au regard de la Constitution ou de son Préambule (CE, 16 déc. 2005, Syndicat national des huissiers de justice, les dispositions de la loi relative au statut des huissiers de justice a été implicitement abrogée par le Préambule de 1946 en raison de sa contrariété avec la liberté syndicale), ou bien encore en raison d'une révision de la constitution (CE, 9 juin 2006, Association Eau et rivières de Bretagne).

Question 3 : L'intercommunalité (7 points)

Plus que la superposition des niveaux d'administration, c'est indéniablement l'« émiettement communal » qui caractérise l'organisation territoriale de la France. Forte de plus de 36 000 communes, celle-ci dispose d'un maillage territorial particulièrement dense. Mais avec une immense majorité de communes de moins de 5 000 habitants, la France se heurte également à la difficulté d'opérer une décentralisation effective alors que de nombreuses municipalités n'ont pas les moyens humains ou financiers pour exercer les compétences qui leurs sont conférées par la loi. C'est pour faire face à cette difficulté, mais aussi pour tenir compte de l'échec de la politique de fusion de communes initiée par la loi « Marcellin » du 16 juillet 1971, que la France a fait le choix de l'intercommunalité. Si elle apparaît comme une réponse adéquate aux difficultés découlant de l'émiettement communal, l'intercommunalité est toutefois confrontée, aujourd'hui, à de nouveaux enjeux.

I - Le développement des différentes formes d'intercommunalité en réponse à la problématique de l'émiettement communal

L'intercommunalité désigne les différentes formes de coopération existant entre les communes. Dans l'immense majorité des cas, cette coopération sera dite institutionnelle en ce sens que plusieurs communes vont se regrouper au sein d'établissements publics de coopération intercommunale (EPCI) dotés de la personnalité morale de droit public. À ce stade, il convient de distinguer l'intercommunalité de gestion et l'intercommunalité de projet.

La première, qui correspond davantage au modèle historique de l'intercommunalité, s'opère par la gestion commune de certains services publics ou la réalisation d'équipements locaux, de manière à mieux répartir les coûts et à profiter d'économies d'échelle. Elle débouche sur la création de syndicats intercommunaux à vocation unique (SIVU) ou de syndicats intercommunaux à vocation multiple (SIVOM) dont le financement est assuré sans fiscalité propre. En outre, il s'agit d'un syndicalisme « à la carte » car, dans le cas d'un SIVOM, chaque collectivité membre peut décider de n'adhérer que pour une partie des compétences exercées.

La seconde, plus intégrée, connaît un régime de fiscalité propre, ce qui permet aux communautés de disposer de recettes fiscales directes. Ces communautés exerceront de plein droit certaines compétences en lieu et place des communes, compétences qui pourront éventuellement être enrichies si tel est le souhait des collectivités membres. La procédure de création de ces établissements publics de coopération intercommunale (EPCI) combine pouvoir d'organisation de l'État et respect de la volonté des communes. Ainsi, la création des EPCI résulte toujours d'une décision de l'État qu'il s'agisse d'une loi (par exemple, celle du 31 décembre 1966 créant quatre communautés urbaines ou encore celle du 27 janvier 2014 créant trois Métropoles) ou d'un arrêté préfectoral fixant le périmètre de l'EPCI et ses statuts. Dans ce deuxième cas, dans les trois mois qui suivent l'arrêté préfectoral, un accord des communes doit être obtenu à la majorité qualifiée des deux tiers des conseils municipaux, représentant plus de la moitié de la population, ou de la moitié des conseils municipaux, représentant les deux tiers de la population.

Si la coopération intercommunale est apparue de façon assez ancienne avec la loi du 22 mars 1890 créant le SIVU, elle a connu un renforcement et une modernisation avec les lois du 6 février 1992 et du 12 juillet 1999. Le législateur a clairement souhaité favoriser l'intercommunalité intégrée. Il a ainsi créé à cet effet les communautés urbaines (loi du 31 décembre 1966), les communautés de communes (loi du 6 février 1992) et les communautés d'agglomération (loi du 12 juillet 1999).

II - Achèvement, rationalisation et démocratisation : les nouveaux enjeux de l'intercommunalité

L'intercommunalité a donné lieu à de récentes réformes qui ont eu pour objet l'achèvement, la rationalisation et la démocratisation.

D'abord, la loi du 16 décembre 2010 a conféré des pouvoirs accrus au préfet pour achever la carte intercommunale. Ensuite, afin d'aller encore plus loin dans la voie de l'intégration, la loi du 16 décembre 2010 a créé deux nouvelles structures : les pôles métropolitains et les métropoles. Le pôle métropolitain est « un établissement public constitué par accord entre des établissements publics de coopération intercommunale à fiscalité propre » (CGCT, art. L. 5731-1). Il se superpose donc à d'autres EPCI. Son objectif est de promouvoir « un modèle de développement durable du pôle métropolitain et d'améliorer la compétitivité et l'attractivité de son territoire, ainsi que l'aménagement du territoire infra-départemental et infrarégional ». Il est compétent « en vue d'actions d'intérêt métropolitain en matière de développement économique, de promotion de l'innovation, de la recherche, de l'enseignement supérieur et de la culture, d'aménagement de l'espace (...) et de développement des infrastructures et des services de transports ». Créé sur le mode du volontariat des EPCI, les assemblées délibérantes de chaque EPCI se prononçant par délibérations concordantes sur l'intérêt métropolitain des compétences transférées au pôle métropolitain, le pôle métropolitain, qui peut déborder le cadre départemental, compte 300 000 habitants dont 150 000 issus d'un même EPCI à fiscalité propre.

Également créé par la loi du 16 décembre 2010, la métropole a été profondément réformée par la loi du 27 janvier 2014. Cette dernière distingue les métropoles dites « de droit commun » et les métropoles à statut particulier. La création des premières devient automatique dès lors que les conditions légales sont réunies. Ainsi, à compter du 1er janvier 2015, les établissements publics de coopération intercommunale à fiscalité propre (EPCI) qui forment, à la date de la création de la métropole, un ensemble de plus de 400 000 habitants dans une aire urbaine de plus de 650 000 habitants sont transformés par décret en métropole. En outre, la création de métropoles à la demande des intéressés est possible. Cette demande doit résulter d'un accord exprimé par deux tiers au moins des conseils municipaux des communes intéressées représentant plus de la moitié de la population totale de celles-ci ou par la moitié au moins des conseils municipaux des communes représentant les deux tiers de la population. Elle concerne notamment les EPCI à fiscalité propre qui forment, à la date de la création de la métropole, un ensemble de plus de 400 000 habitants et dans le périmètre desquels se trouvent le chef-lieu de région et les EPCI, centres d'une zone d'emplois de plus de 400 000 habitants. La création de la métropole est également prononcée par décret.

S'agissant des métropoles à statut particulier, il s'agit de la métropole du « Grand Paris » qui a été créée le 1er janvier 2016 et se substitue aux 19 intercommunalités existantes ; de la métropole de Lyon qui a été créée à compter du 1er janvier 2015 en lieu et place de la communauté urbaine de Lyon et de la portion du département du Rhône située dans son périmètre urbain et, enfin, de la métropole d'« Aix-Marseille-Provence » qui regroupe depuis le 1er janvier 2016 l'ensemble des communes membres de la communauté urbaine Marseille-Provence métropole, de la communauté d'agglomération du Pays d'Aix-en-Provence, de la communauté d'agglomération Salon Étang de Berre Durance, de la communauté d'agglomération du Pays d'Aubagne et de l'Étoile, du syndicat d'agglomération nouvelle Ouest Provence et de la communauté d'agglomération du Pays de Martigues.

Enfin, la démocratisation des assemblées communautaires a été décidée par la loi du 16 décembre 2010. La loi électorale du 17 mai 2013 met en œuvre ce principe. En mars 2014, les citoyens ont donc élus, pour la première fois, leurs conseillers municipaux et leurs conseillers communautaires grâce à un système de « fléchage ». Afin d'étendre ces dispositions au plus grand nombre de communes et d'établissements publics de coopération intercommunale, les conseillers municipaux sont élus au scrutin de liste au-delà de 1 000 habitants au lieu de 3 500 auparavant.

La loi NOTRe du 7 août 2015 amplifie le processus d'intégration des communes pour faire changer les intercommunalités d'échelle. Le texte prévoit ainsi un relèvement du seuil d'intercommunalité de 5 000 à 20 000 habitants qui doit permettre d'avoir davantage de capacités à agir au niveau des bassins de vie d'aujourd'hui, plus étendus que ceux d'hier. Il s'accompagne d'un mouvement d'augmentation des compétences obligatoires des intercommunalités (tourisme, aires d'accueil des gens du voyage, maisons de services au public).

FAIRE LE POINT SUR
L'ACTUALITÉ DU SUJET

Imprimé en France - JOUVE, 1, rue du Docteur Sauvé, 53100 MAYENNE
N° 2706950F - Dépôt légal : mars 2018